《国语》研究史略

陈鹏程　著

南开大学出版社

天　津

图书在版编目(CIP)数据

《国语》研究史略 / 陈鹏程著. —天津：南开大
学出版社，2023.8

ISBN 978-7-310-06449-6

Ⅰ.①国… Ⅱ.①陈… Ⅲ.①《国语》－研究 Ⅳ.
①K225.04

中国国家版本馆 CIP 数据核字(2023)第 131315 号

《国语》研究史略

《GUOYU》YANJIU SHILÜE

南开大学出版社出版发行

出版人：陈　敬

地址：天津市南开区卫津路 94 号　　邮政编码：300071

营销部电话：(022)23508339　营销部传真：(022)23508542

https://nkup.nankai.edu.cn

河北文曲印刷有限公司印刷　全国各地新华书店经销

2023 年 8 月第 1 版　　2023 年 8 月第 1 次印刷

230×155 毫米　16 开本　25.5 印张　2 插页　365 千字

定价：128.00 元

如遇图书印装质量问题，请与本社营销部联系调换，电话：(022)23508339

序

刘生良

陈鹏程君的《〈国语〉研究史略》即将出版，作为鹏程在陕西师范大学中国语言文学博士后流动站期间的合作导师，我非常高兴。陈君索序于余，尽管近年为目疾所苦，我已鲜少动笔为文，但考虑到我们之间十几年珍贵的师生情谊，更基于我对他在学术道路上尤其是《国语》研究中所经历的诸多甘苦的理解，颇感不容推辞，遂答应下来，写几段话。

从先秦历史散文学术史来看，《国语》所达到的高度，足够和《左传》《战国策》鼎足而三，但对其研究的重视程度，在很长时间内却远逊色于另外两书。好在近些年来这一局面大为改观，出现了一批以治《国语》见长的学者（尽管数量还不是太多），也有一些关于《国语》研究的教育部项目、国家社科项目乃至重大招标项目获批，一批有关《国语》研究的论文论著刊行出版，这昭示了《国语》研究在某种程度上的繁荣。鹏程是较早投入这一领域的学者，他的《国语》研究始于20世纪90年代中期在兰州大学中文系师从著名学者张崇琛先生攻读中国古代文学先秦两汉方向硕士学位时，其硕士学位论文就是《论〈国语〉的文学价值》，论文质量受到了以赵逵夫先生为主席的答辩委员会的一致肯定。"蛰伏"数年后，鹏程集中发表了近20篇有关《国语》研究的论文，其中一些成果引起学界的注意。在此基础上，鹏程于2011年以"《国语》研究史略"为题成功申报教育部社科基金项目，并于2016年结项。即将出版的这部专著，就是这一项目的最终成果。

我非常赞同鹏程的一个观点，即一部专书研究繁荣的标志就是对其研究史的梳理及相应的研究专著的出现，验之于《诗经》《左传》《史记》等，的确如此。正是基于这一学术自觉，鹏程提出了"《国语》学"

这一范畴，撰写了关于《国语》研究史的系列论文，并最终形成这部专著。据我所知，国内目前类似专著尚不多见，这就显示了该著的学术价值。该书按时间线索来梳理、缕析《国语》研究史的脉络，对每个时代的思想文化状况、《国语》研究特征及总体风貌、《国语》研究代表性学者和著作都做了较为详尽的分析和描述，立论扎实，不空疏浮泛，体现了作者思路开阔、严谨求实的研究风格。该著独到之处还在于把《国语》的接受和传播也纳入《国语》研究史的范畴中，并在此基础上提出战国为《国语》研究萌芽期、汉代为《国语》研究形成期等论断，洵为新见。

我们不难看出，对《国语》研究史的梳理是一个浩大工程，一者其延续时间长，已有两千余年；二者其覆盖领域广；三者许多资料呈零散分布状态，能做到细致、完备地搜集材料，对研究对象做清晰、准确的把握，并在此基础上进行恰切的分析评判，实为不易。鹏程曾感慨地说，要形成一部翔实、令人满意的《国语》研究史，非三倍于现在的篇幅即百万字不可。甘苦自知，作者对论著的不满意之处，如缺少对域外《国语》研究成果的梳理，一些断代《国语》研究应呈现的立体化、丰厚性特点有待加强，我深以为然。

学如积薪，后出转精，不仅体现于学术的代承，也体现于一个始终追求超越自身的学者的不断进步之中。我相信，这部专著只是作者《国语》学史研究的一个阶段性总结。鹏程年富力强，假以时日，会给学术界呈献上更为厚重的《国语》学史专著和更为丰富的其他学术研究成果。我们热切地期待着。

是为序。

2023 年 7 月 9 日于西安

目　录

第一章　战国时期《国语》研究的萌芽

在汉代，学者们尤其是经学家和史学家对《国语》的作者、《国语》的性质、《国语》与《左传》《春秋》的关系等一系列问题进行了阐述，并研习与训释《国语》，这标志着《国语》学的正式确立，而其萌芽可溯至战国时期。

学界多主张《国语》成书于战国初，如谭家健主张："《国语》成书，当在《左传》稍前，其时当在春秋末和战国初。"①甚至有学者将其推至春秋时期，如金毓黻就认为："凡研《左传》者，必读《国语》，其为春秋时代古史之一，又不待论也。"②由此推定战国时期《国语》流播于贵族社会和知识阶层，应大抵可靠。因此从学术史溯源角度宜将战国界定为《国语》研究的萌芽时期。

第一节　儒家对《国语》的接受与研究

战国时期儒家已发展成显赫学派，《韩非子·显学》云："世之显学，儒、墨也。"③《吕氏春秋·有度》云："孔、墨之弟子徒属充满天下。"④其对社会文化影响甚巨，《吕氏春秋·当染》云："从属弥众，弟子弥丰，充满天下……孔、墨之后学显荣于天下者众矣。"⑤儒家学

---

① 谭家健：《先秦散文艺术新探》，首都师范大学出版社，1995，第185页。

② 金毓黻：《中国史学史》，商务印书馆，1999，第37页。

③ 梁启雄：《韩子浅解》，中华书局，2009，第491页。

④ 陈奇猷：《吕氏春秋新校释》，上海古籍出版社，2002，第1660页。

⑤ 陈奇猷：《吕氏春秋新校释》，上海古籍出版社，2002，第98页。

派的显著特征是重视文献经典的传习。《论语·先进》谈到孔门四科，其中有"文学：子游、子夏"①，其意为"子游、子夏在熟悉、掌握古代文献典籍方面最有成绩"②。实际上，不只子夏和子游，整个儒家学派均注重研读典籍文献以修身益德。儒家后学研习先贤文献时因时代久远而带来的字词、内容理解上的障碍越来越多。在此背景下，以注解、疏通经典文献为目的的著作大量出现，如《公羊传》《穀梁传》等，《尔雅》亦应运而生。关于《尔雅》的成书时间和作者，何九盈的看法代表了学界的主流观点："《尔雅》成书于战国末年，为齐鲁儒生所编撰。"③徐朝华亦持此说："《尔雅》最初成书当在战国末年，是由当时一些儒生汇集各种古籍词语训释材料编纂而成，并非一人之作。"④《尔雅》编撰的目的是便于儒家后学释读六经，其成书远晚于《国语》，这就使《尔雅》吸纳《国语》语料成为可能。那么《尔雅》是否受到了《国语》的影响呢？回答是肯定的。这主要基于以下几点：

一是《国语》《左传》等典籍所载春秋时人对词语的解说是中国训诂学的源头，其许多释例和语料为后代训诂专书所汲取。举《说文》为例，《左传·宣公十二年》载楚庄王言"止戈为武"⑤，此说被《说文》采用："楚庄王曰：'夫武，定功戢兵。故止戈为武。'"⑥《说文》亦大量采撷《国语》语料，据笔者粗略统计，有近三十处。有的标明为《国语》，如许慎释"卷"字云："卷，气势也。从手，卷声。《国语》曰：'有卷勇。'"⑦有的标明为《春秋国语》，如许慎释"竕"字云："竕，等也。从立，专声。《春秋国语》曰：'竕本肇末。'"⑧有的标明为《春秋传》，如《说文》："焞，明也。从火，享声。《春秋传》曰：'焞耀天地。'"⑨张舜徽《说文解字约注》："今三传无此文，乃樂栝《国语·郑

---

① 黄怀信：《论语汇校集释》，上海古籍出版社，2008，第959页。
② 王运熙、顾易生：《中国文学批评史新编》，复旦大学出版社，2007，第3页。
③ 何九盈：《〈尔雅〉的年代和性质》，《语文研究》1984年第2期，第16页。
④ 徐朝华：《尔雅今注》，南开大学出版社，1987，第2页。
⑤ 杨伯峻：《春秋左传注》，中华书局，2016，第813页。
⑥ 许慎：《说文解字》，中华书局，2013，第267页。
⑦ 许慎：《说文解字》，中华书局，2013，第184页。
⑧ 许慎：《说文解字》，中华书局，2013，第215页。
⑨ 许慎：《说文解字》，中华书局，2013，第208页。

语》之文，昔人称《国语》为春秋外传也。"①有的虽未标明，但显系源自《国语》，如《国语·周语上》言"女三为粲"②，《说文》释"粲"时则云"粲，三女为粲"③，明显源于《国语》。既然《说文》大量采用《国语》语料，那么先于其问世的训诂专书《尔雅》亦有可能取材于《国语》，只是未像《说文》多数释例那样直接标明。

二是《国语》和《尔雅》有许多相同的同义为训释例，这似乎不能用巧合来解释，合理的推断是《尔雅》采用了《国语》的词语释义。《尔雅》主要采用同义为训的释义方式。"同义为训就是用一个与被释词意义相同的训释词来解释。"④《国语》所载春秋时人言谈中有许多同义为训的释例，如《国语·周语上》载单靖公语说《昊天有成命》："夙夜，恭也；基，始也。命，信也。宥，宽也。密，宁也。缉，明也。熙，广也。亶，厚也。肆，固也。靖，和也。"⑤其中多处解释同于《尔雅》，如《尔雅·释诂》云："基，始也。"⑥"亶，厚也。"⑦"密、宁，静也。"⑧《尔雅·释诂》："肆，故也。"⑨而"故"与"固"通。再如《国语·晋语四》载司空季子释卦象："豫，乐也。"⑩《尔雅·释诂》亦云："豫，乐也。"⑪《国语·晋语四》载臼季语："夫敬，德之恪也。"⑫《尔雅·释诂》云："恪，敬也。"⑬这些均表明在战国时期，《国语》中的训诂语料已引起儒家学者注意，并被用于《尔雅》词条撰写中。

三是《国语》中许多同义连用的语料成为《尔雅》词语释义的来

① 张舜徽：《说文解字约注》，中州书画社，1983，第19卷66页。
② 徐元诰：《国语集解》，中华书局，2002，第10页。
③ 许慎：《说文解字》，中华书局，2013，第143页。
④ 王建莉：《论〈尔雅〉词源词与同义为训词语的关系》，《内蒙古师范大学学报》2004年第1期，第105页。
⑤ 徐元诰：《国语集解》，中华书局，2002，第103页。
⑥ 徐朝华：《尔雅今注》，南开大学出版社，1994，第1页。
⑦ 徐朝华：《尔雅今注》，南开大学出版社，1994，第45页。
⑧ 徐朝华：《尔雅今注》，南开大学出版社，1994，第19页。
⑨ 徐朝华：《尔雅今注》，南开大学出版社，1994，第44页。
⑩ 徐元诰：《国语集解》，中华书局，2002，第276页。
⑪ 徐朝华：《尔雅今注》，南开大学出版社，1994，第10页。
⑫ 徐元诰：《国语集解》，中华书局，2002，第375页。
⑬ 徐朝华：《尔雅今注》，南开大学出版社，1994，第42页。

源。"同义连用是指两个或两个以上意义相同、相近或相类的词并列在一起使用,在句中表示一个相对完整的意义,充当一个语法成分的语言现象。"①同义连用这种语言现象大量出现于《国语》中,囿于篇幅,仅举一例。《国语·周语下》云:"故亡其氏姓,踣毙不振。"②"踣"和"毙"即为同义词。《说文》:"踣,僵也。"③"毙,顿仆也。"④即二词之本义均指向前摔倒。《尔雅·释言》:"毙,踣也。"⑤以"踣"释"毙"。"踣""毙"连用不见于他书,故《尔雅》所释盖本于《国语》。

除《尔雅》外,另一部儒家典籍《礼记》亦能约略反映战国时期儒家学者对《国语》的研习与耽嗜。关于《礼记》的成书时间,学界主流观点是战国时期,如清代著名经学家丁晏《礼记释注》卷四云:"《礼记》非汉儒作也。盖秦火未焚之前,六国时人所撰集也。"⑥当代学者钱玄更进一步指出:"多数篇目大致撰于战国时期,约公元前四世纪中期至前三世纪前期之间。"⑦准此,《礼记》的成书时间亦后于《国语》。《礼记》即有大量采撷《国语》之处,《礼记·大学》载:"《楚书》曰:'楚国无以为宝,惟善以为宝。'"⑧孔颖达疏曰:"案《楚语》云:'楚昭王使王孙圉聘于晋,定公飨之。赵简子鸣玉以相问于王孙圉,曰:"楚之白珩犹在乎?其为宝几何矣?王孙圉对曰:未尝为宝,楚之所宝者,曰观射父,能作训辞,以行事于诸侯,使无以寡君为口实。"'"⑨也就是说,孔颖达认为《大学》所引《楚书》应系《楚语》,这个说法无疑是正确的。再如《礼记·曲礼下》言"国君春田不围泽,大夫不掩群"⑩,《礼记·王制》言"天子不合围,诸侯不掩群"⑪,两处似均

---

① 刘海燕:《古汉语同义连用的特点》,《宜春学院学报》2010年第5期,第91页。
② 徐元诰:《国语集解》,中华书局,2002,第98页。
③ 许慎:《说文解字》,中华书局,2013,第41页。
④ 许慎:《说文解字》,中华书局,2013,第204页。
⑤ 徐朝华:《尔雅今注》,南开大学出版社,1994,第112页。
⑥ 丁晏:《礼记释注》,清光绪刻花雨楼丛抄本影印版,1882。
⑦ 钱玄:《三礼通论》,南京师大出版社,1996,第48页。
⑧ 李学勤:《十三经注疏·礼记正义》,北京大学出版社,1999,第1601页。
⑨ 李学勤:《十三经注疏·礼记正义》,北京大学出版社,1999,第1609页。
⑩ 李学勤:《十三经注疏·礼记正义》,北京大学出版社,1999,第118页。
⑪ 李学勤:《十三经注疏·礼记正义》,北京大学出版社,1999,第373页。

本于《国语·周语上》"王田不取群"①。再如《礼记·檀弓上》言晋太子申生自杀时情状："使人辞于狐突曰：'申生有罪，不念伯氏之言也，以至于死。申生不敢爱其死。虽然，吾君老矣，子少，国家多难。伯氏不出而图吾君，伯氏苟出而图吾君，申生受赐而死。'再拜稽首，乃卒。是以为恭世子也。"②《国语·晋语二》言："将死，乃使猛足言于狐突曰：'申生有罪，不听伯氏，以至于死。申生不敢爱死。虽然，吾君老矣，国家多难，伯氏不出，奈吾君何？伯氏苟出而图吾君，申生受赐以死，虽死何悔！'以是谥为共君。"③《礼记》承袭《国语》甚明，其所引文字系赞誉申生纯孝之美德。再如《礼记·檀弓上》：

> 晋献公之丧，秦穆公使人吊公子重耳，且曰："寡人闻之，亡国恒于斯，得国恒于斯。虽吾子俨然在忧服之中，丧亦不可久也，时亦不可失也。孺子其图之。"以告舅犯，舅犯曰："孺子其辞焉！丧人无宝，仁亲以为宝。父死之谓何？又因以为利，而天下其孰能说之？孺子其辞焉！"公子重耳对客曰："君惠吊亡臣重耳，身丧父死，不得与于哭泣之哀，以为君忧。父死之谓何？或敢有他志以辱君义。"稽颡而不拜，哭而起，起而不私。子显以致命于穆公。穆公曰："仁夫公子重耳！夫稽颡而不拜，则未为后也，故不成拜。哭而起，则爱父也。起而不私，则远利也。"④

该段记载亦本于《国语·晋语二》：

> 乃使公子絷吊公子重耳于狄，曰："寡君使絷吊公子之忧，又重之以丧。寡人闻之，得国常于丧，失国常于丧。时不可失，丧不可久，公子其图之！"重耳告舅犯。舅犯曰："不可。亡人无亲，信仁以为亲，是故置之者不殆。父死在堂而求利，人孰仁我？人实有之，我以侥幸，人孰信我？不仁不信，将何以长利？"公子重耳出见使者，曰："君惠吊亡臣，又重有命。重耳身亡，父死不

---

① 徐元诰：《国语集解》，中华书局，2002，第10页。
② 李学勤：《十三经注疏·礼记正义》，北京大学出版社，1999，第182-183页。
③ 徐元诰：《国语集解》，中华书局，2002，第281页。
④ 李学勤：《十三经注疏·礼记正义》，北京大学出版社，1999，第262-263页。

得与于哭泣之位，又何敢有他志，以辱君义？"再拜不稽首，起而哭，退而不私。……穆公曰："吾与公子重耳，重耳仁。再拜不稽首，不役为后也。起而哭，爱其父也。退而不私，不役于利也。"①

这两段相近的文字赞颂了重耳恪守孝道，秉持仁、信美德的行为。再如《礼记·檀弓下》：

> 赵文子与叔誉观乎九原。文子曰："死者如可作也，吾谁与归？"叔誉曰："其阳处父乎？"文子曰："行并植于晋国，不没其身，其知不足称也。""其舅犯乎？"文子曰："见利不顾其君，其仁不足称也。我则随武子乎，利其君，不忘其身。谋其身，不遗其友。"②

该段记载本于《国语·晋语八》：

> 赵文子与叔向游于九原，曰："死者若可作也，吾谁与归？"叔向曰："其阳子乎！"文子曰："夫阳子行廉直于晋国，不免其身，其知不足称也。"叔向曰："其舅犯乎？"文子曰："夫舅犯见利而不顾其君，其仁不足称也。其随武子乎！纳谏不忘其师，言身不失其友，事君不援而进，不阿而退。"③

这两段文字以赵文子和叔向关于晋国历史名人狐犯、阳处父、范会的评价为基本内容，表现了春秋时期崇仁尚智的伦理观。《礼记》承袭《国语》尚有多处，限于篇幅，不复一一列举。关于《礼记》一书的性质，赵逵夫先生的分析较为合理："《礼记》大部分是孔子的弟子、门人和儒家后学传习《仪礼》的'记'的汇集，即对《礼经》进行解说、补充和发挥的一些文献的汇集，包括孔子弟子所记孔子有关礼的言论和孔门相关的论文。"④儒门后学在研习《仪礼》过程中，大量征

---

① 徐元诰：《国语集解》，中华书局，2002，第294-297页。
② 李学勤：《十三经注疏·礼记正义》，北京大学出版社，1999，第323页。
③ 徐元诰：《国语集解》，中华书局，2002，第433页。
④ 赵逵夫：《〈礼记〉的当代价值与文献学研究》，《南京师大文学院学报》2006年第4期，第2页。

引古籍有关文献的礼仪及故事，以便建构起对古礼丰富而形象的理解，《国语》这部典籍因包蕴丰厚的相关记载而为其所注意，故对之重点研习并将相关资料采撷入《礼记》。

战国末年的儒学大师荀子也深受《国语》影响。一方面，荀子在阐发其政治哲学时，直接征引《国语》的相关论述，如《荀子·正论》云："故诸夏之国同服同仪，蛮、夷、戎、狄之国同服不同制，封内甸服，封外侯服，侯卫宾服，蛮夷要服，戎狄荒服。甸服者祭，侯服者祀，宾服者享，要服者贡，荒服者终王。日祭，月祀，时享，岁贡，终王，夫是之谓视形势而制械用，称远近而等贡献，是王者之至也。"①这和《国语·周语上》所载祭公谋父劝谏周穆王之语大同小异："夫先王之制：邦内甸服，邦外侯服。侯、卫宾服，蛮、夷要服，戎、狄荒服。甸服者祭，侯服者祀，宾服者享，要服者贡，荒服者王。日祭、月祀、时享、岁贡、终王，先王之训也。"②这表明荀子所论承自《国语》无疑。另一方面，《国语》也成为荀子政治思想理论的文化资源。如构成荀子政治思想重要内核的"王霸兼用"思想就可溯源于《国语》。对此，史继东曾有过详细论述："'王霸兼用'思想是荀子政治思想的一大特色。荀子对儒家传统政治思想所作的必要的变通，使他的政治思想与孔孟相比更符合社会发展趋势。而这一变通的思想渊源正是《国语》。"③由此看出荀子对《国语》的重视。

第二节　法家对《国语》的接受与研究

《国语》也博得了法家学者的喜爱。先秦法家可分为两大流派，正如武树臣先生所指出："从全中国角度来看，法家分两种类型：齐国式的法家和晋秦式的法家。"④秦晋法家的集大成者韩非对古代典籍颇为

---

① 王先谦：《荀子集解》，中华书局，1988，第329-330页。
② 徐元诰：《国语集解》，中华书局，2002，第6-7页。
③ 史继东：《〈荀子〉对〈国语〉的批判式继承与发展》，《求索》2010年第9期，第194页。
④ 武树臣：《中国传统法律文化》，北京大学出版社，1994，第283页。

熟悉，并在其写作中大量征引，这其中就包括《国语》。我们做出这样的论断，有着充分的文献根据。首先是《韩非子》和《国语》有些文本的语言极其相近，如《国语·周语上》载"郑厉公与虢叔杀子颓纳惠王"语云"司寇行戮，君为之不举"，韦昭注："不举乐也。"①《韩非子·五蠹》云"司寇行刑，君为之不举乐"②，虽未注明出自《国语》，但其与《国语》语言有着很高的相似度，而又未见于他书，因此似可推定系韩非对《国语》的借用。再如《国语·吴语》有"吴王夫差既胜齐人于艾陵"③之语，《韩非子·喻老》亦有类似之语"吴兵既胜齐人于艾陵"④，近似程度之大，似可判定后者系源于前者。其次是《韩非子》用以证成己说的一些事例唯见于《国语》，如《韩非子·备内》："为人主而大信其妻，则奸臣得乘于妻以成其私，故优施傅丽姬杀申生而立奚齐。"⑤此处作者引用春秋时期晋献公宠爱的妃子骊姬勾结优施杀害申生事。反映春秋史事之书主要就是《国语》与《左传》，而此事唯见于《国语》，因此《韩非子》所载之事似乎来源于《国语》。再如《韩非子·饰邪》载大禹诛杀防风氏事："禹朝诸侯之君会稽之上，防风之君后至而禹斩之。"⑥《国语·鲁语下》亦记禹诛杀防风氏事："昔禹致群神于会稽之山，防风氏后至，禹杀而戮之，其骨节专车。"⑦两处记载大致相同，《韩非子》之前的相似记载唯见于《国语》，因此《韩非子》所载之事似源于《国语》。再如《国语·吴语》载吴败于越后，夫差派人求和，越王拒绝："昔天以越赐吴，而吴不受；今天以吴赐越，孤敢不听天之命，而听君之令乎？"⑧《韩非子·内储说下》载文种和范蠡拒绝语："不可。昔天以越与吴，吴不受。今天反夫差，亦天祸也。以吴予越，再拜受之，不可许也。"⑨似可判定后者依前者增饰。这些

---

① 徐元诰：《国语集解》，中华书局，2002，第28页。
② 梁启雄：《韩子浅解》，中华书局，2009，第472页。
③ 徐元诰：《国语集解》，中华书局，2002，第543页。
④ 梁启雄：《韩子浅解》，中华书局，2009，第172页。
⑤ 梁启雄：《韩子浅解》，中华书局，2009，第123页。
⑥ 梁启雄：《韩子浅解》，中华书局，2009，第135页。
⑦ 徐元诰：《国语集解》，中华书局，2002，第202页。
⑧ 徐元诰：《国语集解》，中华书局，2002，第561页。
⑨ 梁启雄：《韩子浅解》，中华书局，2009，第254页。

均充分证明了韩非对《国语》的熟悉。

《韩非子》对《国语》的利用，主要集中在《外储说》中。谭家健曾准确地指出《韩非子》有三十五则和三十七则故事分别来源于《左传》和《战国策》①，但遗憾的是他没有注意到《国语》也是《韩非子》故事的一个重要来源。据笔者粗略统计，仅《外储说》中就有三处，如《国语·晋语九》载："少室周为赵简子右，闻牛谈有力，请与之戏，弗胜，致右焉。简子许之，使少室周为宰，曰：'知贤而让，可以训矣。'"②《韩非子·外储说左下》本之而言："少室周为襄主骖乘，至晋阳，有力士牛子耕与角力而不胜。周言于主曰：'主之所以使臣骖乘者，以臣多力也，今有多力于臣者，愿进之。'"③《韩非子》对《国语》的利用，往往是对其进行精简和改写以集中阐释自己的观点，如《国语·晋语五》载："范文子暮退于朝。武子曰：'何暮也？'对曰：'有秦客廋辞于朝，大夫莫之能对也，吾知三焉。'武子怒曰：'大夫非不能也，让父兄也。尔童子，而三掩人于朝。吾不在晋国，亡无日矣。'击之以杖，折其委笄。"④而《韩非子·外储说左下》则云："范文子喜直言，武子击之以杖：'夫直议者不为人所容，无所容则危身，非徒危身，又将危父。'"⑤行文极其简洁。再如《国语·晋语四》载："晋饥，公问于箕郑曰：'救饥何以？'对曰：'信。'公曰：'安信？'对曰：'信于君心，信于名，信于令，信于事。'公曰：'然则若何？'对曰：'信于君心，则美恶不踰。信于名，则上下不干。信于令，则时无废功。信于事，则民从事有业。于是民知君心，贫而不惧，藏出如入，何匮之有？'"⑥《韩非子·外储说左上》的文字较之更为简洁："文公问箕郑曰：'救饿奈何？'对曰：'信。'公曰：'安信？'曰：'信名。信名则群臣守职，善恶不踰，百事不怠；信事则不失天时，百姓不踰；信义则近亲劝勉，

① 谭家健：《先秦散文艺术新探》，首都师范大学出版社，1995，第138-139页。
② 徐元诰：《国语集解》，中华书局，2002，第451页。
③ 梁启雄：《韩子浅解》，中华书局，2009，第298页。
④ 徐元诰：《国语集解》，中华书局，2002，第381页。
⑤ 梁启雄：《韩子浅解》，中华书局，2009，第308页。
⑥ 徐元诰：《国语集解》，中华书局，2002，第357页。

而远者归之矣。'"①《韩非子·说疑》亦有采自《国语》的内容，对于这一点，已有学者注意到并指出："一例见于《韩非子·说疑》，称之为《记》，其在《记》曰：'尧有丹朱，而舜有商均，启有五观，商有太甲，武王有管、蔡。'此处所引之《记》，略同《楚语上》：'故尧有丹朱，舜有商均，启有五观，汤有太甲，文王有管、蔡。'两文中虽有'文王''武王'相异，其余则尽相同。"②

　　作为齐法家代表作的《管子》也颇受《国语》影响。关于《管子》的成书时间，正如白奚所言："目前学术界多认为《管子》是战国稷下学宫时期的作品。对年代做了这样的确定，也就等于确定了作者，他们就是稷下学宫中的先生和学士。"③《管子》的产生时间应晚于《国语》。《管子》借鉴《国语》能找出很多文献学证据，例如《管子》和《国语》有些用词极度接近，似只能用二者之间存在继承关系来解释。仅举一例，《管子·五辅》有云："敦蒙纯固以备祸乱；和协辑睦以备寇戎。"④《国语·周语上》载虢文公言："和协辑睦于是乎兴，财用蕃殖于是乎始，敦庬纯固于是乎成。"⑤"敦庬"即"敦庞"，"庞"与"蒙"音近相通。在两个不太长的句子中，竟出现"敦蒙（庞）纯固"与"和协辑睦"两个相同且偏僻的词语，这表明《管子》作者读过《国语》。《国语》与《管子》的关系问题最集中体现在《齐语》与《小匡》的关系上。对此，李学勤给出了有力的证据："《小匡》的文字远比《齐语》浅显易懂，无疑是在《齐语》上加以修改的结果。《小匡》与《齐语》相比较，不难发现《小匡》的内容有多于后者的地方。"⑥表明《小匡》的主体毫无疑问均来自《国语·齐语》。由此看出齐法家在构建自己的思想体系时，非常重视《国语》，并从中汲取了丰厚的文化资源。

---

① 梁启雄：《韩子浅解》，中华书局，2009，第 290 页。
② 邱锋：《〈国语〉名称演变探源》，《管子学刊》2006 年第 2 期，第 118 页。
③ 白奚：《中国古代阴阳与五行说的合流》，《中国社会科学》1997 年第 5 期，第 31-32 页。
④ 黎翔凤：《管子校注》，中华书局，2004，第 198 页。
⑤ 徐元诰：《国语集解》，中华书局，2002，第 16 页。
⑥ 李学勤：《〈齐语〉与〈小匡〉》，《清华大学学报》1986 年第 2 期，第 50 页。

第二章 两汉时期《国语》研究的形成

无论就政治还是思想文化而言，汉代对中国历史进程的影响无疑都极为深远。其中一个重要方面就是汉代的政治精英和思想精英经过艰苦探索,终于为大一统中央集权寻找到了确保社会统一稳定的路径。这条路径就是"罢黜百家，独尊儒术"，它从意识形态建设上为中国社会实现长治久安提供了根本保证。这样，先秦时期作为孔门弟子习读典籍的《诗》《书》《礼》《易》《春秋》就被纳入国家教育的核心，成为礼制建设的基础和准的，以之选拔和培养人才，植育文化认同和凝聚力，在此基础上经学文化在汉代蓬勃发展起来，并成为汉代文化的基本表征。这也是汉代《国语》接受与研究最根本的文化背景。

第一节 经学视域下的《国语》接受与研究

对中华民族文化产生深远影响的经典如《诗经》《史记》《文心雕龙》《文选》《红楼梦》等的研究，我们冠之以"《诗经》学""《史记》学""《龙》学""《选》学""红学"；相形之下，《国语》的研究受研究对象实际地位的局限，似乎很难用"《国语》学"来代称。这似乎是学界一个潜隐的共识。但我们也欣喜地看到，这个看法在被逐渐突破，可作为表征的是仇利萍和杨世文于《北京理工大学学报》2012年第3期发表的《〈国语〉学的奠基与展望——近10年来〈国语〉研究述评》一文，他们乐观性地明确提出"《国语》学"这一范畴。笔者非常赞同这一提法，因为如果抛弃一些固有成见的话，我们就不能否认在两千年的历史长河中,《国语》研究已从涓涓细流发展至渐成江河汹涌之势,

《国语》的史学价值和文学价值已被广泛开掘；另外我们不必作茧自缚，完全可以将关于某部文化典籍的研究称之为"××学"。因此，我们将关于《国语》的研究称为"《国语》学"，并认为"《国语》学"形成于汉代，它孕育与分娩于汉代经学这个母体环境。

一、经学的形成

如同经济生产恢复与社会政治秩序重建一样，汉帝国思想文化建设也是在秦王朝文化废墟上进行的。秦的统一是建立在以极端政治功利主义的法家思想作为指导理论基础上的，其政治设施设立、制度文化建立乃至意识形态构建，皆服务于君主专制集权的需要。受此政治思维惯性驱使，天下一统后，秦王朝统治集团依然把天下民众作为防范对象，正如贾谊《过秦论》所云："于是废先王之道，焚百家之言，以愚黔首。隳名城，杀豪杰，收天下之兵，聚之咸阳，销锋镝，铸以为金人十二，以弱天下之民。"①《汉书·艺文志》亦言秦"燔灭文章，以愚黔首"②。钳制思想、采取愚民政策是其根本政治思维取向，焚书坑儒是这种政治思维的必然结果。李斯奏疏代表了这种政治策略："臣请史官非秦记皆烧之。非博士官所职，天下敢有藏《诗》《书》、百家语者，悉诣守、尉杂烧之。有敢偶语《诗》《书》者弃市。以古非今者族。吏见知不举者与同罪。令下三十日不烧，黥为城旦。所不去者，医药卜筮种树之书。若欲有学法令，以吏为师。"③这种愚民政治给思想文化发展带来了巨大破坏。暴秦统治如昙花一现般地终结后，摆在汉朝君臣面前的一个政治主题就是总结并吸取强秦"其亡也忽也"的教训。他们认识到单纯愚民、防民的政治策略是很难使自身的统治稳定和长久的。正是基于此，他们由愚民、防民转向了以礼仪教化民众，在此基础上以儒家经典的传授为核心的经学逐渐兴起并构成了汉代文化思想的核心。《后汉书·章帝纪》言："汉承暴秦，褒显儒术，建立

---

① 闫振益、钟夏：《新书校注》，中华书局，2000，第 2 页。
② 班固：《汉书》，中华书局，1962，第 1701 页。
③ 司马迁：《史记》，中华书局，1959，第 255 页。

《五经》，为置博士。"①正是对这一历史文化进程的生动注解。

二、《国语》与汉代经学的关系

"所谓'经学'，从研究主体的角度讲，是指研究以六经为核心的儒家经典的学问。"②就其系统构成来说，汉代经学体系主要由两大部分组成，即经典和以释解经典为旨归的传与注。"在汉代经学传授谱系中，由于经书文本的差异和师承的不同而形成今文经学和古文经学两个学术派别。"③就其历史与逻辑演进的理路看，汉代经学的基本内容就是今文经学和古文经学并立、斗争、融合并最终走向式微的历史。《国语》的传播、接受与研究与这一历史进程存在着密切联系。古文经和今文经最初的界线是经籍载录文字的不同。汉初，由于以公孙弘为代表的儒家学者的推动，统治者意识到儒学对于稳固政治秩序的重要性而采取积极扶持的态度，他们运用国家政权的力量进行规模宏大的儒家文献的搜集整理工作。这个工作主要采取两种方式，一种方式是由中央选派青年官员到各地探访秦朝的儒生与博士，让他们根据记忆背诵儒家典籍，由这些年轻官员写定，他们所使用的文字自然是汉朝通行的隶书，以此底本讲授与传承的经学称为今文经；另一种方式是积极鼓励民间献书，正如《汉书·艺文志》所言："汉兴，改秦之败，大收篇籍，广开献书之路。"④秦始皇曾经实行严苛的挟书律，《汉书·惠帝纪》颜师古注引张晏曰："秦律，敢有挟书者族。"据《汉书·惠帝纪》载惠帝四年，"三月甲子，皇帝冠，赦天下，省法令妨吏民者，除挟书律"⑤。"'除挟书律'就是废除私家藏书的禁令，允许民间自由藏书。这标志着汉朝在文化政策方面正在发生重大转变，这件事在中国古代书籍史与文化史上具有深远的影响和意义。"⑥这无疑给民间献书创造了良好的氛围。当然，更为重要的意义是直接促进了儒学的复兴，

① 范晔：《后汉书》，中华书局，1965，第137页。
② 李宗桂：《关于汉代经学的若干思考》，《学术研究》2011年第11期，第1页。
③ 丁鼎：《汉代今、古文经学研究二题》，《史林》2013年第6期，第45页。
④ 班固：《汉书》，中华书局，1962，第1701页。
⑤ 班固：《汉书》，中华书局，1962，第90页。
⑥ 陈静：《西汉"除挟书律"的历史意义》，《齐鲁学刊》2005年第2期，第43页。

《隋书·经籍志》曾极其精辟地点出了两者之间的因果关系："惠帝除挟书之律，儒者始以其业行于民间。"①除中央政府外，许多地方侯国也有着良好的学术氛围，从而促使民间献书积极性高涨，据《汉书·景十三王传》载，河间献王刘德即是如此，"四方道术之人不远千里，或有先祖旧书，多奉以奏献王者，故得书多，与汉朝等"②。这些民间进献的经籍均系暴秦时代冒险所藏，以战国时期的文字写成，以此底本讲授与传承的经学被称为古文经。

就今文经学和古文经学消长大势来看，在西汉王朝大部分时间内，今文经学呈现出一枝独秀的局面，当时立于学官的所有儒家经典皆为今文经。古文经学研究主要在民间进行。如在官学《春秋》阐释体系中，西汉前期始终是清一色的今文经学即《公羊传》和《穀梁传》，《左传》属于私学。西汉后期，今文经学穿凿附会解经的弊端日趋显现，《汉书·儒林传》言"一经"竟可"说至百余万言"③，小夏侯再传弟子秦荣即增师法至百万言，桓谭《新论·正经》称："秦近君能说《尧典》，篇目两字之说，至十余万言。但说'曰若稽古'，三万言。"④《汉书·艺文志》一针见血地指出了今文经学这一流弊："后世经传既已乖离，博学者又不思多闻阙疑之义，而务碎义逃难，便辞巧说，破坏形体；说五字之文，至于二三万言。后进弥以驰逐，故幼童而守一艺，白首而后能言；安其所习，毁所不见，终以自蔽。此学者之大患也。"⑤这一批评不无警示意义和预见性。这表明，到东汉初期，有着强烈使命感和忧患意识的知识分子已清醒地意识到今文经学固守师传、日趋烦琐的局限使其学术生命力日趋萎缩。实际上，从西汉后期开始，一些有着渊博学识和通达眼光的今文学家已从古文经学里吸纳新鲜营养。就《春秋》学而言，习今文经学的刘向和作为古文经学巨擘的刘歆父子无疑是开此风气的人物。他们开始对"特重训诂"、以史释经的

① 魏徵：《隋书》，中华书局，1973，第 905 页。

② 班固：《汉书》，中华书局，1962，第 2410 页。

③ 班固：《汉书》，中华书局，1962，第 3620 页。

④ 桓谭：《新论》，上海人民出版社，1977，第 35 页。

⑤ 班固：《汉书》，中华书局，1962，第 1723 页。

《左传》产生浓厚的兴趣。桓谭《新论·识通》云："刘子政、子骏、子骏兄弟子伯玉三人，俱是通人，尤珍重《左氏》，教授子孙，下至妇女，无不读诵者。"①王充《论衡·案书》亦云："刘子政玩弄《左氏》，童仆妻子皆呻吟之。"②实际上，刘向、刘歆父子对《左传》的耽溺实际上是西汉时期《左传》备受社会珍视风习的生动反映。《汉书·刘歆传》载："歆及向始皆治《易》，宣帝时，诏向受《穀梁春秋》，十余年，大明习。及歆校秘书，见古文《春秋左氏传》，歆大好之。时丞相史尹咸以能治《左氏》，与歆共校经传。歆略从咸及丞相翟方进受，质问大义。初《左氏传》多古字古言，学者传训故而已，及歆治《左氏》，引传文以解经，转相发明，由是章句义理备焉。歆亦湛靖有谋，父子俱好古，博见强志，过绝于人。歆以为左丘明好恶与圣人同，亲见夫子，而公羊、穀梁在七十子后，传闻之与亲见之，其详略不同。歆数以难向，向不能非间也，然犹自持其《穀梁》义。及歆亲近，欲建立《左氏春秋》及《毛诗》《逸礼》《古文尚书》皆列于学官。"③凡此表明，西汉时《左传》尽管尚未被统治阶层纳入官方《春秋》阐释体系中，但已引起统治集团许多文化精英的关注，有些人的《左传》研究甚至达到了很高水平，如尹咸、翟方进等，其中尤以刘歆最为引人注目，他对《左传》的理解与研究达到了其所处时代的高度，因为他发现了《左传》与《春秋》的内在联系，并首次采用"引传文以解经，转相发明"的《春秋》阐释方法，取得了"章句义理备焉"的效果。更难能可贵的是，他力主应将《左传》列入官学，认为它比《公羊传》《穀梁传》更具权威性。这一判断的依据主要有两点：一是《左传》的作者左丘明比起作为七十子后学的《公羊传》作者公羊高和《穀梁传》作者穀梁赤离孔子年代更近，更能了解孔子著《春秋》的意旨；二是在《论语·公冶长》中孔子感慨自己与左丘明有两点相同，"巧言、令色、足恭，左丘明耻之，丘亦耻之。匿怨而友其人，左丘明耻之，丘亦耻

---

① 桓谭：《新论》，上海人民出版社，1977，第 38 页。
② 黄晖：《论衡校释》，中华书局，1990，第 1164 页。
③ 班固：《汉书》，中华书局，1962，第 1967 页。

之"①，足证左丘明好恶与圣人同。尽管刘歆立《左传》于官学的倡导受挫，但《左传》作为《春秋》古文经学阐释代表的观点到东汉逐渐被官方确认。这就为与《左传》存在密切关系的《国语》受到关注提供了条件。

从西汉开始，《国语》一直被认为与《左传》有着某些关联，其中最重要的一点，是它们均被视为是左丘明所作。司马迁《史记·十二诸侯年表》云："七十子之徒口受其传指，为有所刺讥褒讳挹损之文辞不可以书见也。鲁君子左丘明惧弟子人人异端，各安其意，失其真，故因孔子史记具论其语，成《左氏春秋》。"②直言《左传》为左丘明所作，并具体分析了其创作动机。刘歆《移书让太常博士》一文谈及景帝末年刘余发现先秦旧典经过时亦云："及鲁恭王坏孔子宅，欲以为宫，而得古文于坏壁之中，逸《礼》有三十九篇，《书》十六篇。天汉之后，孔安国献之。遭巫蛊仓卒之难，未及施行。及《春秋》左氏丘明所修，皆古文旧书，多者二十余通，藏于秘府，伏而未发。"③也指出《左传》的作者为左丘明。关于《国语》的作者，司马迁在《报任安书》《史记·太史公自序》中两次称"左丘失明，厥有《国语》"④。《后汉书·班彪传》亦录班彪语："定哀之间，鲁君子左丘明论集其文，作《左氏传》三十篇；又撰异同，号曰《国语》，二十一篇。"⑤班固《汉书·艺文志》著录《国语》，亦标为"左丘明撰"⑥。《汉书·司马迁传》亦言："孔子因《鲁史记》而作《春秋》，而左丘明论辑其本事以为之传，又纂异同为《国语》。"⑦足见将《国语》的作者定为左丘明作是两汉知识界的共识，而这也构成汉代《国语》研究的一个重要方面。在汉人看来，既然两书作者均为左丘明，内容又具有极大相似性，语言形式亦颇有一

① 黄怀信：《论语汇校集释》，上海古籍出版社，2008，第448页。
② 司马迁：《史记》，中华书局，1959，第509—510页。
③ 郭丹：《先秦两汉文论全编》，上海远东出版社，2012，第613页。
④ 司马迁：《史记》，中华书局，1959，第3300页。
⑤ 范晔：《后汉书》，中华书局，1965，第1325页。
⑥ 班固：《汉书》，中华书局，1962，第1714页。
⑦ 班固：《汉书》，中华书局，1962，第2737页。

致之处，"《国语》的文法和《左传》很相近的"①，《左传》为解《春秋》经之作，那么《国语》亦当与《春秋》经有联系。正是在这一认识基础上，两汉人提出了《国语》为"《春秋》外传"说。据现有史料，最先称《国语》为"《春秋》外传"的正是刘歆，《汉书·韦玄成传》载汉哀帝时刘歆奉诏论议庙制时曾引《国语》："礼，去事有杀，故《春秋外传》曰：'日祭，月祀，时享，岁贡，终王'。"②按，刘歆此文引自《国语·周语上》祭公谋父谏周穆王语。分析这则材料，我们似可得出如下两个结论，一是既然在奏议中称《国语》为《春秋外传》，足见这已成为当时庙堂共识；二是刘歆对《春秋外传》这一称谓颇为上心，无疑是与他主张《左传》为《春秋》解经之作，应立《左传》于官学这一点有关。所以我们由此可进一步推知，称《国语》为《春秋外传》，当与西汉末年古文经学开始兴盛、古文经学和今文经学斗争加剧这一时代文化背景息息相关。同时，称《国语》为《春秋外传》还与汉代久已有之的兼用内外传形式解经的影响有关，如《韩诗》传诗，即采用内外传的形式。《韩诗内传》已失传，但我们可推知其主旨盖为解释《诗》旨，训注《诗》词。《韩诗外传》则传承至今，尽管明人王世贞倾向于否定它的《诗》学性质："《韩诗外传》杂记夫子之绪言与诸春秋战国之说家，大抵引诗以证事，而非引事以明诗，故多浮泛不切、牵合可笑之语，盖驰骋胜而说诗之旨微矣。"③但大多数学者主张"引事以明诗"才为《韩诗外传》之宗旨。不唯《诗经》学如此，《春秋》的解经之传也有外传的名目。《汉书·艺文志》在胪列了《左传》《公羊传》《穀梁传》《邹氏传》《夹氏传》后，亦云："《公羊外传》五十篇。《穀梁外传》二十篇。"④既然今文《春秋》公羊家和穀梁家均有内传和外传，《春秋》古文经学家将《左传》界定为《春秋》内传、将《国语》界定为《春秋》外传，就非常容易理解了。将《国语》性质界定为"《春秋》外传"也构成了汉代《国语》研究的一个重要方面，并

①　高本汉：《〈左传〉真伪考》，商务印书馆，1936，第90页。
②　班固：《汉书》，中华书局，1962，第3129页。
③　朱彝尊：《经义考》，中华书局，1989，第547页。
④　班固：《汉书》，中华书局，1962，第1713页。

对《国语》地位及《国语》研究史产生了深远影响。从积极方面说，将《国语》称为《春秋外传》，标志着《国语》被纳入了汉代经学体系，获得了高于经传之外其他典籍的地位，在汉代文化背景下，这为《国语》研究受到一定程度的重视奠定了基础。从消极方面说，内、外传的区分是蕴含着人的价值判断的，"一部著述篇目划分内外，这种现象起自西汉以后，其'内'与'外'的区别，或隐含内尊外卑，或寓主与从、正与偏、实与虚、典要与庞杂之分，总之略有轩轾厚薄之意"①。这表明，尽管已被纳入经学体系中，但《国语》被置于边缘地位，尤其是将其与《左传》紧紧纽结在一起，导致在两千多年的历史长河中，人们形成了"扬《左》抑《国》"的思维定式，而对《国语》独特的史学体制和文学价值重视不够，《国语》研究的独立品格被严重削弱。此外，"《国语》为《春秋》外传说"作为汉代《国语》学的一个重要组成部分，在刘歆之后被进一步补充和完善。其中两个学者的说法值得注意，一个是王充，一个是刘熙。王充《论衡·案书》云："《国语》，《左氏》之外传也。《左氏》传经，辞语尚略，故复选录《国语》之辞以实。然则《左氏》《国语》，世儒之实书也。"②这里，王充在指出《国语》为《左传》解经的外传后，又进一步分析了其产生的缘由与功能。王充认为，《左传》以史解《春秋》经，由于其特色在于叙事，而"言辞"内容尚显疏略，因此左丘明又选录了侧重于记时人言辞的《国语》来作补充和进一步充实。尽管我们认为"《国语》为《春秋》外传说"是一个伪命题，王氏关于《国语》编辑动机的说法自然也就站不住脚，但他指出了《国语》重记言辞这一特征，并肯定了《国语》和《左传》在儒生群体中的重要地位，还是颇有学术价值的。刘熙《释名·释典艺》言："《国语》，记诸国君臣相与言语，谋议之得失也，又曰外传。《春秋》以鲁为内，以诸国为外，外国所传之书也。"③这里，刘熙除指出《国语》又名"外传"之外，还从两个方面对《国语》做了论述：

---

① 乔治忠：《〈越绝书〉成书年代与作者问题的重新考辨》，《学术月刊》2003 年第 11 期，第142 页。

② 黄晖：《论衡校释》，中华书局，1990，第 1165 页。

③ 王先谦：《释名疏证补》，商务印书馆，1937，第 311 页。

一方面指出《国语》的言论主体和主要内容，认为《国语》所载言语主要发生在君臣之间，其主要内容关乎谋议，这个论断大体符合《国语》实际；另一方面刘熙还解释了《国语》被称为外传的原因，认为其与《春秋》叙事视角和取向有关，《春秋》按鲁君世系编年叙事，体现的编纂宗旨是"以鲁为内，以诸国为外"，而《国语》八语中，其他国占了七语，尤其是《晋语》更是占据主要部分，所以《国语》以"外国所传"为主，故称外传。很明显，这个解释是靠不住的。但刘说和王说一起，昭示了《国语》在经学体系中的地位。将《国语》视为《春秋外传》从此成为《国语》学史上的一个重要认识，"自魏晋以后，书录所题皆曰《春秋外传国语》，是则《左传》为内，《国语》为外，二书相副以成大业"①。

三、郑众的《国语》研究

如前所述，《国语》被纳入经学体系是与古文经学开始兴盛这一时代潮流相联系的。我们知道，在与今文经学的角逐中，古文经学能够取胜的一个重要原因是它有别于今文经学注重义理阐发而更强调征实，"追求对经书的正确理解，多从切实弄懂文字训诂、名物典制入手，力图达到对思想内容的准确把握"②。对典籍文字的训释成为古文经学治经的一个重要方面。同样，对《国语》进行系统的训诂注解就始自这批古文经学家。很大程度上可以讲，他们对《国语》的训释标志着《国语》研究的正式开始。这其中的佼佼者当属郑众和贾逵。

郑众（？～83），字仲师，东汉著名经学家，官至大司农，故世称郑司农。在古代社会，家学对学术传承发展的影响非常大。赵翼《廿二史札记》云："古人习一业，则累世相传，数十百年不坠。盖良冶之子必学为裘，良弓之子必学为箕，所谓世业也。工艺且然，况于学士大夫之术乎？"③这在东汉经学文化中有着鲜明体现。郑众家学渊源深厚，其父郑兴是一位由今文经学转入古文经学的大家，与桓谭等人齐

---

① 徐元诰：《国语集解》，中华书局，2002，第596页。
② 孙钦善：《汉代的经今古文学》，《文献》1985年第2期，第159页。
③ 王树民：《〈廿二史札记〉校证》，中华书局，1984，第100页。

名，《后汉书·陈元传》言："元与桓谭、杜林、郑兴俱为学者所宗。"①
郑兴治学受刘歆影响甚大，《后汉书·郑兴传》言其"天凤中，从刘歆
讲正大义"，颇受刘氏赏识，"歆美兴才，使撰条例、章句、传诂，及
校三统历"，终在《左传》研究上取得巨大成就，"晚善《左氏传》，遂
积精深思，通达其旨，同学者师之"②，"世言《左氏》者多祖于兴"，③
遂成为传世家学。《后汉书·郑众传》言郑众"年十二，从父受《左氏
春秋》，精力于学"，正是由于深厚的《左传》基础，也是为了进一步
发覆《左氏春秋》之义，他对《国语》产生了浓厚的兴趣，并为《国
语》训诂。但遗憾的是，本传只字未提他的《国语》学成就，在谈及
其《左传》造诣之后，仅言"作《春秋难记条例》，兼通《易》《诗》，
知名于世"④。郑众的《国语》学成就为后人所知多赖于韦昭，韦昭注
解《国语》多精选前贤训释，就《国语》众注而言，主要包括郑众、
贾逵、虞翻、唐固等人的成果。韦昭在《国语解叙》中对其所采撷诸
家，做了精到评点，特别对郑注韦氏评价极高："郑大司农为之训注，
解疑释滞，昭晰可观。至于细碎，有所阙略。"⑤指出郑众《国语章句》
对《国语》阅读起到疏通理解障碍、厘清内在理路的作用，我们认为
这一点是郑众《国语》注释的特色，对韦昭注《国语》产生了很大影
响。《国语》韦昭注的一个鲜明特点就是简洁明了，绝无堆砌冗细之感。
韦昭同时指出了郑众《国语章句》的不足，即不够细微，而这恰恰是
由其注重宏观梳理的特色决定的。这应是韦昭《国语解》引郑说远少
于贾说的重要原因。据笔者依照上海古籍出版社 1988 版《国语》粗略
统计，韦昭注引郑说共 4 处，需要指出的是，韦注称引郑众之说常言
"郑司农曰"，而用"后郑司农"或"郑后司农"称是指郑玄，郑玄亦
曾被征召大司农，《后汉书·郑玄传》言："绍乃举玄茂才，表为左中
郎将，皆不就。公车征为大司农，给安车一乘，所过长吏送迎。"⑥韦

---

① 范晔：《后汉书》，中华书局，1965，第 1223 页。
② 范晔：《后汉书》，中华书局，1965，第 1230 页。
③ 范晔：《后汉书》，中华书局，1965，第 1224 页。
④ 范晔：《后汉书》，中华书局，1965，第 1224 页。
⑤ 徐元诰：《国语集解》，中华书局，2002，第 594-595 页。
⑥ 范晔：《后汉书》，中华书局，1965，第 1211 页。

注引贾说共 51 处。虽郑众《国语章句》已亡佚，但黄奭《黄氏逸书考》辑录郑众《国语解诂》一卷，对我们了解郑注还是颇有裨益的。台湾学者张以仁辑校本更具学术价值。"张以仁是《国语》旧注辑佚方面的集大成者，他的《国语旧注辑校》收录了清人的所有辑佚成果，并且还有新的补充。"①此外马国翰《玉函山房辑佚书》"补遗经编春秋类"亦有郑众《国语章句》一卷。从今残存郑注来看，郑众训诂多着力在难于索解之语，如《鲁语下》闵马父有"昔正考父校商之名颂十二篇于周太师"之语，而今本《商颂》仅有五篇，必然会引起读者疑惑。韦昭注引郑司农云："自考父至孔子，又亡其七篇，故余五耳。"②《论语·子罕》曾载孔子自语："吾自卫反鲁，然后乐正，雅颂各得其所。"③可见孔子参加过《诗经》尤其是《雅》《颂》部分的整理。郑众认为在正考父校《商颂》到孔子整理《诗经》这段时间内亡佚了七篇，虽为揣测之词，但亦可备一说。再如《周语中》"郑，伯南也"，韦昭注引郑司农云："南为子男。郑，今新郑。新郑之于王城在畿内，畿内之诸侯虽爵有侯伯，周之旧法皆食子男之地。"④这里，很明显"南"是这一短语的关键之词，郑众即从此入手，将南视为"男"之假借字，言郑伯之地位和所享受王室的待遇，接下来又从周制和郑为畿内封国两方面，解释郑为伯爵却称"男"的缘由，揆之以常理，认为当时周畿内封国肯定会是名位尊而食邑小。郑解颇具说服力。郑众熟谙《周礼》，曾作《周礼解诂》，对周礼的熟悉常常使他对《国语》一些字词做出独到解释，如《吴语》"拥铎拱稽"一语，韦昭注言："郑司农以为：'稽，计兵名籍也。'"⑤凡此足证郑众《国语章句》一书学术价值之高，汪远孙《国语三君注辑存》序对郑注很是推崇，认为"其书最为近古"⑥。郑众《国语章句》的训诂成果亦常为其他注家所注意或吸收。如幕为

①　许小玲：《李善〈文选注〉引〈国语〉及贾逵注、韦昭注考》，华中师范大学硕士学位论文，2015，第 8 页。

②　徐元诰：《国语集解》，中华书局，2002，第 205 页。

③　黄怀信：《论语汇校集释》，上海古籍出版社，2008，第 800 页。

④　徐元诰：《国语集解》，中华书局，2002，第 48 页。

⑤　徐元诰：《国语集解》，中华书局，2002，第 548 页。

⑥　郭万青：《国语历代序跋题识辑证》，齐鲁书社，2018，第 366 页。

有虞部族的一个祖先领袖，他曾出现于《国语·鲁语上》展禽所言"幕，能帅颛顼者也，有虞氏报焉"①，亦出现于《郑语》史伯对郑桓公语"虞幕能听协风，以成物乐生者也"②，但对幕的活动年代究竟是先于舜还是后于舜，注家们是有争议的。《史记·陈杞世家》载太史赵对晋平公语："自幕至于瞽瞍，无违命。舜重之以明德。"裴骃《史记集解》："贾逵曰：'幕，舜后虞思也。至于瞽瞍，无闻违天命以废绝者。'郑众曰：'幕，舜之先也。'骃案《国语》，贾义为长。"③从裴骃"案《国语》"之言来看，上所言贾、郑二注当系对《国语·鲁语上》展禽评幕之言或《郑语》史伯语的训释，贾逵认为幕为舜之后裔，而郑众则认为幕是舜的祖先。六朝时贾说似更受青睐，除裴骃《史记集解》外，韦昭《国语解》亦采贾说，《国语·鲁语上》韦昭注即云："幕，舜后虞思也，为夏诸侯。"④《国语·郑语》韦昭注亦云："虞幕，舜后虞思也。"⑤但至唐则发生了逆转，如司马贞《史记索隐》明确赞同郑说："贾逵以幕为虞思，非也。《左传》言自幕至瞽瞍，知幕在瞽瞍之前，必非虞思明矣。"⑥确实，郑众注更为信实。

四、贾逵的《国语》研究

贾逵（30～101），字景伯，东汉著名经学家。《后汉书·贾逵传》云："和帝即位，永元三年，以逵为左中郎将。八年，复为侍中，领骑都尉。"⑦故后世称之为贾侍中。就《国语》学成就而言，贾逵较郑众更高一筹，李步嘉曾就郑、贾二人《国语》注书的撰成时间做过考证："献《国语解诂》时间是在'永平'中，'永平'是东汉明帝年号，永平元年为公元五十八年，上引韦昭说郑众之《国语》注作于章帝时，《后汉书·章帝纪》记章帝即位年号为建初元年，而建初元年为公元七

① 徐元诰：《国语集解》，中华书局，2002，第160页。
② 徐元诰：《国语集解》，中华书局，2002，第466页。
③ 司马迁：《史记》，中华书局，1959，第1581页。
④ 徐元诰：《国语集解》，中华书局，2002，第160页。
⑤ 徐元诰：《国语集解》，中华书局，2002，第466页。
⑥ 司马迁：《史记》，中华书局，1959，第1581页。
⑦ 范晔：《后汉书》，中华书局，1965，第1240页。

十一年，则贾逵《国语》解诂当在郑众《国语》章句之前。"①可以说，就《国语》训诂这一《国语》学重要领域的开创意义来说，贾逵要比郑众更为突出。另外，贾逵《国语》注对后人典籍注疏影响更大，魏晋时期，虞翻、唐固、韦昭注解《国语》多从贾注取鉴，后人如李善《文选注》、《史记》三家注也颇注重贾注成果。《隋书·经籍志》著录《国语》注书，首列贾逵注，下列虞翻、王肃、韦昭、孔晁、唐固诸注，而未列郑众《国语章句》，足证此书已失传或影响式微。这也从一个侧面反映了贾、郑二人《国语》注释影响力的差别。贾逵家学渊源深厚，可追溯到其九世祖贾谊，《后汉书·儒林传下》言："梁太傅贾谊为《春秋左氏传训诂》，授赵人贯公。"②贾谊的《左传》研究影响甚大，正如有学者指出："从《汉书·儒林传》所述《左传》授受传承可知，西汉实际上存在着一个以贾谊为宗的《左传》学派，这也是西汉最大的《左传》学派。"③贾谊对《国语》亦颇熟悉，于其著述中屡屡称引，这一点已被韦昭注意到，其《国语解叙》在谈到《国语》的传播时曾指出："遭秦之乱，幽而复光，贾生史迁，颇综述焉。"④由此看来，《左传》《国语》作为贾氏家学的主要看家本领渊源甚早。贾逵之父贾徽更对其产生了直接影响，《后汉书·贾逵传》云："父徽，从刘歆受《左氏春秋》，兼习《国语》《周官》，又受古文《尚书》于涂恽，学《毛诗》于谢曼卿，作《左氏条例》二十一篇。"⑤本身家学渊源深厚，又得当时一流经学大师耳提面命，贾徽的《左传》《国语》造诣和经学素养所能达到的境界可想而知。正是在家庭熏陶下，"逵悉传父业，弱冠能诵《左氏传》及《五经》本文"，他一心向学，"自为儿童，常在太学，不通人间事。身长八尺二寸，诸儒为之语曰：'问事不休贾长头。'性恺悌，多智思"⑥，其痴迷经学可见一斑。良好的教育和自身的勤奋聪慧，使得贾逵在经学尤其是《左传》和《国语》的研究上取得了很高成就。

① 李步嘉：《唐前〈国语〉旧注考述》，《文史》2001 年第 4 期，第 85-94 页。
② 范晔：《后汉书》，中华书局，1965，第 2577 页。
③ 黄觉弘：《论贾谊与〈左传〉之关系》，《船山学刊》2006 年第 1 期，第 65-67 页。
④ 徐元诰：《国语集解》，中华书局，2002，第 594 页。
⑤ 范晔：《后汉书》，中华书局，1965，第 1234 页。
⑥ 范晔：《后汉书》，中华书局，1965，第 1235 页。

"尤明《左氏传》《国语》，为之《解诂》五十一篇"①，成为他治学根底，这一点已有学者指出："贾逵学问的根基是《左传》与《国语》这两部记载春秋时期历史的先秦史书。"②特别是他的《左传》研究受到当时儒学大师马融的高度推崇，《后汉书·马融传》载马融"尝欲训《左氏春秋》，及见贾逵、郑众注，乃曰：'贾君精而不博，郑君博而不精。既精既博，吾何加焉！'"。③贾逵的《左传》成就无疑为其《国语》训诂打下了扎实基础。贾逵精熟《国语》从一件小事也可得到例证，《后汉书·贾逵传》言："时有神雀集宫殿官府，冠羽有五采色，帝异之，以问临邑侯刘复，复不能对，荐逵博物多识，帝乃召见逵，问之。对曰：'昔武王终父之业，鹭鸶在岐，宣帝威怀戎狄，神雀仍集，此胡降之征也。'帝敕兰台给笔札，使作《神雀颂》，拜为郎，与班固并校秘书，应对左右。"④"昔武王终父之业，鹭鸶在岐"唯见载于《国语·周语上》内史过对周惠王语"周之兴也，鹭鸶鸣于岐山"⑤，他书未见，故《后汉书》李贤注："事见《国语》也。"正是由于对此文的熟悉，才使贾逵能做到出口成章，应对敏捷。再如，《后汉书·贾逵传》载贾逵上书汉章帝请立《左传》，称颂章帝"朝夕恪勤"，此语他籍未载，唯见于《国语·周语上》，系祭公谋父称颂先王不窋语，贾逵所言当典出于此，这也从侧面反映了贾逵对《国语》颇为熟悉。韦昭《国语解叙》对贾逵的《国语》注评价颇高："侍中贾君敷而衍之，其所发明，大义略举，为己憭矣，然于文间时有遗忘。"⑥贾逵所撰《国语解诂》已经失传，但相较于郑注，在一些书籍中引用和保存较多，如《一切经音义》引《国语》贾逵注约600条，李善《文选注》引《国语》贾逵注127条，韦昭《国语解》引贾逵注51条，其辑本值得注意的有清人汪远孙《国语三君注辑存》、黄奭《黄氏逸书考》中贾逵《国语注》一卷、马国翰《玉函山房辑佚书》"补遗经编春秋类"中贾逵《国语解

---

① 范晔：《后汉书》，中华书局，1965，第1235页。
② 邱居里：《贾逵与史学》，《史学史研究》2006年第4期，第70页。
③ 范晔：《后汉书》，中华书局，1965，第1972页。
④ 范晔：《后汉书》，中华书局，1965，第1235页。
⑤ 徐元诰：《国语集解》，中华书局，2002，第29页。
⑥ 徐元诰：《国语集解》，中华书局，2002，第595页。

诂》二卷。通过这些资料，我们可对贾逵《国语解诂》的研究特色及其影响进行较为具体细致的描述。

第一，和同时代的郑众相比，贾逵《国语解诂》注重具体词语训诂的特色似乎特别突出。贾逵释词，多取词典及前人经传注疏义，做到出训有据。《尔雅》释义多为其所取，如《晋语七》"使张老延君誉于四方"①，《文选》之左思《魏都赋》"延广乐"句李善注引贾逵注云："延，陈也。"②《尔雅·释诂》即言："延，陈也。"③《周语中》"天根见水而涸"④，《文选》之木玄虚《海赋》"竭涸九州"句李善注引贾逵注云："涸，竭也。"⑤《尔雅·释诂》即言："涸，竭也。"⑥贾逵释词，亦多取《小尔雅》义。《小尔雅》，学界一般认为其撰成于秦汉之际或西汉初年，甚至有学者认为其成书于先秦，已在汉人古籍注疏中发挥重要作用，"汉人注书或著述多有与《小尔雅》合者，如郑玄笺《诗》，郑众、贾逵、马融注《礼》，高诱注《吕氏春秋》及《淮南子》，赵岐注《孟子》，王逸注《楚辞》，杨雄著《方言》，许慎著《说文》，刘熙著《释名》等"⑦。我们有理由相信贾逵在为《国语》做注时参酌了《小尔雅》的相关词条。如《齐语》"索讼者，三禁而不可上下"⑧，《文选》李善注释扬雄《羽猎赋》"薄索蛟螭"句时引贾逵注云："索，求也。"⑨《小尔雅·广言》即言："索，求也。"《文选》李善注释潘岳《西征赋》"振作降王于路左"句引贾逵注云："振，救也。"⑩《小尔雅·广言》即言："振，救也。"贾逵释词，亦多取《诗毛传》义。《文选》李善注释张衡《南都赋》"宴于兰堂"句云："贾逵《国语》注曰：不脱履升

---

① 徐元诰：《国语集解》，中华书局，2002，第408页。

② 李善：《文选注》，中华书局，1977，第105页。

③ 徐朝华：《尔雅今注》，南开大学出版社，1994，第21页。

④ 徐元诰：《国语集解》，中华书局，2002，第63页。

⑤ 李善：《文选注》，中华书局，1977，第180页。

⑥ 徐朝华：《尔雅今注》，南开大学出版社，1994，第59页。

⑦ 孙少华：《〈小尔雅〉成篇时代与作者及其与〈孔丛子〉之关系》，《广西师范学院学报》2009年第2期，第126页。

⑧ 徐元诰：《国语集解》，中华书局，2002，第230页。

⑨ 李善：《文选注》，中华书局，1977，第134页。

⑩ 李善：《文选注》，中华书局，1977，第158页。

堂。"①何楷《诗经世本古义》卷六《殷文丁之世诗五篇》释《小雅·鹿鸣》"我有旨酒,嘉宾式宴以敖"句言"贾逵曰不脱履升堂曰宴"②,《一切经音义》卷二十亦言"不脱履升堂曰宴也",③凡此足证贾逵该注完整语句是"不脱履升堂曰宴"。《诗经·小雅·常棣》"饮酒之饫",《毛传》:"饫,私也。不脱履升堂谓之饫。"④许慎《说文》:"饫,燕食也……《诗》曰:'饮酒之饫'。"⑤许慎为贾逵弟子,其对《常棣》"饮酒之饫"的解释当同于贾氏,也就是说贾逵视"燕(宴)"与"饫"同义,故其释"宴"取义于《毛传》,故汪远孙指出:"《诗·常棣》传:'不脱履升堂谓之饫。'不亦下字之误。贾用毛义。"⑥再如《一切经音义》:"《国语》:'所以阜财用',贾逵曰:'阜,厚也。阜亦盛也,大也。'"⑦贾逵训"阜"为"盛"为"大"当本于《毛传》,《诗经·郑风·大叔于田》"火烈具阜",《毛传》:"阜,盛也。"⑧《诗经·秦风·驷驖》"驷驖孔阜",《毛传》:"阜,大也。"⑨贾逵还擅长利用同义连用语言现象训诂,如《孝经·诸侯第三章》有"制节谨度"⑩之语,《荀子·议兵》有"秦之锐士,不可以当桓文之节制"⑪之语,足见"制"与"节"为同义连用,可相互为训。张衡《东京赋》"不能节之以礼",《文选》李善注云:"贾逵《国语》注曰:'节,制也。'"⑫再如张衡《南都赋》"眩将坠而复举",李善注云:"《国语》曰:'观美而眩',贾逵:'眩,惑也。'"⑬贾注当源于先秦两汉语言中"眩惑"的同义连用,如《淮南

① 李善:《文选注》,中华书局,1977,第71页。
② 何楷:《诗经世本古义》,影印文渊阁四库全书第81册,商务印书馆(台北),1986。
③ 徐时仪点校:《一切经音义》(三种校本合刊),上海古籍出版社,2010,第852页。
④ 李学勤:《十三经注疏·毛诗正义》,北京大学出版社,1999,第573页。
⑤ 许慎:《说文解字》,中华书局,2013,第103页。
⑥ 汪远孙:《国语三君注辑存》,清道光丙午振绮堂刊本。
⑦ 徐时仪点校:《一切经音义》(三种校本合刊),上海古籍出版社,2010,第286页。
⑧ 李学勤:《十三经注疏·毛诗正义》,北京大学出版社,1999,第286页。
⑨ 李学勤:《十三经注疏·毛诗正义》,北京大学出版社,1999,第411页。
⑩ 李学勤:《十三经注疏·孝经注疏》,北京大学出版社,1999,第9页。
⑪ 王先谦:《荀子集解》,中华书局,1988,第274页。
⑫ 李善:《文选注》,中华书局,1977,第51页。
⑬ 李善:《文选注》,中华书局,1977,第72页。

子·泛论训》："同异嫌疑者，世俗之所眩，惑也。"①贾逵《国语解诂》训词种类特别多，有度量衡单位，如《晋语二》"黄金四十镒"②，《文选》李善注枚乘《七发》"于是使射千镒之重"言："贾逵《国语》注曰：'一镒二十四两。'"③有地貌，如《文选》李善注木玄虚《海赋》"而为魁"言："贾逵《国语》注曰：'川阜曰魁。'"④有人名，如《文选》李善注潘岳《西征赋》"俾庶朝之构逆"言："贾逵《国语》注曰：'子朝，景王之长庶子也。'"⑤有官名，如《周语上》"农正陈籍礼"，贾逵注云："农正，田大夫也。主敶陈籍礼而祭其神，为农祈也。"⑥贾逵词语训诂方式丰富多彩，最为常见的是同义为训，即用被释词的同义词来解释，如《文选》李善注潘岳《关中诗》"未遑斯愿"言："贾逵《国语》注曰：'遑，快也。'"⑦这种方式有其变体，有时在解释词前加"犹"字，如《文选》李善注潘岳《笙赋》"余可得而略之也"言："贾逵《国语》注曰：'略，犹简也。'"⑧有时在解释词前加"言"字，如《文选》李善注陈琳《檄吴将校部曲文》"享不訾之禄"言："贾逵《国语》注曰：'訾，言量也。'"⑨有时以反义词的否定形式来解释，如《文选》李善注欧阳坚石《临终诗》"咨余冲且暗"言："贾逵《国语》注曰：'暗，不明也。'"⑩有时用描述方式释词，如《文选》李善注潘岳《寡妇赋》"缅邈兮长乖"言："《国语》声子曰'椒举奔郑，缅然引领南望'，贾逵曰：'缅，思貌也。'"⑪言缅就是思念的状态，极其恰切。再如《文选》李善注曹植《三良诗》"三臣皆自残"言："贾逵《国语》注曰：'没身为残。'"⑫再如《文选》李善注潘岳《关中诗》"化为狄俘"

① 何宁：《淮南子集释》，中华书局，1998，第981页。
② 徐元诰：《国语集解》，中华书局，2002，第296页。
③ 李善：《文选注》，中华书局，1977，第480页。
④ 李善：《文选注》，中华书局，1977，第180页。
⑤ 李善：《文选注》，中华书局，1977，第149页。
⑥ 徐元诰：《国语集解》，中华书局，2002，第18页。
⑦ 李善：《文选注》，中华书局，1977，第280页。
⑧ 李善：《文选注》，中华书局，1977，第260页。
⑨ 李善：《文选注》，中华书局，1977，第622页。
⑩ 李善：《文选注》，中华书局，1977，第327页。
⑪ 李善：《文选注》，中华书局，1977，第235页。
⑫ 李善：《文选注》，中华书局，1977，第296页。

言："贾逵《国语》注曰：'伐国取人曰俘。'"①这些均属义训，贾注还时常采用音训的方式，如《一切经音义》引《国语》贾逵注："霸犹把也，言把持诸侯之权也。"②第二，贾逵注解《国语》也时有章句意思的疏通，但并不多见，如《鲁语上》"大惧乏周公太公之命祀"，韦昭注引贾逵注曰："周公为太宰，太公为太师，皆掌命诸侯之国，所当祀也。"③即解释为什么祭祀周公和太公，强调句义的疏通与理解。这与其大量专注于词语训诂形成鲜明对照。

　　贾逵《国语解诂》对《国语》学和后人的训诂产生了深远影响。就《国语》学而言，虞翻、唐固、韦昭等人在为《国语》做注时多吸收贾氏训诂成果。其对虞翻和唐固的影响，韦昭《国语解叙》已经指出："建安、黄武之间，故侍御史会稽虞君、尚书仆射丹阳唐君，皆英才硕儒，洽闻之士也，采摭所见，因贾为主而损益之。观其辞义，信多善者，然所理释，犹有异同。"④我们举韦昭《国语解》所引即可见一斑。就《国语》韦昭注所见，贾逵对唐固的影响似乎更大一些。《周语下》"晋羊舌肸聘周论单靖公敬俭让咨"条有"让于德也"句，韦昭注引："贾、唐二君云：'二后所以受天命者，能让有德也。'"⑤《鲁语上》"臧文仲如齐告籴"条有"大惧乏周公、太公之命祀"句，韦昭注引："贾、唐二君云：'周公为太宰，太公为太师，皆掌命诸侯之国所当祀也。'"⑥《鲁语上》"文公欲弛孟文子与郈敬子之宅"条有"尝、禘、蒸、享之所致君胙者有数矣"句，韦昭注引："贾、唐二君云：'臣祭，致肉于君，谓之致胙。'"⑦《晋语一》"献公将黜太子申生而立奚齐"条有"伯氏不出"句，韦昭注引："贾、唐皆云：'伯氏，申生也。'"⑧《晋语三》"惠公改葬共世子"条有"国人诵之曰：'贞之无报也。孰是

---

① 李善：《文选注》，中华书局，1977，第281页。
② 徐时仪点校：《一切经音义》（三种校本合刊），上海古籍出版社，2010，第42页。
③ 徐元诰：《国语集解》，中华书局，2002，第149页。
④ 徐元诰：《国语集解》，中华书局，2002，第595页。
⑤ 徐元诰：《国语集解》，中华书局，2002，第104页。
⑥ 徐元诰：《国语集解》，中华书局，2002，第149页。
⑦ 徐元诰：《国语集解》，中华书局，2002，第163页。
⑧ 徐元诰：《国语集解》，中华书局，2002，第257页。

人斯，而有是臭也'"句，韦昭注引："贾、唐云：'贞，正也。谓惠公欲以正礼改葬世子，而不获吉报也。孰，谁也。斯，斯世子也。谁使是人有是臭者，言惠公使之也。"①《晋语四》"文公任贤与赵衰举贤德"条有"夫三德者，偃之出也"句，韦昭注引："贾、唐云：'三德，栾枝、先轸、胥臣，皆狐偃所举。'"②《晋语四》"胥臣论教诲之力"条有"询于八虞"句，韦昭注引："贾、唐曰：'八虞，周八士，皆在虞官，伯达、伯括、仲突、仲忽、叔夜、叔夏、季随、季骃。'"③《郑语》"史伯为桓公论兴衰"条有"合十数以训百体"句，韦昭注引："贾、唐云：'十数，自王以下，位有十等：王臣公，公臣大夫，大夫臣士，士臣皂，皂臣舆，舆臣隶，隶臣僚，僚臣仆，仆臣台。百体，百官各有体属也。合此十数之位，以训导百官之体。'"④《越语下》"范蠡谓人事至而天应未至"条有"忠臣解骨"句，韦昭注引："贾、唐二君云：'解骨，子胥伏属镂也。'"⑤贾、唐注语相同，很明显是唐固注吸收了贾逵的说法。尚需指出的是，韦昭注称引多将二人并举，表明他已将贾、唐二人的《国语》注看作在训诂上具有相同特色的类型。韦昭《国语解》亦以贾、虞并举称引其注，足以见出贾逵对虞翻的影响，如《晋语一》"史苏论献公伐骊戎胜而不吉"条有"非礼不终年"句，韦昭注引："贾、虞云'十年而数终'。"⑥贾、虞注语相同，很明显是虞翻注吸收了贾逵的说法。《国语解》中称引它注还常见"三君云"的形式，凡六见。《晋语四》"胥臣论教诲之力"条有"而惠慈二蔡"句，韦昭注云："惠，爱也。三君云：'二蔡，文王子。管叔初亦为蔡。'"⑦《晋语六》"郤至勇而知礼"条有"郤至以靺韦之跗注"句，韦昭注引："三君云：'一染曰靺。'"⑧《晋语八》"范宣子与和大夫争田"条有"问于

① 徐元诰：《国语集解》，中华书局，2002，第 304 页。
② 徐元诰：《国语集解》，中华书局，2002，第 358 页。
③ 徐元诰：《国语集解》，中华书局，2002，第 361 页。
④ 徐元诰：《国语集解》，中华书局，2002，第 471 页。
⑤ 徐元诰：《国语集解》，中华书局，2002，第 581 页。
⑥ 徐元诰：《国语集解》，中华书局，2002，第 253 页。
⑦ 徐元诰：《国语集解》，中华书局，2002，第 361 页。
⑧ 徐元诰：《国语集解》，中华书局，2002，第 390 页。

张老"句，韦昭注引："三君云：'张老，中军司马也。'"①《郑语》"史伯为桓公论兴衰"条有"应、韩不在"句，韦昭注引："三君云：'不在，时已亡也。'"②《郑语》"平王之末秦晋齐楚代兴"条有"秦景、襄于是乎取周土"句，韦昭注引："三君皆云：'秦景公，宣王季年伐西戎，破之，遂有其地。'"③《楚语上》"左史倚相儆申公子亹"条有"于是乎作懿戒以自儆"句，韦昭注引："三君云：'懿，戒书也。'"④三君即贾逵、虞翻和唐固，这些注释三人全同，很明显是虞翻和唐固继承自贾逵。

　　贾逵注对韦昭《国语解》影响甚大。我们主要从保存贾注颇多的《国语解》和《文选》李善注来分析。贾注对韦注的影响形式是丰富多样的。第一种形式是韦昭在对贾注质疑的基础上提出新说，如《周语上》"虢文公谏宣王不籍千亩"条有"虢文公谏曰"语，韦昭是这样注解的："贾侍中云：'文公，文王母弟虢仲之后，为王卿士。'昭谓：虢叔之后，西虢也。及宣王都镐，在畿内也。"⑤陈按，因武王灭商，分封诸姬，文王之同母弟虢仲和异母弟虢叔分别被封东虢、西虢，且后经西周末年王室东迁和春秋兼并造成两虢变迁甚大，导致其历史叙述蒙昧舛讹之处甚多，贾逵、韦昭对虢文公属于东虢还是西虢产生争议颇为正常。在这则注文里，韦昭所引贾注主要包括两个方面，一是交代虢文公封国之源，二是点明其在周王室的地位。韦注很明显是赞同贾逵对虢文公地位的解释，而反对贾氏认为虢文公为虢仲之后的主张，因此鲜明地对之批驳，认为虢文公应为虢叔之后，并进一步揭示虢叔就是西虢的始封君，而周初西虢的封地在雍即今天陕西省宝鸡市。缘何成为周王室的卿士呢？韦昭又给出了详细的解释：宣王都镐后，西虢成为了周王朝的畿内之国。可以说，韦昭的整个注解行文简洁却内容丰富，而这均基于对贾注的批驳修正。再如《周语中》"襄王拒晋文

---

① 徐元诰：《国语集解》，中华书局，2002，第 424 页。
② 徐元诰：《国语集解》，中华书局，2002，第 475 页。
③ 徐元诰：《国语集解》，中华书局，2002，第 477 页。
④ 徐元诰：《国语集解》，中华书局，2002，第 502 页。
⑤ 徐元诰：《国语集解》，中华书局，2002，第 15 页。

公请隧"条有"请隧焉"语，韦昭是这样注解的："贾侍中云：'隧，王之葬礼，开地通路曰隧。'昭谓：隧，六隧也。周礼：天子远郊之地有六乡，则六军之士也；外有六隧，掌供王之贡赋。唯天子有隧，诸侯则无也。"①贾逵将"隧"解释为天子的随葬礼，而韦昭将其释作"掌供王之贡赋"为天子所特有的六隧之地。两种说法各有道理。《周语上》"内史兴论晋文公必霸"条有"施三服义，仁也"语，韦昭是这样注解的："贾侍中云：'三，谓忠、信、仁也。'昭谓：施三，谓三让也。"②贾逵训释主要从内史兴评论晋文公的一个前提"且礼所以观忠、信、仁、义"的角度来展开，而韦昭则从晋文公所行如何体现礼的角度来注解。我们认为，贾注将"三"解释为忠、信、仁三种德行，很明显和后面的判断语"仁也"重复；相形之下韦注更符合逻辑，在上下文语义的贯通上更流畅自然。第二种形式是韦昭在贾逵注的基础上进一步解释并加以文义的疏通，使训释更为显豁。如《齐语》"桓公帅诸侯而朝天子"条有这样的语句："桓公曰：'吾欲南伐，何主？'管子对曰：'以鲁为主。反其侵地棠、潜，使海于有蔽，渠弭于有渚，环山于有牢。'"在解释"使海于有蔽，渠弭于有渚"时，韦昭是这样做注的："贾侍中云：'海，海滨也。有蔽，言可依蔽也。渠弭，禆海也。水中可居者曰渚。'昭谓：有此乃可以为主人，军必依险阻者也。"③很明显，韦昭吸收了贾逵的注释，但贾注专注于具体字词的训解，对上下文意思的理解仍有滞涩处，故韦昭进一步做语义的疏通工作，言"海于有蔽，渠弭于有渚"的整体意思是在军事行动中要占据这些险阻，方可使自己处于主动地位。此种类型我们可以称之为韦注本于贾注而详之。

由上述可知，经学领域的《国语》研究主要表现为《国语》的训释，在这方面，成就最卓越的大师非郑众和贾逵莫属。他们成就的取得最根本的原因，是两汉之交古文经学和今文经学对峙融合中所促成的经学思维方式和价值取向的新变；其直接原因，是经学繁荣背景中师法和家学的最大合力。正如皮锡瑞所指出："前汉重师法，后汉重家

----

① 徐元诰：《国语集解》，中华书局，2002，第51页。
② 徐元诰：《国语集解》，中华书局，2002，第37页。
③ 徐元诰：《国语集解》，中华书局，2002，第231页。

法。先有师法,而后能成一家之言。师法者溯其源,家法者衍其流也。"①
马宗霍指出:"但凡言某经有某氏之学者,皆指师法而言;但凡言某家
有某氏之学者,则指家法而言。"②顺便提及的是,《国语》训释除了贾、
郑两大家外,尚有许多学者投入这一工作,我们能够知道的还有杨终
作《春秋外传改定章句》。杨终大体和贾逵同时,《后汉书·杨终传》
云:"杨终字子山,蜀郡成都人也。年十三,为郡小吏,太守奇其才,
遣诣京师受业,习《春秋》。"③后因事系狱,得贾逵、班固等人营救,
"博士赵博、校书郎班固、贾逵等,以终深晓《春秋》,学多异闻,表
请之,终又上书自讼,即日贳出,乃得与于白虎观焉。后受诏删《太
史公书》为十余万言"④。足见其《春秋》学造诣之高,加之删削《史
记》的工作,为他注释《国语》提供了很好的基础,"著《春秋外传》
十二篇,改定章句十五万言"⑤。但遗憾的是此书很快失传,《隋志》
中已不见著录,给《国语》研究史留下了无法弥补的遗憾。

第二节 汉代史传和杂史杂传对《国语》的接受

　　和世界其他国家相比,中国是历史著述极为发达的国家。黑格尔
曾指出:"中国历史作家的层出不穷,继续不断,实为任何民族所不
及。"⑥和先秦相比,汉代的历史著述更为丰富,其中标志汉代史著最
高成就的无疑是司马迁的《史记》和班固的《汉书》,这两部著作是纪
传体的典范之作,代表了史传文学的最高峰。司马迁和班固在创作中
多采撷先秦史著材料,其中自然包括《国语》。汉代历史著述的发达还
表现在大量杂史杂传类著作的涌现。"'杂史'是与'正史''编年''霸
史''实录''起居注'等官方史著相对立的私家载记之'野史',多由

---

① 皮锡瑞:《经学历史》,中华书局,1959,第136页。

② 马宗霍:《经学通论》,中华书局,2011,第217页。

③ 范晔:《后汉书》,中华书局,1965,第1597页。

④ 范晔:《后汉书》,中华书局,1965,第1599页。

⑤ 范晔:《后汉书》,中华书局,1965,第1601页。

⑥ 黑格尔:《历史哲学》,王造时译,上海书店,2001,第191页。

各记见闻而成，率尔而作，内容驳杂，体例不纯。"①从学术史角度看，"杂史"这一名称首见于《隋书·经籍志》："又有《越绝》，相承以为子贡所作。后汉赵晔又为《吴越春秋》。其属辞比事，皆不与《春秋》《史记》《汉书》相似，盖率尔而作，非史策之正也……然其大抵皆帝王之事，通人君子，必博采广览，以酌其要，故备而存之，谓之杂史。"②"杂传"亦见于《隋书·经籍志》："刘向典校经籍，始作《列仙》《列士》《列女》之传，皆因其志尚，率尔而作，不在正史……杂以虚诞怪妄之说。推其本源，盖亦史官之末事也。载笔之士，删采其要焉……谓之杂传。"③对于杂史与杂传的区别与联系，元代学者马端临在《文献通考·经籍考》中的论述颇具参考价值："杂史、杂传皆野史之流，出于正史之外者。盖杂史，纪、志、编年之属也，所纪者一代或一时之事。杂传者，列传之属也，所纪者一人之事。然固有名为一人之事而实关系一代一时之事者，又有参错互见者。"④马氏在精辟地分析了杂史与杂传的内涵并加以区分后，也承认两者间有"参错互见"的现象存在。在本部分，我们不对杂史杂传进行严格区分，一并论述，主要包括《隋志》所举《越绝书》《吴越春秋》《列女传》，另包括《隋志》未提及的《说苑》《新序》。

一、司马迁及其《史记》对《国语》的研究和接受

谈到司马迁及其《史记》与《国语》的关系，主要包括两个方面，一是司马迁对《国语》的论述，二是司马迁在创作《史记》的过程中对《国语》载录材料的采纳。前一个问题我们在前面已经谈到，司马迁在其《报任安书》和《史记》中多次提到《国语》的作者为左丘明。这是在《国语》研究史上首次明确提到《国语》的作者，也成为《国语》研究史聚讼纷纷的一个重要问题。另外一点也值得我们注意，司

---

① 王庆华：《论古代'小说'与'杂史'文类之混杂》，《华东师范大学学报》2015 年第 5 期，第 204 页。

② 魏徵：《隋书》，中华书局，1973，第 962 页。

③ 魏徵：《隋书》，中华书局，1973，第 982 页。

④ 马端临：《文献通考》卷 193《经籍考》，中华书局，1986，第 1647 页。

马迁在《史记·五帝本纪》中说："予观《春秋国语》，其发明《五帝德》《帝系姓》章矣。"①《五帝德》《帝系姓》是《大戴礼记》中的两篇，这表明他看到了《国语》对《大戴礼记》的影响，由此我们也可以说司马迁是最早关注《国语》传播与接受的学者。下面我们重点谈谈《史记》对《国语》的接受问题。

司马迁的《史记》受《国语》影响显著，这一点许多学者都曾明确指出。著名史学家班固在《汉书·司马迁传》中非常明晰地指出："司马迁据《左氏》《国语》，采《世本》《战国策》，述《楚汉春秋》，接其后事，讫于天汉。"②这表明，《国语》构成了《史记》上古史材料的重要来源。郑樵《通志·总序》阐释得更为具体："司马氏世司典籍，工于制作，故能上稽仲尼之意，会《诗》《书》《左传》《国语》《世本》《战国策》《楚汉春秋》之言，通黄帝、尧、舜至于秦汉之世，勒成一书。"③郑氏继承了班固的说法，叙述得较前人更为全面，也重点谈到了《国语》对《史记》的影响。清代学者王聘珍在其《大戴礼记解诂》中亦指出："盖古人之书，名曰著述，采取者博，如《史记》明是采《世本》《左传》《国语》《国策》所为。"④具体而言，《国语》对《史记》的影响可分为如下几个方面。

（一）《国语》对《史记》体例的影响

作为中国文化史上最伟大的历史著作，《史记》开创了以历史人物为表现中心的纪传体体例，本纪、世家、列传、表、书五种体例构成了一个既各自独立又融会贯通的有机整体。但这种体例绝对不是无本之木和无源之水，它是司马迁在天才地整合先秦史著诸种体例基础上的推陈出新，这其中就包括《国语》的影响。《国语》对《史记》"本纪"体例有一定的影响。"本纪"构成《史记》核心，它在全书中起纲目和标举历史发展线索的作用。《史记·太史公自序》云："略推三代，

---

① 司马迁：《史记》，中华书局，1959，第46页。

② 班固：《汉书》，中华书局，1962，第2737页。

③ 张须：《通志总序笺》，商务印书馆，1934，第3页。

④ 王聘珍：《大戴礼记解诂》，中华书局，1985，第3页。

录秦汉,上记轩辕,下至于兹,著十二本纪,既科条之矣。"①刘宁如此评价"本纪"的地位和内涵:"在本纪设计中司马迁强调的是'王迹所兴',体现在《史记》本纪的叙述中,则是表现了时势主宰者的事迹,以此体现出本纪所具有纲纪天下政事的重要意义。"②从历史纵向角度看,历史叙述起点的选择非常重要。《史记》以五帝本纪作为开篇就有《国语》的影响。"五帝"作为一个称谓在司马迁之前有着诸多说法,太史公将其界定为黄帝、颛顼、帝喾、尧、舜五人,很明显是依据《大戴礼记·五帝德》而来。《五帝德》记述的是孔子与其弟子宰予的谈话,主要内容是黄帝、颛顼、帝喾、尧、舜的贤圣与功德。作为强烈尊崇儒学和孔子的史学家,《史记》选择以上这五个传说中的圣王作为五帝就很容易理解了。但我们要说的是,《五帝德》的说法也有其渊源,即《国语·鲁语上》"展禽论祭爰居非政之宜"条:"黄帝能成命百物,以明民共财,颛顼能修之。帝喾能序三辰以固民,尧能单均刑法以仪民,舜勤民事而野死。"③这五位圣王名号与排列顺序与《五帝德》完全一致,且其后叙述鲧、禹、契等夏、商、周君主,由此看出展禽是将这五位圣王视为三代之前的君主,这无疑给《五帝德》提供了重要启迪。这一点司马迁注意到了,如《五帝本纪》末尾"太史公曰"即提到《国语》"发明《五帝德》"的作用。《国语》对"世家"体例也有显著影响。作为《史记》的重要体例,"'世家'是指有爵位俸禄世代相传的家族,他们的首封者都是帝王的左膀右臂,他们忠于国家,护卫帝室"④。国别体是《国语》的体例特征,实际上国别体和世家在内涵上有一定的相通之处,《国语》中除《周语》三卷外,其他各卷主要内容都是各诸侯国的历史,这与《史记》中以反映诸侯王为主的世家有某种程度的契合;我们将《史记》中同一历史时期内的"世家"放在一起,如《齐太公世家》《燕召公世家》《鲁周公世家》等,这种"国别"感会非常强烈。《国语》也对"表"这一体例产生了影响。"表"是《史记》的

---

① 司马迁:《史记》,中华书局,1959,第3319页。

② 刘宁:《史记叙事学研究》,中国社会科学出版社,2008,第176页。

③ 徐元诰:《国语集解》,中华书局,2002,第156页。

④ 刘宁:《史记叙事学研究》,中国社会科学出版社,2008,第179页。

一种补充体例，用来列记事件，从而达到以简御繁的目的。《史记》共有十表，其中《十二诸侯年表》在指出儒者、历人、谱牒的弊病后，接着提出"于是谱十二诸侯，自共和讫孔子，表见《春秋》《国语》学者所讥盛衰大指著于篇，为成学治古文者要删焉"①。作者在这里明确指出，《十二诸侯年表》的时间范围自共和元年至孔子，这个时段非常近于我们通常所说的春秋时期，但其起点不是以犬戎攻灭西周作起点，而是以厉王奔彘共和执政为开端。这与司马迁对周厉王时期这一时间节点的认识息息相关。在《十二诸侯年表》中，司马迁曾充满遗憾和惋惜地指出："太史公读春秋历谱牒，至周厉王，未尝不废书而叹也。"因为在司马迁看来，正是由于周厉王的暴虐昏聩，导致了周室乱政，"及至厉王，以恶闻其过，公卿惧诛而祸作，厉王遂奔于彘，乱自京师始，而共和行政焉。是后或力政，强乘弱，兴师不请天子。然挟王室之义，以讨伐为会盟主，政由五伯，诸侯恣行，淫侈不轨，贼臣篡子滋起矣"②。司马迁认为，周厉王失政导致了共和行政，而这标志着乱端已起，具体表现为建立于实力基础上的力政成为政治的基本特征，整个社会陷入无道状态，正如《论语·季氏》所言："天下有道，则礼乐征伐自天子出；天下无道，则礼乐征伐自诸侯出。"③现实的周代社会中诸侯权力膨胀，以强凌弱，军事行动不再请命于周王，却打着王室的名义，天下的实际掌控权先后由五霸操纵，诸侯恣意妄行，乱臣贼子屡屡出现。在《十二诸侯年表》的叙述中，周厉王显然成为关键词，"司马迁显然定夺了'周厉王'与'共和行政'之间的等同关系，在司马迁眼中，其所立足的周史兴亡盛衰观，唯'周厉王'时'京师乱'，方有'诸侯力政'的共和行政"④。实际上《十二诸侯年表》所传达的司马迁这一认识当肇端于《国语》。在《周语下》"太子晋谏灵王壅谷水"条中，作为周王室继承人的太子晋曾充满伤感地劝诫自己

---

① 司马迁：《史记》，中华书局，1959，第 511 页。

② 司马迁：《史记》，中华书局，1959，第 509 页。

③ 黄怀信：《论语汇校集释》，上海古籍出版社，2008，第 1465 页。

④ 李纪祥：《从宗周到成周：孔子与司马迁的周史观》，《历史研究》2014 年第 2 期，第13 页。

的父王："自我先王厉、宣、幽、平而贪天祸，至于今未弭。我又章之，
惧长及子孙，王室其愈卑乎？"言自周厉王时开始受到天祸，走上衰
乱的道路；随后太子晋又谈到："自后稷之始基靖民，十五王而文始平
之，十八王而康克安之，其难也如是。厉始革典，十四王矣，基德十
五而始平，基祸十五，其不济乎！"①在太子晋看来，从后稷开始安民
积德，到第十五位王周文王那里才实现了"平"，到第十八位王周康王
那里才实现了"安"。周厉王却成为打破平安局面的罪魁祸首，"厉始
革典"，对"典"的态度被视为判断君主善与恶、贤明与昏聩的重要标
准，如《国语·周语上》言周之先王不窋即便在"失其官，而自窜于
戎、狄"的情况下仍"不敢怠业，时序其德，纂修其绪，修其训典"②，
被后人称颂。由此可见，周厉王"革典"的危害何其深重。从《周语》
三部分的叙事中也能看出作者对周厉王的态度与评价，其主旨是"揭
示了周朝自穆王以来君权日削，王道衰缺，国势寖弱乃致最后覆灭的
社会变化实质和历史趋势"，③其中就有两篇"邵公谏厉王弭谤"和"芮
良夫论荣夷公专利"重点论及周厉王的失政，而且这两篇均直接交代
了其带来的恶果，前篇是"于是国莫敢出言，三年，乃流王于彘"④，
后篇是"诸侯不享，王流于彘"⑤。《国语》作者的周史观直接影响了
《十二诸侯年表》的结构，而且年表在内容上作者强调收录的都是"表
见《春秋》《国语》学者所讥，盛衰大指著于篇"，直接言明年表的内
容主要来自《春秋》和《国语》，蕴含着表现邦国盛衰变化的主旨。这
从表中内容可得到印证。如年表在晋献公五年言"伐骊戎，得骊姬"，
本于《国语·晋语一》"史苏论献公伐骊戎胜而不吉""史苏论骊姬必
乱晋"两条，晋献公掠娶骊姬是献公时代一件大事，对晋国社会政治
产生了重大影响，直接导致了晋国内乱，除前述两条外，《晋语一》中
的"献公将黜太子申生而立奚齐""优施教骊姬远太子""献公作二军

---

① 徐元诰：《国语集解》，中华书局，2002，第99-100页。

② 徐元诰：《国语集解》，中华书局，2002，第5页。

③ 李坤：《〈国语〉的编撰》，《史学史研究》1988年第4期，第49页。

④ 徐元诰：《国语集解》，中华书局，2002，第13页。

⑤ 徐元诰：《国语集解》，中华书局，2002，第14页。

以伐霍""优施教骊姬谮申生""申生伐东山"和《晋语二》中的"骊姬谮杀太子申生"诸条均是围绕骊姬之乱展开，蕴含着对献公宠爱骊姬而导致国家危亡的谴责。再如年表在晋献公十二年言"太子申生居曲沃，重耳居蒲城，夷吾居屈。骊姬故"①，本于《晋语一》中的"优施教骊姬远太子"，《国语》所叙颇为具体，言骊姬贿赂二五，使其进言于献公"使太子主曲沃，而二公子主蒲与屈"，最终达到目的，"乃城曲沃，太子处焉；又城蒲，重耳处焉；又城二屈，公子夷吾处焉"②，将申生调远以后，骊姬更方便向献公进谗言，最终害死申生。《晋语一》"史苏论骊姬必乱晋"条亦叙及此事，"骊姬请使太子申生主曲沃以速悬，重耳处蒲城，夷吾处屈，奚齐处绛，以做无辱之故。公许之"③。行文简洁，与《十二诸侯年表》更为接近。凡此足以见出《国语》对《史记》中"表"这一体例的影响。元人戴表元在其《读国语》一文中说："此书不专载事，遂称《国语》。先儒奇太史公变编年为杂体，有作古之材。以余观之，殆放《国语》而为之也。"④是颇有道理的。

（二）《国语》对《史记》表现手法的影响

正如过常宝先生所指出："在前人总结的林林总总的众多笔法中，'太史公曰'和'互见法'最能见出司马迁的用心，也是最有代表性的两例笔法。"⑤这两种表现手法都能在《国语》中找到渊源。下面我们来具体分析。

众所周知，"太史公曰"是《史记》颇具特色的史评形式，它在《史记》中发挥着重要的表现功能，出现的频率相当高，这一点有学者已经指出："司马迁创立了'太史公曰'的论断形式，借助于这一文字，表达了作者对历史人物和历史事件的鲜明爱憎感情，发表了许多有见地的意见，130 篇《史记》除《汉兴以来将相名臣年表》无'太史公

---

① 司马迁：《史记》，中华书局，1959，第 578 页。
② 徐元诰：《国语集解》，中华书局，2002，第 262 页。
③ 徐元诰：《国语集解》，中华书局，2002，第 254-255 页。
④ 戴表元：《戴表元集》，吉林文史出版社，2008，第 306 页。
⑤ 过常宝：《论〈史记〉中的"太史公曰"和"互见法"》，《唐都学刊》2006 年第 5 期，第 1 页。

曰'外，136 条 '太史公曰'涉及了广泛的思想内容。"①其作用主要表现为阐明人物传记主旨，表达作者情感体验，交代材料来源，对历史人物和历史事件做出分析评价等。刘知几在《史通·论赞》中注意到了这一史评方式在先秦史著中的渊源："《春秋左氏传》每有发论，假君子以称之。二传云公羊子、谷梁子，《史记》云太史公。既而班固曰赞……其名万殊，其义一揆。必取便于时，则总归论焉。"②在先秦史著中，刘知几仅注意到了《左传》"君子曰"的史评方式对《史记》的影响，却未提到《国语》。实际上，《国语》中"君子曰"出现的频率尽管没有《左传》高，但据笔者粗略统计，亦出现了八次，且集中于《晋语》，这在一定程度上也构成了《晋语》卓立于其他诸语的独特标识。《晋语一》"史苏论骊姬必乱晋"条言骊姬得宠后，史苏根据自己之前的卜筮郑重告诫晋国大夫"乱本生矣"，并做了详尽分析，最终果如史苏所料，"骊姬果作难，杀太子而逐二公子"。该篇文末言："君子曰：'知难本矣。'"③《晋语一》"优施教骊姬谮申生"条叙献公接受骊姬建议派太子申生讨伐皋落狄，"衣之偏裻之衣，佩之以金玦"，仆人赞立即由这个细节推想到"太子殆哉"，因为"君赐之奇，奇生怪，怪生无常，无常不立"，而且"是衣也，狂夫阻之衣也"，预言太子"其若内谗何"，结果正如其所预言，"申生胜狄而反，谗言作于中"。该篇文末言："君子曰：'知微。'"④《晋语一》"申生伐东山"条两次出现"君子曰"的史评方式。一处是"公使太子伐东山"，里克劝谏，因为按照传统政治伦理，一个国家对外发动战争或是"君行，太子居，以监国"，或是"君行，太子从，以抚军"，而现在是"君居，太子行"，违背常理，结果被献公拒绝，"子无谋吾父子之间"。太子申生向里克请教献公赐其偏衣、金玦的想法，尽管里克已洞悉晋献公的真实心态，但圆滑的里克半是搪塞，半是勉励，言"衣躬之偏，而握金玦"是"令

① 冯万里：《〈史记〉中"太史公曰"史评形式初探》，《绥化学院学报》2004 年第 3 期，第64页。

② 张振珮：《史通笺注》，贵州人民出版社，1985，第 94-95 页。

③ 徐元诰：《国语集解》，中华书局，2002，第 256 页。

④ 徐元诰：《国语集解》，中华书局，2002，第 267 页。

不偷"，以减少申生的忧惧，接着言"为人子者，惧不孝，不惧不得"，劝勉申生致力于孝敬父亲，以此赢得君父欢心，并进一步引用前人格言来鼓励申生，"且吾闻之曰：'敬贤于请。'孺子勉之乎"，意谓申生应尽心尽力履行好自己为人子和为储君的职责，自己的位置就会坐稳。该语段末尾言："君子曰：'善处父子之间矣。'"①另一处是写出征后，作为"御戎"的狐突与作为车右的先友对申生"衣偏衣而佩金玦"发表自己的看法，相对于先友虚与委蛇的"中分而金玦之权，在此行也。孺子勉之乎"的说法，狐突率直地指出申生潜伏的危险，"以尨衣纯，而玦之以金铣者，寒甚矣，胡可恃也"②，颇能看出狐突对申生的忠诚与同情。在申生欲与狄人决战时，他从申生的前途考虑认为"不可"，并细致地为申生分析其面临的处境和可采取的策略，因为现在的献公"好内"，必然导致"嫡子殆，社稷危"的局面，申生能做的或是"惠于父而远于死"，即《晋语一》"献作二军以伐霍"条士蒍建议申生的应对策略，"与其勤而不入，不如逃之。君得其欲，太子远死，且有令名，为吴太伯，不亦可乎"③；或是"惠于众而利社稷"，即如《晋语二》"骊姬谮杀太子申生"条骊姬在献公面前所污蔑申生的那样，利用民心废黜献公，挽救晋的危局。最后，狐突尖锐地指出与狄作战毫无政治意义，"危身于狄以起谗于内"。申生拒绝了狐突的劝谏，"果败狄于稷桑而反。谗言益起"，申生的处境更加恶化。面对自己无力改变的局面，狐突只好"杜门不出"。该语段末尾言："君子曰：'善深谋也'。"④《晋语二》"冀芮答秦穆公问"条叙秦穆公基于秦国利益的考虑，欲拥立公子夷吾为晋君，但对夷吾能否得到晋国内部支持存在疑虑，故向夷吾流亡集团核心人物冀芮打探虚实，"公子谁恃于晋"，在这一点上，夷吾和同样流亡在外的重耳相比，没有任何优势可言。重耳贤德，在晋国内部有很大的支持力量，在里克等人除灭骊姬集团后，他们一直想迎请重耳返国为君。冀芮却巧妙地将夷吾这一短板文饰成长处，先

① 徐元诰：《国语集解》，中华书局，2002，第 268 页。
② 徐元诰：《国语集解》，中华书局，2002，第 269 页。
③ 徐元诰：《国语集解》，中华书局，2002，第 263 页。
④ 徐元诰：《国语集解》，中华书局，2002，第 270 页。

用"臣闻之"的形式阐明"亡人无党，有党必有仇"的政治伦理，根据这一逻辑推衍，有党必有仇，那么夷吾无党，自然没有仇怨，"故出亡无怨于国，而众安之"，而这恰恰成了夷吾的优势，从而使秦穆公放下顾虑，坚定支持夷吾这一政治抉择。因此该篇文末言："君子曰：'善以微劝也。'"①《晋语四》"文公救宋败楚于城濮"条主要是围绕城濮之战战前和战中的谋划展开，面对楚令尹子玉"请复卫侯而封曹，臣亦释宋之围"的交换条件，狐偃认为"子玉无礼哉！君取一，臣取二，必击之"。先轸则认为如这样的话会导致楚"有三施"而晋"有三怨"，这样对晋不利，"怨已多矣，难以击人"，应该"私许复曹、卫以携之，执宛春以怨楚"，被晋文公采纳。在战斗中，晋文公兑现当初对楚成王的诺言，向后退避，子玉率军仍然，引起军吏不满，"以君避臣，辱也。且楚师老矣，必败"，狐偃出面训诫晋军，"战斗，直为壮，曲为老"，而晋现在如不退避三舍以报答楚成王的恩惠，就是"我曲楚直，其众莫不生气，不可谓老"，退避三舍后，"我以君避臣，而不去，彼亦曲矣"，最终子玉仍然追赶，而在城濮被击败。因此该篇文末言"君子曰：'善以德劝'"，以此夸赞先轸和狐偃。②《晋语六》"郤至勇而知礼"条言晋大夫郤至在鄢之战中，三逐楚王卒，而"见王必下奔避战"，在楚王派人"问之以弓"时，郤至"免胄而听命"，非常得体地回应楚王"君之外臣至，以寡君之灵，间蒙甲胄，不敢当拜君命之辱，为使者故，敢三肃之"，非常近似于《左传·成公二年》齐晋鞌之战中韩厥应对齐君的描写，因此该篇文末言"君子曰：'勇以知礼。'"③《晋语七》"悼公赐魏绛女乐歌钟"条叙述晋悼公因魏绛"和诸戎狄"而使晋"七合诸侯"给予其歌钟和女乐的赏赐，魏绛则推功于晋君和其他大夫而表示谢绝，最终悼公还是赏赐于他。该篇文末言："君子曰：'能志善也。'"④和《左传》的八十三条"君子曰"相比，《国语》中的"君子曰"数量不多，仅相当于其数目的十分之一；《左传》中的"君子曰"

---

① 徐元诰：《国语集解》，中华书局，2002，第297页。
② 徐元诰：《国语集解》，中华书局，2002，第355页。
③ 徐元诰：《国语集解》，中华书局，2002，第391页。
④ 徐元诰：《国语集解》，中华书局，2002，第415页。

相对而言篇幅较长，如《左传·宣公二年》郑宋交战，仅仅因为战前
"华元杀羊食士，其御羊斟不与"，结果在战斗中羊斟挟嫌报复，"与入
郑师"，导致宋军失败。文末以"君子谓"的形式评论羊斟："非人也，
以其私憾，败国殄民。于是刑孰大焉？《诗》所谓'人之无良'者，
其羊斟之谓乎！残民以逞。"①再如《左传·隐公元年》述郑庄公母亲
姜氏勾结庄公弟共叔段图谋夺权，后被庄公挫败。庄公誓言断绝同母
亲关系，后在颍考叔的帮助下母子和好。文末以"君子曰"的形式评
论："颍考叔，纯孝也，爱其母，施及庄公。《诗》曰：'孝子不匮，永
锡尔类。'其是之谓乎！"②但《左传》与《国语》两书中的"君子曰"
表现出更大的一致性，即相对于《史记》"太史公曰"侧重评价人物性
格和一生命运不同，《左传》与《国语》中的"君子曰"更为侧重评价
具体的事件和人物的道德伦理。两者的差别主要是基于《史记》的体
例是人物传记。和《左传》"君子曰"不同的是，《国语》中的"君子
曰"更强调对人物的评价，更具有对全篇的统贯作用。在这一点上，
《国语》对《史记》"太史公曰"的影响要比《左传》更为显著。另外，
我们从《国语》中还能看到史著"君子曰"等史评形式产生的文化基
础。《楚语上》"左史倚相儆司马子期唯道是从"条言司马子期欲将妾
扶正为内子，便向左史倚相咨询，左史倚相认为此举不妥，先举两事，
一是《楚语上》"子囊议恭王之谥号"条楚恭王临终前自责，认为"失
先君之业，覆楚国之师"，请求死后给自己谥号为"灵"或"厉"。等
到举行葬礼时，子囊和群臣商议恭王谥号，力排众议，认为"事君者，
先其善，不从其过"，而恭王"抚征南海，训及诸夏，其宠大矣。有是
宠也，而知其过，可不谓恭乎？若先君善，则请为恭"③。二是《楚语
上》"屈建祭父不荐芰"条，言屈建之父因生前嗜芰，在患病之际便立
下遗嘱"祭我必以芰"，屈建却认为按照祭典，大夫应享受羊馈之祭，
而没有遵从父命，随后左史倚相言"君子曰：违而道"。接着左史倚相
又举两事，谷阳竖从子反之命而献饮导致其罹罪被杀，芋尹子亥从灵

---

①　杨伯峻：《春秋左传注》，中华书局，2016，第 713 页。

②　杨伯峻：《春秋左传注》，中华书局，2016，第 17 页。

③　徐元诰：《国语集解》，中华书局，2002，第 487 页。

王之欲导致其死于干溪，随后左史倚相言"君子曰：从而逆"。①左史
倚相为楚之著名史官，其言事说理过程中两引"君子曰"，表明引"君
子曰"以论议人和事已成为春秋时的传统，这是"君子曰"史评方式
生成的文化基础，迄至《史记》中的"太史公曰"被发扬光大。尚需
指出的是，《国语》中还出现不少"君子曰"的变异形式，即借助于孔
子或子夏等人的言语来评论人物或事件，据笔者粗略统计，共有五处，
均集中于《鲁语下》，兹列之如下。《鲁语下》"公父文伯之母对季康子
问"条言季康子向公父文伯之母讨教，公父文伯之母的回答是："吾闻
之先姑曰：'君子能劳，后世有继。'"文末引子夏评论："善哉！商闻
之曰：'古之嫁者，不及舅姑，谓之不幸。'夫妇，学于舅姑者也。"②
《鲁语下》"公父文伯之母论劳逸"条文末言："仲尼闻之曰：'弟子志
之，季氏之妇不淫矣。'"③《鲁语下》"公父文伯之母别于男女之礼"
条言敬姜严守男女有别的礼仪，绝不逾礼半分。文末言："仲尼闻之，
以为别于男女之礼矣。"④《鲁语下》"公父文伯卒其母戒其妾"条记述
公父文伯亡后，敬姜戒其妻妾不要过分痛哭悲伤以致损害其名誉，文
末言："仲尼闻之曰：'女知莫若妇，男知莫若夫。公父氏之妇智也夫，
欲明其子之令德也。'"⑤《鲁语下》"孔丘谓公父文伯之母知礼"条言：
"公父文伯之母朝哭穆伯，而暮哭文伯。仲尼闻之曰：'季氏之妇可谓
知礼矣。爱而无私，上下有章。'"⑥由这些足可见出，《国语》中孔子
和子夏的人物评论在表达功能上很近似于"君子曰"，但比"君子曰"
要充实得多，对《史记》也产生了较大影响。

　　我们知道，"互见法"是《史记》的标志性写作手法。刘知几在《史
通·二体》中对此有过较为清楚的描述，尽管他对此法是略有微词的。
"若乃同为一事，分在数篇，断续相离，前后屡出，于《高纪》则云语

① 徐元诰：《国语集解》，中华书局，2002，第506页。
② 徐元诰：《国语集解》，中华书局，2002，第192页。
③ 徐元诰：《国语集解》，中华书局，2002，第198页。
④ 徐元诰：《国语集解》，中华书局，2002，第199页。
⑤ 徐元诰：《国语集解》，中华书局，2002，第201页。
⑥ 徐元诰：《国语集解》，中华书局，2002，第201页。

在《项传》,于《项传》则云事具《高纪》。"①互见法的运用,有助于
塑造鲜明突出而又蕴涵丰富的人物形象。以刘邦形象为例,《高祖本纪》
中展现的是一个有着雄才大略、器宇恢宏、富有机谋、颇具远见的政
治家形象,而在其他传记中则展现了刘邦猥琐、粗鄙、自私、残忍的
一面,如在《项羽本纪》中通过范增之口言他"贪于财货,好美姬"②,
在《万石张叔列传》中言其宠信石奋即因"召其姊为美人"③;在《项
羽本纪》中通过"汉王道逢得孝惠、鲁元,乃载行。楚骑追汉王,汉
王急,推堕孝惠、鲁元车下,滕公常下收载之。如是者三"④的描写揭
示刘邦的自私无情;在《郦生列传》中通过"沛公不好儒,诸客冠儒
冠来者,沛公辄解其冠,溲溺其中。与人言,常大骂"⑤的描写,揭示
刘邦的无赖和轻浮。"互见法"产生的最根本原因是《史记》的人物传
记体例这一根本特质,这一点靳德峻《史记释例》"互文相足"条谈得
非常透彻:"一事所系数人,一人有关数事,若各为详载,则繁复不堪,
详此略彼,详彼略此,则互文相足尚焉。"⑥但"互见法"又不是无源
之水,在先秦著作中能够找到其渊源。章沧授先生曾详细论述了《吕
氏春秋》对《史记》"互见法"的影响:"《有始览》七篇全用互见法,
各篇所引证的史实故事,只简举事名,略去具体内容,以'解在乎'
的形式见于其他篇……吕氏这种分见他篇的互见法,为司马迁所继
承。"⑦实际上,"《国语》已经产生了互见法的萌芽,作者用互见法描
写人物形象,叙述历史事件,组织全篇结构,表现作者意愿"⑧。"互
见法"在《国语》中出现得非常多,我们具体可分为如下几种情况。
第一种,对于作者所褒扬或贬斥的人物,《国语》作者往往遵循"一文
主言一事(或言)"的原则,在每一篇中揭示某一主导性格,各篇综合

① 张振珮:《史通笺注》,贵州人民出版社,1985,第 30 页。
② 司马迁:《史记》,中华书局,1959,第 311 页。
③ 司马迁:《史记》,中华书局,1959,第 2763 页。
④ 司马迁:《史记》,中华书局,1959,第 322 页。
⑤ 司马迁:《史记》,中华书局,1959,第 2692 页。
⑥ 靳德峻:《史记释例》,商务印书馆,1934,第 14 页。
⑦ 章沧授:《论〈吕氏春秋〉的文学价值》,《文学遗产》1987 年第 4 期,第 49 页。
⑧ 赵乘勋:《从〈国语〉看互见法的萌芽》,《西藏民族学院学报》2008 年第 1 期,第 100 页。

起来，一个丰富具体的形象就凸显于读者面前。例如《国语》中的邵公无疑是一个忠臣的形象，而这个形象集中展现于《周语上》"邵公谏厉王弭谤""邵公以其子代宣王死"两条中。在前一条中凸显的是一个有着民本思想、富于远见、刚直敢谏的政治家形象；在后一条中则是恪守臣道、明于大义、谨慎自守的贤臣形象。而这两则故事通过邵公"昔吾骤谏王，王不从，是以及此难。今杀王子，王其以我为怼而怒乎"①的心理有机结合在一起，凸显出一个生动丰富的良臣形象。就反面人物而言，周厉王是一个鲜明例子。《周语上》"邵公谏厉王弭谤""芮良夫论荣夷公专利"两条集中凸显了周厉王的昏君形象。在前一条中，集中展示了他刚愎自用、残暴无道的性格内涵；在后一条中，集中展示了他贪财好利的性格内涵。不仅如此，在《周语下》"太子晋谏灵王壅谷水"条中更借太子晋对其"厉始革典"的批评，指出他是造成西周危乱的罪魁祸首，这样周厉王的形象就凸显无遗。再如楚灵王的形象集中展现在《楚语上》"伍举论台美而楚殆""范无宇论国为大城未有利者""白公子张讽灵王宜纳谏"三条中，在"伍举论台美而楚殆"条中，作者揭示了楚灵王奢华汰侈的性格特征，在"范无宇论国为大城未有利者"条中，作者揭示了楚灵王好大喜功、骄横自用的性格特征，在"白公子张讽灵王宜纳谏"条中，作者揭示了楚灵王刚愎拒谏而又终存悔过自责之心。不仅如此，在《吴语》"夫差伐齐不听申胥之谏"条中更借伍子胥之口揭示了其悲惨的命运，这样就将一个极富立体感的形象展现出来。这一点对《史记》影响很大，如张良形象的塑造就是一个鲜明例证，在本传《留侯世家》中凸显的是作为复仇者、战略家、谋士的形象，而谋士形象丰富内涵的展开则主要体现于其他人物传记中，如《项羽本纪》中鸿门宴前后情形的描写与《淮阴侯列传》中韩信请求假齐王时刘邦震怒而张良"蹑其足"和"附耳语"的描写，就将张良的胆略、多谋、机智展现得淋漓尽致。第二，对于同一事件，《国语》作者更善于用"互见法"从不同的角度和侧面加以展现各色人物。如晋文公勤王是《国语》中一个重要事件，围绕这一事

---

① 徐元诰：《国语集解》，中华书局，2002，第14页。

件在不同篇章里展现了丰富多彩的人物形象，如在《晋语四》"文公修
内政纳襄王"条中写重耳返归晋国为君政权稳定后，恰逢襄王因内乱
出奔至郑，"使来告难，亦使告于秦"，此时，狐偃高瞻远瞩地帮助重
耳分析国内外政治形势：就国内而言，"民亲而未知义"，可以通过勤
王"教之义"；就国外而言，如果不抓住这个有利时机，"若不纳，秦
将纳之，则失周矣，何以求诸侯"，通过勤王可以"继文之业，定武之
功，启土安疆"。①由此描写能看出狐偃富于智谋和远见的性格。定王
于郏后，出现了两个插曲。一个是文公请隧，这在《晋语四》"文公出
阳人"条和《周语中》"襄王拒晋文公请隧"条中都有展现。《晋语四》
的叙述很简略："公请隧，弗许。曰：'王章也，不可以二王，无若政
何。'"②因为这里主要是突出晋文公的霸业和影响。相形之下，《周语
中》的描写则颇为详赡，襄王采用似扬实抑的言语技巧，围绕"亲亲"
"尊尊"的宗法伦理展开自己的雄辩，一步紧似一步地表达了拒绝的意
旨，集中展现了周襄王善辩的性格特征。另一个插曲是周襄王在拒绝
文公请隧要求后作为抚慰赏赐给他南阳八邑，其中阳人不服，晋文公
便将其包围，这在《晋语四》"文公出阳人"条和《周语中》"阳人不
服晋侯"条都有生动展现，《周语中》以仓葛形象的塑造为主，展现了
一个善辩的形象；《晋语四》则集中表现晋文公的宽仁和睿智。第三，
在整体结构和行文叙述上，《国语》也部分地做到了详于彼而略于此、
相互生发，体现了"互见法"的优长。如《晋语六》"郤至勇而知礼"
条叙述了晋大夫郤至在鄢之战中的表现后，引君子曰"勇而知礼"，但
未作具体解释，而在《周语中》"单襄公论郤至佻天之功"中通过郤至
的自夸得到了揭示："且夫战也微谋，吾有三伐；勇而有礼，反之以仁。
吾三逐楚君之卒，勇也；见其君必下而趋，礼也；能获郑伯而赦之，
仁也。"③如晋悼公是《国语》中所着力表现的一个贤君形象，他作为
一个公子时因"晋无公族"的政治文化传统被遣至周，栾书等人弑晋
厉公后迎其归晋为君，《晋语七》主要凸显他高明的政治手腕和知人善

① 徐元诰：《国语集解》，中华书局，2002，第 351 页。
② 徐元诰：《国语集解》，中华书局，2002，第 352 页。
③ 徐元诰：《国语集解》，中华书局，2002，第 74 页。

任、善于纳谏的政治品格；而他成为晋君前的优秀品质是在《周语下》"单襄公论晋周将得晋国"条中通过单襄公的评议展现的，这样就将一个优秀政治家的完整人生历程全面展现出来了。所以我们认为，无论是"太史公曰"的史评形式还是"互见法"的结构与表现形式，能够在《史记》中以成熟和近乎完美的形态展现出来，固然有司马迁的天才创造因素，也与包括《国语》在内的先秦著述的滋养分不开。

（三）《国语》构成《史记》的重要材料来源

这是司马迁《史记》对《国语》接受最鲜明的例证。司马迁在其《史记》写作中大量参考甚至直接选录《国语》有关记述，这一点已为古今许多学人所指出。如近现代著名学者刘咸炘在其《史学述林》"《史通》驳议"篇中指出："《史记》只取《春秋》《国语》《世本》《国策》《楚汉春秋》，正是其有别择之处。"①我们主要从以下几个方面来谈《史记》对《国语》的吸收和利用。

第一，相对于其他先秦典籍，《国语》具有其独特的历史文献价值，其中一个重要方面就是《周语》三卷保存了从西周中期到东周后期周王室的丰富历史资料，很多资料为《左传》所无，这就成了《史记·周本纪》主要的有时甚至是唯一的史料来源。《周语》三卷大部分内容被《周本纪》所吸收。《周本记》对《周语》材料的利用主要表现为如下几个形式：一是将内容原封不动地采入，如《周语上》"密康公母论小丑备物终必亡"。二是司马迁根据自己的理解对《周语》记述略加更动，如《周语上》"祭公谏穆王征犬戎"条几乎被《周本纪》全文袭用，只是个别处有改动，如"欣戴武王"改为"䜣载文王、武王"，很明显"欣"与"䜣"、"戴"与"载"通假，增添"文王"一词，想必是太史公认为文王、武王并为周人贤明的先王，此处没有"文王"于理不通，我们认为结合下文"以致戎于商牧"来理解，《国语》说法于语义更洽。再如《周语上》"王不听，遂征之"在《周本纪》中删去了"不听"二字，虽更简洁，但语义连贯性受到了损害。三是删减说辞，仅保留叙事成分，最为典型的是《周语上》中的"虢文公谏宣王不籍千亩""仲

---

① 刘咸炘：《推十书》，成都古籍出版社，1996 年影印。

山父谏宣王料民"两条。《国语》独特的历史文献价值还体现为对《史记·越王勾践世家》尤其是范蠡形象的贡献。学界已经认识到："《左传》是我们考察春秋时期历史较为可信的材料，也是现存记载有关吴越历史最早的材料。但在今本《左传》中，我们看到关于越国史事的记载寥寥，且多依附于有关吴国史事的记载，此间，对越国'大夫种''皋如''舌庸'等有所记载，但对后世心目中在吴越争霸期间起关键性作用的范蠡，居然只字未提。而汉代以前，有关范蠡记载的材料主要涉及《国语》《墨子》《韩非子》《鹖冠子》《吕氏春秋》等书。"①这样来看，《国语》对于《史记·越王勾践世家》的价值不言而喻。我们进行细致的文本比较，就能见出两者间的关系。《史记·越王勾践世家》采自《越语下》甚多，为避烦冗仅举两处以明之。《史记·越王勾践世家》叙写勾践拒绝范蠡劝告执意攻吴："三年，勾践闻吴王夫差日夜勒兵，且以报越，越欲先吴未发往伐之。范蠡谏曰：'不可。臣闻兵者凶器也，战者逆德也，争者事之末也。逆谋阴德，好用凶器，试身于所末，上帝禁之，行者不利。'越王曰：'吾已决之矣。'遂兴师。"②《越语下》的叙写是："越王勾践即位三年而欲伐吴……范蠡进谏曰：'夫勇者，逆德也；兵者，凶器也；争者，事之末也。逆谋阴德，好用凶器，始于人者，人之所卒也。淫佚之事，上帝之禁也，先行此者不利。'王曰：'无是贰言也，吾已断之矣！'果兴师而伐吴，战于五湖，不胜，栖于会稽。"③勾践战败后，问计于范蠡，范蠡给出正确的谋划，《史记·越王勾践世家》的叙写是："越王谓范蠡曰：'以不听子故至于此，为之奈何？'蠡对曰：'持满者与天，定倾者与人，节事者以地。卑辞厚礼以遗之，不许，而身与之市。'勾践曰：'诺。'"④《越语下》的叙写是："王召范蠡而问焉，曰：'吾不用子之言，以至于此，为之奈何？'范蠡对曰：'君王其忘之乎：持盈者与天，定倾者与人，节事

---

① 宋春光：《范蠡：被塑造出的理想人物——以〈国语〉〈史记〉为中心》，《南阳师范学院学报》2015 年第 2 期，第 36 页。

② 司马迁：《史记》，中华书局，1959，第 1740 页。

③ 徐元诰：《国语集解》，中华书局，2002，第 575-577 页。

④ 司马迁：《史记》，中华书局，1959，第 1740 页。

者与地。'王曰:'与人奈何?'对曰:'卑辞尊礼,玩好女乐,尊之以名。如此不已,又身与之市。'王曰:'诺。'"①两相对照,《史记·越王勾践世家》袭自《国语》的痕迹颇为明显。关于这一点,韩兆琦先生已经指出:"司马迁写《越世家》,所叙范蠡事迹多采自《越语下》,但较之《越语下》又有许多新发展。"②颇有道理。

第二,《史记》和《国语》有着不同的创作旨趣。《国语》着眼于言辞,《史记》属意于历史人物与历史事件,因此《史记》采撷《国语》材料时,往往作精要的剪裁或改写,以适合作者的具体表达目的。如《国语·郑语》"史伯为桓公论兴衰"条主要表现史伯对西周末年天下大势的评论,他的见解极其准确精辟,作为这种深刻认识水平的体现,其所论可谓篇制宏大,与全面透彻的分析相表里,展现了史伯的智慧与谋略。司马迁将其采录到《史记·郑世家》中作为郑的发展规划宏图非常恰切,但又不适合保留长篇大论的形式,故做了大幅度的斧削,既保留了史伯所论的主旨,又与《郑世家》全篇协调。再如《国语·鲁语上》"季文子论妾马"条主要是围绕鲁正卿季文子"无衣帛之妾,无食粟之马"③的生活在仲孙它和季文子之间展开的论辩,核心是季文子精辟的论说之辞,表现了一个有着鲜明民本思想、克俭处世的贤相形象。季文子也是《史记·鲁周公世家》中一个比较重要的政治人物,司马迁采用了《国语》这则材料并加以大幅改造,对《鲁语上》中仲孙它的谏辞、季文子的辩辞、孟献子对仲孙它的惩戒、仲孙它对季文子的折服都未收入,却对季文子的节俭做了增饰:"季文子卒。家无衣帛之妾,厩无食粟之马,府无金玉,以相三君。君子曰:季文子廉忠矣。"④将其节俭自律的品格融于死亡情境的展现中,人格垂范意义更为明显,也符合以人物为中心的纪传体例。

---

① 徐元诰:《国语集解》,中华书局,2002,第577页。
② 韩兆琦、陈曦:《黄老思想与〈史记〉中的范蠡、张良》,《文史知识》2000年第3期,第63页。
③ 徐元诰:《国语集解》,中华书局,2002,第173页。
④ 司马迁:《史记》,中华书局,1959,第1538页。

二、刘向对《国语》的接受

谈及《国语》在汉代的接受，必然要谈及刘向的三部著作：《列女传》《说苑》《新序》，尤其是前两部。我们先来解决这三部书的基本属性问题。这三部书在创作动机与性质上有其内在一致性，对此徐复观先生曾给予过精辟概括："'依兴古事'，乃刘向著述的体例。此后所著的《新序》《说苑》《列女传》皆依兴古事。"①尽管是"依兴古事"，但这三部书与汉代作为正史标杆的《史记》《汉书》有着较大的不同。《史记》《汉书》追求的是历史叙述上的"真"与历史评价的"善"相统一的著述原则，尽管在历史叙述上不可避免地有着合理的想象而非纯客观的写实；两书在创作动机上都有为现实政治服务的价值取向，但其主导目标则是真实地再现并准确地评价历史人物与历史事件。刘向的《列女传》《说苑》《新序》则与之迥然不同，正如有论者指出："他渴望入世事功，革除时弊，力挽狂澜，一展自己平生抱负志向，著作中带有极强的功利色彩。他的奏疏直谏起不到效果，就用辞赋来感谏，辞赋感谏起不到效果，就作小说故事之文进行讽谏。他为了实现拯救大汉江山的心愿，极力希望入仕掌权，在政治上强烈表现自己的见解，希望可以有补时务。他的著述，字字用心于朝政，绝无半句闲文。"②刘向的这三部书以"求善"即为现实政治提供资鉴作为创作最高原则，而对"求真"相对重视不够，因此在三部书中都不同程度地存在荒诞不合情理的情节，刘知几正是在这个层面上于《史通·杂说下》中对刘向横加指责："观刘向对成帝，称武宣行事，世传史实。事具《风俗通》，其言可谓明鉴者矣。及自造《洪范》《五行》，及《新序》《说苑》《列女传》《列仙》诸传，而皆广陈虚事，多构伪辞，非其识不周而才不足，盖以世人都可欺故也。"③也是基于这一点，有论者将其视为文学虚构类的创作方法，"可以说《新序》《说苑》《列女传》已经具有了

---

① 徐复观：《汉代思想史》第三卷，华东师范大学出版社，2001，第 37 页。

② 李山、邓田田：《论刘向在〈列女传〉中的政治寄寓》，《中国文学研究》2008 年第 2 期，第 39 页。

③ 张振珮：《史通笺注》，贵州人民出版社，1985，第 625 页。

浓厚的小说特征"①。相较之下，有的学者则提出了较为稳妥的观点，如曹道衡、刘跃进先生指出："这三部书又有点像故事类编，全部故事大体以类相从，编为若干类。因此，说它是一部具有类书性质的历史故事集也许更为合适。"②"类书性质的历史故事集"的概括较为精准，且有较强的涵盖性，因为它模糊处理了三部书中信史与野史并存状态势必带给不同读者的分歧。但这个指称又有其局限性，它未能界定出汉魏六朝这类文体的独特性质、特征和形态。实际上，如果对一个民族著述史的流变作动态的历史的考察的话，我们就会发现一个深蕴其中永不变异的规律，那就是任何一个时代的著述都会因其具体的文化阶段、文化背景的不同而呈现出鲜明的时代特征，这个规律同样体现于汉魏六朝时期。笔者认为，其一重要表现形态就是"杂史杂传"的兴起和繁盛。刘向的《列女传》《说苑》《新序》和下文将要论及的《吴越春秋》《越绝书》，无疑就是"杂史杂传"类的典范之作。"杂史""杂传"之名同见于《隋书·经籍志》。在《隋志》作者看来，"古之史官，必广其所记，非独人君之举"，而且"自公卿诸侯，至于群士，善恶之迹，毕集史职"，即便是"穷居侧陋之士，言行必达，皆有史传"，③这是杂传产生的文化基础，杂传习见含义得以固定下来，即"用以指正史列传以外的与列传相类作品"，④也就是说，杂传以人物为中心，载录其言行与功德。《隋志》的作者将刘向的《列女传》等视为杂传的典范之作，"刘向典校经籍，始作《列仙》《列士》《列女》之传，皆因其志尚，率尔而作，不在正史"⑤。刘向《列女传》作为杂传的文体史价值得到当代学界的普遍承认，如王利锁教授就指出："刘向《列女传》是我国古代第一部人物杂传，而且是最早的以女性为传主的人物杂

---

① 周云中：《关于〈新序〉〈说苑〉〈列女传〉的性质》，《广西大学梧州分校学报》2006 年第 2 期，第 39 页。

② 曹道衡、刘跃进：《先秦两汉文学史料学》，中华书局，2005，第 461 页。

③ 魏徵：《隋书》，中华书局，1973，第 981 页。

④ 熊明：《略论杂传之渊源及其流变》，《辽宁大学学报》2003 年第 4 期，第 46 页。

⑤ 魏徵：《隋书》，中华书局，1973，第 982 页。

传。"①关于杂史,《隋书·经籍志》亦有非常精彩的论述:"汉初,得《战国策》,盖战国游士记其策谋。其后陆贾作《楚汉春秋》,以述诛锄秦、项之事。又有《越绝》,相承以为子贡所作。后汉赵晔,又为《吴越春秋》。其属辞比事,皆不与《春秋》《史记》《汉书》相似,盖率尔而作,非史策之正也。"②《隋志》将杂史的源头追溯到《战国策》和陆贾的《楚汉春秋》,又重点例举了《吴越春秋》和《越绝书》,认为这些作品与《春秋》《史记》《汉书》等正史信史在"属辞比事"上有鲜明不同,盖因其作者率意而为之作,故将其视为杂史。遗憾的是,《隋志》未提到刘向的《说苑》《新序》,盖因作者疏忽失载。我们认为,将二书与其所列杂史代表著作比较,其应为杂史类著作,即着重于"史事"但颇多荒诞、传闻性质的史著。杂史与杂传的基本性质是一致的,就是"属辞比事"多"率尔而作",多委巷之言,迂怪妄诞,且都具有博采广览的阅读功能。

由上述可以看出,在汉代《国语》接受史上,刘向是一个颇为重要的人物。刘向系汉王朝宗室,楚元王刘交四世孙,阳城侯刘德子,其生平履历见于《汉书·楚元王传》:"向字子政,本名更生。年十二,以父德任为辇郎。既冠,以行修饬擢为谏大夫。"③后任给事黄门郎,散骑宗正给事中。成帝朝蒙信用,迁光禄大夫,终至中垒校尉。刘向成就的取得,与其家学渊源有密切关系。乃祖刘交是汉高帝刘邦的同父异母少弟,在辅佐刘邦夺取天下的过程中立下了汗马功劳,但是他与兄长们却有着迥然相异的性格:"楚元王,高祖同父兄弟也。秦汉间急攻战,燔坟籍,一家之内,仲则力田治生产矣;季则好酒及色,谩骂儒生矣。交何所见而早,毅然学古,独与穆生、白生、申公辈游,同受《诗》于浮丘伯,岂非豪杰之士无待而兴者哉?然则交固汉儒林之首也。"④《汉书·楚元王传》亦载刘交"好书,多才艺。少时尝与

---

① 王利锁:《刘向〈列女传〉女性类型的文化诗学价值》,《河南大学学报》2010 年第 1 期,第 76 页。
② 魏徵:《隋书》,中华书局,1973,第 962 页。
③ 班固:《汉书》,中华书局,1962,第 1928 页。
④ 朱彝尊:《经义考》,中华书局,1989,第 545 页。

鲁穆生、白生、申公俱受《诗》于浮丘伯。伯者，孙卿门人也"①。他封王后，将自己当年的同学申公等人请至楚国，封以中大夫的重职，传授儒学，使楚迅速成为西汉最早的儒学中心。鲁迅《汉文学史纲要》曾经提及："汉高祖虽不喜儒，文景二帝，亦好刑名黄老，而当时诸侯王中，亦颇有倾心养士、致意于文术者。楚、吴、梁、淮南、河间五王，其尤著者也。"②将楚置于首位，除了因其形成最早外，还与其影响最大有关。五王中，唯楚和河间以儒学为特色，对促成汉文化转型和儒家一统地位奠定了深厚的基础。元王自己治《诗》也取得了很高成就，并对家人产生了重要而深远的影响。《汉书·楚元王传》指出："元王好《诗》，诸子皆读《诗》，申公始为《诗》传，号《鲁诗》。元王亦次之《诗》传，号曰《元王诗》，世或有之。"③在楚元王奠定的良好基础上，一直延续至西汉末年的刘歆，形成了渊源深厚的家学传统。宋儒黄震非常精辟地指出："交以好学礼贤开国，故戊虽以叛诛，而辟疆、德、向皆世济其美，汉之宗英，于斯为盛。"④其次，刘向成就的取得还与其刻苦勤奋息息相关。《汉书·楚元王传》言"向为人简易无威仪，廉靖乐道，不交接世俗，专积思于经术，昼诵书传，夜观星宿，或不寐达旦"⑤。再次，刘向成就的取得还与其所从事的工作直接相关，《汉书·楚元王传》言汉成帝时，"而上方精于《诗》《书》，观古文，诏向领校中《五经》秘书"⑥。《太平御览》卷六〇六引应劭《风俗通义》言："刘向为孝成皇帝典校书籍二十余年，皆先书竹，改易刊定，可缮写者以上素也。"⑦由此可见刘向从事这一工作时间之长和投入精力之大。徐兴无先生对刘向这一工作的职责和内容做了简洁而具体的概括，即"图书的征集与分类（藏书之策）、校勘与缮写（正字、校书、写书）、书目及篇目次序的整理（序次）、目录的纂写与上奏（记

---

① 班固：《汉书》，中华书局，1962，第 1921 页。

② 鲁迅：《鲁迅全集》第九卷，人民文学出版社，1995，第 395 页。

③ 班固：《汉书》，中华书局，1962，第 1922 页。

④ 黄震：《黄氏日抄》，影印文渊阁四库全书本，商务印书馆（台北），1983。

⑤ 班固：《汉书》，中华书局，1962，第 1963 页。

⑥ 班固：《汉书》，中华书局，1962，第 1950 页。

⑦ 李昉：《太平御览》，中华书局，1980，第 2725 页。

奏目录）等"①。《隋书·经籍志》曾对刘向在"领校中五经秘书"这一浩大古籍整理工程中的作用做了较为具体的描述："至于孝成，秘藏之书，颇有亡散，乃使谒者陈农，求遗书于天下。命光禄大夫刘向校经、传、诸子、诗、赋，步兵校尉任宏校兵书，太史令尹咸校数术，太医监李柱国校方技。每一书就，向辄撰为一录，论其指归，辨其讹谬，叙而奏之。"②由《隋志》可以看出，刘向在这次古籍整理行动中毫无疑问处于绝对的领导核心地位，除了一些专业性很强的兵书、数术和医药类典籍，刘氏承担了基础性典籍主体部分的校订整理工作，即便是他人所校，他也承担总负责人的职责。葛兆光先生对刘向的这一工作给予了高度评价："负责西汉官方的校书，实际上是思想史上一个重要的'经典化'的工作。很多经过他校定的文献，成了经典的文献；很多本来不在一起的文献，经过他一缀合，成了一个整体的文本。"③作为先秦要典的《国语》便因之和刘向产生了密切关系。刘氏和《国语》的关系首先表现在对《国语》的校勘整理之功，韦昭在《国语解叙》里已指出这一点："及刘光禄于汉成世始更考校，是正疑谬。"④今本《国语》无疑包含着刘向这次校书活动的心血结晶。其次，刘向的杂史杂传材料来源的一个重要方面就是《国语》。

《列女传》是刘向一部非常重要的著作，《汉书·楚元王传》对其创作主旨与缘由交代得非常清楚："向睹俗弥奢淫，而赵魏之属起微贱，逾礼制。向以为王教由内及外，自近者始，故采取《诗》《书》所载贤妃贞妇，兴国显家可法则，及孽嬖乱亡者，序次为《列女传》，凡八篇，以戒天子。及采传记行事，著《新序》《说苑》凡五十篇奏之。数上疏言得失，陈法戒。书数十上，以助观览，补遗阙。"⑤这段话透露了颇为丰富的信息。第一，刘向撰写《列女传》《新序》《说苑》的动机具有内在一致性，即有感于现实政治的昏乱，故著成这些作品以"助观

① 徐兴无：《刘向评传》，南京大学出版社，2005，第192页。

② 魏徵：《隋书》，中华书局，1973，第905页。

③ 葛兆光：《思想史研究课堂讲录：视野、角度与方法》，生活·读书·新知三联书店，2005，第54页。

④ 徐元诰：《国语集解》，中华书局，2002，第594页。

⑤ 班固：《汉书》，中华书局，1962，第1957-1958页。

览，补遗阙"，供皇帝取鉴，"以戒天子"。第二，具体到《列女传》创作宗旨和主体内容而言，是刘向认为王政应始自宫闱，通过正后宫以化天下，而汉成帝宫廷生活秽乱，悖礼之行屡屡发生，因此他编选兴国显家的贤妃贞妇和导致国家乱亡的宠妃嬖妾而成《列女传》，"序次"表明这部书的性质是编撰。现《列女传》共分母仪传、贤明传、仁智传、贞顺传、节义传、辩通传、孽嬖传七卷（卷八"续列女传"体例与前七卷不伦，显系后人所加，故不在论述范围内），由此看出，作者将其所褒扬的女性人格分为母仪、贤明、仁智、贞顺、节义和辩通六类，而将其指斥的人格统一归之于孽嬖。通过文本比照分析，我们有充分的理由相信，在这七卷中，有四卷七篇人物传本于《国语》。具体如下：卷一《母仪传》"鲁季敬姜"条共叙敬姜八个故事，其中六个照搬于《鲁语下》"公父文伯饮南宫敬叔酒""公父文伯之母论内朝与外朝""公父文伯之母论劳逸""公父文伯之母别于男女之礼""公父文伯卒其母戒其妾""孔丘谓公父文伯之母知礼"诸条。卷二《贤明传》中"晋文齐姜"条全采自《晋语四》"齐姜劝重耳勿怀安""齐姜与子犯谋遣重耳"两条。卷三《仁智传》"密康公母"条采录自《周语上》"密康公母论小丑备物终必亡"条；"曹僖氏妻"条采自《晋语四》"曹共公不礼重耳而观其骈胁"条；"晋伯宗妻"条采自《晋语五》"伯宗妻谓民不戴其上难必及"条。卷七《孽嬖传》"周幽褒姒"条关于褒姒孕育出生的部分录自《郑语》"史伯为桓公论兴衰"条；"晋献骊姬"条采自《晋语一》"优施教骊姬""优施教骊姬谮申生"和《晋语二》"骊姬谮杀太子申生"三条。比较刘向《列女传》和《国语》文本，我们发现两者关系呈现为如下两种形态：一是叙事的主体部分几乎照录《国语》，如"公父文伯之母论劳逸"条近 600 字，而《国语》与《列女传》相异者不足 10 个字，其中尚包括"叙""序"之类可以通假的字；二是叙事的主体部分系糅合《国语》和其他书的内容而成。如"晋伯宗妻"条主要采自《晋语五》，但亦有它书内容，如伯宗妻劝丈夫语中有"盗憎主人，民爱其上"语，当来自《左传·成公十五年》："初，伯宗每朝，其妻必戒之曰：'盗憎主人，民恶其上。'子好直言，必及于难。"①无论是哪种形态，刘向都做了一定程度的加工，其中最具普遍意义的是在每个人物传记的开头继承了司马迁《史记》所开创的传统，用一句话交代传主的族氏所自和身份，如《鲁季敬姜》便以这样的一句话开头："鲁季敬姜者，莒女也，号戴己，鲁大夫公父穆伯之妻，文伯之母，季康子之从祖叔母也。"②《周幽褒姒》以这样的一句话开头："褒姒者，童妾之女，周幽王之后也。"③同时在每个人物传记的结尾用颂的形式对传主的品行功过进行评判，颇近于《史记》中"太史公曰"的史论形式。如《鲁季敬姜》中的结尾是这样的话："颂曰：文伯之母，号曰敬姜。通达知礼，德行光明。匡子过失，教以法理。仲尼贤焉，列为慈母。"④将敬姜崇德尚礼的文化人格揭示出来，也写出了她匡教子媳以正家国的贤母的形象内涵与文化作用。《周幽褒姒》以这样的话结尾："颂曰：褒神龙变，寔生褒姒。兴配幽王，废后、太子，举烽致兵，笑寇不至。申侯伐周，果灭其祀。"⑤交代了褒姒具神奇色彩的诞生经历以及惑乱幽王导致西周最终灭亡的罪孽。这都反映出了作者增强《列女传》诸篇有机系统性并凸显其内在主旨的努力。有的作品则更进一步，如《晋文齐姜》在《国语》的基础上增加了这样的结尾："秦穆公乃以兵内之于晋。晋人杀怀公而立公子重耳，是为文公。迎齐姜以为夫人，遂伯天下，为诸侯盟主。君子谓齐姜洁而不渎，能育君子于善。《诗》云：'彼美孟姜，可与寤言。'此之谓也。"⑥这样就将齐姜贤明、远见、机智的性格对重耳成功的价值揭示出来，使上下文在因果逻辑关系上增强了整体有机性，同时，作品交代了齐姜的归宿，而这在此前《国语》《左传》《史记》中未见，作家这样用笔体现出了较强的主体结构意图。但我们不得不指出的是，《列女传》的每篇人物传记内部并未形成一个特别紧凑的有机整体，它只不过是在《国语》基础上前进了一小步，《国语》在诸语内部的编纂上体现出"以人

---

① 杨伯峻：《春秋左传注》，中华书局，2016，第958页。

② 张涛：《列女传译注》，山东大学出版社，1990，第24页。

③ 张涛：《列女传译注》，山东大学出版社，1990，第260页。

④ 张涛：《列女传译注》，山东大学出版社，1990，第27页。

⑤ 张涛：《列女传译注》，山东大学出版社，1990，第260-261页。

⑥ 张涛：《列女传译注》，山东大学出版社，1990，第57页。

系事""以人系言"的编写意识，即将一个人物的行事或言语编集在一起，如《晋语三》全叙晋惠公事，主要写他得国、失政、外交上得罪秦国失去盟友、与秦交战于韩兵败被俘、返回晋国这样的一个人生轨迹，线索清晰但各篇之间衔接并不紧凑。再如《鲁语上》将"曹刿问战"与"曹刿谏庄公如齐观社"排列在一起。《列女传》则是将人物一生事迹置于一篇传记中，且以人物某一伦理人格作为统贯全篇的锁钥，如在《国语》中各不相属的六件事被安排在《鲁季敬姜》一文中，以凸显其"母仪"这一文化人格，这显示出《列女传》对《国语》的超越。但其内在有机性尚未达至《战国策》一些篇章如《齐策四》中"冯谖客孟尝君"的水平，更遑论《史记》人物传记的成就了。此盖与刘向《列女传》的创作宗旨有关。刘氏撰写《列女传》的根本目的是鼓吹女德典范以达到劝惩教化的效果。也就是说，作家注重的是文本的伦理道德功能而非文章形式的审美愉悦功能，导致作品的结构艺术水平并不高。从《国语》接受史和研究史的角度来看，我们可将《列女传》中这七篇与《国语》相关的作品看作刘向对《国语》女性形象的分析与评价。丰富多彩的女性形象是《国语》文学成就的一个重要方面，而这些形象在《列女传》中几乎悉数登场。刘向以礼义为衡准将这些人物形象分为母仪、贤明、仁智和孽嬖四个类别，而其实质是善、恶两大类型。正如有学者指出："从道德属性出发，刘向将古代女性划分为两大基本范型，即《汉书·刘向传》中所说的'贤妃贞妇'型和'孽嬖乱亡'型，也就是我们通常所说的'好女人'范型和'坏女人'范型……要之，刘向对女性类型的认知特别强调女性的道德归属，以善恶为基本原则，以行为品性为基本特征将女性划分为两大类型，表现出鲜明的两元对立观念。"[①]由此看出刘向在对《国语》女性人物形象进行观照与评价时，其着眼点是对人物的言行进行臧否是非的道德伦理评价，而非对《国语》女性形象塑造艺术本身做文学分析，他对《国语》女性形象内涵的初步分析也颇有道理，但这些分析都是表面的，

---

① 王利锁：《刘向〈列女传〉女性类型的认知特征》，《中国文学研究》2011年第2期，第42页。

未能深入作品人物心理深处作细致分析。如同样是孽嬖类形象,《国语》中的骊姬形象无疑要比褒姒的形象深厚丰满得多, 甚至可以说是《国语》塑造的最成功的女性形象。她阴险、狠毒、狡诈, 这些无疑是褒姒所不能比拟的。尽管《列女传》对于《国语》的接受有着这些局限, 但我们认为它在《国语》女性形象接受史上有着开端意义, 它表明刘向对《国语》女性形象塑造的肯定和珍视, 也激发了后人对《国语》女性形象的重视与研究。

刘向的《说苑》也多采撷《国语》材料, 据笔者统计有十四篇之多, 兹列如次。《说苑》卷四《立节》"晋灵公暴宣子赵宣子骤谏"条采自《国语·晋语五》"灵公使鉏麑杀赵宣子"条;《说苑》卷五《贵德》"中行献子将伐郑范文子曰不可"条采自《国语·晋语六》"范文子不欲伐郑"条;《说苑》卷五《贵德》"中行穆子围鼓鼓人有以城反者"条采自《国语·晋语九》"中行穆子帅师伐狄围鼓"条;《说苑》卷五《贵德》"智襄子为室美"条采自《国语·晋语九》"士茁谓土木胜惧其不安人"条;《说苑》卷六《复恩》"晋逐栾盈之族"条采自《国语·晋语八》"辛俞从栾氏出奔"条;《说苑》卷八《尊贤》"赵简子曰吾欲得范中行氏之良臣"条采自《国语·晋语五》"史黯论良臣"条;《说苑》卷九《正谏》"鲁襄公朝荆"条采自《国语·鲁语下》"襄公如楚"条;《说苑》卷十四《至公》"赵宣子言韩献子于晋侯"条采自《国语·晋语五》"赵宣子论比与党"条;《说苑》卷十八《辨物》"周幽王二年西周三川皆震"条采自《国语·周语上》"西周三川皆震阳伯父论周将亡"条;《说苑》卷十八《辨物》"周惠王十五年有神降于莘"条采自《国语·周语上》"内史过论神"条;《说苑》卷十八《辨物》"吴伐越隳会稽"条采自《国语·鲁语下》"孔丘论大骨"条;《说苑》卷十八《辨物》"孔子在陈有隼集于陈侯之廷而死"条采自《国语·鲁语下》"孔丘论楛矢"条;《说苑》卷十八《辨物》"季桓子穿井得土缶"条采自《国语·鲁语下》"季桓子穿井"条;《说苑》卷十八《辨物》"虢公梦在庙有神人面白毛虎爪"条采自《国语·晋语二》"虢将亡舟之侨以其族适晋"条。通过分析这十四个《说苑》采自《国语》的例子, 我们不难得出如下的认识。第一, 不同于《列女传》,《说苑》采撷《国语》材料大多是用于表达自己的主题，而与其《国语》中的主题相比发生了较大的偏移。如《国语》"灵公使鉏麑杀赵宣子"条将鉏麑刺杀赵盾视作晋灵公与赵盾矛盾激化的一个关键性细节，其创作意旨是着力表现晋灵公和赵盾尤其是赵盾的形象。作品通过鉏麑宁愿自我牺牲也不愿违心杀死赵盾的情节，批判了晋灵公残暴无道的"不君"行径，赞美了赵盾一心为公、恪尽职守和正直无私的美德。《说苑》"晋灵公暴宣子赵宣子骤谏"条表现的主人公则是鉏麑，所以没有采录《国语》中鉏麑身后灵公再次谋杀赵盾及最后被赵穿杀死事。作品着重表现的是鉏麑对自身名节的珍重，他面临两难选择的困境，遵从君命杀死赵盾是"贼民之主"的不忠（此处忠的内涵与后世有鲜明不同）行为，而不杀赵盾则是违背君命的"不信"之行，均有损于自身名节，为了保全名节他毅然选择了放弃生命。作品歌颂的是鉏麑以死守节的行为。再如《国语》"辛俞从栾氏出奔"条着重表现的是栾盈臣子辛俞的机智，晋卿栾盈遭政敌范宣子陷害逃离晋国，作为家臣的辛俞矢志相随，结果被晋人捉住，交由平公审问，辛俞巧妙曲解执政范宣子"无从栾氏而从君""不从君者为大戮"的政令，言明栾氏是自己君主，因为政治礼制规定"三世事家，君之"，而自己和栾氏家族的关系是"自臣之祖，以无大援于晋国，世隶于栾氏，于今三世矣"，形成了君臣关系，"臣故不敢不君"，从栾氏出亡恰恰是"从君"的忠诚行为。[1]这一番说辞使晋平公心悦诚服而赦免了他。很明显《国语》这个故事的重点是对辛俞辞令巧妙、利用偷换"忠君"概念折服国君的激赏，智慧机警的话语能力是《国语》中辛俞被赞赏的品格。《说苑》"晋逐栾盈之族"条则主要礼赞辛俞能复君恩的忠贞美德。第二，《说苑》中也有些篇章和其所采自《国语》的篇章表达相同的主题，如《国语》"孔丘论大骨"条、"孔子在陈有隼集于陈侯之廷而死"条和"季桓子穿井"条。第一条的主旨是仲尼与吴国使节关于大骨的问答，在二人流畅的问答中表现孔子知识渊博；第二条的主旨是通过孔子对古箭和相关礼制的议论，展现孔子无所不晓的博物君子风范；第三条的主旨是通过

---

① 徐元诰：《国语集解》，中华书局，2002，第 421 页。

孔子回答季桓子的问难，颂扬孔子的博学多闻。刘向《说苑》将这三则都收录于《辨物》中，就是对《国语》赞颂孔子学识渊博这一主题的接受。辨物就是辨析识别事物的意思，它构成了上古思想界知识体系的重要部分，《国语·楚语下》王孙圉向晋人夸耀左史倚相即言其"能道《训典》，以叙百物"①，这也是孔子的自觉追求，《论语·阳货》中孔子谈到《诗经》的一个重要功能就是使读者"多识于鸟兽草木之名"②。由上可知，无论是《国语》作者还是刘向都高度推崇孔子的这一文化人格。第三，《说苑》对《国语》材料的承袭和化用表现了刘向对《国语》所倡导的古代政治伦理的认同与继承。如规谏是自先秦以来中国传统社会臣下对君上所承担的一种政治伦理职责，这在《国语》的话语形式中打上了深刻的烙印。有研究者做过统计："《国语》全书共计八万八千字左右，而记录进谏的内容字数总计一万五千字。约占全书的百分之十七，占有重大比例。进谏的事件共有三十五篇。"③刘向所生活的西汉季世，社会政治矛盾日益凸显，尤其是外戚集团对刘氏政权的统治地位构成了严重威胁，作为有着鲜明身份意识和强烈责任感的汉家宗室，刘向以自己敏锐的政治观察力看到了大汉政权的岌岌可危，多次向皇帝直言进谏，正如有研究者所概括："刘向之平生功业有三：进谏、学术、著述。"④《汉书·楚元王传》中所载刘向晚年对好友陈汤的一番倾诉解释了这一焦虑心理："灾异如此，而外家日盛，其渐必危刘氏。吾幸得同姓末属，累世蒙汉厚恩，身为宗室遗老，历事三主。上以我先帝旧臣，每进见常加优礼，吾而不言，孰当言者？"⑤也许正是由于在现实政治生活中犯颜谏君屡屡碰壁乃至遭受生命危险，刘向在《说苑》中设"正谏"一目以浇个人胸中块垒。其实不仅如此，就整部书而言，作者以《说苑》作"谏书"讽喻的意图就已颇为明显。刘向在其《说苑·序奏》中交代得非常清楚："除去与《新序》

---

① 徐元诰：《国语集解》，中华书局，2002，第 526 页。

② 黄怀信：《论语汇校集释》，上海古籍出版社，2008，第 1551 页。

③ 张金玲：《〈国语〉谏辞研究》，东北师范大学硕士学位论文，2010，第 7 页。

④ 李山、邓田田：《论刘向在〈列女传〉中的政治寄寓》，《中国文学研究》2008 年第 2 期，第 39 页。

⑤ 班固：《汉书》，中华书局，1962，第 1958 页。

重复者，其余者，浅薄不中义理，别集以为百家后。令以类相从，一一条别篇目，更以造新事十万言以上，凡二十篇七百八十四章，号曰《说苑》，皆可观。"①在这里，刘向指出自己编著《说苑》的指导思想和原则，一是剔除与《新序》重复的内容，二是剔除"浅薄不中义理"的部分，三是进行加工创作，包括按"以类相从"的标准作"条别篇目"的工作和"更以造新事"两个方面。作者通过这些努力，想使皇帝看到具有伦理教育意义且以明晰形式呈现出来的《说苑》，内容上符合义理和形式上显豁醒目即刘向所追求的"可观"的接受效果，其规谏君上的政治意图昭然若揭。正如晚清朱一新在其《无邪堂答问》卷四中言："刘子政作《新序》《说苑》，冀以感悟时君，取足达意而已。"②基于此，《国语》中一些臣子规谏君主的篇章引起刘向注意并将其采入《说苑》中就是很自然的了。《鲁语下》中的"襄公如楚"即被刘向加工改造纳入《说苑·正谏》。在《国语》诸多以规谏之辞见长的篇目中，这一篇之所以被刘氏看重，笔者认为有两方面的原因。第一是臣子的谏辞产生了积极的效果，《国语》中有很多精彩的谏辞，但大多数不为君主所采纳，如《周语上》之"邵公谏厉王弭谤""虢文公谏宣王不籍千亩""仲山父谏宣王立戏""仲山父谏宣王"诸条，《周语中》之"富辰谏襄王以狄伐郑及以狄女为后"条，《周语下》之"太子晋谏灵王壅谷水""单穆公谏景王铸大钱""单穆公谏景王铸大钟"诸条，《鲁语上》之"曹刿谏庄公如齐观社""匠师庆谏庄公丹楹刻桷"等条。第二个原因是作品主人公一心为国的情怀引起了刘向强烈的共鸣，面对从鲁襄公到所有使团成员"皆欲还"的局面，叔仲昭伯强调聘楚的目的是"非欲安身也，为国家之利也"，激发了大家的责任感，又指出不赴楚必将给鲁国带来威胁，最终襄公采纳了他的建议。尽管选入《说苑》的《国语》谏辞唯此一篇，但我们可以肯定刘向对《国语》所反映的规谏伦理的认同。春秋时代是社会结构的裂变期，君臣关系变得日趋多元与复杂，人们对君臣伦理关系的思考和讨论也趋于活跃，并深刻地影响

---

① 赵善诒：《说苑疏证》，华东师范大学出版社，1985，第 637 页。
② 朱一新：《无邪堂答问》，朝华出版社，2018，第 381 页。

到人们的政治观和政治活动。《晋语九》赵简子和史黯关于范吉射和中行寅良臣的谈论就是这种思潮的体现。赵简子打败政敌范氏、中行氏并将他们逐出晋国后，表达了"愿得范、中行之良臣"的愿望，作为一个渴望有所作为且生存于动荡政局里的政治家，赵简子所渴盼的良臣就是能力卓异的臣子，这从其重用被鲁驱逐的季孙氏家臣阳虎可见一斑。而史黯则从政治伦理的角度对良臣所应具有的伦理道德进行了颇为具体的论析，首先良臣要善于谏君，"谏过而赏善，荐可而替否"，通过进谏使君主改掉错误的言行，鼓励其按照正确的途径执政；其次良臣要善于向国君推荐贤能之士，使其在日常生活中能明晓并接受善政之理，"献能而进贤，择才而荐之，朝夕诵善败而纳之"。通过这些努力让君主言行体现"文"与"顺"的伦理规范，"道之以文，行之以顺"。臣子在为君主服务时要勤勉，必要时要以生命相许，"勤之以力，致之以死"。①应该说，史黯关于良臣伦理准则的阐述为刘向所深深赞同，将其吸收改造成为自己政治理念的一部分。民本思想是中国传统政治思想的核心，在中国古代社会，社会生产力总体水平较为低下和统治者对社会资源的垄断，决定了民本思想的一个重要体现就是对统治者节俭克制美德的提倡。循礼尽职是君臣伦理关系中对臣子行为的规范，《晋语九》"中行穆子师师伐狄围鼓"条就体现了这一点。中行穆子伐狄包围了鼓城，有鼓人"请以城叛"，穆子却拒不接受，因为他认为这违背了"事君之礼"，以城叛降是"求利于我"的行为，应给予其封赏，但是这些人的职责是守城，现在却来投降是"守而二心"，是"奸之大者"，"赏善罚奸，国之宪法也"，如对其进行封赏，是一种"赏大奸"的行为，必然对善造成破坏，"奸而盈禄，善将若何"，而且这无形中"教吾边鄙贰"。穆子同时还说明，"夫事君者，量力而进，不能则退"（即《论语·季氏》孔子所引史佚言"陈力就列，不能者止"），自己奉君命攻狄，尽己力而为，不能贪图"无劳师而得城"，给晋带来"边鄙贰"的隐患，即"不以安贾贰"。②凡此都是臣下忠于君上的伦理

---

① 徐元诰：《国语集解》，中华书局，2002，第 452 页。
② 徐元诰：《国语集解》，中华书局，2002，第 444 页。

要求，也为刘向所赞同，故将之采入《说苑》。崇俭的伦理观念在《国语》中多有体现，如《齐语》"管仲对桓公以霸术"条，齐桓与管仲谈及襄公乱政时就指出襄公"筑台以为高位……陈妾数百，食必粱肉，衣必文绣"①，《楚语上》"伍举论台美而楚殆"条称颂楚庄王筑造匏居之台"高不过望国氛，大不过容宴豆，木不妨守备，用不烦官府"②，《鲁语上》"匠师庆谏庄公丹楹刻桷"条也表达了对俭约美德的呼吁。《晋语九》"士茁谓土木胜惧其不安人"条就体现了这一政治伦理，"智襄子为室美"，当"士茁夕"的时候他便向士茁炫耀，士茁向其进谏，"今土木胜，臣惧其不安人也"③，委婉而又鲜明地指出了奢侈的生活方式给政治安定所带来的潜在威胁，结果"室成三年而智氏亡"。崇俭也是刘向政治思想的一部分，自然将此纳入《贵德》篇中以警醒统治者。知人善任、公正无私是中国古代社会对贵族统治者的一项基本伦理规范。《晋语五》"赵宣子论比与党"条言赵盾向晋君推荐韩厥为司马，而在河曲之役中"使人以其乘车干行"，韩厥秉公执法"执而戮之"，赵盾却"召而礼之"，赞扬了韩厥不徇私情、不枉法的行为，因为他遵循了"事君者，比而不党"的政治伦理。④在赵盾和韩厥身上都体现了公而忘私的美德，故被刘向所激赏，将其事采录进《至公》篇。

相比《列女传》和《说苑》，刘向《新序》采撷《国语》材料较少，据笔者统计仅有三篇，兹列如下。《新序》卷四"杂事四"中"晋文公伐原"事本于《晋语四》"文公伐原"条，两文表达的核心意旨是一致的，即强调信之作用；主人公晋文公所言内容也基本相同，即如果违背同群臣的约定而继续围攻原，将会带来"得原而失信"的后果。略有不同的是，《新序》中晋文公仅是表明自己的态度和取舍，"吾不为也"；《国语》中文公之言更为详尽，"得原而失信，何以使人？夫信，民之所庇也，不可失"⑤，即从自己身为君主的角度出发，强调信对政

① 徐元诰：《国语集解》，中华书局，2002，第217页。
② 徐元诰：《国语集解》，中华书局，2002，第494页。
③ 徐元诰：《国语集解》，中华书局，2002，第455页。
④ 徐元诰：《国语集解》，中华书局，2002，第378页。
⑤ 徐元诰：《国语集解》，中华书局，2002，第353页。

治的重要性，更凸显他富有远见、明智重信的性格特征。两文均叙述
了文公这一政治抉择的效果，《国语》仅言"原请降"，而《新序》叙
述则丰富得多，首先详写了原人的感化，"原人闻之，曰：'有君义若
此，不可不降也。'遂降"，还增饰了感化的效果，"温人闻之，亦请降。
故曰：'伐原而温降。'此之谓也"。《新序》卷四"杂事四"更凸显了
以信使原降服和文公称霸的内在关系，"于是诸侯归之，遂侵曹，伐卫，
为践土之会，温之盟。后南破强楚，尊事周室，遂成霸功，上次齐桓，
本信，由伐原也"①。《国语》和《新序》两文的差异，反映了前者重
言而后者重事的特征，亦凸显了刘向《新序》已渗入了较强的主体创
作意识。《新序》卷五"杂事五"中"里凫须"事本于《晋语四》"文
公遽见竖头须"条和《左传·僖公二十四年》所述，与《国语》《左传》
相比，《新序》变动较大，具有很强的虚构色彩。如对重耳拒绝里凫须
场景的描写："公子重耳反国，立为君，里凫须造门愿见。文公方沐，
其谒者复，文公握发而应之曰：'里凫须邪？'曰：'然。'谓凫须曰：
'若犹有以面目而复见我乎？'"②文学意味颇浓，这是刘向文学创作才
华的体现。《新序》中里凫须说服晋文公使其接纳自己的言辞，也与《左
传》《国语》有鲜明的不同。在《国语》中，里凫须对文公是晓之以理，
强调自己当初行为的合理性，"从者为羁绁之仆，居者为社稷之守，何
必罪居者"③，同时强调重耳要注意到自己现在国君的身份，行事要考
虑到政治影响，"国君而雠匹夫，惧者众矣"④，必然会影响其政治地
位的稳定。在前者中，里凫须对文公是授之以计诱之以利，先谈重耳
面对的困局，"君反国，国之半不自安也"⑤，并暗示政治举措的妥当
与否会带来两种结局，"君宁弃国之半乎？其宁有全晋乎"⑥，然后强
调宽容自己所能带来的巨大政治利益，"得罪于君者，莫大于凫须矣，
君谓赦凫须，显出以为右，如凫须之罪重也，君犹赦之，况有轻于凫

① 石光瑛：《新序校释》，中华书局，2001，第508-509页。
② 石光瑛：《新序校释》，中华书局，2001，第674页。
③ 徐元诰：《国语集解》，中华书局，2002，第349页。
④ 徐元诰：《国语集解》，中华书局，2002，第349页。
⑤ 石光瑛：《新序校释》，中华书局，2001，第674-675页。
⑥ 石光瑛：《新序校释》，中华书局，2001，第675页。

须者乎"①，使文公出于利益考虑，"遂赦之。明日出行国，使为右，
翕然晋国皆安"②。《新序》的主旨和《左传》《国语》也有鲜明不同，
其强调的是"明主任计不任怒……计胜怒者强"，而《左传》《国语》
则侧重反映重耳的宽厚胸怀与睿智的头脑。《新序》卷九"善谋上"中
"狐偃谋划定襄王"事本于《晋语四》"文公修内政纳襄王"条和《左
传·僖公二十五年》所述。《新序》从《左传》中汲取材料要多于《国
语》，《左传》和《新序》均体现出"重事轻言"的倾向，均详细描写
了《国语》所没有的文公卜筮和卜偃释疑，而对狐偃言辞的叙述远不
如《国语》丰赡，但三书中狐偃言辞的意旨是相同的，《新序》也有《国
语》《左传》均没有的叙写："戊午，晋侯朝王，王享醴，命之侑，予
之阳樊、温、原、欑矛之田，晋于是始开南阳之地。其后三年，文公
遂再会诸侯，以朝天子，天子锡之弓矢秬鬯，以为方伯，晋文公之命
是也。卒成霸道，狐偃之善谋也。夫秦、鲁皆疑，晋有狐偃之善谋，
以成霸功，故谋得于帷幄，则功施于天下，狐偃之谓也。"③强调狐偃
的善谋之功。凡此能够见出，《新序》对《国语》的接受和《说苑》《列
女传》相比，作者的加工改造成分更加浓重，体现出更为鲜明的主体
创作意味。另外所引三文均系晋事和晋文公事，也一定程度上从侧面
反映出《晋语四》和晋文公在《国语》中的比重和地位比较鲜明，刘
向和汉人对晋国与晋文公之事的熟悉和喜欢程度于此可见一斑。

　　就刘向与《国语》的关系而言，除了上述《列女传》《说苑》《新
书》对《国语》的接受外，还有更为重要的两点。一点就是刘向对《国
语》的校勘整理工作。韦昭《国语解叙》曾言："及刘光禄于汉成世始
更考校，是正疑谬。"④刘向做了哪些具体的校勘工作我们已无从得知，
但刘向在《国语》研究史上的地位是不容置疑的，即他是《国语》校
勘整理的开创者。另一点就是刘向正是在整理考订《国语》的过程中，
受《国语》体例启发而作《新国语》。《汉书·艺文志》里有"《新国语》

① 石光瑛:《新序校释》，中华书局，2001，第 675 页。
② 石光瑛:《新序校释》，中华书局，2001，第 675 页。
③ 石光瑛:《新序校释》，中华书局，2001，第 1087-1097 页。
④ 徐元诰:《国语集解》，中华书局，2002，第 594 页。

五十四篇"，注明"刘向分《国语》"。《新国语》已经失传，其书性质
无从得知。关于《新国语》与《国语》关系，从古代到当代有许多学
者进行过探究。如清人姚振宗指出："此殆以类分。如吕东莱《左传国
语类编》，程伯刚《春秋分纪》之体。东汉之初，《左氏》盛行，而《国
语》亦大显于世，自郑、贾解注，皆用古本。诸家转相祖述，传至于
今。此为《国语》之别本，故为讲古学者所不取，而其后遂微，诸书
亦罕有言及者。"①认为《新国语》是刘向按照以类相从的原则对《国
语》进行的改编。顾实《汉书·艺文志讲疏》："本旧有《国语》而分
之，故曰《新国语》，即重行编之书也。"②认为是在旧本《国语》的基
础上编订成《新国语》。胡念贻则认为："如果我们要对《汉书·艺文
志》的《新国语》一条作一点比较近乎情理的猜测的话，其中有两点
值得注意：一、《新国语》的'新'字；二、'刘向分'三字。这部书
似乎是刘向从什么书中分出来的，因此称为'新'。我疑此书是刘向纂
集《左传》中所纪各国事实，依照《国语》体例按国别分列出来，所
以称为《新国语》。"③认为是将《左传》所记各国事件仿《国语》体例
按国别编排。我们能够看出，以上都是推测之词，但有一点可以肯定，
不管其书与《国语》关系如何，都能见出刘向对《国语》的重视。

三、班固父子及其《汉书》对《国语》的研究与接受

陈寅恪曾谈及汉代家族文化的影响："东汉以后学术文化，其重心
不在政治中心之首都，而分散于各地之名都大邑。是以地方之大族盛
门乃为学术文化之所寄托。"④辩证地看，地方家族对文化教育的重要
作用从西汉后期就已开始显现出来并延至东汉末年，在这过程中涌现
出了许多显赫的文化世家，这其中就包括扶风班氏。班氏家族的成就
是多方面的，如文学、政治、军事等，而史学成就更是突出，班彪、
班固、班昭三人是班氏家族在这一领域的翘楚。他们的史学成就既表

---

① 姚振宗：《汉书艺文志条理》，《二十五史补编》（第三册），开明书店，1936，第38页。
② 顾实：《汉书艺文志讲疏》，商务印书馆，1924，第66页。
③ 胡念贻：《左传的真伪和写作时代问题考辨》，《文史》第十一辑，第8页。
④ 陈寅恪：《金明馆丛稿初编》，生活·读书·新知三联书店，2001，第147-148页。

现在修史实践上，如不朽史著《汉书》的撰写，亦表现于史著研究上。就《国语》的接受与研究史而言，班彪和班固都值得我们关注。

（一）班彪与《国语》

班彪（3～54）字叔皮，他对历史和历史著述有一种天生的兴趣，《后汉书·班彪列传上》曾云："彪性沉重好古。""彪既才高而好述作，遂专心史籍之间。"①司马迁对班彪的人生志业影响甚大。他立志赓续《史记》，"武帝时，司马迁著《史记》，自太初以后，阙而不录，后好事者颇或缀集时事，然多鄙俗，不足以踵继其书。彪乃继采前史遗事，傍贯异闻，作后传数十篇，因斟酌前史而讥正得失"②。班彪的这一工作为其赢得了很高的声望，王充在《论衡·超奇》篇中曾作如是评价："班叔皮续《太史公书》百篇以上，记事详悉，义浃理备，观读之者以为甲，而太史公乙。"③正是在续写《史记》研读史著的过程中，班彪注意到了作为《史记》重要材料来源之一的《国语》，并对之有所论述，这些论述都集中于他的《前史略论》中，这篇不足七百字的文章在史学史上具有极其重要的地位，史学界将其称为首篇史学批评专文。施丁先生曾这样评价其成就："班彪专就以前的史官、史家、史书、史学发表评论，有据有论，言简意赅，可谓是一篇中国史学简史名作。专标史学，独树一帜，使得史学在中国学术文化史上单独成为一个学派。"④《前史略论》以司马迁及其《史记》评论为中心，并旁及史学传统溯源与史著沿革脉络的缕析，其中就多次提到《国语》。从《国语》研究史的角度我们可概括如下。第一，班彪提及了《国语》的作者和成书时间问题。"唐、虞三代，《诗》《书》所及，世有史官，以司典籍，暨于诸侯，国自有史……定、哀之间，鲁君子左丘明论集其文，作《左氏传》三十篇，又撰异同，号曰《国语》。"⑤在这里，班氏将《国语》的著作权归于左丘明，并将其撰成时间界定在鲁定公和鲁哀公时，创

---

① 范晔：《后汉书》，中华书局，1965，第1323页。

② 范晔：《后汉书》，中华书局，1965，第1324页。

③ 黄晖：《论衡校释》，中华书局，1990，第615页。

④ 施丁：《评班彪的〈前史略论〉》，《史学史研究》2006年第4期，第22页。

⑤ 范晔：《后汉书》，中华书局，1965，第1325页。

作时间稍晚于《左传》。第二，非常难能可贵的是，班彪没有像许多古文经学家那样将《左传》和《国语》纳入经学体系中，而是将它们视为两部独立的史著，对于《国语》来说，更为重要的意义是将其从《左传》附骥的阴影中摆脱出来。第三，在史学史上，将《国语》与《左传》并置，认为它们代表了一个时代，"由是《乘》《梼杌》之事遂暗，而《左氏》《国语》独章"①，这个看法非常准确，极具历史眼光。第四，明确肯定《国语》是《史记》的一个重要材料来源，"孝武之世，太史令司马迁采《左氏》《国语》，删《世本》《战国策》，据楚、汉列国时事，上自黄帝，下讫获麟，作本纪、世家、列传、书、表凡百三十篇"②。第五，对包括《国语》在内的史著的价值做了高度肯定，"夫百家之书，犹可法也。若《左氏》《国语》《世本》《战国策》《楚汉春秋》《太史公书》，今之所以知古，后之所由观前，圣人之耳目也"③。将其界定为知古观前的凭借，供圣王所取鉴。可以这样说，班彪是《国语》史学研究领域的拓荒者，正是在他研究的基础上，唐代刘知几对《国语》体例等问题进行了深入研究，标志着《国语》学研究的开始。

（二）班固的《国语》研究

从《国语》研究史的角度来说，班固对《国语》的看法主要体现在《汉书·艺文志》对《国语》的著录上。班固继承了刘向、刘歆父子的图书分类方式，正如《汉志》所云："至成帝时……诏光禄大夫刘向校经传诸子诗赋，步兵校尉任宏校兵书，太史令尹咸校数术，侍医李柱国校方技。每一书已，向辄条其篇目，撮其指意，录而奏之。会向卒，哀帝复使向子侍中奉车都尉歆卒父业。歆于是总群书而奏其七略，故有辑略，有六艺略，有诸子略，有诗赋略，有兵书略，有术数略，有方技略。今删其要，以备篇籍。"④将汉代存世书籍分为六艺、诸子、诗赋、兵书、术数、方技六大类。六艺围绕儒学经典分为《易》《书》《诗》《礼》《乐》《春秋》六小类，班固将《国语》置于《春秋》

---

① 范晔：《后汉书》，中华书局，1965，第 1325 页。
② 范晔：《后汉书》，中华书局，1965，第 1325 页。
③ 范晔：《后汉书》，中华书局，1965，第 1326-1327 页。
④ 班固：《汉书》，中华书局，1962，第 1701 页。

类内，言"《国语》二十一篇"。在《春秋》类下，图书的排列是很有讲究的，先是经，"《春秋》古经十二篇，经十一卷"。接着是《春秋》三传和另外的邹氏传、夹氏传，然后是解释这些传的著作。很明显，这个排列顺序是按照这些典籍在《春秋》经学体系中的地位排列的。我们注意到，在解传著作后，依次排列的是《国语》《新国语》《世本》《战国策》《楚汉春秋》《太史公》等，而《国语》后的这些著作都是我们今天所说的史书这一类，与《春秋》经了无关涉。由此看出，《汉志》"六艺略"的"春秋"概念包括两个方面，一个方面是指《春秋》经传及解传著作，另一方面是指史学类著作，这是对先秦"春秋"概念的沿袭。《汉书·叙传下》中班固谈及自己的《汉书》时曾言"为春秋考纪、表、志、传，凡百篇"，此处"春秋"即史书之义。也就是说，在班固时代史学尚未形成独立门类，故被附在"春秋"类下，这一点已有学者指出："史学尚未发达，不足以独立为类，故史类附与《春秋》。"[①]《春秋》类下传后的著作有《公羊外传》《穀梁外传》，而没有将被称为《左氏外传》的《国语》排在此处，表明班固并没有将《国语》置于经学体系中；尽管他将《左传》排在《春秋》经后的第一位，表明班固将《左传》看成《春秋》的解经之作。将《国语》和《世本》《战国策》《楚汉春秋》《史记》等史学类著作排列在一起，表明班固明确将《国语》视作一部史学著作，这是对乃父观点的继承。班固在"《国语》二十一篇"下附"左丘明著"的小注，也表明他确定左丘明是《国语》的作者，这是对司马迁和班彪说法的继承。通过《汉志》的传播，"左丘明作《国语》"说在《国语》研究史领域渐被视作定论。

（三）《汉书》对《国语》的接受

作为第一部纪传体断代史，《汉书》主要反映西汉王朝的历史，这就决定了《国语》对《汉书》的影响要远远逊色于对作为纪传体通史的《史记》的影响。但我们同时要注意到，班固在《汉书》创作中体现出鲜明的会通古今的修史思想，这一观念在他《汉书·叙传下》中被反复提及。如他明确地指出《汉书》的创作宗旨就是"综其行事，

旁贯五经，上下洽通"①，他在谈到《古今人名表》时亦言"篇章博举，通于上下"②，这就决定了《汉书》多称引前贤之书，其中就包括多述先王礼制的《国语》。《国语》对《汉书》的影响尤其鲜明地表现在"志"这一体例上。究其原因，大概在于"志"这个体例更能鲜明体现《汉书》"通古今"的修史思想。这一点已有学者论及："十'志'同样蕴含了班固'上下博洽，会通古今'的编撰思想。十志有很强的论辩色彩，但不是就汉论汉，而是溯源辨流，纵论各自的来龙去脉，几乎每篇'志'都可看成是上古至西汉的专题史。"③据笔者粗略统计，《汉书》诸"志"中，称引《国语》二十余处，兹胪列如下。

《汉书·律历志下》"颛顼帝"条云："《春秋外传》曰：'少昊之衰，九黎乱德，颛顼受之，乃命重黎。'苍林昌意之子也。金生水，故为水德。天下号曰高阳氏。"④所引《春秋外传》本于《楚语下》"观射父论绝地天通"条："及少皞之衰也，九黎乱德，民神杂糅，不可方物……颛顼受之，乃命南正重司天以属神，命火正黎司地以属民，使复旧常，无相侵渎，是谓绝地天通。"⑤

《汉书·律历志下》"帝喾"条云："《春秋外传》曰：'颛顼之所建，帝喾受之。'清阳玄嚣之孙也。水生木，故为木德。天下号曰高辛氏……周人禘之。"⑥所引《春秋外传》本于《周语下》"景王问钟律于伶州鸠"条："颛顼之所建也，帝喾受之。"⑦顺便补充，该条"周人禘之"当本于《鲁语上》"展禽论祭爰居非政之宜"条"周人禘喾而郊稷"⑧。

《汉书·律历志下》云："故《传》曰：'岁在鹑火，则我有周之分野也。师初发，以殷十一月戊子，日在析木箕七度，故《传》曰：'日在析木。'是夕也，月在房五度。房为天驷，故《传》曰：'月在天驷。'

① 班固：《汉书》，中华书局，1962，第4235页。
② 范晔：《后汉书》，中华书局，1965，第4241页。
③ 钱荣贵：《班固〈汉书〉的编撰思想》，《徐州师范大学学报》2010年第1期，第66页。
④ 班固：《汉书》，中华书局，1962，第1013页。
⑤ 徐元诰：《国语集解》，中华书局，2002，第514-515页。
⑥ 班固：《汉书》，中华书局，1962，第1013页。
⑦ 徐元诰：《国语集解》，中华书局，2002，第124页。
⑧ 徐元诰：《国语集解》，中华书局，2002，第160页。

后三日得周正月辛卯朔,合辰在斗前一度,斗柄也,故《传》曰:'辰在斗柄。'明日壬辰,晨星始见。'"①陈按,该语段所引《传》句实出自《国语·周语下》"景王问钟律于伶州鸠"条:"昔武王伐殷,岁在鹑火,月在天驷,日在析木之津,辰在斗柄,星在天鼋。……岁之所在,则我有周之分野也。"②

《汉书·律历志下》云:"故《外传》曰:'王以二月癸亥夜陈。'"③所引《外传》本于《周语下》"景王问钟律于伶州鸠"条:"王以二月癸亥夜陈,未毕而雨。"④

《汉书·律历志下》云:"是岁,岁在大火。故《传》曰晋侯使寺人披伐蒲,重耳奔狄。董因曰:'君之行,岁在大火。'"⑤"董因"句未见于《左传》,当本于《国语·晋语四》:"董因逆公于河,公问焉,曰:'吾其济乎?'对曰:'岁在大梁,将集天行。元年始授,实沈之星也。实沈之墟,晋人是居,所以兴也。今君当之,无不济矣。君之行也,岁在大火。大火,阏伯之星也,是谓大辰。辰以成善,后稷是相,唐叔以封。'"⑥

《汉书·律历志下》云:"故《传》曰'重耳处狄十二年而行,过卫五鹿,乞食于野人,野人举块而与之。子犯曰:"天赐也,后十二年,必获此土。岁复于寿星,必获诸侯。"'"⑦陈按,此语段系班固杂取《左传·僖公二十三年》与《国语·晋语四》"重耳自狄适齐"条糅合而成,但从语句相似程度看,此语段更近于《国语》。三书对照发现,《汉书》仅"重耳处狄十二年而行"照搬于《左传》,以下语句几全近于《国语》,尤其是子犯所言,《左传》只言"天赐也",现将《国语》文录之于下,以供比对:"乃行。过五鹿,乞食于野人。野人举块以与之,公子怒,将鞭之。子犯曰:'天赐也!民以土服,又何求焉。天事必象,十有二

---

① 班固:《汉书》,中华书局,1962,第 1015 页。

② 徐元诰:《国语集解》,中华书局,2002,第 123-124 页。

③ 班固:《汉书》,中华书局,1962,第 1015 页。

④ 徐元诰:《国语集解》,中华书局,2002,第 126 页。

⑤ 班固:《汉书》,中华书局,1962,第 1019 页。

⑥ 徐元诰:《国语集解》,中华书局,2002,第 344 页。

⑦ 班固:《汉书》,中华书局,1962,第 1019 页。

年，必获此土。二三子志之，岁在寿星及鹑尾，其有此土乎！天以命矣，复于寿星，必获诸侯。'"①

《汉书·律历志下》云："后八岁，厘之二十四年也，岁在实沈，秦伯纳之。故《传》曰董因云：'君以辰出，而以参入，必获诸侯。'"②"董因"句未见于《左传》，当本于《国语·晋语四》："且以辰出，而以参入，皆晋祥也，而天之大纪也。济且秉成，必伯诸侯。"③

《汉书·刑法志》云："故圣人因天秩而制五礼，因天讨而作五刑。大刑用甲兵，其次用斧钺；中刑用刀锯，其次用钻凿；薄刑用鞭扑。大者陈诸原野，小者致之市朝，其所繇来者上矣。"④此处语句当本于《国语·鲁语上》"臧文仲说僖公请免卫成公"条："刑五而已，无有隐者，隐乃讳也。大刑用甲兵，其次用斧钺，中刑用刀锯，其次用钻笮，薄刑用鞭扑，以威民也。故大者陈之原野，小者致之市朝，五刑三次，是无隐也。"⑤

《汉书·刑法志》云："公问行伯用师之道，管仲曰：'公欲定卒伍，修甲兵，大国亦将修之，而小国设备，则难以速得志矣。'于是乃作内政而寓军令焉……居处同乐，死生同忧，祸福共之，故夜战则其声相闻，昼战则其目相见，缓急足以相死。"⑥此处语句当本于《国语·齐语》"管仲对桓公以霸术"条："管子对曰：'未可。君若正卒伍，修甲兵，则大国亦将正卒伍，修甲兵，则难以速得志矣。君有攻伐之器，小国诸侯有守御之备，则难以速得志矣。君若欲速得志于天下诸侯，则事可以隐令，可以寄政。'桓公曰：'为之若何？'管子对曰：'作内政而寄军令焉。'""故夜战声相闻，足以不乖，昼战目相见，足以相识，其欢欣足以相死。居同乐，行同和，死同哀，是故守则同固，战则同强。"⑦

① 徐元诰：《国语集解》，中华书局，2002，第322-323页。
② 班固：《汉书》，中华书局，1962，第1019页。
③ 徐元诰：《国语集解》，中华书局，2002，第345页。
④ 班固：《汉书》，中华书局，1962，第1079页。
⑤ 徐元诰：《国语集解》，中华书局，2002，第152页。
⑥ 班固：《汉书》，中华书局，1962，第1083-1084页。
⑦ 徐元诰：《国语集解》，中华书局，2002，第223-225页。

《汉书·食货志下》云:"其后百余年,周景王时患钱轻,将更铸大钱,单穆公曰:'不可。古者天降灾戾,于是乎量资币,权轻重,以救民。民患轻,则为之作重币以行之,于是有母权子而行,民皆得焉。若不堪重,则多作轻而行之,亦不废重,于是乎有子权母而行,小大利之。今王废轻而作重,民失其资,能无匮乎?民若匮,王用将有所乏;乏将厚取于民;民不给,将有远志,是离民也。且绝民以实王府,犹塞川原为潢洿也,竭亡日矣。王其图之。'弗听,卒铸大钱,文曰'宝货',肉好皆有周郭,以劝农澹不足,百姓蒙利焉。"①该语段本于《国语·周语下》"单穆公谏景王铸大钱"条。

《汉书·郊祀志上》云:"民之精爽不贰,齐肃聪明者,神或降之,在男曰觋,在女曰巫,使制神之处位,为之牲器。使先圣之后,能知山川,敬于礼仪,明神之事者,以为祝;能知四时牺牲,坛场上下,氏姓所出者,以为宗。故有神民之官,各司其序,不相乱也。民神异业,敬而不黩,故神降之嘉生,民以物序,灾祸不至,所求不匮。及少昊之衰,九黎乱德,民神杂扰,不可放物。家为巫史,享祀无度,黩齐明而神弗蠲。嘉生不降,祸灾荐臻,莫尽其气。颛顼受之,乃命南正重司天以属神,命火正黎司地以属民,使复旧常,亡相侵黩。"②该语段本于《国语·楚语下》"观射父论绝地天通"条而加以简括。

《汉书·郊祀志上》云:"自共工氏霸九州,其子曰句龙,能平水土,死为社祠。有烈山氏王天下,其子曰柱,能殖百谷,死为稷祠。故郊祀社稷,所从来尚矣。"③本于《国语·鲁语上》"展禽论祭爰居非政之宜"和《左传·昭公二十九年》所记。

《汉书·郊祀志上》云:"桓公曰:'寡人北伐山戎,过孤竹;西伐,束马县车,上卑耳之山;南伐至召陵,登熊耳山,以望江汉。兵车之会三,乘车之会六,九合诸侯,一匡天下,诸侯莫违我。"④本于《国语·齐语》"桓公帅诸侯而朝天子"条:"遂北伐山戎,制令支、斩孤

①　班固:《汉书》,中华书局,1962,第1151页。
②　班固:《汉书》,中华书局,1962,第1189-1190页。
③　班固:《汉书》,中华书局,1962,第1191页。
④　班固:《汉书》,中华书局,1962,第1197页。

竹而南归，海滨诸侯莫敢不来服。与诸侯饰牲为载，以约誓于上下庶神，与诸侯勠力同心。西征，攘白狄之地，至于西河，方舟设泭，乘桴济河，至于石枕，悬车束马，逾太行与辟耳之溪拘夏，西服流沙、西吴。南城周，反胙于绛。岳滨诸侯莫敢不来服，而大朝诸侯于阳谷。兵车之属六，乘车之会三。"①

《汉书·五行志中之上》："成公十六年，公会诸侯于周，单襄公见晋厉公视远步高，告公曰：'晋将有乱。'鲁侯曰：'敢问天道也？抑人故也？'对曰：'吾非瞽史，焉知天道？吾见晋君之容，殆必祸者也。夫君子目以定体，足以从之，是以观其容而知其心矣。目以处谊，足以步目。晋侯视远而足高，目不在体，而足不步目，其心必异矣。目体不相从，何以能久？夫合诸侯，民之大事也，于是虖观存亡。故国将无咎，其君在会，步言视听必皆无谪，则可以知德矣。视远，曰绝其谊；足高，曰弃其德；言爽，曰反其信；听淫，曰离其名。夫目以处谊，足以践德，口以庇信，耳以听名者也，故不可不慎。偏丧有咎；既丧，则国从之。晋侯爽二，吾是以云。'后二年，晋人杀厉公。凡此属，皆貌不恭之咎云。"②陈按，《汉书》标明为《史记》，颜师古注："此志凡称史记者，皆谓司马迁所撰也。"③查《史记》之《周本纪》《鲁周公世家》《晋世家》均未见，唯见于《国语·周语下》"单襄公论晋将有乱"条，文字绝大部分相同，故该语段本于《国语》无疑。

《汉书·五行志中之上》："周单襄公与晋郤锜、郤犨、郤至、齐国佐语，告鲁成公曰：'晋将有乱，三郤其当之虖！夫郤氏，晋之宠人也，三卿而五大夫，可以戒惧矣。高位实疾颠，厚味实腊毒。今郤伯之语犯，叔迂，季伐。犯则陵人，迂则诬人，伐则掩人。有是宠也，而益之以三怨，其谁能忍之！虽齐国子亦将与焉。立于淫乱之国，而好尽言以招人过，怨之本也。唯善人能受尽言，齐其有虖？'十七年，晋杀三郤。十八年，齐杀国佐。"④该语段本于《国语·周语下》"单襄公

---

① 徐元诰：《国语集解》，中华书局，2002，第233-234页。
② 班固：《汉书》，中华书局，1962，第1355页。
③ 班固：《汉书》，中华书局，1962，第1324页。
④ 班固：《汉书》，中华书局，1962，第1377-1378页。

论晋将有乱"条，与上一则系《国语》同篇文章拆分而成。

《汉书·五行志中之上》："秦景公弟后子奔晋，赵孟问：'秦君何如？'对曰：'无道。'赵孟曰：'亡乎？'对曰：'何为？一世无道，国未艾也。国于天地，有与立焉，不数世淫，弗能毙也。'赵孟曰：'天乎？'对曰：'有焉。'赵孟曰：'其几何？'对曰：'针闻国无道而年谷和孰，天赞之也，鲜不五稔。'赵孟视荫，曰：'朝夕不相及，谁能待五？'后子出而告人曰：'赵孟将死矣！主民玩岁而愒日，其与几何？'冬，赵孟卒。"①该语段本于《国语·晋语八》"秦后子谓赵孟将死"条和《左传·昭公元年》所述。

《汉书·五行志中之下》："鲁定公时，季桓子穿井，得土缶，中得虫若羊，近羊祸也。"②事本于《国语·鲁语下》"季桓子穿井获羊"条："季桓子穿井如获土缶，其中有羊焉。"③

《汉书·五行志中之下》："谷、洛水斗，将毁王宫。刘向以为近火沴水也。周灵王将拥之，有司谏曰：'不可。长民者不崇薮，不堕山，不防川，不窦泽。今吾执政毋乃有所辟，而滑夫二川之神，使至于争明，以防王宫室，王而饰之，毋乃不可乎！惧及子孙，王室愈卑。'王卒拥之。"④该语段本于《国语·周语下》"太子晋谏灵王壅谷水"条。

《汉书·五行志下之上》："周幽王二年，周三川皆震。伯阳甫曰：'周将亡矣！天地之气不过其序；若过其序，民乱之也。阳伏而不能出，阴迫而不能升，于是有地震。今三川实震，是阳失其所而填阴也。阳失而在阴，原必塞；原塞，国必亡。夫水，土演而民用也；土无所演，而民乏财用，不亡何待？昔伊雒竭而夏亡，河竭而商亡，今周德如二代之季，其原又塞，塞必竭；川竭，山必崩。夫国必依山川，山崩川竭，亡之征也。若国亡，不过十年，数之纪也。'是岁三川竭，岐山崩。"⑤该语段本于《国语·周语上》"西周三川皆震伯阳父论周将亡"条。

① 班固：《汉书》，中华书局，1962，第1381页。

② 班固：《汉书》，中华书局，1962，第1419页。

③ 徐元诰：《国语集解》，中华书局，2002，第190页。

④ 班固：《汉书》，中华书局，1962，第1437页。

⑤ 班固：《汉书》，中华书局，1962，第1451页。

《汉书·五行志下之上》："鲁哀公时，有隼集于陈廷而死，楛矢贯之，石砮，长尺有咫。陈闵公使使问仲尼，仲尼曰：'隼之来远矣！昔武王克商，通道百蛮，使各以方物来贡，肃慎贡楛矢，石砮长尺有咫。先王分异姓以远方职，使毋忘服，故分陈以肃慎矢。'试求之故府，果得之。"①该语段本于《国语·鲁语下》"孔丘论楛矢"条。

《汉书·五行志下之上》："夏后氏之衰，有二龙止于夏廷，而言'余，褒之二君也'。夏帝卜杀之，去之，止之，莫吉；卜请其漦而藏之，乃吉。于是布币策告之。龙亡而漦在，乃椟去之。其后夏亡，传椟于殷周，三代莫发，至厉王末，发而观之，漦流于廷，不可除也。厉王使妇人赢而噪之，漦化为玄鼋，入后宫。处妾遇之而孕，生子，惧而弃之。宣王立，女童谣曰：'檿弧其服，实亡周国。'后有夫妇鬻是器者，宣王使执而僇之。既去，见处妾所弃妖子，闻其夜号，哀而收之，遂亡奔褒。"②该语段本于《国语·郑语》"史伯为桓公论兴衰"条。

现在我们对《汉书》除《艺文志》外的其他九"志"所引《国语》进行分析，其中《五行志》有8篇出自《国语》，《律历志》有7篇出自《国语》，《郊祀志》有3篇出自《国语》，《刑法志》有2篇出自《国语》，《食货志》有1篇出自《国语》，《礼乐志》《天文志》《地理志》《沟洫志》则未见称引《国语》。由《五行志》多引《国语》，我们可以确认阴阳五行观念对汉代文化的影响之巨，正如顾颉刚先生所指出："汉代人的思想骨干，是阴阳五行。无论在宗教上，在政治上，在学术上，没有不用这套方式的。"③它构成了汉代人宇宙观和历史观的核心。在阴阳五行的观念中，"世界的本源为水、火、木、金、土五种元素，世界的构成则是依着五行本性划分的五类事物"④。五行相生相克构成了世界运动与变迁的动力，也构成了包括政治活动在内的人的活动的动力。这也是人的活动与宇宙运动和谐统一的基础。当这种和谐被打破时，便会出现灾异与怪异，董仲舒《春秋繁露·必仁且智》云："天

---

① 班固：《汉书》，中华书局，1962，第 1463 页。
② 班固：《汉书》，中华书局，1962，第 1464 页。
③ 顾颉刚：《秦汉的方士与儒生》，上海古籍出版社，2007，第 1 页。
④ 吴祖春：《〈汉书·五行志〉的礼学实质》，《宁夏社会科学》2010 年第 2 期，第 144 页。

地之物有不常变者，谓之异，小者谓之灾。灾常先至而异乃随之。灾者，天之谴也；异者，天之威也。谴之而不知，乃畏之以威。"①汉代的阴阳五行学说要从先秦文化中吸收养分，多载灾异、物怪、梦兆、卜筮的《国语》便自然成为汉人关注的对象。《汉书·律历志》亦有多篇采自《国语》。"律即乐律，历即历法，将音乐中乐律学与天文学中的历学合成历史著作中之一篇，称其为《律历志》。"②《国语》中有极为丰富的律历学文献，如《周语下》"景王问钟律于伶州鸠"条中伶州鸠对乐律的阐述就与天象历法密切结合在一起。祭祀仪典也是汉代学者尤其是东汉学者关注的内容，除了经学中以"三礼"为讲授和学习内容的儒生外，许多人都对礼仪祭祀表现出浓厚的兴趣，如应劭《风俗通》中就有《祀典》一卷。关于祀典，《国语》中的资料也颇为丰富，自然被《汉书》作者所注意并采录进来。这些均表明，《国语》的文献资料价值受到包括班固在内的汉代知识界的推重。在《汉书》其他体例中，也时有《国语》之文被称引，如《蒯伍江息夫传》中描写蒯通劝韩信利用有利的时机同刘、项形成"参分天下，鼎足而立"的政治格局，他说："夫功者难成而易败，时者难值而易失。'时乎时，不再来。'愿足下无疑臣之计。"③其中"时乎时，不再来"当本于《国语·越语下》"越兴师伐吴而弗与战"条："臣闻之，得时无怠，时不再来，天予不取，反为之灾。"④《景十三王传》中"众口铄金，积毁销骨"⑤之语，当本于《国语·周语下》"单穆公谏景王铸大钟"条："故谚曰：'众志成城，众口铄金。'"⑥这些都反映了《国语》在汉代的接受情况，但比较分散，且数量不多，故在本书中不再展开。

① 苏舆：《春秋繁露义证》，中华书局，1992，第259页。
② 戴念祖：《"律历志"的由来——解密中国古代乐律与历法相关性的缘由》，《中国音乐学》2015年第2期，第5页。
③ 班固：《汉书》，中华书局，1962，第2165页。
④ 徐元诰：《国语集解》，中华书局，2002，第584页。
⑤ 班固：《汉书》，中华书局，1962，第2423页。
⑥ 徐元诰：《国语集解》，中华书局，2002，第112页。

四、赵晔《吴越春秋》对《国语》的接受

赵晔是东汉人，《后汉书》有传，但未载其生卒年月。曹林娣教授据其曾为杜抚弟子考证，"赵晔的主要活动时期应在光武帝、明帝及章帝时期，是东汉前期"①。更有学者做了进一步考证，认为赵晔生活的时间约在公元 35 年至公元 90 年之间。②其大体和王充生活于同一年代。《后汉书·儒林列传》云："赵晔字长君，会稽山阴人也。"③他为人清高，在作县吏时，"奉檄迎督邮，晔耻于厮役"，辞官而去，远赴犍为资中，从鸿儒杜抚习《韩诗》，一心向学，"积二十年，绝问不还"，以致家人误以为他已去世，"家为发丧制服"，而他是在老师杜抚去世后才返归乡里。赵晔在经学和文化著述上均取得了很高的成就，《后汉书·儒林列传》云："晔著《吴越春秋》《诗细历神渊》。"从书名即可判知，后者无疑是赵晔师从杜抚习治《韩诗》的结晶。此书受到当时名流蔡邕的揄扬，并因此获得了极大的声誉和影响，"蔡邕至会稽，读《诗细》而叹息，以为长于《论衡》。邕还京师，传之，学者咸诵习焉"④。但相较而言，《吴越春秋》对后世的影响更大。《隋书·经籍志》"杂史"类下著录"《吴越春秋》十二卷，赵晔撰"，到《宋史·艺文志》则著录为十卷，与今本卷数相同。《吴越春秋》受《国语》影响颇大，明人钱福《重刊吴越春秋序》指出："《吴越春秋》乃作于东汉赵晔，后世补亡之书耳，大抵本《国语》《史记》，而附以所传闻者为之。"⑤《国语》对《史记》影响具体可分为如下两个方面。

一方面，《吴越春秋》多处直接取材于《国语》，如《吴太伯传第一》在追溯吴国首位君主太伯先祖世系时谈及不窋时曾言："卒，子不窋立。遭夏氏世衰，失官，奔戎、狄之间。"⑥《国语·周语上》载祭公谋父言："及夏之衰也，弃稷弗务，我先王不窋用失其官，而自窜于

---

① 曹林娣：《关于吴越春秋的作者及成书年代》，《西北大学学报》1982 年第 4 期，第 69 页。

② 梁宗华：《论吴越春秋的作者和成书年代》，《苏州大学学报》1999 年第 3 期，第 94 页。

③ 范晔：《后汉书》，中华书局，1965，第 2575 页。

④ 范晔：《后汉书》，中华书局，1965，第 2575 页。

⑤ 周生春：《吴越春秋辑校汇考》，上海古籍出版社，1997，第 11 页。

⑥ 张觉：《吴越春秋校注》，岳麓书社，2006，第 3 页。

戎狄之间。"①两者间承袭关系昭然可判。《王僚使公子光传第三》言伍
子胥祖先伍举事，全用《国语·楚语上》"伍举论台美而楚殆"条，甚
至文句大都相同。《夫差内传第五》对《吴语》更是采撷颇多，且在此
基础上进行了语言和情节的加工改造，集中体现于以下几部分。一部
分是夫差逼迫伍子胥自杀，其中夫差胜齐后责伍子胥语很明显照搬《吴
语》，我们可试着比对两者以证之。《夫差内传第五》云："吴王还，乃
让子胥曰：'吾前王履德明，达于上帝，垂功用力，为子西结强仇于楚。
今前王，譬若农夫之艾杀四方蓬蒿，以立名于荆蛮，斯亦大夫之力。
今大夫昏耄而不自安，生变起诈，怨恶而出。出则罪吾士众，乱吾法
度，欲以妖孽挫衄吾师。赖天降哀，齐师受服。寡人岂敢自归其功？
乃前王之遗德、神灵之佑福也。若子于吴，则何力焉？'"②《吴语》
则云："吴王反自伐齐，乃讁申胥曰：'昔吾先王体德圣明，达于上帝，
譬如农夫作耦，以刈杀四方之蓬蒿，以立名于荆，此则大夫之力也。
今大夫老，而又不自安恬逸，而处以念恶，出则罪吾众，挠乱百度，
以妖孽吴国。今天降衷于吴，齐师受服。孤岂敢自多，先王之锺鼓，
寔式灵之。敢告于大夫。'"③两处用语颇近，且都极为生动，表达了夫
差对伍子胥的强烈怨恨，洋洋自得与挖苦的声口惟妙惟肖。《夫差内传
第五》中伍子胥对夫差指责的反驳也是在《吴语》基础上创作而成，
限于篇幅，兹不赘举。就整体而言，《吴越春秋》对伍子胥自杀的过程
描写得更为细致具体。另一部分是《吴越春秋》在《吴语》"吴越争长
未成勾践袭吴""吴欲与晋战得为盟主"条基础上对吴晋争霸的描写，
可理解为对《国语》的缩写，从精彩程度上《吴越春秋》要逊色于《国
语》。《夫差内传第五》还有一部分"夫差使王孙骆告劳于周"系脱化
于《吴语》"夫差退于黄池使王孙苟告于周"，其中人物由"王孙苟"
更换为"王孙骆"，双方言语应对也远较《吴语》为简略。《勾践伐吴
外传第十》脱胎于《国语》之处也比较多，如"勾践说国人之辞"系
节录糅合自《越语上》"勾践灭吴"条；文种应对吴求和使者王孙骆的

① 徐元诰：《国语集解》，中华书局，2002，第 3-4 页。
② 张觉：《吴越春秋校注》，岳麓书社，2006，第 129 页。
③ 徐元诰：《国语集解》，中华书局，2002，第 544 页。

言辞脱胎于《越语下》"范蠡谏勾践勿许吴成卒灭吴"条;"勾践问楚使申包胥吴是否可伐"的内容本于《吴语》"勾践灭吴夫差自杀"条;"勾践请八大夫以咨询伐吴"的内容亦本于《吴语》"勾践灭吴夫差自杀"条。这些均表明《国语》尤其是其中的《吴语》和《越语》构成了赵晔《吴越春秋》创作的重要源泉。

另一方面是在体例上,《国语》也对《吴越春秋》产生了重要影响。《吴越春秋》的体例有着极其重要的意义,它是作者在自觉继承《左传》《国语》《史记》体例基础上的推陈出新。张觉先生曾经非常准确地指出:"作者将《左传》的编年体、《国语》的国别体、《史记》的纪传体熔为一炉,以其丰富的资料,编著了一部十分系统的以纪传为主体、以编年为头绪来铺叙两国史事的国别史。从体例构思的缜密性、系统性来说,它对我国古代史学的贡献也是不容忽视的。"①这种以纪传体为内核、以国别体为构架的史著体例,对后世影响确实是很大的,如《三国志》《十六国春秋》等就受其影响。在《吴越春秋》体例上我们还应注意到一点,就是在其现存十"传"中,篇目名称有三种形式。一种是《吴太伯传》《吴王寿梦传》《王僚使公子光传》,以"传"命名;一种是《阖闾内传》《夫差内传》,以"内传"命名;一种是《越王无余外传》《勾践入臣外传》《勾践归国外传》《勾践阴谋外传》《勾践伐吴外传》,以"外传"命名。这三种形式最根本的差异是所有越国君主叙事均以"外传"名之,吴国主要君主(阖闾与夫差,一霸一亡)叙事均以"内传"名之。二者区分的缘由何在?其背后有什么样的文化蕴含?这些问题很早就困惑古人了,如宋元之际的徐天祐在其《吴越春秋音注》中就提出过困惑:"元本《阖闾》《夫差传》皆曰内传,下卷《无余》《勾践传》皆曰外传,内吴而外越,何也?况晔又越人乎?若以吴为内,则《太伯》《寿梦》《王僚》三传不曰内,而《阖闾》《夫差》二传独曰,又何也?"②尤其是赵晔本为越人,在体例上却是"内吴外越"。这种困惑明代中期著名文人钱福也在其《重刊吴越春秋序》

---

① 张觉:《吴越春秋校注》,岳麓书社,2006,第 16 页。

② 赵晔:《吴越春秋》,江苏古籍出版社,1999,第 61 页。

中提出过："其大旨夸越之多贤，以矜其故都，而所编传乃内吴而外越，则又不可晓矣。"现代学术界认为《吴越春秋》"内吴外越"体例的形成最主要的原因是其历史观和政治伦理观念。金其桢先生指出："作为儒家学说忠实继承者的赵晔，由于受长期形成的儒家立场和观点的支配，他在撰写《吴越春秋》时，显然并不是站在自己是'越人'这一乡土地域、立场来看待吴、越和考虑问题的，而主要是从以周室为正统的这一儒家观点来看待吴、越和考虑问题的。……从赵晔所持有的以周室为正统的这一儒家观点来看，阖闾、夫差无疑是周室的'本处'、'亲密'的'内'，阖闾之传和夫差之传理所当然地应该称为'内传'，而无余和勾践无疑是周室的'别处'、'疏远'的'外'，无余之传和勾践之传，理所当然地应该称为'外传'。"①也就是说，在金氏看来尊周的政治伦理是支配《吴越春秋》结构体制的文化心理基础，有许多学者也得出这一认识，如许殿才先生就指出："从世系上说吴传自太伯，尊吴及尊周。"②金氏还认为，构成《吴越春秋》文化心理基础的并不是对越地乡土文化的认同感和自豪感。我们认为这是有道理的，从春秋末年的吴越争霸最终由越吞并吴开始，吴越文化交流日密并逐步融合，延至战国，吴越文化的互融已非常鲜明，《吕氏春秋·知化篇》云："吴之与越也，接土邻境，壤交通属，习俗同，语言通。"③到汉代，二者已整合为一。"汉代的吴越文化，则是中国主流文化——汉族文化的一个区域型。"④这在《吴越春秋》和《越绝书》的相关表述中可见一斑。《吴越春秋·夫差内传第五》云："吴与越同音共律，上合星宿，下共一理。"⑤在古人看来，音律与星宿均为神秘的宇宙元气的体现，强调二者的共有和相同，实际是说两种文化的一致性。《越绝书》卷六《外传记策考第七》云："吴越为邻，同俗并土。"直接说两地有共同的地域与风俗。《越绝书》卷七《外传记范伯第八》云："吴越二邦，同

① 金其桢：《〈吴越春秋〉"内吴外越"探辩》，《赣南师范学院学报》1993年第1期，第62页。
② 许殿才：《〈吴越春秋〉说略》，《史学史研究》2007年第1期，第21页。
③ 陈奇猷：《吕氏春秋新校释》，上海古籍出版社，2002，第1562页。
④ 董楚平：《汉代的吴越文化》，《杭州师范学院学报》2001年第1期，第38页。
⑤ 张觉：《吴越春秋校注》，岳麓书社，2006，第149页。

气共俗。"亦言吴越之地所禀天地之气是相同的，风俗也是相同的。这表明汉人已将吴越视为一体。也就是说，当时的赵晔所认同的乡邦文化很可能是吴越文化而非越文化，《吴越春秋》"内吴外越"的体式更多是源于传统的儒家伦理。学术界还有学者主张《吴越春秋》的"内""外"界分很可能是依据其叙述的对象是吴、越两国而简单划分的，义近于现在的上、下称谓。张觉先生指出："我看这'内'、'外'两字可能与《韩非子》中的《内储说》《外储说》之'内''外'相似，仅用来区别篇题，等于说'上''下'，而没有什么特别的含义。"①也就是说内、外的界分没有伦理和情感取向，并且这一传统肇端于先秦。我们还认为赵晔所传承的韩诗以《内传》《外传》解读《诗经》的体制，对《吴越春秋》内、外传的界分有启发作用。《汉书·儒林传》载韩诗鼻祖韩婴"婴推诗人之意，而作内外传数万言，其语颇与齐、鲁间殊，然归一也"②。《后汉书·儒林列传》言赵晔"到犍为资中，诣杜抚受《韩诗》，究竟其术。积二十年"③，而杜抚是东汉韩诗硕儒，"少有高才，受业于薛汉，定《韩诗章句》……弟子千余人……其所作《诗题约义通》，学者传之，曰《杜君法》云"④。准此，《韩诗》治诗路数、方式必然深刻影响赵晔的治学模式乃至思维习惯。同样，《国语》作为外传，《左氏春秋》作为内传，二者辅翼解读《春秋》的观念至东汉也已被普遍接受。这似乎也是《吴越春秋》内外传之名生成的一个重要基础。由此，我们能看出《国语》对《吴越春秋》体例潜移默化的影响。

五、《越绝书》对《国语》的接受

《越绝书》，《隋志》著录为"《越绝记》十六卷，子贡撰"，但多数学者认为子贡系伪托。明人杨慎认为其作者应该是袁康和吴平，他在《跋〈越绝〉》中指出："或问：《越绝》不著作者姓名，何也？予曰：姓名具在书中，览者第不深考耳。子不观其绝篇之言乎？曰：'以去为

---

① 张觉：《吴越春秋全译》，贵州人民出版社，2008，第 93 页。
② 班固：《汉书》，中华书局，1962，第 3613 页。
③ 范晔：《后汉书》，中华书局，1965，第 2575 页。
④ 范晔：《后汉书》，中华书局，1965，第 2573 页。

姓，得衣乃成；厥名有米，覆之以庚。禹来东往，死葬其乡。不直自斥，托类自明。文属词定，自于邦贤。以口为姓，承之以天。楚相屈原，与之同名。'此以隐语见其姓名也。去得衣，乃袁字也；米覆以庚，乃康字也；禹葬之乡则会稽也。是乃会稽人袁康也，其曰'不直自斥，托类自明'，厥旨昭然，欲后人知也。'文属辞定，自于邦贤'，盖所共著，非康一人也。以口承天，吴字也；屈原同名，平字也；与康共著此书者，乃吴平也。"①此说已为大多数学者接受。

作为同样是吴越文化孕育出来的一朵奇葩，《越绝书》与《吴越春秋》有着紧密的关系。正如有学者所言："《越绝书》与《吴越春秋》从具体内容、行文用语和编辑形式上，都有摆脱不开的关系。""《越绝书》编辑和成书都在《吴越春秋》之后，而且年限相隔并不很久，《吴越春秋》的面世和在会稽一带的流行，就是编撰《越绝书》的导因。"②同样，《越绝书》也受《国语》的影响，尽管其与《国语》的关系明显不如《吴越春秋》更为明晰和具体。已有学者指出《国语》与《越绝书》的关系，"《越绝书》中共计有 27 条材料来源于《史记》《国语》或《左传》，其中《史记》24 条、《左传》4 条、《国语》3 条，出现这种情况的原因是《越绝书》的作者以《史记》为主要依据对象，同时参照《国语》或《左传》"③。由上述分析我们可以看出，《越绝书》之前诸史《史记》对其影响最大，成为其最主要的创作依据。相对而言，作为先秦史著经典的《左传》与《国语》对《越绝书》的影响要逊色得多。《国语》对《越绝书》的影响主要集中在《吴语》和《越语》，下面我们来展开具体分析。

第一处是《越绝请籴内传第六》，其开篇云："昔者，越王勾践与吴王夫差战，大败。保栖于会稽山上，乃使大夫种求行成于吴，吴许之。"④《国语·越语上》言"越王勾践栖于会稽之上，乃号令于三军"

---

① 杨慎：《升庵集》卷十，四库全书本。

② 乔治忠：《〈越绝书〉成书年代与作者问题的重新考辨》，《学术月刊》2013 年第 11 期，第 142-143 页。

③ 赵雅丽：《〈越绝书〉材料来源考略》，《齐齐哈尔大学学报》2014 年第 5 期，第 128 页。

④ 俞纪东：《越绝书全译》，贵州人民出版社，1996，第 108 页。

以求退吴之谋，文种挺身而出责其过失，勾践"执其手而与之谋"，然后"遂使之行成于吴"①。从用语来看，《越绝书》袭自《国语》较为明显，但这两处在各自的语篇中所起的作用是不同的。《越绝书》中的描写相当简略，只是起背景介绍作用，而该篇主体则是叙写文种为越王设请籴于吴之谋，挑起并激化忠臣伍子胥与吴王夫差、奸臣伯嚭的矛盾，最终使伍子胥被迫自杀。《国语》中的描写则颇为细致生动，一是具体展现了勾践、文种在国家遭受灭顶之灾的情境下君臣坦诚相待，文种知无不言，勾践则知错就改、虚心纳谏，这实际上是为整个《越语上》越国君臣上下精诚团结、终雪国耻的叙事主旨奠定基础。二是重点描写了文种使吴的外交应对和分化拉拢吴执政集团的过程，颇具艺术水准。由此可以看出，《越绝书》对《国语》的借鉴有鲜明的个体独创意识，而非机械照搬，这一点似乎比刘向的《列女传》明显得多。

第二处是《越绝外传记吴王占梦第十二》，其有些内容源自《国语》，如描写夫差自杀前的愧悔："吴王曰'闻命矣！以三寸之帛，冥吾两目，使死者有知，吾惭见伍子胥、公孙圣，以为无知吾耻生。'"②《吴语》的描写是："夫差将死，使人说于子胥曰：'使死者无知，则已矣。若其有知，吾何面目以见员也！'遂自杀。"③从行文能看出《国语》对《越绝书》的影响。

第三处是《越绝德叙外传记第十八》，其对勾践被吴军围于会稽的困境的描写当取意于《吴语》和《越语》，对范蠡最终命运的描写是"勾践至贤，种盍为诛？范蠡恐惧，逃于五湖"，"夫子见利与害，去于五湖"④，揭示其见微识几、明于进退的性格特征，尽管与《越语下》中范蠡在灭吴返越途中即主动提出归隐，勾践坚决拒绝后范蠡依然决意离开不尽相同，但两书均着意突出范蠡归隐五湖，《越语下》云："遂乘轻舟以浮于五湖，莫知其所终极。"⑤能见出《国语》对《越绝书》

① 徐元诰：《国语集解》，中华书局，2002，第567-568页。
② 俞纪东：《越绝书全译》，贵州人民出版社，1996，第216页。
③ 徐元诰：《国语集解》，中华书局，2002，第561-562页。
④ 俞纪东：《越绝书全译》，贵州人民出版社，1996，第270页。
⑤ 徐元诰：《国语集解》，中华书局，2002，第588页。

的影响。《越绝德叙外传记第十八》对伍子胥自杀前的细节描写也有《国语》影响的痕迹。如写伍子胥临死前提出要求："高置吾头，必见越人入吴也，我王亲为禽哉！"①准确地预见到吴被越灭亡的悲剧命运，表达了他的痛苦以及不被信用的悲愤，《吴语》"申胥自杀"条的描写与之近似："将死，曰：'以悬吾目于东门，以见越之入，吴国之亡也。'"②两者的近似之处昭然可见。

第四处是《越绝吴内传第四》范蠡和勾践就伐吴事的论议，明显改自《国语·越语下》"范蠡进谏勾践持盈定倾节事"条。这两段文字主要围绕范蠡所论"持盈""定倾""节事"来展开，这是两段文字最根本的共同点。在具体阐释上两段文字则有同有异，显示了《越绝书》对《国语》的继承与改编。相同点集中表现为两段文字有许多语句具有很高的相似性，兹举两例以证之。如《越语下》言："天道盈而不溢，盛而不骄，劳而不矜其功。"③《吴内传》言："天道盈而不溢、盛而不骄者，言天生万物，以养天下。"④两书关于"天道"内涵的阐释基本相同，但《越绝书》中少了"劳而不矜其功"，而将之归于"地德"，"地道施而不德，劳而不矜其功者也，言地生长五谷，持养万物，功盈德博，是所施而不德，劳而不矜其功者矣"⑤。相对于《越语下》，《越绝书》多了对天道的概括，其内涵是"生万物""养天下"，与下文地德"生五谷""养万物"对举相连。《越语下》言："天时不作，弗为人客。"⑥《越绝书》言："天道未作，不先为客者。"⑦语句高度相似，均强调人应顺天时而为。这两段文字又有很大的不同。首先是两者所言勾践战事的对象不一致，从具体文本看，《越语下》勾践欲伐吴王是夫差，而《越绝书》则言"越王勾践欲伐吴王阖庐"。其次是两者最大的不同是对"定倾""节事"的理解，《越语下》强调"定倾者与人，节

---

① 俞纪东：《越绝书全译》，贵州人民出版社，1996，第272页。
② 徐元诰：《国语集解》，中华书局，2002，第545页。
③ 徐元诰：《国语集解》，中华书局，2002，第575页。
④ 俞纪东：《越绝书全译》，贵州人民出版社，1996，第76页。
⑤ 俞纪东：《越绝书全译》，贵州人民出版社，1996，第76页。
⑥ 徐元诰：《国语集解》，中华书局，2002，第575页。
⑦ 俞纪东：《越绝书全译》，贵州人民出版社，1996，第76页。

事者与地"①，而《越绝书》则强调："地贵定倾；定倾者，言地之长
生，丘陵平均，无不得宜。故曰地贵定倾。人贵节事；节事者，言王
者已下，公卿大夫，当调阴阳，和顺天下，事来应之，物来知之，天
下莫不尽其忠信，从其政教，谓之节事。"②这样的行文应是作者在阅
读《国语》基础上赋予了自己的理解。另外将《国语》与《越绝书》
这段文字进行比照还发现，《越绝书》更强调对"持盈""定倾""节事"
内涵主旨的学理性探究，而《国语》更凸显范蠡对天道人事关系的强
调，直接服务于范蠡劝谏勾践的理论基础的奠定。还有学者从文本细
读中找到了更多证据，如张居三教授指出："统观《越绝书》，还是能
够找到《国语》的影响。如对伍子胥的称呼，《请籴内传》和《内经九
术》中都称之为'申胥'，张宗祥引韦昭注云：'员奔吴，吴子与之申
地，故曰申胥。'韦昭注见于《国语·吴语》，可知申胥的称呼不见于
同时期的其他文献，其源则在《国语》。至于个别相同的句子，如《越
语上》子胥谏吴王曰不可行成于越，称越地'三江环绕，民无所移'
的话，见于《请籴内传》申胥谏辞之中。"③是颇有道理的。

　　总的来说，和《吴越春秋》相比，《越绝书》对《国语》的直接借
鉴要少得多，但我们可换一个视角来分析，《吴越春秋》和《越绝书》
的出现，在一定程度上是汉代吴越文化开始兴盛和受到重视的体现，
而追溯吴越政治文明的源头，春秋时期的吴越两国必然会被高度重视，
因此集中反映吴越霸业兴衰的《国语》就被珍视，它必然成为后人书
写吴越文明时所不能忽略的沃土，《吴越春秋》和《越绝书》自然也不
例外，它们取鉴于《国语》是必然的，只不过取鉴的形式是显豁抑或
潜隐而已。

---

① 徐元诰：《国语集解》，中华书局，2002，第 577 页。
② 俞纪东：《越绝书全译》，贵州人民出版社，1996，第 76 页。
③ 张居三：《〈国语〉与〈越绝书〉〈吴越春秋〉的关系》，《文艺评论》2012 年第 8 期，第 41-
43 页。

第三节　汉代子书与《国语》的关系

　　文章中称引《国语》在战国就已出现。《荀子》是先秦论辩散文发展到最高水平的标志，其一个习见的论述手段是引《诗经》《尚书》等诸多先秦经典和谚语来充实自己的论证，增强论证的权威性和说服力。荀子已注意到《国语》在政治文化史方面的史料价值，并在文章中引用《国语》的相关叙述来论证自己的学说。《正论》就是这样的一篇颇为精彩的政论散文，其题目中"正"之内涵可作两方面理解。第一个方面，"正"就是"政治"，《正论》主要内容是关乎社会政治尤其是君政；第二个方面，"正"就是"正确""矫正"，《正论》主体内容是驳斥作者所鄙弃的各种谬论邪说，阐发自己所标榜的正确言论。《正论》有一部分主要内容就是驳斥对"汤、武不能禁令"的指责，即言作为圣王的商汤和周武王都不能使其禁令畅行于天下，如"楚、越不受制"。荀子先是直接反驳，言汤、武从"百里之地"到最终一统天下，其政治局面是"天下为一，诸侯为臣，通达之属莫不振动从服以化顺之"，怎么能说"楚、越独不受制也"？接着阐明人们之所以产生楚、越不受天子辖制的看法，是他们不了解"王者之制"的内涵是"视形势而制械用，称远迩而等贡献，岂必齐哉"，所以在行政上是"诸夏之国同服同仪，蛮、夷、戎、狄之国同服不同制"，随后言"封内甸服，封外侯服，侯卫宾服，蛮夷要服，戎狄荒服。甸服者祭，侯服者祀，宾服者享，要服者贡，荒服者终王。日祭，月祀，时享，岁贡"[①]。这和《国语·周语上》所载祭公谋父劝谏周穆王之语大同小异，"夫先王之制：邦内甸服，邦外侯服，侯、卫宾服，蛮、夷要服，戎、狄荒服。甸服者祭，侯服者祀，宾服者享，要服者贡，荒服者王。日祭、月祀、时享、岁贡、终王，先王之训也"[②]。最后进一步申说："夫是之谓视形

---

① 王先谦：《荀子集解》，中华书局，1988，第 328-330 页。
② 徐元诰：《国语集解》，中华书局，2002，第 6-7 页。

势而制械用，称远近而等贡献，是王者之至也。"①对《国语》的称引构成这部分论说文字的主体内容，使荀子之论建立在充分扎实的基础之上，强化了其论证效果。引《国语》以证己说说明《国语》对汉代产生了重要影响，这在汉代子书中颇为明显。

一、贾谊《新书》对《国语》的接受

贾谊（前200～前168）是汉代著名的政论散文作家。他对先秦史著有着浓厚的兴趣，尤其专长于《左传》，有着深厚的学养。我们完全有理由推断，正因精嗜《左传》，贾谊对与《左传》有着密切关系的《国语》应该亦相当熟谙，其创作受《国语》影响颇深。据笔者粗略统计，贾谊《新书》称引《国语》共有6处。需补充的一点是，《新书》为后起名字，"贾谊著作最初并无今名，而是后人在传承过程中对其进行整理，再冠以《新书》之名的"②。《汉书·艺文志》最早载录贾谊作品为"贾谊五十八篇"，《隋书·经籍志》言"贾子十卷"，直至《新唐书·艺文志》才出现"贾谊《新书》十卷"的说法。我们认为《新书》对《国语》的称引有如下特色。

第一，《新书》常称引《国语》以阐明古代礼制。汉代社会是中国古代大一统君主专制中央集权最终确立的时代，与这一政治组织形式相对应的就是儒家的礼治思想。儒家思想作为主导意识形态的建立，经过一个较为漫长的过程，到汉武帝时期在董仲舒"罢黜百家、独尊儒术"的建议下才完全确立的。贾谊是这一历史进程的一个标志性人物。正是在这个意义上，汉代大儒刘歆在《移让太常博士书》中说："在汉朝之儒，唯贾生而已。"贾谊师承儒家思想尤其是荀子礼制观，用以指导其理想社会秩序的构建，"荀子的'礼论'思想成为贾谊建设社会秩序的指导思想"③。贾谊高度强调礼对于维护社会秩序的重要性，如《新书》卷一"服疑"云："是以等级分明，则下不得疑；权力

---

① 王先谦：《荀子集解》，中华书局，1988，第330页。
② 胡春生：《贾谊〈新书〉反义词及〈汉语大词典〉相关条目研究》，湘潭大学硕士学位论文，2006，第1页。
③ 金春峰：《汉代思想史》，中国社会科学出版社，1987，第95页。

绝尤，则臣无冀志。"①在礼制建设过程中，贾谊特别强调恢复周礼。"《国语》的思想较为复杂，而以儒家为主导。礼治是其中最重要的内容。"②主张复周礼的贾谊时引保存周人礼制较多的文献，以崇礼为鲜明特征的《国语》自然被贾谊所看重。如在《新书》卷二"审微"中，贾谊首先提出"善不可谓小而无益，不善不可谓小而无伤。非以小善为一足以利天下，小不善为一足以乱国家也。当夫轻始而傲微，则其流而令于大乱，是故子民者谨焉"③。这里贾氏从国家和天下长治久安的需要出发，明确阐释了要谨小慎微的政治理念，而后在下文中提出"古者周礼，天子葬用隧，诸侯县下"，这是天子与诸侯的身份区别在葬仪上的体现，不容僭越，如逾越此制，即为"不善"，会导致"乱国家"的结局。接着作者引周襄王回绝晋文公请隧例，强调这一礼制的重要性。襄王因惠后和王子带内乱出奔于郑，后在晋文公帮助下恢复王位，"于是襄王赏以南阳之地，文公辞南阳，请即死得以隧下"，面对这一事关君臣等级身份的原则问题，"襄王弗听"，先言"周国虽微，未之或代也"，是说周尽管衰微但尚未失去天命；接着说"天子用隧，伯父用隧，是二天子也"，意谓文公请用隧绝非小事，这是昭示天下有两个天子，而这是违背"天无二日，民无二主"的政治伦理的；最后言"以地为少，余请益之"，意即土地可作为赐封而礼制却不能用以赏赐，终使"文公乃退"。④此段文字本于《国语·周语中》"襄王拒晋文公请隧"条而做了较大幅度的加工改写。《国语》文字侧重表达周襄王的辩才，故详写其言辞；《新书》文字侧重强调礼制不能逾越，要防微杜渐，故侧重表现襄王的态度及其理据。顺便补充一点，从《国语》研究史的角度来看，对于"襄王拒晋文公请隧"条中的"隧"作何解，历来注家存在分歧意见。韦昭《国语解》引贾逵说："隧，王之葬礼，开地通路曰隧。"⑤贾逵为贾谊九世孙，在颇重家学的汉代文化传承体

---

① 闫振益、钟夏：《新书校注》，中华书局，2000，第53页。
② 张居三：《〈国语〉对礼治的反思》，《哈尔滨工业大学学报》2005年第6期，第107页。
③ 闫振益、钟夏：《新书校注》，中华书局，2000，第73页。
④ 闫振益、钟夏：《新书校注》，中华书局，2000，第74页。
⑤ 徐元诰：《国语集解》，中华书局，2002，第51页。

制中，我们似有理由相信贾逵这一训诂系承自其先祖。在君主世袭制度下，培养一个优秀的继承人是维持政权稳定、社会安定的基础。因此从三代开始，贵族社会就相当重视世子及其他贵族子弟的教育工作，甚至政治官制系统往往与此目的有关，如周代的三公系统就与师傅保制度有关。"周代设有三公，即太师、太傅、太保，这种制度是从殷商继承而来，周代设置三公的目的就是辅佐君王，教育、训护太子。"①师保傅制度在春秋时期还在列国中存在，这在《国语》中有鲜明体现。《楚语上》载"庄王使士亹傅太子箴"，士亹为此向时贤申叔时请教，申叔时这样指点他："教之《春秋》，而为之耸善而抑恶焉，以戒劝其心；教之世，而为之昭明德而废幽昏焉，以休惧其动；教之《诗》，而为之导广显德，以耀明其志；教之《礼》，使知上下之则；教之《乐》，以疏其秽而镇其浮，教之令，使访物官；教之语，使明其德，而知先王之务，用明德于民也；教之故志，使知废兴者而戒惧焉；教之《训典》，使知族类，行比义焉。"②非常具体细致地讨论了太子教育的内容及其效果与目的。贾谊曾先后为长沙王太傅和梁怀王太傅，自然对师保傅的角色和职掌颇为重视，一般认为，《傅职》《保傅》等篇即为贾谊做梁怀王太傅时所讲授的古礼。《傅职》中一部分文字显系源自《国语》："或称《春秋》，而为之耸善而抑恶，以革劝其心。教之《礼》，使知上下之则宜。或称《诗》，而为之广道显德，以驯明其志。教之《乐》，以疏其秽，而填其浮气。教之语，使明于上世而知先王之务明德于民也。教之故志，使知废兴者，而戒惧焉。教之任术，使能纪万官之职任，而知治化之仪。教之《训典》，使知族类疏戚，而隐比驯焉。此所谓学太子以圣人之德者也。"③将《国语》与《新书》比照分析，我们发现《国语》中申叔时主张教授给太子的知识内容是《春秋》、世、《诗》、《礼》、《乐》、令、语、故志、《训典》九类，《新书》中所强调的内容是《春秋》、《礼》、《诗》、《乐》、语、故志、任术、《训典》八

---

① 刘霞：《从〈大戴礼记·保傅〉看周代保傅制度》，曲阜师范大学硕士学位论文，2016，第12页。

② 徐元诰：《国语集解》，中华书局，2002，第485页。

③ 闫振益、钟夏：《新书校注》，中华书局，2000，第172页。

类，其中《新书》少"世"这一类；《国语》中"令"的功能是"使访物官"，关于"令"，韦昭的注释是："令，先王之官法、时令也。访，议也。物，事也。使议知百官之事业。"①这与《新书》中"能纪万官之职任"的"任术"的功能颇为相近，所以"令"和"任术"可视为实同名异，从中可以认识到贾谊所主张的太子教育内容大体上和春秋实施的太子教育内容相差无几。我们还发现贾谊对这几类教育内容功能的表述大体同于申叔时所论。如关于"春秋"的教育功能，申叔时的表述是"为之耸善而抑恶焉，以戒劝其心"，贾谊的表述是"为之耸善而抑恶，以革劝其心"，意思全同，即摒除心性中恶的成分，提升善的成分，以净化其心。对"礼"所达到的效能，申、贾的表述均是"使知上下之则"，对"故志"所能达到的效能，申、贾的表述均是"使知废兴者而戒惧焉"，具体语句都完全相同。对"乐"的效能的表述，《国语》是"以疏其秽而镇其浮"，《新书》是"以疏其秽而填其浮气"，两句中"镇""填"通假，意思全同。对"诗"的效能的表述，《国语》是"导广显德，以耀明其志"，《新书》是"广道显德，以驯明其志"，仅个别词和语序略有不同，意思全同。对"语"的教育功能的表述，《国语》和《新书》略有不同，前者强调"明其德"，后者强调"使明于上世"，但其最终效果是一致的，即"知先王之务用明德于民"。对"训典"的教育功能的表述，《国语》和《新书》略有差异，《国语》是"使知族类，行比义焉"，韦昭注云："族类，谓若惇叙九族。比义，义之与比也。"②《新书》是"使知族类疏戚，而隐比驯焉"，戚即"亲"的意思，疏戚即亲疏的意思，"知族类疏戚"其实就是"知族类"的意思。隐，《广雅·释诂》云："隐，占也。"，注曰"隐度"③，即考虑的意思。"驯"通"顺"。"隐比驯"和"行比义"意思相近。凡此足证贾谊在申说保傅的职能时，采用了《楚语下》申叔时的说法。不唯此处，《楚语上》"庄王使士亹傅太子箴"条还有一段为《新书》卷五"傅职"所采录。我们比较一下，《楚语上》云："摄而不彻，则明施舍以导之

---

① 徐元诰：《国语集解》，中华书局，2002，第485页。
② 徐元诰：《国语集解》，中华书局，2002，第486页。
③ 李学勤：《十三经注疏·尔雅注疏》，北京大学出版社，1999，第67页。

忠，明久长以导之信，明度量以导之义，明等级以导之礼，明恭俭以
导之孝，明敬戒以导之事，明慈爱以导之仁，明昭利以导之文，明除
害以导之武，明精意以导之罚，明正德以导之赏，明齐肃以耀之临。"①
《新书》则云："或明惠施以道之忠，明长复以道之信，明度量以道之
义，明等级以道之礼，明恭俭以道之孝，明敬戒以道之事，明慈爱以
道之仁，明偄雅以道之文，明除害以道之武，明精直以道之伐，明正
德以道之赏，明斋肃以道之敬，此所谓教太子也。"②这两处谈论的均
是如何培养太子的十二种素养和处事能力。有的表述完全相同，如关
于"义""礼""孝""事""仁""武""赏"等；有的表述只是个别字
词不同，含义完全或基本相同，如"忠""信""罚"；有的完全不同，
如关于"文"的表述；有的则是用了不同的范畴，但表达的意思相同，
如同样强调"明斋肃"所培养的能力或素养，《楚语上》用的是"临"，
《新书》用的是"敬"。我们认为无论是同一个范畴《国语》与《新书》
表述含义不同，还是表达同一个意思却使用不同的范畴，都是贾谊对
《楚语上》中申叔时话语的有意识更改，当然这种更改只是基于贾谊不
同的理解，不一定贾是申非。

　　第二，贾谊对《国语》的接受，似乎特别偏重礼制方面的内容，
在诸语中，似对《周语》更为偏爱，此盖与贾谊重申周礼的政治主张
有关。如《新书》卷十"礼容语下"条叔向论单靖公事系采自《周语
下》"晋羊舌肸聘周论单靖公敬俭让咨"条；《新书》卷十"礼容语下"
条单襄公告鲁成公晋将有乱事系采自《周语下》"单襄公论晋将有乱"
条。礼容作为礼治文化的一个重要范畴，我们认为是从贾谊《新书》
中的"礼容语"部分正式确立的，但将礼界分为内在的价值规范和外
在仪表言行则在先秦就已出现，先秦人将礼规约下的外在仪表言行称
为"仪"或"威仪"，也就是说礼容实际在先秦即已存在。"中国古代
贵族对礼容有专门的教育，也就是所谓仪容，辞令，揖让之学，并由
专门的职官'保氏'负责传授，《礼记》中有'君子九容'的说法，即

---

① 徐元诰：《国语集解》，中华书局，2002，第486页。
② 闫振益、钟夏：《新书校注》，中华书局，2000，第172页。

'足容重，手容恭，目容端，口容止，声容静，头容直，气容肃，立容德，色容庄。'"①贾谊即采撷《周语下》的这两个例子来表达他对礼容重要性的认识。这两个事例的选择颇为精当，一个是列国公认的贤人叔向对行为得体的周王室大夫单靖公的礼容的赞赏，一个是周王室大夫单襄公对晋、齐大夫不当礼容的评价及对其人生命运的预测。这两个事例都具有很强的典型意义，故被贾谊采录并加以改写来表达自己对其所展现的古礼容的态度。叔向论单靖公事中，叔向由作为周王室执政的单靖公礼容得体，预言周室将兴，表现出春秋时人对礼容的高度推重，这一点为贾谊所继承。对单靖公得体礼容的描写，《周语下》的记述是"靖公享之，俭而敬，宾礼赠饯，视其上而从之，燕无私，送不过郊，语说《昊天有成命》"②，《新书》的记述是"靖公享之俭而敬，宾礼赠贿同，是礼而从，享燕无私，送不过郊，语说《昊天有成命》"③，几近全同。两书所言叔向对单靖公的基本评价也大体相同，认为其宴飨过程中体现出了敬、俭、让、咨的美德，语说《昊天有成命》表现了单靖公能美说成王之志，应成王之德。无论是《国语》作者还是贾谊，在叙述中都表达了对这些礼容的认同与赞美。贾谊为强化单靖公礼容的效果，还特意加了一句《周语下》所没有的话："故周平王既崩以后，周室稍稍衰弱不坠，当单子之佐政也，天子加尊，周室加兴。"④单襄公告鲁成公晋将有乱事，《国语》和《新书》记载基本相同。在这个故事中，单襄公主要是对晋厉公、三郤、国佐的礼容进行批评，并预言他们的命运。对于晋厉公，单襄公认为其"视远步高"，而"君子目以正体，足以从之，是以观容而知其心。今晋侯视远而足高，目不在体，而足不步目，其心必异矣。体目不相从，何以能久"，三郤和国佐的礼容不当主要表现于其言语，"郤锜见单子，其语犯；郤犨见，其语訏；郤至见，其语伐；齐国佐见，其语尽"。在单襄公看来，

---

①　张国刚：《从礼容到礼教：中国中古士族家法的社会变迁》，《河北学刊》2011年第3期，第37页。

②　徐元诰：《国语集解》，中华书局，2002，第102页。

③　闫振益、钟夏：《新书校注》，中华书局，2000，第378页。

④　闫振益、钟夏：《新书校注》，中华书局，2000，第379页。

"夫郤氏，晋之宠人也。是族在晋有三卿五大夫，贵矣，亦可以戒惧矣。今郤伯之语犯，郤叔訋，郤季伐；犯则凌人，訋则诬人，伐则掩人。有是宠也，而益之以三怨，其谁能忍之？齐国武子亦将有祸。齐，乱国也。立于淫乱之朝，而好尽言以暴人过，怨之本也。惟善人能受尽言，今齐既乱，其能善乎"①。贾谊将这个故事与叔向论单靖公故事放在一起，很明显有进行正反对比以突出礼容重要性的用意。

　　第三，贾谊《新书》在有的故事创作中采取移花接木的方式，移取《国语》中的某些片段来充实情节，如《新书》卷七"先醒"条言虢君"骄恣自伐，谄谀亲贵，谏臣诘逐，政治踌乱"，导致国家被晋攻破，虢君奔亡，在"渴而欲饮"时，其御进献美酒，在"饥而欲食"时，其御进献腒脯、粱糗，虢君惊问原因，其御告诉虢君是自己事先做了储存，因为他已经预见到虢君的出亡，在虢君责问他"何以不谏"时，其御直言"君好谄谀而恶至言，臣愿谏，恐先虢亡"，看到虢君面露怒色后，赶紧改口说"君之所以亡者，以大贤也"，因为"天下之君皆不肖，夫疾吾君之独贤也，故亡"，虢君转怒为喜，其御在虢君"饥倦，枕御膝而卧"之时，"御以块自易，逃行而去。君遂饿死，为禽兽食"②。故事跌宕有趣，将虢君死不觉悟、昏聩自用的性格展示得淋漓尽致，而末尾的细节描写无疑化用自《国语·吴语》"夫差伐齐不听申胥之谏"条楚灵王临死前的描写："王亲独行，屏营彷徨于山林之中，三日乃见其涓人畴。王呼之曰：'余不食三日矣。'畴趋而进，王枕其股以寝于地。王寐，畴枕王以璞而去之。"③展现了楚灵王众叛亲离的可悲下场，因此被贾谊借用以展现虢君的悲惨结局。再如《新书》卷七"耳痹"条叙楚、吴、越君主楚平王、夫差、勾践背道逆人终至天罚事，中间写到伍子胥时，其事多源于《国语》，尤其是其临终情境的描写："伍子胥见事之不可为也，何笼而自投水，目抉而珥东门，身鸱夷而浮江。"④《吴语》的叙写是："将死，曰：'以悬吾目于东门，以

----

① 阎振益、钟夏：《新书校注》，中华书局，2000，第380页。
② 阎振益、钟夏：《新书校注》，中华书局，2000，第262-263页。
③ 徐元诰：《国语集解》，中华书局，2002，第542页。
④ 阎振益、钟夏：《新书校注》，中华书局，2000，第270页。

见越之入，吴国之亡也。'王愠曰：'孤不使大夫得有见也。'乃使取申胥之尸，盛以鸱夷，而投之于江。"①尽管两者略有不同，但前者袭用后者之迹昭然。

二、刘安《淮南子》对《国语》的接受

《淮南子》又名《淮南鸿烈》，由淮南王刘安领导和组织门客集体编著而成，正如其《叙目》所云："天下方术之士，多往归焉。于是遂与苏飞、李尚、左吴、田由、雷被、毛被、伍被、晋昌等八人，及诸儒大山、小山之徒，共讲论道德，总统仁义，而著此书。"②《淮南子》可谓先秦至西汉子学的集大成之作。文中大量称引先秦著作，其中就包括《国语》，笔者粗略统计大概有八处。兹将《淮南子》所引《国语》胪列如下，然后再展开分析。

《淮南子·主术训》："古者天子听朝，公卿正谏，博士诵诗，瞽箴师诵，庶人传语，史书其过，宰彻其膳。"③我们认为，从基本文义、语句来看，这段话当为对《国语·周语上》"邵公谏厉王弭谤"的简括。邵公为使周厉王遵从"为民者宣之使言"的政治伦理，便举先王之政以劝谏："故天子听政，使公卿至于列士献诗，瞽献曲，史献书，师箴，瞍赋，蒙诵，百工谏，庶人传语……而后王斟酌焉，是以事行而不悖。"④虽然两者文句差别似乎较大，但这种不同主要是因《淮南子》作者一是根据自己所处时代的文化制度对《国语》语句进行了改造，如"博士诵诗"就是根据汉代的博士制度对"列士献诗"的改写，二是着力于自己意思的表达而非严格的引经据典，故是凭记忆写成，因此同《国语》原文差异较大就很容易理解了。

《淮南子·缪称训》："卫武侯谓其臣曰：'小子无谓我老而羸我，有过必谒之。'是武侯如弗羸之必得羸。"⑤此语段当本自《国语·楚语

---

① 徐元诰：《国语集解》，中华书局，2002，第545页。
② 何宁：《淮南子集释》，中华书局，1998，第5页。
③ 何宁：《淮南子集释》，中华书局，1998，第691页。
④ 徐元诰：《国语集解》，中华书局，2002，第11-12页。
⑤ 何宁：《淮南子集释》，中华书局，1998，第740页。

上》"左氏倚相儆申公子亹"条。面对申公子亹"女无亦谓我老耄而舍我，而又谤我"的指责，左氏倚相举老迈的卫武公为例劝诫子亹勿以老自居："昔卫武公年数九十有五矣，犹箴儆于国，曰：'自卿以下至于师长士，苟在朝者，无谓我老耄而舍我，必恭恪于朝，朝夕以交戒我，闻一二之言，必诵志而纳之，以训导我。'"①

《淮南子·道应训》："赵襄子攻翟而胜之，取尤人、终人。使者来谒之，襄子方将食而有忧色。左右曰：'一朝而两城下，此人之所喜也。今君有忧色，何也？'襄子曰：'江、河之大也，不过三日；飘风暴雨，日中不须臾。今赵氏之德行无所积，今一朝两城下，亡其及我乎！'孔子闻之曰：'赵氏其昌乎！'夫忧所以为昌也，而喜所以为亡也。"②此段话当本于《国语·晋语九》"赵襄子使新稚穆子伐狄"条："赵襄子使新稚穆子伐狄，胜左人、中人，遽人来告，襄子将食，寻饭有恐色。侍者曰：'狗之事大矣，而主之色不怡，何也？'襄子曰：'吾闻之：德不纯，而福禄并至，谓之幸。夫幸非福，非德不当雍，雍不为幸，吾是以惧。'"③

《淮南子·道应训》："晋公子重耳出亡，过曹，无礼焉。厘负羁之妻谓厘负羁曰：'君无礼于晋公子，吾观其从者，皆贤人也。若以相，夫子反晋国，必伐曹，子何不先加德焉！'厘负羁遗之壶飧，而加璧焉。重耳受其饭而反其璧。"④此段话当本于《国语·晋语四》"曹共公不礼重耳而观其骿胁"条："自卫过曹，曹共公亦不礼焉……僖负羁之妻言于负羁曰：'吾观晋公子贤人也，其从者皆国相也，以相，夫必得晋国。得晋国而讨无礼，曹其首诛也。子盍蚤自贰焉？'僖负羁馈飧寘璧焉，公子受飧反璧。"⑤

《淮南子·道应训》："晋文公伐原，与大夫期三日。三日而原不降，文公令去之。军吏曰：'原不过一二日将降矣。'君曰：'吾不知原三日

① 徐元诰：《国语集解》，中华书局，2002，第500-501页。
② 何宁：《淮南子集释》，中华书局，1998，第835-837页。
③ 徐元诰：《国语集解》，中华书局，2002，第453-454页。
④ 何宁：《淮南子集释》，中华书局，1998，第857页。
⑤ 徐元诰：《国语集解》，中华书局，2002，第327-328页。

而不得下也,以与大夫期。尽而不罢,失信得原,吾弗为也。'原人闻之,曰:'有君若此,可弗降也？'遂降。"①此段话当本于《国语·晋语四》:"文公伐原,令以三日之粮,三日而原不降,公令疏军而去之。谍出曰:'原不过三日矣！'军吏以告,公曰:'得原而失信,何以使人？夫信,民之所庇也,不可失。'乃去之,及孟门,而原请降。"②

《淮南子·道应训》载吴起与屈宜若关于改革的对话,屈宜若言:"宜若闻之曰:'怒者,逆德也;兵者,凶器也;争者人之所本也。'今子阴谋逆德,好用凶器,始人之所本,逆之至也。"③此言盖本于《国语·越语下》"范蠡进谏勾践持盈定倾"条:"夫勇者,逆德也;兵者,凶器也;争者,事之末也。逆谋阴德,好用凶器,始于人者,人之所卒也。"④顺便指出,相较于《国语》其他诸语,《越语下》所载录的范蠡思想对《淮南子》影响似更为显著。在作为全书纲领的《要略》篇章中,《淮南子》的作者提出:"夫作为书论者,所以纪纲道德,经纬人事,上考之天,下揆之地,中通诸理。"《越语下》"范蠡谓人事与天地相参乃可成功"条中范蠡则言:"夫人事必将与天地相参,然后乃可以成功。"⑤鲜明地体现出前者与后者之间的一脉相承。

《淮南子·说林训》:"献公之贤,欺于骊姬;叔孙之智,欺于竖牛。"⑥骊姬事唯《左传》《国语》为详,尤其是《国语》的描写更为生动和具体,当为《淮南子》所本。

《淮南子·修务训》:"夫瘠地之民多有心者,劳也;沃地之民多不才者,饶也。"⑦语本《国语·鲁语下》"昔圣王之处民也,择瘠土而处之,劳其民而用之,故长王天下。夫民劳则思,思则善心生;逸则淫,淫则忘善,忘善则恶心生。沃土之民不材,逸也。瘠土之民莫不向义,

---

① 何宁:《淮南子集释》,中华书局,1998,第869页。
② 徐元诰:《国语集解》,中华书局,2002,第353页。
③ 何宁:《淮南子集释》,中华书局,1998,第863-864页。
④ 徐元诰:《国语集解》,中华书局,2002,第576页。
⑤ 徐元诰:《国语集解》,中华书局,2002,第582页。
⑥ 何宁:《淮南子集释》,中华书局,1998,第1214页。
⑦ 何宁:《淮南子集释》,中华书局,1998,第1347页。

劳也。"①高注："心，向义之心也。""饶，逸也。"②我们从高诱的注释来看，他很明显是依据《国语》的意思训解《淮南子》。也就是说，高诱亦认为《淮南子》的这句话出自《国语》。

分析以上《淮南子》所引《国语》事例，我们可得出如下认识。

第一，《淮南子》对《国语》的接受，没有一篇是原封不动地袭用，而是根据作者表达观点的需要进行简括甚至改写，将《国语》所载言、事化为自己文章的有机成分，体现了鲜明的"为我所用"的创造意识，这一点与贾谊《新书》有着鲜明的不同。

第二，《淮南子》所化用《国语》各篇无论是"事"还是"言"，均能有效地阐释《淮南子》每篇主旨并深化或丰富其含义。如《道应训》的主旨，按照《要略》篇的解释："《道应》者，揽掇遂事之踪，追观往古之迹，察祸福利害之反，考验乎老、庄之术，而以合得失之势者也。"③意谓通过对历史人事的考察，达到对祸福利害辩证转化的体认和深刻理解。《国语·晋语九》"赵襄子使新稚穆子伐狄"故事被纳入《道应训》就非常契合，一方面作为故事主人公的赵襄子就是"君道"的体现者，他深谙积德乃为君之本；另一方面，他对得（胜）与失（败）的辩证关系有着清醒的把握，体现了作者"老庄之术，而以合得失之势"的历史认识取向。再如"晋文公伐原"事，强调了"信"的重要作用，而"信"的实质就是"得失之势"的鲜明体现，为政最关键和最根本的就是"得人心"，文公所为表面上丢掉了"得"（原两三日即可攻占），是一种"失"，而最终实现了"得"，赢得了拥戴，也使原和温不战而降。又如《主术训》的主旨，按照《要略》篇的解释："《主术》者，君人之事也，所以因作任督责，使群臣各尽其能也。"④其所引《国语·周语上》"邵公谏厉王弭谤"条中邵公所言正是君人之事。

① 徐元诰：《国语集解》，中华书局，2002，第194页。
② 徐元诰：《国语集解》，中华书局，2002，第194页。
③ 何宁：《淮南子集释》，中华书局，1998，第1446-1447页。
④ 何宁：《淮南子集释》，中华书局，1998，第1445页。

三、王符《潜夫论》对《国语》的接受

王符是东汉末年著名思想家与社会批判家，《后汉书·王符传》云：
"王符，字节信，安定临泾人也。"他勤奋向学，又多与硕儒名流交往，
本传云："少好学，有志操，与马融、窦章、张衡、崔瑗等友善。"[①]为
其积累学问，著成《潜夫论》奠定了扎实的基础。砥砺名节的高洁人
格和卑微的出身，又注定了他入仕无门，"安定俗鄙庶孽，而符无外家，
为乡人所贱。自和、安之后，世务游宦，当涂者更相荐引，而符独耿
介不同于俗，以此遂不得升进……符竟不仕，终于家"。这既为其代表
作《潜夫论》的撰成提供了时间保障，又使其将激愤的生活体验熔铸
于作品，形成鲜明的社会批判意识，"志意蕴愤，乃隐居著书三十余篇，
以讥当时失得，不欲章显其名，故号曰《潜夫论》，其指讦时短，讨谪
物情，足以观见当时风政"[②]。《潜夫论》在《隋书·经籍志》《旧唐书·经
籍志》《新唐书·艺文志》《宋史·艺文志》《清史稿·艺文志》中均有
著录。王符和《潜夫论》在中国文化史上影响甚大，后人将王符与王
充、仲长统并称后汉三贤，韩愈曾作《后汉三贤赞》，于王符云："王
符节信，安定临泾。好学有志，乡人所轻。愤世著论，《潜夫》是名。
《述赦》之篇，以赦为贼。良民之甚，其旨甚明。皇甫度辽，闻其乃惊。
衣不及带，屣履出迎。岂若雁门，问雁呼卿。不仕终家，吁嗟先生。"[③]
刘熙载《艺概·文概》亦高度评价："王充、王符、仲长统三家文，皆
东京之矫矫者。"[④]王符《潜夫论》大量称引《国语》，具体而言，我们
可概括出如下四点。

首先，《潜夫论·志氏姓》大量称引《国语》材料，这是王符对《国
语》接受的一个独特风景。徐复观先生曾指出："姓氏之学，初盛于汉。
《白虎通》有《宗族篇》《姓名篇》，王符《潜夫论》有《论卜列》《志

① 范晔：《后汉书》，中华书局，1965，第 1630 页。
② 范晔：《后汉书》，中华书局，1965，第 1630 页。
③ 严昌：《韩愈集》，岳麓书社，2000，第 164 页。
④ 王气中：《艺概笺注》，贵州人民出版社，1986，第 45 页。

氏姓》，应劭《风俗通》有《氏族篇》。颍川太守聊氏有《氏姓谱》。"①
《国语》保存了大量姓氏资料，因而也就为《潜夫论》所借鉴，据笔者
粗略统计有十余条之多。如《潜夫论》卷六"志氏姓"条云："昔尧赐
契姓子，赐弃姓姬；赐禹姓姒，氏曰有夏；伯夷为姜，氏曰有吕。"②
这段话生动地表明，先秦姓氏皆需经过命赐，其论述很明显源于《国
语·周语下》和《国语·郑语》。《周语下》"太子晋谏灵王壅谷水"条
云："帅象禹之功，度之于轨仪，莫非嘉绩，克厌帝心。皇天嘉之，祚
以天下，赐姓曰姒、氏曰有夏，谓其能以嘉祉殷富生物也。祚四岳国，
命以侯伯，赐姓曰姜、氏曰有吕，谓其能为禹股肱心膂，以养物丰民
人也。"③《郑语》"史伯为桓公论兴衰"条云："姜，伯夷之后也，嬴，
伯翳之后也。"④《潜夫论》"志氏姓"条谈黄帝之子赐姓十二时曾云：
"黄帝之子二十五人，班为十二：姬、酉、祁、己、滕、葴、任、拘、
厘、姞、嬛、衣氏也。"⑤这很明显源自《国语·晋语四》"重耳婚媾怀
嬴"条："黄帝之子二十五人，其同姓者二人而已，唯青阳与夷鼓皆为
纪姓。青阳，方雷氏之甥也。夷鼓，彤鱼氏之甥也。其同生而异姓者，
四母之子，别为十二姓。凡黄帝之子二十五宗，其得姓者十四人，为
十二姓。姬、酉、祁、纪、滕、箴、任、荀、僖、姞、儇、衣是也。
唯青阳与苍林氏同于黄帝，故皆为姬姓。同德之难也如是。"⑥《志氏
姓》引《国语》材料，往往进行简括。如《国语·晋语一》"史苏论献
公伐骊戎胜而不吉"："史苏曰：'殷辛伐有苏，有苏氏以妲己女焉，妲
己有宠，于是乎与胶鬲比而亡殷。'"⑦《潜夫论》卷九"志氏姓"即对
之进行简约以说明苏氏："初，纣有苏氏以妲己女而亡殷。"⑧《志氏姓》
有时引《国语》以证某些姓氏的源起，如《潜夫论》卷九"志氏姓"

---

① 徐复观：《两汉思想史》，台湾学生书局，1974，第 205 页。
② 彭铎：《潜夫论笺校正》，中华书局，1985，第 401 页。
③ 徐元诰：《国语集解》，中华书局，2002，第 96-97 页。
④ 徐元诰：《国语集解》，中华书局，2002，第 469 页。
⑤ 彭铎：《潜夫论笺校正》，中华书局，1985，第 409 页。
⑥ 徐元诰：《国语集解》，中华书局，2002，第 333-336 页。
⑦ 徐元诰：《国语集解》，中华书局，2002，第 250 页。
⑧ 彭铎：《潜夫论笺校正》，中华书局，1985，第 419 页。

条云："智果谏智伯而不见听，乃别族于太史为辅氏。"①解释辅氏的起源，这很明显本于《国语·晋语九》"智果论智瑶必灭宗"条，言智宣子准备立智瑶为后，其同族智果认为"若立瑶也，智宗必灭"，结果不被智宣子采纳，于是"智果别族于太史为辅氏。及智氏之亡也，唯辅果在"②。《潜夫论》卷九"志氏姓"条在谈及樊这个姓氏时曾言："昔仲山甫亦姓樊，谥穆仲，封于南阳。"③仲山甫为周宣王时重臣，其事迹集中见于《国语·周语上》"仲山父谏宣王立戏""穆仲论鲁侯孝""仲山父谏宣王"三条。由上述分析可以看出，王符将《国语》视作古代姓氏资料宝库，为其《志氏姓》的创作提供了丰富的素材。

其次，古史传说构成《国语》的一个重要内容，这其中有许多内容为《潜夫论》所采录。在三代至春秋时期，有一个庞大的瞽史群体，这在《国语》中有鲜明体现，如《周语上》"邵公谏厉王弭谤"条中有"瞽史教诲"之语，《周语下》"单襄公论晋将有乱"条有"吾非瞽史，焉知天道"之语，《晋语四》"齐姜劝重耳勿怀安"条有姜氏"瞽史之纪"之语，《晋语四》"秦伯纳重耳"条董因有"瞽史记曰"之语，《楚语上》"左史倚相儆申公子亹"条言卫武公"临事有瞽史之导"。瞽史群体对中国的叙事传统产生了极为重要的影响。"春秋之时，瞽史根据史书记载的历史梗概，为王公贵族讲述历史故事。其所讲事件为历史上实有之事，但为了生动、吸引人，瞽史们常根据情理和自己的生活经验进行合理想象，增添一些细节，使之更为细致生动，摹拟当时人物说话的语气，使之惟妙惟肖，以便更好地展现当时的情景。"④因此，《国语》保留了许多古史传说和历史化了的神话故事，其中有许多被《潜夫论》尤其是其中的《五德志》所采撷。"五德志"的说法明显渊源于战国时期著名思想家邹衍的"五德终始说"，即将朝代的更替看作金、木、水、火、土五行相生相克、终而复始的交互作用。"《五德志》记述了从远古太皞伏羲至汉高祖刘邦之间的帝王兴替，根据五德相生

---

① 彭铎：《潜夫论笺校正》，中华书局，1985，第453页。
② 徐元诰：《国语集解》，中华书局，2002，第454页。
③ 彭铎：《潜夫论笺校正》，中华书局，1985，第458页。
④ 赵逵夫：《论先秦时代的讲史、故事和小说》，《文史哲》2006年第1期，第53页。

之次第列叙五德之君，内容上侧重于讨论兴亡的古史，实质上是一部上古史史纲，其中保留了大量的远古民间传说，具有正史记载所不能替代的作用。"①如《国语·鲁语上》"展禽论祭爰居非政之宜"条载社稷之神的传说："昔烈山氏之有天下也，其子曰柱，能殖百谷百蔬。夏之兴也，周弃继之，故祀以为稷。共工氏之伯九有也，其子曰后土，能平九土，故祀以为社。"②这个说法被《潜夫论》卷八"五德志"条所全盘继承："初，烈山氏之有天下也，其子曰柱，能植百谷，故立以为稷，自夏以上祀之。周之兴也，以弃代之，至今祀之。"③"共工氏有子曰勾龙，能平九土，故号后土，死而为社，天下祀之。"④再如《国语·楚语下》所载绝地天通的故事："及少皞之衰也，九黎乱德，民神杂糅，不可方物。夫人作享，家为巫史，无有要质。民匮于祀，而不知其福。烝享无度，民神同位。民渎齐盟，无有严威。神狎民则，不蠲其为。嘉生不降，无物以享。祸灾荐臻，莫尽其气。颛顼受之，乃命南正重司天以属神，命火正黎司地以属民，使复旧常，无相侵渎，是谓绝地天通。""其后，三苗复九黎之德，尧复育重、黎之后不忘旧者，使复典之。以至于夏、商，故重、黎氏世叙天地，而别其分主者也。其在周，程伯休父其后也，当宣王时，失其官守而为司马氏。"⑤全被《潜夫论》卷九"志氏姓"条继承："少皞氏之世衰，而九黎乱德，颛顼受之，乃命南正重司天以属神，命火正黎司地以属民，使复旧常，无相侵渎，是谓绝地天通。夫黎，颛顼氏裔子吴回也。为高辛氏火正，淳耀天明地德，光四海也，故名祝融。后三苗复九黎之德，尧继重、黎之后不忘旧者，羲伯复治之。故重黎氏世序天地，别其分主，以历三代，而封于程。其在周世，为宣王大司马。"⑥

再次，《国语》的许多政治思想和政治伦理为《潜夫论》所继承和发挥。民本思想是《国语》的核心政治伦理之一，"《国语》的思想主

---

① 李春艳：《〈潜夫论〉文献价值研究》，辽宁师范大学硕士学位论文，2009，第23页。
② 徐元诰：《国语集解》，中华书局，2002，第155页。
③ 彭铎：《潜夫论笺校正》，中华书局，1985，第386页。
④ 彭铎：《潜夫论笺校正》，中华书局，1985，第397页。
⑤ 徐元诰：《国语集解》，中华书局，2002，第514页。
⑥ 彭铎：《潜夫论笺校正》，中华书局，1985，第411-412页。

要以儒家思想为主，以礼乐为纲进而表现民本、忠恕等儒家倡导的思想"①。《国语·楚语上》"伍举论台美而楚殆"条中，强调对于"台"，只应强调其实用功能，而不必在乎其是否美观，楚国历史上的贤君楚庄王在"为匏居之台"时，就做到了使"民不废时务"，而时君灵王修建章华之台却使"国民罢焉"，为做到"目观则美"，却导致"缩于财用则匮"，其实质是"聚民利以自封而瘠民"，这就违背了君主的政治伦理规范，也必然给自己带来危机，因为"夫君国者，将民之与处，民实瘠矣，君安得肥"②。这表明，伍举认识到了民众是国政根本，君与民命运息息相关的政治规律。民本思想构成了王符政治思想体系的核心，这在他的《潜夫论·边议》中鲜明体现出来："除其仁恩，且以计利言之。国以民为基，贵以贱为本。愿察开辟以来，民危而国安者谁也？下贫而上富者谁也？故曰：'夫君国将民之以，民实瘠，而君安得肥？'夫以小民受天永命，窃愿圣主深惟国基之伤病，远虑祸福之所生。"③他提出了民是邦国基础的政治哲学观点，其所引证的"夫君国将民之以，民实瘠，而君安得肥"之语很明显出自《国语》，尽管在文句上略有不同。正是在《国语》的基础上，王符在中国政治哲学史上首次提出了"民为国基"的命题，此命题或相似表述见诸《潜夫论》诸多篇章，如《救边》云："且夫国以民为基，贵以贱为本。是以圣王养民，爱之如子，忧之如家，危者安之，亡者存之，救其灾患，除其祸乱。"④其《叙录》亦云："民为国基，谷为民命。日力不暇，谷何由盛？公卿师尹，卒劳百姓，轻夺民时，诚可愤诤！"⑤这个命题就是王符在包括《国语》在内的诸多民本论述基础上提出的。《潜夫论·慎微》强调"圣贤卑恭，日登其福"，举楚庄王和齐威王为例，以培养自己的美德，其中一个重要方面就是"勤恤民事"，终至"中兴，强霸诸侯，当时尊显，后世见思，传为令名，载在图籍"。汪继培笺云："《周

① 张居三：《国语的编撰意图及其文学价值》，《求是学刊》2007年第3期，第108页。

② 徐元诰：《国语集解》，中华书局，2002，第495页。

③ 彭铎：《潜夫论笺校正》，中华书局，1985，第274页。

④ 彭铎：《潜夫论笺校正》，中华书局，1985，第266页。

⑤ 彭铎：《潜夫论笺校正》，中华书局，1985，第474页。

语》云：'勤恤民隐。'"①由此证明汪氏已看出"勤恤民事"当本于《国语·周语上》"祭公谏穆王征犬戎"条："是先王非务武也，勤恤民隐而除其害也。"②由此看出，王符认为楚庄和齐威之所以取得成功，关键在于他们具有像先王那样"勤恤民隐"的民本思想。在王符的政治理论建构中，天心也是一个重要范畴，在汉代天人感应的思维图式中，王符紧紧地将天心与民心纽结在一起，然后纳入现实君、民的政治伦理关系框架中，认为"君心"要体现"天心"，而"天心"就是"民心"。也就是说，在王符的政治语汇中，"天心"本质上传达的是民本思想，正如《潜夫论·本政》篇所云："天以民为心，民安乐则天心顺，民愁苦则天心逆。"③《潜夫论·遏利》篇亦云："帝以天为制，天以民为心，民之所欲，天必从之。"④顺应天心成为统治者必须遵循的政治伦理。王符在阐释这一政治理念时也注意从《国语》中汲取养料。《潜夫论·志氏姓》云："周灵王之太子晋，幼有成德，聪明博达，温恭敦敏。谷、雒水斗，将毁王宫，王欲壅之。太子晋谏，以为不顺天心，不若修政。"⑤在这里，王符肯定太子晋具有"聪明博达，温恭敦敏"的圣君特征，因为他认为父王灵王堵截谷水的做法是违背天心的。这条资料明显采录自《国语·周语下》"太子晋谏灵王壅谷水"条。重贤用贤也是王符的一项重要政治主张，在《潜夫论·思贤》篇中，他将贤才和良医类比，"何以知人之且病也？以其不嗜食也。何以知国之将乱也？以其不嗜贤也"⑥，认为国家不能知贤任贤是其将陷入衰乱的征兆，就像人患重病的征兆是人不想吃饭一样，强调贤才是实现国家长治久安的基础。他还进一步提出任用真贤是实现治世的必要条件，"夫治世不得真贤，譬犹治疾不得真药也"。在这个意义上王符将贤才比作"上医"，提出"上医医国，其次下医医疾"⑦，而这一句脱胎于《国语·晋语八》"医

---

① 彭铎：《潜夫论笺校正》，中华书局，1985，第 147-148 页。

② 徐元诰：《国语集解》，中华书局，2002，第 6 页。

③ 彭铎：《潜夫论笺校正》，中华书局，1985，第 88 页。

④ 彭铎：《潜夫论笺校正》，中华书局，1985，第 26 页。

⑤ 彭铎：《潜夫论笺校正》，中华书局，1985，第 435 页。

⑥ 彭铎：《潜夫论笺校正》，中华书局，1985，第 76 页。

⑦ 彭铎：《潜夫论笺校正》，中华书局，1985，第 78-79 页。

和视平公疾"条"上医医国，其次疾人"①。臣谏是先秦政治的一个优
良传统，也是臣下一项基本的伦理职责，这在《国语》中有许多表述。
《周语上》"邵公谏厉王弭谤"即载先王行政，一个重要的伦理准则是
"为民者宣之使言"，即保证臣下规谏畅通无阻，"而后王斟酌焉"，这
样才能做到"事行而不悖"。王符同样宣扬这一政治伦理，《潜夫论·明
暗》曰："故治国之道，劝之使谏，宣之使言，然后君明察而治情通矣。"②
我们能够看出，从具体文句到内在政治理念，《潜夫论》所论无疑脱化
于《国语》。在王符的政治思想中，德论也是非常重要的组成部分，王
符认为社会的善政是实现德治，而德治的前提是以追求德义为核心的
君子人格。"他通过对当时骄奢淫靡、以阀阅取仕、巫祝迷信盛行等社
会弊端进行批判，力求重树以德为标志的君子人格和修德用贤的仁政
德治思想的权威。"③在阐释这一命题时，他引用了许多《国语》的材
料。如在《潜夫论·遏利》篇中，王符把一味求利视作德义的大敌，
认为其必然会给政治人物带来灾难后果，在这方面他举的例子是周厉
王，"昔周厉王好专利，芮良夫谏而不入……王又不悟，故遂流死于
彘"④。此例的最早来源是《国语·周语上》"芮良夫论荣夷公专利"
条。在《潜夫论·遏利》中王符还指出，优秀的政治家追求的是德义，
而忽视对物欲的追求，在这方面他举的例子有楚令尹子文，"楚斗子文
三为令尹，而有饥色，妻子冻馁，朝不及夕"⑤。这个例子来源于《国
语·楚语下》"子常问蓄货聚马斗且论其必亡"条："斗子文三舍令尹，
无一日之积，恤民之故也。成王闻子文之朝不及夕也，于是乎每朝设
脯一束、糗一筐，以羞子文。"⑥无论是对子文廉正无私的赞誉，还是
具体的行文，我们都能看出《潜夫论》对《国语》的借鉴。更值得注
意的是，在《潜夫论·遏利》末尾，作者在强调德义的重要性时，又
是借《国语》之言以阐释，"曹刿有言：'守天之聚，必施其德义。德

① 徐元诰：《国语集解》，中华书局，2002，第435页。
② 彭铎：《潜夫论笺校正》，中华书局，1985，第60页。
③ 于欣：《王符德论研究》，《聊城大学学报》2003年第5期，第64页。
④ 彭铎：《潜夫论笺校正》，中华书局，1985，第27页。
⑤ 彭铎：《潜夫论笺校正》，中华书局，1985，第27页。
⑥ 徐元诰：《国语集解》，中华书局，2002，第521-522页。

义弗施，聚必有阙。'"①这段话出自《国语·晋语四》"曹共公不礼重耳而观其骿胁"条僖负羁谏曹君语："守天之聚，将施于宜，宜而不施，聚必有阙。玉帛酒食，犹粪土也，爱粪土以毁三常，失位而阙聚，是之不难，无乃不可乎？"②在这里，僖负羁非常深刻地阐释了义与利的关系。僖负羁劝谏曹共公应礼遇流亡在外途经曹国的晋公子重耳，因为按照周王室的政治伦理，这是爱亲、明贤、礼宾、矜穷的表现，而"爱亲明贤，政之干也。礼宾矜穷，礼之宗也。礼以纪政，国之常也。失常不立，君所知也"③，随后僖负羁又指出，曹君拥有曹国就是"守天之聚"，天道体现的就是盈亏聚散的变化，所以"守天之聚"必须遵循这样一个原则，应该施与他人的就应该施与他人，如果违背这一原则，"聚"带来的后果必然是"阙"，即自己受到损害。曹君应对重耳表示礼遇，赠予其玉帛酒食，如吝惜这些就损害了"三常"（韦昭注云："三常，政之干，礼之宗，国之常。"），最后导致失位阙聚。僖负羁透彻地阐释了"施于宜"的原则，"宜"，韦昭注云"宜，义也"，"宜"的内涵就是爱亲、明贤、礼宾、矜穷的德义行为，只有做到"施于宜"，才能做到"聚"而不"阙"。王符就是借此深刻地阐释了德义的必要性。

王符《潜夫论》还深刻地阐释了君臣伦理关系和各自的责任义务。他在《潜夫论·明忠》篇中指出："人君之称，莫大于明；人臣之誉，莫美于忠。此二德者，古来君臣所共愿也。"④强调君主的基本伦理人格是"明"，臣子的基本伦理人格是"忠"。接着作者论述君"明"的一个重要体现就是善于运用自己的权力："夫帝王者，其利重矣，其威大矣。徒悬重利，足以劝善；徒设严威，可以惩奸。乃张重利以诱民，操大威以驱之，则举世之人，可令冒白刃而不恨，赴汤火而不难，岂云但率之以共治而不宜哉？"⑤这段话的一个重要理论来源就是《国语·鲁语上》"里革论君之过"条里革评论晋厉公被杀事："夫君人者，

① 彭铎：《潜夫论笺校正》，中华书局，1985，第 31 页。
② 徐元诰：《国语集解》，中华书局，2002，第 329 页。
③ 徐元诰：《国语集解》，中华书局，2002，第 329 页。
④ 彭铎：《潜夫论笺校正》，中华书局，1985，第 356 页。
⑤ 彭铎：《潜夫论笺校正》，中华书局，1985，第 359 页。

其威大矣。失威而至于杀，其过多矣。"①在这里，里革强调威是君主权力稳固的基础，与其德息息相关。王符发展了这一理念，将威和利看作是君主两种基本的统治手段。君"明"还有一个重要体现就是善于运用法令，如《潜夫论·衰制》指出："夫法令者，君之所以用其国也。君出令而不从，是与无君等。主令不从则臣令行，国危矣。"法令得当，就能有效控制臣民，"夫法令者，人君之衔辔棰策也，而民者，君之舆马也。若使人臣废君法禁而施己政令，则是夺君之辔策，而己独御之也。愚君暗主托坐于左，而奸臣逆道执辔于右，此齐驺马繻所以沈胡公于具水……而莫之能御也"②。愚暗君主废弛法令就会导致国败身亡的结局，作者所举胡公例就源自《国语》。《楚语下》"叶公子高论白公胜必乱楚国"条载叶公子高语："昔齐驺马繻以胡公入于贝水。"不过在《楚语下》中，子高用此例说明胡公被杀是缘于"旧怨"，来提醒执政子西当心白公胜"思旧怨以修其心，苟国有衅，必不居矣"③，王符则用以论证君主失去法令这一手段后的可悲下场。臣德"忠"的一个重要体现就是君忧臣劳，《潜夫论·断讼》有"臣主之所以忧劳者"④之语，其实就是"主所以忧臣所以劳"的意思，很明显体现的是"君忧臣劳"的政治观念，而这一观念在《国语》中就有清晰的表述，《越语下》"范蠡乘轻舟以浮于五湖"条载范蠡语"为人臣者，君忧臣劳，君辱臣死"⑤。凡此，均能看出《国语》对《潜夫论》政治思想的影响。

最后，《国语》所阐释的其他社会文化观念也为《潜夫论》提供了滋养。如春秋社会习见的社会分工和阶层界分的范畴是"君子"和"小人"。《左传·襄公九年》云："君子劳心，小人劳力，先王之制也。"⑥君子的社会职责是"劳心"，小人的社会职责是"劳力"，此为当时社会共识，这一共识在《国语》中也多有表述，如《鲁语下》"公父文伯

---

① 徐元诰：《国语集解》，中华书局，2002，第 172 页。
② 彭铎：《潜夫论笺校正》，中华书局，1985，第 240 页。
③ 徐元诰：《国语集解》，中华书局，2002，第 529 页。
④ 彭铎：《潜夫论笺校正》，中华书局，1985，第 232 页。
⑤ 徐元诰：《国语集解》，中华书局，2002，第 588 页。
⑥ 杨伯峻：《春秋左传注》，中华书局，2016，第 1063 页。

之母论劳逸"条语:"君子劳心,小人劳力,先王之训也。"①《鲁语上》
"曹刿问战"条亦言"君子务治而小人务力"②,《潜夫论·释难》则以
"君子劳心,小人劳力"为立论前提阐释耕和学的关系。《国语》多言
卜筮、梦兆、相术以预示人物命运和事件结局,《潜夫论》多引之以阐
述作者对这些现象的看法。如《潜夫论·卜列》中作者先肯定卜筮存
在的合理性:"天地开辟有神民,民神异业精气通。行有招召,命有遭
随,吉凶之期,天难谌斯。圣贤虽察不自专,故立卜筮以质神灵。"③
随后指出卜筮仅可参事,"使献公早纳史苏之言,穆子宿备庄叔之戒,
则骊姬、竖牛之谗,亦将无由而入,无破国危身之祸也"④。其中所言
"献公早纳史苏之言""骊姬之谗"即本于《国语·晋语一》"史苏论献
公伐骊戎胜而不吉""史苏论骊姬必乱晋"两条。再如《潜夫论·巫列》
中作者先指出"凡人吉凶,以行为主,以命为决。行者,己之质也;
命者,天之制也。在于己者,固可为也;在于天者,不可知也。巫觋
祝请,亦其助也,然非德不行"⑤,虽然肯定命的存在,但更强调德行
的作用,然后举例证明:"虢公延神而亟亡,赵婴祭天而速灭,此盖所
谓神不歆其祀,民不即其事也。"⑥其中"虢公延神而亟亡"本于《国
语·周语上》"内史过论神"条。再如《潜夫论·相列》云:"是故人
身体形貌皆有象类,骨法角肉各有分部,以著性命之期,显贵贱之表,
一人之身,而五行八卦之气具焉。"⑦指出相术具有一定的合理性,但
同时强调被相者的德行也有显著影响,"夫骨法为禄相表,气色为吉凶
候,部位为年时,德行为三者招,天授性命决然",接着指出相者的智
慧起重要作用:"非聪明慧智,用心精密,孰能以中?"⑧然后举了一
系列例子,其中就包括"及王孙说相乔如……贤人达士,察以善心,

---

① 徐元诰:《国语集解》,中华书局,2002,第198页。
② 徐元诰:《国语集解》,中华书局,2002,第144页。
③ 彭铎:《潜夫论笺校正》,中华书局,1985,第291页。
④ 彭铎:《潜夫论笺校正》,中华书局,1985,第291页。
⑤ 彭铎:《潜夫论笺校正》,中华书局,1985,第301页。
⑥ 彭铎:《潜夫论笺校正》,中华书局,1985,第303页。
⑦ 彭铎:《潜夫论笺校正》,中华书局,1985,第308页。
⑧ 彭铎:《潜夫论笺校正》,中华书局,1985,第310页。

无不中矣"①。"王孙说相乔如"事本于《国语·周语中》"王孙说相乔如"条，言周简王八年，鲁成公朝周，派遣叔孙侨如先聘且告，"见王孙说，语之语"，王孙说告诉周王叔孙侨如是贪鄙之人，"其状方上而锐下，宜触冒人"，因而建议"王其勿赐"②。又如《潜夫论·梦列》先强调人的行为对梦兆会产生影响，"且凡人道见瑞而修德者，福必成，见瑞而纵恣者，福转为祸；见妖而骄侮者，祸必成，见妖而戒惧者，祸转为福"。接着举例从正反两方面论证。在阐述正面的周文王例子后，接着又举虢君之例："虢公梦见蓐收赐之上田，自以为有吉，因史嚚，令国贺梦。闻忧而喜，故能成凶以灭其封。"③此例本于《国语·晋语二》"虢将亡舟之侨以其族适晋"条，言虢君梦神告其曰"使晋袭于尔门"，梦醒后让史嚚占梦，史嚚告诉其是刑神蓐收，"天事官成"，认为这是凶兆，"公使囚之，且使国人贺梦"④。最终虢被晋攻灭。凡此足证王符对《国语》中的巫卜梦相这些载录都进行了理性的分析，可视为其对《国语》接受的一部分。

四、应劭《风俗通》对《国语》的接受

应劭，字仲远，是东汉末年的一个著名学者。《后汉书·应劭传》言其"少笃学，博览多闻"，同时有深厚的家学渊源，其父应奉，《后汉书·应奉传》言："奉少聪明，自为童儿及长，凡所经履，莫不暗记。读书五行并下……著《汉书后序》，多所述载……及党事起，奉乃慨然以疾自退。追愍屈原，因以自伤，著《感骚》三十篇，数万言。"⑤正是基于此，应劭才取得了很高的成就，著述宏富，其业绩主要包括如下几个方面。第一是在东汉政权迁都许昌局面暂时稳定后，面对"旧章埋没，书记罕存"的情形，"劭慨然叹息，乃缀集所闻，著《汉官礼仪故事》，凡朝廷制度，百官典式，多劭所立"⑥。《三国志·王粲传》

---

① 彭铎：《潜夫论笺校正》，中华书局，1985，第311页。
② 徐元诰：《国语集解》，中华书局，2002，第71页。
③ 彭铎：《潜夫论笺校正》，中华书局，1985，第322-323页。
④ 徐元诰：《国语集解》，中华书局，2002，第283页。
⑤ 范晔：《后汉书》，中华书局，1965，第1607-1609页。
⑥ 范晔：《后汉书》，中华书局，1965，第1614页。

裴松之注引《续汉书》曰："劭著《中汉辑叙》《汉官仪》及《礼仪故事》凡十一种，百三十六卷。朝廷制度，百官仪式，所以不亡者，由劭记之。"①第二是"集解《汉书》"，仓修良先生给予了很高评价："这部集解虽未能流传下来，但唐代历史学家颜师古在注《汉书》时，已将其成果做了大量的征引，从所征引内容来看，真是上自天文，下至地理，职官典制，名物训诂、历史典故等，有时还带有议论，内容非常广泛。需要指出的是，到颜师古注《汉书》之前，为《汉书》做注者已达二十五家之多，颜师古自然吸取了众家的注释成果，而应劭注文为颜氏所征引者则居于前列，其注学术价值之高，于此可以想见。"②顺便指出一点，应劭《汉书集解》亦时引《国语》，《汉书·韦贤传》应劭注："《国语》曰：'大彭、豕韦为商伯。'"③第三是"撰《风俗通》，以辩物类名号，释时俗嫌疑。文虽不典，后世服其洽闻"④。《风俗通》多引前贤典籍，包括《易》《诗经》《尚书》《仪礼》《礼记》《周礼》《公羊传》《左传》《国语》《论语》《孟子》《孝经》《尔雅》《管子》《庄子》《韩非子》《晏子春秋》《战国策》《吕氏春秋》《世本》《黄帝书》《青史子》《韩诗外传》《白虎通》《淮南子》《史记》《新序》《说苑》《法言》《汉书》《东观汉记》《说文》、纬书和其他文学作品等四十余种。其中称引较多的有如下几种：《诗经》近六十处，《左传》四十余处，《礼记》近四十处，《尚书》三十余处，《论语》近三十处，《国语》二十余处，《史记》二十余处。现兹将《风俗通》所引《国语》胪列如下，然后再展开分析。

卷一"五帝"条言："《易传》《礼记》《春秋国语》《太史公记》：黄帝、颛顼、帝喾、帝尧、帝舜是五帝也。"⑤应劭说大抵承袭班固《白虎通》卷一"号"篇："五帝者，何谓也？《礼》曰：'黄帝、颛顼、帝喾、帝尧、帝舜，五帝也。'《易》曰：'黄帝、尧舜氏作。'《书》曰：

① 裴松之：《三国志》，中华书局，1982，第 601 页。
② 仓修良：《应劭和〈风俗通义〉》，《文献》1995 年第 3 期，第 215 页。
③ 班固：《汉书》，中华书局，1962，第 3102 页。
④ 范晔：《后汉书》，中华书局，1965，第 1614 页。
⑤ 王利器：《风俗通义校注》，中华书局，1981，第 8 页。

'帝尧、帝舜。'"①五帝传说本多歧义，至汉代说法渐趋统一，如《史记·五帝本纪》所言五帝为黄帝、颛顼、帝喾、尧、舜。先于《史记》的《大戴礼记·五帝德》即持此说。此说最早源于《国语·鲁语上》"展禽论祭爰居非政之宜"条，说已详前，兹不赘述。

卷一"六国"条言强秦统一六国时摧枯拉朽情状时云："盖乘天之所坏，谁能枝之，虽阿衡宰政，贲、育驭戎，何益于事。"②"天之所坏，谁能枝之"语本《国语·周语下》"刘文公与苌弘欲城周"条卫国彪傒语，他认为主持城周的"苌、刘其不殁乎"，其根据是，"《周诗》有之曰'天之所支，不可坏也。其所坏，亦不可支也。'昔武王克殷而作此诗也，以为饫歌，名之曰'支'，以遗后之人，使永监焉。夫礼之立成者为饫，昭明大节而已，少典与焉。是以为之日惕，其欲教民戒也。然则夫'支'之所道者，必尽知天地之为也。不然，不足以遗后之人"③。由此看出，在周人文化心理中，周武王所作饫歌《支》文化内涵的价值，强调天命的支持或反对对政权的决定作用。此处应劭借用来渲染六国陵替、秦人一统天下的恢宏气势。

卷三"正失"开篇强调"正失"的必要性，应劭言"众口铄金，积毁销骨，久矣其患之也"④。"众口铄金"最早见于《国语·周语下》"单穆公谏景王铸大钟"条伶州鸠语："且民所曹好，鲜其不济也。其所曹恶，鲜其不废也。故谚曰：'众心成城，众口铄金。'"⑤亦见于《战国策·魏策一》"张仪为秦连横说魏条"："臣闻积羽沈舟，群轻折轴，众口铄金，故愿大王之熟计之也。"⑥这些当为应劭说所本。

卷五"十反"篇有"司徒梁国盛允字子嗣，为议郎，慕孟博之德，贪树于有礼"⑦语，其本于《国语·周语上》"内史兴论晋文公必霸"条"树于有礼，艾人必丰"和《国语·晋语四》"宋襄公赠重耳以马二

① 吴则虞：《白虎通疏证》，中华书局，1994，第52-53页。
② 王利器：《风俗通义校注》，中华书局，1981，第49页。
③ 徐元诰：《国语集解》，中华书局，2002，第130页。
④ 王利器：《风俗通义校注》，中华书局，1981，第59页。
⑤ 徐元诰：《国语集解》，中华书局，2002，第112页。
⑥ 孟庆祥：《战国策译注》，黑龙江人民出版社，1986，第543页。
⑦ 王利器：《风俗通义校注》，中华书局，1981，第219页。

十乘”条“树于有礼，必有艾”。

卷五“十反”篇：“谨按：《孝经》：‘资于事父以事君。’‘君亲临之，厚莫重焉。’《春秋国语》：‘民生于三，事之如一。’”[①]所引《春秋国语》句见于《晋语一》“武公伐翼止栾共子无死”条栾共子语：“成闻之：‘民生于三，事之如一。’父生之，师教之，君食之。非父不生，非食不长，非教不知生之族也，故壹事之。”[②]

卷五“十反”篇：“盖人君者，辟门开窗，号咷博求，得贤而赏，闻善若惊，无适也，无莫也。”[③]此句当源于《国语·楚语下》“蓝尹亹论吴将毙”条赞吴王阖闾语“闻一善言若惊，得一士若赏”，强调贤君对人才的渴求。

卷五“十反”篇载朱伥语：“颠而不扶，焉用彼相？君劳臣辱，何用为？”[④]很明显，前两句化用自《论语·季氏》孔子责子路和冉有语：“危而不持，颠而不扶，则将焉用彼相矣。”[⑤]“君劳臣辱”则出于《国语·越语下》“范蠡乘轻舟以浮于五湖”条范蠡语：“为人臣者，君忧臣劳，君辱臣死。”

卷六“声音”篇主要介绍五音和乐器，“钟”条下先引《世本》介绍倕为钟的发明者，接着引《诗经》《论语》描写钟的语句，随后即云：“周景王将铸大钟，单穆公谏曰：‘夫先王之制钟也，大不出均，重不过石，律度量衡，于是乎生，小大器用，于是乎出，故圣人慎之。今王作钟，听之弗及，比之不度，钟声不可以知和，制度不可以出节，无益于乐，而鲜民财，将焉用之？’”[⑥]这段话无疑是这一条的主体内容，引单穆公语说明制钟的原则及其影响，而其录自《国语·周语下》“单穆公谏景王铸大钟”条。

卷八“祀典”篇序言部分云：“《礼》：‘天子祭天地山川，岁遍。’《春秋国语》：‘凡禘郊宗祖报，此五者，国之典礼；加之以社稷山川之

① 王利器：《风俗通义校注》，中华书局，1981，第234页。
② 徐元诰：《国语集解》，中华书局，2002，第248页。
③ 王利器：《风俗通义校注》，中华书局，1981，第238页。
④ 王利器：《风俗通义校注》，中华书局，1981，第254页。
⑤ 黄怀信：《论语汇校集释》，上海古籍出版社，2008，第1454页。
⑥ 王利器：《风俗通义校注》，中华书局，1981，第290页。

神，皆有功烈于民者也；及前哲令德之人，所以为质者也；及天之三辰，所昭仰也；地之五行，所生殖也；九州名山川泽，所出财用也：非是族也，不在祀典。'"①所引《春秋国语》见于《鲁语上》"展禽论祭爰居非政之宜"条。由此能看出应劭对《国语》中祭典这段论述的重视。

卷九"怪神"篇序言部分在引传所言"神者，申也。怪者，疑也"②区分了神与怪后，接着即是"孔子称'土之怪为坟羊'"之语，该句本自《国语•鲁语下》"季桓子穿井获羊"条。

卷九"怪神"篇"城阳景王祠"条应劭叙述的是汉末刘章祠盛况，"自琅琊、青州六郡，乃渤海都邑乡亭聚落，皆为立祠，造饰五二千石车，商人次第为之，立服带绶，备置官属，烹杀讴歌，纷籍连日，转相诳曜，言有神明，其遣问祸福立应，历载弥久，莫之匡纠，唯乐安太守陈蕃、济南相曹操，一切禁绝，肃然政清。陈、曹之后，稍复如故"③。在作者看来，其他郡县作为淫祀被清除是合理的，但在作者治下的营陵，"其歆禋祀，礼亦宜之"，一个重要的根据就是刘章在铲除诸吕的行动中立下了显赫功勋，"《春秋国语》：'以劳定国，能御大灾。'凡在于他，尚列祀典"④。所引《春秋国语》本于《鲁语上》"展禽论祭爰居非政之宜"条："夫圣王之制祀也，法施于民则祀之，以死勤事则祀之，以劳定国则祀之，能御大灾则祀之，能扞大患则祀之。非是族也，不在祀典。"⑤

卷九"怪神"篇"世间多有亡人魄持其家语声气，所说良是"条言："董无心云：'杜伯死，亲射宣王于镐京。'"⑥此说本于《国语•周语上》"内史过论神"条："周之兴也，鸑鷟鸣于岐山；其衰也，杜伯射王于鄗。"⑦

---

① 王利器：《风俗通义校注》，中华书局，1981，第 350 页。
② 王利器：《风俗通义校注》，中华书局，1981，第 386 页。
③ 王利器：《风俗通义校注》，中华书局，1981，第 394-395 页。
④ 王利器：《风俗通义校注》，中华书局，1981，第 394-395 页。
⑤ 徐元诰：《国语集解》，中华书局，2002，第 154-155 页。
⑥ 王利器：《风俗通义校注》，中华书局，1981，第 410 页。
⑦ 徐元诰：《国语集解》，中华书局，2002，第 29-30 页。

卷九"怪神"篇"世间多有伐木血出以为怪者"条言:"《春秋国语》曰:木石之怪夔魍魉。"①所引《春秋国语》本自《鲁语下》"季桓子穿井获羊"条。

卷十"山泽"篇"京"条先引《尔雅》以释"京"之概念:"丘之绝高大者为京。"接着表述自己的理解:"谓非人力所能成,乃天地性自然也。"②随后引古籍有关记载以证之,其中就例举了《国语》:"《国语》:'赵文子与叔向游于九京。'"所引《国语》见于《晋语八》"赵文子称贤随武子"条。

卷十"山泽"篇"陵"条引诸书有关"陵"之叙述,其中即提到"《国语》:'周单子会晋厉公于加陵。'"③所引《国语》本于《周语下》"单襄公论晋将有乱"条。

卷十"山泽"篇"湖"条直接引《国语》以说明"湖":"《春秋国语》:伍子胥谏吴王:'与我争五湖之利,非越乎?'及越灭吴,'范蠡乘扁舟于五湖'。"④所引《国语》中伍子胥谏吴王语于今本《国语》未见,"范蠡乘扁舟于五湖"则见于《越语下》"范蠡乘轻舟以浮于五湖"条。

佚文云:"《周礼》:'五家为邻,四邻为里。'《春秋国语》:'五家为轨,十轨为里。'里者,止也,里有司,司五十家,共居止,春秋通其所也。"⑤所引《春秋国语》本于《齐语》"管仲对桓公以霸术":"五家为轨,轨为之长;十轨为里,里有司。"⑥

佚文云:"《春秋国语》:'疆有寓望。'谓今之亭也,民所安定也。"⑦所引《春秋国语》本于《周语中》:"国有郊牧,疆有寓望,薮有圃草,囿有林池,所以御灾也。"⑧

① 王利器:《风俗通义校注》,中华书局,1981,第434页。
② 王利器:《风俗通义校注》,中华书局,1981,第465页。
③ 王利器:《风俗通义校注》,中华书局,1981,第467页。
④ 王利器:《风俗通义校注》,中华书局,1981,第480页。
⑤ 王利器:《风俗通义校注》,中华书局,1981,第493页。
⑥ 徐元诰:《国语集解》,中华书局,2002,第224页。
⑦ 王利器:《风俗通义校注》,中华书局,1981,第493页。
⑧ 徐元诰:《国语集解》,中华书局,2002,第66页。

佚文云："吴王夫差，大败齐于艾陵。还，诛子胥，取其身流之江，抉其目东门，曰：'使汝视越之人吴也。'"①该文前半部分本于《吴语》"夫差伐齐不听申胥之谋"条："十二年，遂伐齐。齐人与战于艾陵，齐师败绩，吴人有功。"②后半部分本于《吴语》"申胥自杀"条："遂自杀。将死，曰：'以悬吾目于东门，以见越之入，吴国之亡也。'王愠曰：'孤不使大夫得有见也。'乃使取申胥之尸，盛以鸱夷，而投之于江。"③

佚文云："吴王夫差羞见子胥，以帛幕面而死，故后人因之制面衣，以为常则也。"④《国语·吴语》云："夫差将死，使人说于子胥曰：'使死者无知，则已矣；若其有知，吾何面目以见员也！'遂自杀。"⑤该佚文当本于《国语》等书的叙述附会而成。

"姓氏"条佚文云："伶氏，周有大夫伶州鸠。"⑥先秦典籍中，伶州鸠之名唯见于《国语·周语下》"单穆公谏景王铸大钟"条和"景王问钟律于伶州鸠"条，当为应说所本。

"姓氏"条佚文云："鞻氏，晋大夫郤鞻之后。"⑦郤鞻之名屡见于《左传》《国语》，当为应说所本。

"姓氏"条佚文云："谋氏，周卿士祭公谋父之后，以王父字为氏。"⑧先秦典籍中，祭公谋父之名唯见于《国语·周语上》"祭公谏穆王征犬戎"条，当为应说所本。

"姓氏"条佚文云："辅氏，智果以智伯刚愎必亡，其别辅氏，汉有辅狠为尚书令。"⑨该说本于《国语·晋语九》"智果论智瑶必灭宗"条："智果别族于太史为辅氏。及智氏之亡也，唯辅果在。"⑩

---

① 王利器：《风俗通义校注》，中华书局，1981，第 596 页。
② 徐元诰：《国语集解》，中华书局，2002，第 543 页。
③ 徐元诰：《国语集解》，中华书局，2002，第 545 页。
④ 王利器：《风俗通义校注》，中华书局，1981，第 596 页。
⑤ 徐元诰：《国语集解》，中华书局，2002，第 561-562 页。
⑥ 王利器：《风俗通义校注》，中华书局，1981，第 525 页。
⑦ 王利器：《风俗通义校注》，中华书局，1981，第 526 页。
⑧ 王利器：《风俗通义校注》，中华书局，1981，第 527 页。
⑨ 王利器：《风俗通义校注》，中华书局，1981，第 532 页。
⑩ 徐元诰：《国语集解》，中华书局，2002，第 454 页。

"姓氏"条佚文云："内史氏，周内史叔兴之后，因官氏焉，周又有内史过。"①内史叔兴和内史过之名屡见于《左传》《国语》，当为应说所本。

分析以上《风俗通》所引《国语》事例，我们可得出如下认识。

第一，应劭《风俗通》多引《国语》各种礼制文献。如《鲁语上》"展禽论祭爰居非政之宜"条是关于先秦祭祀礼仪的重要文献，颇为应劭珍重，多次称引。再如称引《国语·周语下》"单穆公谏景王铸大钟"言钟之制作都遵循"先王之制"，这主要是决定于应劭《风俗通》明义理、正人心的写作宗旨，也与应劭认同《国语》重礼的文化特征息息相关。

第二，《风俗通》中有许多姓氏条目来源于《国语》。将其与《潜夫论·志氏姓》对照来看，有两点值得注意。一点是姓氏文化对中国传统文化具有极其重要的意义。"姓氏是社会结构中标志一种血缘关系的符号，当社会结构发生重大变革时，这种符号的形式及其应用法则亦随之发生变化。因此姓氏制度的沿革也从一个侧面反映出社会性质的转变。"②正是汉代社会相对先秦社会的巨大转型，才促成了汉代姓氏研究高潮的兴起。另一点是《国语》作为姓氏研究的一部重要文献，其内容与价值被汉代学者广泛承认和肯定。

第三，应劭非常重视《国语》，但必须指出的是，在其心目中，《国语》的地位还是逊色于经书和《左传》等儒家典籍的，这从上文所举《诗经》《尚书》《礼记》《左传》等书的称引数字与《国语》的对比可见一斑。另外，对于《左传》和《国语》同时出现的记载，《风俗通》一般只标明《左传》。如卷八《祀典》篇"社神"条下有："《春秋左氏传》曰：'共工氏有子曰句龙佐颛顼，能平九土，为后土，故封为上公，祀以为社，非地祇。'"③其内容不仅见载于《左传·昭公二十九年》，同样见载于《国语·鲁语上》"展禽论祭爰居非政之宜"条，内容几近

---

① 王利器：《风俗通义校注》，中华书局，1981，第 544 页。
② 马雍：《中国姓氏制度的沿革》，《中国文化研究集刊》第二辑，复旦大学出版社，1985，第 158 页。
③ 王利器：《风俗通义校注》，中华书局，1981，第 355 页。

全同。再如卷八《祀典》篇"稷神"条下有："《春秋左氏传》：'有烈山氏之子曰柱，能殖百谷疏果，故立以为稷正也；周弃亦以为稷，自商以来祀之。'"①其内容不仅见载于《左传·昭公二十九年》，同样见载于《国语·鲁语上》"展禽论祭爰居非政之宜"条，内容几近全同。又如卷八《祀典》篇"雄鸡"条下有："《春秋左氏传》：周大夫宾孟适郊，见雄鸡自断其尾，归以告景王曰：'惮其为牺也。'"②其内容不仅见载于《左传·昭公二十二年》，同样见载于《国语·周语下》"宾孟见雄鸡自断其尾"条。但是这些地方仅注明《左传》而未提及《国语》，在应劭乃至汉人心目中《左传》与《国语》地位孰轻孰重一目了然。

---

① 王利器：《风俗通义校注》，中华书局，1981，第356页。
② 王利器：《风俗通义校注》，中华书局，1981，第375页。

第三章 魏晋六朝时期的《国语》研究

第一节 魏晋六朝时期《国语》研究兴盛的时代文化背景

有研究者称:"在中国历史上,《国语》的研究只有两个历史时期比较繁盛,第一个时期就是东汉、三国、西晋时期,涌现了郑众、贾逵、服虔、孙炎、王肃、虞翻、唐固、韦昭、杨终、孔晁等《国语》的注者。"①此说略有不足,如服虔并未对《国语》作专题研究,似不应归入《国语》研究队伍。另外杨终是东汉前期人,将其排在魏晋《国语》学者中间不太合理。但作者对汉魏《国语》地位的肯定颇有道理,魏晋六朝是《国语》研究的高峰期,《国语》研究斯时兴盛有其文化原因。

一、经学式微

潮涨潮落,花开花谢,任何一种文化思潮都有其兴衰周期,经学文化也不例外,而它这一周期的完成恰与大汉王朝相始终。经学衰落实际上始于东汉后期。经学产生和繁盛的根本原因是大一统中央集权政治组织形式的需要,经学和国家权力机关人员的培养与选拔被紧紧纽结在一起。随着"罢黜百家,独尊儒术"成为社会政治文化和学术思想的总方针,汉政府在选官制度设计中越来越重视经学素养与经学作用,它直接促成了经学队伍的迅速壮大。张涛先生对之有着精辟分

---

① 孙晓磊:《引文异文研究的又一部新著——评郭万青著〈小学要籍引国语研究〉》,《唐山师范学院学报》2015 年第 6 期,第 44 页。

析："官员队伍的儒学化、经学化，既是汉代最高统治集团借助儒学来统一思想、加强思想统治的一个重要步骤，又是儒学广泛传播和全面发展的一个重要契机。由于政治利益的诱惑，传授、研习儒家经典成为社会的普遍现象，经学迅速繁盛起来。"①这表明在汉代社会，经学和政治迅速有效地完成了联姻。政治一旦进入学术文化领域，其作用必然是把双刃剑。从积极方面讲，政治活动场域内操控权力的政治集团必然调动一切资源来扶持适合其政治需要的学术思想，将其意识形态化，使其为自身和自身行动提供合法化论证和有效的思想理论导引，提高自身的外部影响力和内部凝聚力。适合统治集团需要的学术思想必然会引来无数的拥趸。经学在汉文化中就处于这样的地位，它得到了政府的大力扶持，中央设立太学，太学生研习立为博士的经传和《论语》《孝经》等儒家著作；地方郡国亦然，据《汉书·循吏传》载，汉武帝"令天下郡国皆立学校官"②，《汉书·平帝纪》载平帝三年，"立官稷及学官。郡国曰学，县、道、邑、侯国曰校。校、学置经师一人。乡曰庠，聚曰序。序、庠置《孝经》师一人"③，地方官学体系进一步完善。这必然促成经学的蓬勃发展，但在这种发展表象下，也潜伏着危害经学良性发展的因素，那就是经学成为干禄的工具。这一点，《汉书·儒林传》的分析颇为透彻："自武帝立五经博士，开弟子员，设科射策，劝以官禄，迄于元始，百有余年，传业者寖盛，支叶蕃滋，一经说至百余万言，大师众至千余人，盖禄利之路然也。"④班氏指出了在统治者"劝以官禄"的引导下所出现的经学兴盛的局面，流派众多，影响大的经师门下竟然有一千多人，但班氏同时指出了这一盛况出现的原因及潜在的危害。上以官禄诱之，下因利禄趋之，对官禄功利的追求所滋生的恶果至东汉中后期开始呈现，曾有学者对之做过深刻分析："儒学的政治化，开辟了通经致仕的吏途，经书成了儒生攫取禄利的敲门砖；皇权介入经学，成为解经释经的最高权威，经学也就变成

---

① 张涛：《经学与汉代的选官制度》，《史学月刊》1998 年第 3 期，第 14-15 页。
② 班固：《汉书》，中华书局，1962，第 3626 页。
③ 班固：《汉书》，中华书局，1962，第 355 页。
④ 班固：《汉书》，中华书局，1962，第 3620 页。

统治者的御用工具，被任意地加以揉塑。因此随着儒学的政治化，儒家学派内部发生了种种蜕变，导致了东汉中后期经学的衰落。"①

这种衰落表现在方方面面。在学理上，经学已由先前依附于政治发展到完全沦为政治附庸，导致其学术品格和内在创新动力的丧失。在统治者的倡导下，灾异谴告和谶纬神学被作为经学重要内容而加以阐扬，汉章帝所倡导召开的白虎观会议将以灾异和谶纬说阐释五经的经学注解模式固定下来，这无疑是对经学研究与学术思想的戕害与窒息，随后经学研究日益趋于支离烦琐与宗教神学化，这必然导致其学术生命力的枯竭。《后汉书·儒林传序》对经学衰落的图景做了细致描绘："自安帝览政，薄于艺文，博士倚席不讲，朋徒相视怠散，学舍颓敝，鞠为园蔬，牧儿荛竖，至于薪刈其下。"虽然安帝之后的顺帝朝和质帝朝最高统治者在经学最高学府——太学的基础设施建设和招生政策上做了巨大努力，出现了"游学增盛，至三万余生"的局面，但仍无力扭转经学颓势，"然章句渐疏，而多以浮华相尚，儒者之风盖衰矣"②。到桓、灵之时，随着政治危机进一步加深，如《后汉书·儒林传》所云，"自桓、灵之间，君道秕僻，朝纲日陵，国隙屡启，自中智以下，靡不审其崩离"，③经学作为士大夫和知识分子价值观的精神力量以及作为国家意识形态统摄人心的力量彻底消散。以经术取士的制度及相应的学习方式也在悄然发生异化，如和经学兴盛相伴生的游学曾是汉代尤其是东汉文化的一道亮丽风景，如《后汉书·儒林传》所云："自光武中年以后，干戈稍戢，专事经学，自是其风世笃焉。其服儒衣，称先王，游庠序，聚横塾者，盖布之于邦域矣。若乃经生所处，不远万里之路，精庐暂建，赢粮动有千百，其耆名高义开门受徒者，编牒不下万人，皆专相传祖，莫或讹杂。"④这种局面的形成客观上有学术为家族垄断和文化上地域发展不平衡的原因，主观上则是儒生士

① 陈吉其：《儒学政治化对东汉经学衰落的影响》，《黔东南民族师专学报》1995年第1期，第18页。
② 范晔：《后汉书》，中华书局，1965，第2547页。
③ 范晔：《后汉书》，中华书局，1965，第2589页。
④ 范晔：《后汉书》，中华书局，1965，第2588页。

子对经术的渴求使然，张鹤泉先生指出："因为东汉国家倡导经学，'明经'的意识已深入人心，所以游学者追求的是通晓经术。"①这样概括东汉时期游学的整体状况和文化动因，大体是恰当的。但到东汉后期游学内涵和作用渐生变异，多数人游学不再专注于经学之"学"，而是以"学"为名，其目的是结交和请托名士权贵以为自己获取名声和开启仕途腾达之门。到魏晋六朝，经学进一步衰微，正如《三国志·吴书·韦昭传》所言"今世之人多不务经术"②。在这过程中有些统治者曾做过恢复经学的工作，如曹丕，据《三国志·魏书·文帝纪》载，黄初五年"立太学，制五经课试之法，置《穀梁春秋》博士"③，《三国志·魏书·王肃传》裴松之注引《魏略》亦言："至黄初元年之后，新主乃复始扫除太学之灰炭，补旧石碑之缺坏，备博士之员录，依汉甲乙以考课。申告州郡，有欲学者，皆遣诣太学。"④其子魏明帝曹睿也做出了扶持经学的努力，据《三国志·魏书·明帝纪》载，太和二年诏令全国："尊儒贵学，王教之本也。自顷儒官或非其人，将何以宣明圣道？其高选博士，才任侍中常侍者。申敕郡国，贡士以经学为先。"⑤曹睿看到了经学是立国之本，因此强调在人才选拔上优先考虑经学之士。实际上这恰恰反映出魏晋时代经学人才的匮乏。时隔两年后明帝又一次下诏："兵乱以来，经学废绝。后生进趣，不由典谟。岂训导未洽，将进用者不以德显乎？其郎吏学通一经，才任牧民，博士课试，擢其高第者，亟用；其浮华不务道本者，皆罢退之。"⑥魏明帝没有也不可能看到经学衰落的根本原因，他只是看到了汉末动乱对经学的巨大破坏，导致了经学传统的中断。他看到了潜在危险并尝试从人才选拔环节上改变这种状况，从经学要求上提出了人才提拔的标准，那就是学通一经和博士考试名列前茅。司马氏代魏后，亦重视经学建设，《晋书·荀崧传》中荀崧曾在上晋元帝的奏疏中充满感情地追述：

① 张鹤泉：《东汉时期的游学风气和社会影响》，《求是学刊》1995年第2期，第104页。
② 陈寿：《三国志》，中华书局，1982，第1460页。
③ 陈寿：《三国志》，中华书局，1982，第84页。
④ 陈寿：《三国志》，中华书局，1982，第420页。
⑤ 陈寿：《三国志》，中华书局，1982，第94页。
⑥ 陈寿：《三国志》，中华书局，1982，第97页。

"世祖武皇帝应运登禅，崇儒兴学……太学有石经古文先儒典训。贾、马、郑、杜、服、孔、王、何、颜、尹之徒，章句传注众家之学，置博士十九人。九州之中，师徒相传，学士如林，犹选张华、刘寔居太常之官，以重儒教。"①从这些最高统治者身上，我们能看出他们对经学没落的忧虑以及拯救经学的决心，但这种努力在很大程度上徒劳无功，大汉王朝经学如日中天的时光注定一去不返，它走向衰落是思想文化发展和时代进步的必然。在汉代，经学作为统治阶级的意识形态和思想政治文化的核心自有其历史合理性，但随着社会和时代的发展，经学统摄一切社会意识的状况自然会对社会进步和人性自由造成严重束缚。随着大汉帝国的终结，经学一统的文化模式最终也成为了历史。我们认为，大一统中央集权社会组织的存在决定了经学或者更宽泛地说儒学始终有其存在的基础，它必然和中国传统社会相伴生，只不过随着社会发展的进程，其存在形态会发生变化。因此我们说，汉代经学衰落实际上是说它一统社会意识的格局被打破，正是在此基础上，魏晋六朝的文化多元化格局开始形成。

　　魏晋玄学的生成即汉代经学衰落的直接产物，它是儒家文化与道家文化对峙融合的产物。"玄学的主题是自然与名教的关系，道家明自然，儒家贵名教，因而如何处理儒道之间的矛盾使之达于会通也就成为玄学清谈的热门话题。"②在这里我们看到，玄学所表征的儒家文化与道家文化的融合并不纯然是两个思想学派的交融，而是标志着魏晋人对生命意识、生命价值的思考，标志着魏晋人性的发展。这样的儒道会通在经学一统的汉代社会是不能想象的。魏晋玄学一方面是对汉代经学的继承，魏晋玄学理论构建的一个重要来源是对儒家经典如《易》《论语》的阐释；另一方面，佛教在中国迅速传播并随后在东晋和南朝社会成为士大夫阶层思想文化的主流，主要得益于魏晋玄学所奠定的基础。正如萧平权先生所指出："玄学是佛教思想传播的先驱，它开创的一代新风，在哲学、道德领域内提出的一系列命题、方法、

---

① 房玄龄：《晋书》，中华书局，1974，第1977页。
② 余敦康：《魏晋玄学史》，北京大学出版社，2004，第1页。

概念和理论思维，使佛学由过去的不被人所理解和接受，变得容易理解和乐于接受了。"①虽然道教在东汉末年的太平道和五斗米道中孕育出其初级形态，但其得以升华为神仙道教则是在东晋和南朝，在它的这一变迁过程中，魏晋玄学起了重要作用。正如王晓毅先生所指出的："恰恰是魏晋玄学的理论思辨，促使了汉末的'黄老道'粗糙的宗教神学，演变为东晋南朝时期相对精致的神仙道教。"②官方经学、魏晋玄学、道教、佛教构成了魏晋南北朝文化的四种基本元素，正如有学者指出："在魏晋南北朝的动荡的四百年中，儒、玄二学与佛、道二教相互冲突与融合，使魏晋南北朝呈现多元文化相摩相荡的壮观景象。"③正是由于经学一统的局面被打破，学术研究的自由本质才在一定程度上得以保证，蔓延于汉代经学研究中喜言图谶灾异的倾向得到了很大程度的矫正。注重文本研读，以词语训解和语义疏通为旨归的注疏成为魏晋六朝训诂实践的主流。魏晋六朝经学的新变还影响到了注经方式和旨趣的变化。汤用彤先生指出："汉人所习曰章句，魏晋所尚者曰'通'。章句多随文饰说，通者会通其义而不以辞害义。"④"尚通"的训解取向对注书的形式也产生了重要影响，那就是新颖的集解体的出现。集解又名集释、集传、集注，是一种汇总诸说断以己意的注释方式。魏晋六朝出现了许多著名的集解体注书，如何晏的《论语集解》、杜预的《春秋经传集解》、裴骃的《史记集解》等。"尚通"的注解取向直接影响到了《国语》研究，作为魏晋六朝《国语》研究最丰硕成果的《国语解》就体现了鲜明的"尚通"倾向，在词语训解上讲究释词严洁，不作烦琐考证，同时亦注重整体文意的疏通。张居三教授曾颇有洞见地指出："《国语》韦解则征引有据，注训严谨，开集解之风。"⑤《国语解》的注释体例尽管不是集解体，但作者综汇郑众、贾逵、虞翻、唐固前贤《国语》训诂成果，或直接取舍给出注释，或加

---

① 萧平权：《魏晋玄学在佛教传播中的奠基作用》，《衡水师专学报》1990 年第 2 期，第 59 页。
② 王晓毅：《浅论魏晋玄学对儒释道的影响》，《浙江社会科学》2002 年第 5 期，第 109 页。
③ 周建平：《浅析魏晋南北朝文化的多元化》，《南京理工大学学报》2000 年第 2 期，第 28 页。
④ 汤用彤：《言意之辨》，上海古籍出版社，2001，第 27 页。
⑤ 张居三：《〈国语〉韦解的特点和价值》，《古代文明》2008 年第 3 期，第 44 页。

以是非优劣评判后给出己注，体现出了集解体的格局与气象。

二、史学兴盛

梁启超指出："两晋六朝，百学芜秽；治史者独盛，在晋犹著。读《隋书·经籍志》及清丁国钧之《补晋书·艺文志》可见也。故吾常谓晋代玄学之外，唯有史学；而我国史学界，亦以有晋为全盛时代。"[①]梁氏所言不谬，魏晋南北朝时期确实是中国古代史学的一个辉煌时期。首先是史学作为一个重要学术门类的观念开始深入人心。"中国古代史学形成一门独立的学科并取得了重大的发展，是在魏晋南北朝时期。"[②]在这方面，西晋秘书监荀勖和东晋著作佐郎李充贡献甚巨，《隋书·经籍志》载："魏秘书郎郑默，始制《中经》，秘书监荀勖，又因《中经》，更著《新簿》，分为四部，总括群书。一曰甲部，纪六艺及小学等书；二曰乙部，有古诸子家、近世子家、兵书、兵家、术数；三曰丙部，有史记、旧事、皇览簿、杂事；四曰丁部，有诗赋、图赞、汲冢书。"[③]荀氏《中经新簿》将图书分为四部，其主体分别是六艺、诸子、史记、诗赋。这标志着图书"四部"观念初步形成，史部摆脱经学附庸地位而获得了独立，且相对于其他三部，史部下各小类内容更显一致。延至东晋，李充在荀勖四分法基础上进行革新，按《文选》中任昉《王文宪集序》李善注所引臧荣绪《晋书》言，"五经为甲部，史记为乙部，诸子为丙部，诗赋为丁部"[④]，将史部提至诸子部前。这是魏晋史著繁盛的反映，也是人们对史学地位和史学功能认识深化的体现，昭示了史学摆脱经学附庸地位后在学术文化领域中仅次于经学的现状。李氏分类法的文化史地位，正如钱大昕《补元史艺文志序》所言："自刘子骏校理秘文，分群书为六略……是时固无四部之名，而史家亦未别为一类也。晋荀勖撰《中经簿》，始分甲乙丙丁四部，而子犹先于史。至李充为著作郎，重分四部，五经为甲部，史记为乙部，

① 梁启超：《中国历史研究法》，华东师范大学出版社，1995，第 25 页。
② 高国抗：《魏晋南北朝时期史学的巨大发展》，《暨南学报》1984 年第 3 期，第 50 页。
③ 魏徵：《隋书》，中华书局，1973，第 906 页。
④ 李善：《文选注》，中华书局，1977，第 654 页。

诸子为丙部，诗赋为丁部，而经史子集之次始定。"①南朝学馆的设立也反映了史学在学术文化领域的地位。所谓"学馆"就是中央政府设立的临时性教育机构，《宋书·雷次宗传》言："元嘉十五年，征次宗至京师，开馆于鸡笼山，聚徒教授，置生百余人。会稽朱膺之、颍川庾蔚之并以儒学，监总诸生。时国子学未立，上留意心艺术，使丹阳尹何尚之立玄学，太子率更令何承天立史学，司徒参军谢元立文学，凡四学并建。"②宋文帝设立儒学、玄学、史学和文学四馆，足以表明史学之重要。《南史·宋明帝本纪》亦谈到泰始六年设立总明观的情形："立总明观，征学士以充之……分为儒、道、文、史、阴阳五部学。"③总明观作为学馆，共有五门学问，史学得列其间，亦见出时人对其重视程度。凡此足证史学在魏晋六朝人心目中的地位，史学已经被视作一门独立的重要的学问，《国语》作为先秦史著的典范之作自然会受到魏晋六朝人的重视，人们也越来越倾向于将《国语》看成一部独立的史著而非辅翼《左传》解经的著作。

　　在这股时代潮流中，《国语》的史学价值也受到学者们的空前重视。如谯周《古史考》就时引《国语》对《史记》所载史实进行考辨，《三国志·蜀书·谯周传》言其"耽古笃学，家贫未尝问产业，诵读典籍，欣然独笑，以忘寝食。研精六经，尤善书札"④。正是个人天分和对古籍的精研，使他成为当时蜀汉最有成就的学者，其著述甚丰，"凡所著述，撰定《法训》《五经论》《古史考》之属百余篇"⑤。其中《古史考》影响最大。关于其内容，《晋书·司马彪传》云："初，谯周以司马迁《史记》书周秦以上，或采俗语百家之言，不专据正经，周于是作《古史考》二十五篇，皆凭旧典，以纠迁之谬误。"⑥关于其性质，乔治忠先生认为其系历史考据著作的发端："在西晋时期出现了谯周的《古史考》，乃是超前的。到了唐朝没有把这个风格发扬下去，不仅

①　钱大昕：《嘉定钱大昕全集·元史艺文志》，江苏古籍出版社，1997，第1页。
②　沈约：《宋书》，中华书局，1974，第2293-2294页。
③　李延寿：《南史》，中华书局，1975，第82页。
④　裴松之：《三国志》，中华书局，1982，第1027页。
⑤　裴松之：《三国志》，中华书局，1982，第1033页。
⑥　房玄龄：《晋书》，中华书局，1974，第2142页。

未出现新的著述，反而旧有之书也渐渐佚失了。"①可见对谯著评价之高。可惜此书失传，仅有清儒章宗源《古史考》辑本一卷和黄奭《古史考》辑本一卷存世。《古史考》纠《史记》谬误的"所凭旧典"中就包括《国语》。《周本纪》言"后稷卒，子不窋立"，司马贞《史记索隐》言："《帝王世纪》云'后稷纳姞氏，生不窋'，而谯周按《国语》云'世后稷，以服事虞、夏'，言世稷官，是失其代数也。"②谯周依据《国语·周语上》祭公谋父所谈周之先王事迹论证后稷和不窋非父子关系，其间相隔代数已渺茫难判，应该是可靠的。《国语》见征于《古史考》虽仅一例，但弥足珍贵，能看出谯周对《国语》的熟悉和重视。

再如三国时魏政权中的苏林。《颜氏家训·书证》曾提到苏林："《通俗文》，世间题云'河南服虔字子慎造。'虔既是汉人，其《叙》乃引苏林，张揖，苏、张皆是魏人。"③其生平可参见《三国志·刘劭传》、《三国志·高堂隆传》注、《三国志·王肃传》注引《魏略》，此外亦见于《晋书·庾峻传》和《汉书叙例》。苏林所著《汉书音义》具有重要的文献价值，尽管已失传，但裴骃《史记集解》多有称引。《史记·吕太后本纪》有"太后独有孝惠与鲁元公主"，裴骃《集解》引苏林曰："公，五等尊爵也。春秋听臣子以称君父，妇人称主，有'主孟啖我'之比，故云公主。"④"主孟啖我"⑤见于《国语·晋语二》优施对里克妻语，由苏林随机从《国语》拈出以释"公主"一词，足证其对《国语》的熟悉。

又如晋灼。颜师古《汉书叙例》云："《汉书》旧无注解，唯服虔、应劭等各为音义，自别施行。至典午中朝，爰有晋灼，集为一部，凡十四卷，又颇以意增益，时辩前人当否，号曰《汉书集注》。"⑥王鸣盛《十七史商榷》卷七云："大约晋灼于服、应外添入伏俨、刘德、郑氏、李斐、李奇、邓展、文颖、张揖、苏林、张晏、如淳、孟康、项昭、

---

① 乔治忠：《中国史学史》，中国人民大学出版社，2011，第 204 页。

② 司马迁：《史记》，中华书局，1959，第 113 页。

③ 王利器：《颜氏家训集解》，中华书局，1993，第 481 页。

④ 司马迁：《史记》，中华书局，1959，第 398 页。

⑤ 徐元诰：《国语集解》，中华书局，2002，第 276 页。

⑥ 班固：《汉书》，中华书局，1962，第 1 页。

韦昭十四家。臣瓒于晋所采外添入刘宝一家。"①足见晋灼《汉书集注》一书博采众长的特色及其对后世的影响。《国语》也是晋灼训解《汉书》的重要材料来源，如《史记·张释之冯唐列传》冯唐有语"臣大父在赵时，为官将"，裴骃《史记集解》引晋灼《汉书集注》"百人为彻行，行头皆官师"，司马贞《史记索隐》注释晋灼语时言："案《国语》'百人为彻行，行头皆官师'，贾逵云'百人为一队也。官师，队大夫也。'"②这表明司马贞已注意到晋灼直接用《国语·吴语》话来为《汉书》注解，认为"官将"即《吴语》中所言的"官师（帅）"，即彻行的"行头"，统率百人。这样的引注恰切而又简洁，亦足见出晋灼对《国语》价值的珍视。

又如处于东晋和刘宋之际的著名史学家徐广，裴骃《史记集解序》在谈到其时《史记》流布情况时曾言："考较此书，文句不同，有多有少，莫辨其实，而世之惑者，定彼从此，是非相贸，真伪舛杂。故中散大夫东莞徐广研核众本，为作音义，具列异同，兼述训解。"③《隋书·经籍志》载："《史记音义》十二卷，宋中散大夫徐野民撰。"④由此来看，徐广字野民。司马贞在其《史记索隐序》中亦言："逮至晋末，有中散大夫东莞徐广始考异同，作《音义》十三卷。"⑤由此似可断定，《史记集解》产生前徐广《史记音义》是《史记》注释整理最重要的著作。徐广在研核众本时也注意到了与《史记》有很大关系的《国语》，以之参校。如《周本纪》所载祭公谋父谏周穆王话中有："日祭，月祀，时享，岁贡，终王。先王之顺祀也，有不祭则修意，有不祀则修言，有不享则修文，有不贡则修名，有不王则修德，序成而有不至则修刑。"⑥《周语上》则作："日祭、月祀、时享、岁贡、终王，先王之训也，有不祭则修意，有不祀则修言，有不享则修文，有不贡则修名，

① 王鸣盛：《十七史商榷》，凤凰出版社，2008，第35页。
② 司马迁：《史记》，中华书局，1959，第2758页。
③ 司马迁：《史记》，中华书局，1959，第3325页。
④ 魏徵：《隋书》，中华书局，1973，第953页。
⑤ 司马迁：《史记》，中华书局，1959，第3329页。
⑥ 司马迁：《史记》，中华书局，1959，第136页。

有不王则修德。序成而有不至则修刑。"①两书相较，很容易看出太史公改"先王之训"为"先王之顺祀"，反映出司马迁和《国语》作者对此句意义及句法功能理解的不同。司马迁将此句界定为起下，主要言祭祀，而《国语》作者则强调此句主要用以承上，言"日祭"至"终王"为先王之训。我们认为《国语》之义更佳。徐广似乎也是这样认为，故引《国语》之句参校，《史记集解》言："徐广曰：《外传》云'先王之训'。"②这充分表明徐广对《国语》掌握之精深，也能见出当时的史学界对《国语》之重视。再如《史记·孔子世家》"至于河而闻窦鸣犊、舜华之死"，裴骃《史记集解》引徐广《史记音义》"或作'鸣铎窦犨'"，而这个说法见于《国语》，司马贞《史记索隐》即言"《国语》云'鸣铎窦犨'"③，由此亦能看出《国语》对徐广影响之深。

三、《国语》在魏晋六朝时期的传播

《国语》大概因多数篇章短小、饶有趣味且相对比较浅显而受到许多人的喜爱，甚至在文化程度较低的读者中都有一定市场。如《孔丛子·诘问》："陈王涉读《国语》言申生事，顾博士曰：'始予信圣贤之道，乃今知其不诚也。先生以为何如？'诘曰：'王何谓哉？'王曰：'晋献惑，听谗，而《书》又载骊姬夜泣公，而以信入其言。人之夫妇夜处幽室之中，莫能知其私焉。虽黔首犹然，况国君乎！予以是知其不信，乃好事者为之辞，将欲成其说以诬愚俗也。故使予并疑于圣人也。'"④陈涉的出身和社会地位在贾谊《过秦论》和司马迁《史记·陈涉世家》中有着比较具体的叙述，《陈涉世家》中言"陈涉少时，尝与人佣耕"⑤，《过秦论》中贾谊亦不无鄙夷地谈到陈涉，"然而陈涉，瓮牖绳枢之子，氓隶之人，而迁徙之徒也"⑥，其所受教育程度可想而知，可他却能将《国语》读得津津有味，且根据生活常识加以分析评价，

---

① 徐元诰：《国语集解》，中华书局，2002，第 7 页。
② 司马迁：《史记》，中华书局，1959，第 137 页。
③ 司马迁：《史记》，中华书局，1959，第 1926 页。
④ 金沛霖：《四库全书子部精要》，天津古籍出版社，1998，第 15 页。
⑤ 司马迁：《史记》，中华书局，1959，第 1949 页。
⑥ 闫振益、钟夏：《新书校注》，中华书局，2000，第 2 页。

这足以表明《国语》的受众之广。延至两汉尤其是东汉时期，《国语》受到了越来越多人的喜爱，他们在平常的言谈或写作中时常称引《国语》语句或人事。如《后汉书·钟皓传》载钟皓侄子钟瑾有"有退让风"，却被李膺责以"无是非之心"，于是向其叔求教，钟皓诚勉侄子言："昔国武子好昭人过，以致怨本。卒保身全家，尔道为贵。"①肯定侄子做法是正确的，是"保身全家"之道。钟皓所举国武子好昭人过事，他书未见，唯见于《国语·周语下》"单穆公论晋将有乱"条，言柯陵之会单襄公同诸侯大夫会见，"齐国佐助见，其语尽"，单襄公便向鲁成公预言国佐将不得善终，理由是"立于淫乱之国，而好尽言，以召人过，怨之本也"②。由此也能看出，东汉人常常从《国语》中汲取人生智慧和处世哲学。东汉士人不唯在日常交流中屡屡称引《国语》，在他们的文学创作中更是多用《国语》之典。如张衡《西京赋》言"处沃土则逸，处瘠土则劳，此系乎地者也"③，明显本于《国语·鲁语下》公父文伯母语"沃土之民不材，逸也。瘠土之民莫不向义，劳也"④。《西京赋》亦有"及至农祥晨正，土膏脉起"⑤语，当本于《国语·周语上》"虢文公谏宣王不籍千亩"条："古者，太师顺时觑土，阳瘅愤盈，土气震发，农祥晨正，日月底于天庙，土乃脉发。"⑥再比如东汉末年秦嘉所作《述婚诗》有"纷彼婚姻，祸福之由"⑦句，当本于《国语·周语中》："夫婚姻，祸福之阶也。"⑧由此可以看出，《国语》中许多事件和语句为东汉人所熟悉，这侧面反映了他们对《国语》的喜爱之情。人们对《国语》的这种爱好一直持续到魏晋六朝。

魏晋六朝时期，人们常称引《国语》中的事或言作为自己行为的导引或论证的根据。如《后汉书·孔融传》载孔融《报曹操书》，郗虑

---

① 范晔：《后汉书》，中华书局，1965，第2064页。
② 徐元诰：《国语集解》，中华书局，2002，第85页。
③ 李善：《文选注》，中华书局，1977，第36页。
④ 徐元诰：《国语集解》，中华书局，2002，第7页。
⑤ 李善：《文选注》，中华书局，1977，第60页。
⑥ 徐元诰：《国语集解》，中华书局，2002，第16页。
⑦ 逯钦立：《先秦汉魏南北朝诗》，中华书局，1983，第186页。
⑧ 徐元诰：《国语集解》，中华书局，2002，第46页。

秉承曹操意图"以微法奏免"孔融，曹操修书"激厉"孔融，孔融回信答复，向曹操表明自己不会对郗虑怀恨在心，便举春秋时期赵盾对待韩厥的态度来说明："昔赵宣子朝登韩厥，夕被其戮，喜而求贺。况无彼人之功，而敢枉当官之平哉！"①此事不见于《左传》《史记》等书，仅见于《国语·晋语五》"赵宣子论比与党"条，言赵盾向晋君推荐韩厥为司马，结果在河曲之役中，"赵孟使人以其乘车干行"，韩厥秉公执法，"执而戮之"，众人都以为韩厥会不得善终，因为"其主朝升之，而暮戮其车，其谁安之"，结果赵盾却"召而礼之"，他的理由是臣子应遵守"比而不党"的伦理道德，"比"的内涵就是"周以举义"，"无犯"是军事行为的准则和军队纪律的要求，"义"的要求就是"犯而不隐"，而韩厥并不因为赵盾是自己的引荐者就对他的车仆网开一面，做到了"义"。"党"这种行为为臣下所犯忌之事，"举以其私"的行为就是"党"，自己向君主举荐了韩厥，担心他不能胜任，如果"举而不能"，这就是最大的"党"，如果"事君而党"，那么"吾何以从政"？而通过这一试验，证明自己和韩厥都是"比而不党"，并告诉诸位大夫"二三子可以贺我矣！吾举厥也而中，吾乃今知免于罪矣"②。将《国语》与孔文进行比照，我们发现"其主朝升之，而暮戮其车"语近于"朝登韩厥，夕被其戮"，"喜而求贺"似从"二三子可以贺我"而来。于此可见孔融所言当本于《国语》。在信中，孔融接下来引"晋侯嘉其臣所争者大，而师旷以为不如心竞"③，言自己和郗虑所争没有什么意义，该处所引见于《国语·晋语八》"叔向与子朱不心竞而力争"条和《左传·襄公二十六年》所记。《国语》《左传》载录几近全同。随后孔融信中又有"赵衰之拔郤谷"语，赵衰推荐郤谷事见于《国语·晋语四》《左传·僖公二十七年》所记。《国语》云："文公问元帅于赵衰，对曰：'郤谷可，行年五十矣，守学弥惇。夫先王之法志，德义之府也。夫德义，生民之本也。能惇笃者，不忘百姓也。请使郤谷。'公从之。"④《左

① 范晔：《后汉书》，中华书局，1965，第 2275 页。
② 徐元诰：《国语集解》，中华书局，2002，第 378 页。
③ 范晔：《后汉书》，中华书局，1965，第 2275 页。
④ 徐元诰：《国语集解》，中华书局，2002，第 357 页。

传》言晋物色三军元帅人选，赵衰推荐郤谷，理由是"臣亟闻其言矣。
说礼、乐而敦《诗》《书》。《诗》《书》，义之府也；礼、乐，德之则也；
德、义，利之本也。《夏书》曰：'赋纳以言，明试以功，车服以庸'"①。
结果晋君使郤谷将中军。这些用典足能见出《国语》对孔融的影响。
再如魏文帝曹丕在诏令及与他人的书信来往中屡屡称引《国语》。《三
国志·魏书·杜畿传》言杜畿"受诏作御楼船，于陶河试船，遇风没"，
魏文帝下诏书以示抚慰之情："昔冥勤其官而水死，稷勤百谷而山死。
故尚书仆射杜畿，于孟津试船，遂至覆没，忠之至也。朕甚愍焉。"②
"冥勤其官而水死，稷勤百谷而山死"两句见于《国语·鲁语上》"展
禽论祭爰居非政之宜"条，言他们恪尽职守而献出了自己生命，所以
商人郊冥，周人郊稷，他们受到后人永远的景仰。在诏令中，曹丕引
这两个例子来礼赞杜畿以身殉职的忠诚，且冥水死的方式恰与杜畿相
同，大概亦是曹丕引《国语》这两句来颂扬杜畿的原因。这足能见出
曹丕对《国语》的熟悉程度。《三国志·魏书·文帝纪》黄初五年诏令：
"先王制礼，所以昭孝事祖，大则郊社，其次宗庙，三辰五行，名山大
川，非此族也，不在祀典。"③此当本于《国语·鲁语上》"展禽论祭爰
居非政之宜"条："凡禘、郊、祖、宗、报，此五者，国之典祀也。加
之以社稷、山川之神，皆有功烈于民者也。及前哲令德之人，所以为
明质也；及天之三辰，民所以瞻仰也；及地之五行，所以生殖也。及
九州名山川泽，所以出财用也。非是不在祀典。"④再如《三国志·吴
书·吴主传》载魏文帝《又报孙权书》："埋而掘之，古人之所耻。"⑤
这是告诫孙权要一心忠于魏朝，不要持狐疑观望态度。此语本于《国
语·吴语》"越王勾践命诸稽郢行成于吴"条："夫谚曰：'狐埋之而狐
搰之，是以无成功。'"⑥除上述所举之例外，曹丕作品中尚有多处引《国
语》例，为避烦冗，兹不赘举。由魏文帝引《国语》言之频繁可见其

① 杨伯峻：《春秋左传注》，中华书局，2016，第 487 页。
② 陈寿：《三国志》，中华书局，1982，第 497 页。
③ 陈寿：《三国志》，中华书局，1982，第 84 页。
④ 徐元诰：《国语集解》，中华书局，2002，第 161 页。
⑤ 陈寿：《三国志》，中华书局，1982，第 1125 页。
⑥ 徐元诰：《国语集解》，中华书局，2002，第 539 页。

对《国语》是颇为熟悉的。曹植于创作中亦时引《国语》，如其《浮萍篇》有"恪勤在朝夕"①句，当用《国语·周语上》"祭公谏穆王征犬戎"条祭公谋父言周之先王不窑事，云其"朝夕恪勤"②，该语词不见于先秦他书，故能证明曹植诗盖典出于此。再如《晋书·元帝纪》刘琨等人《劝进书》："昔者惠公虏秦，晋国震骇，吕郤之谋，欲立子圉，外以绝敌人之志，内以固阖境之情。故曰'丧君有君，群臣辑睦，好我者劝，恶我者惧。'前事之不忘，后代之元龟也。"③"丧君有君"四句见于《国语·晋语三》"秦侵晋止惠公于秦"条和《左传·僖公十五年》所记。由上述例子可证，《国语》在魏晋六朝传播是非常广泛的，这为《国语》研究提供了良好的社会基础。

第二节　虞翻和唐固的《国语》研究

三国时期，东吴的《国语》研究取得了很高成就，这与吴国对《国语》浓厚的喜爱风气是分不开的。这从《三国志·吕蒙传》裴松之注引《江表传》所载孙权对吕蒙和蒋钦的谆谆告诫可见一斑："卿言多务孰若孤，孤少时历《诗》《书》《礼记》《左传》《国语》，唯不读《易》。至统事以来，省三史、诸家兵书，自以为大有所益。如卿二人，意性朗悟，学必得之，宁当不为乎？宜急读《孙子》《六韬》《左传》《国语》及三史。"④在这里，孙权向两位心腹爱将谈了自己年轻时和执政后读书的经历和体会，强调《国语》为自己精读的典籍之一，在给他们推荐的阅读书目中也包括《国语》，由此看出《国语》在孙权心目中地位之高。我们有理由相信，孙权对《国语》的重视必然会促进整个吴国社会对《国语》喜爱风气的形成。这也能从一些细微之处看出，吴国群臣经常在他们的文章中称引《国语》，如《三国志·张温传》言孙权

---

① 曹植：《曹植集校注》，人民文学出版社，1984，第 311 页。
② 徐元诰：《国语集解》，中华书局，2002，第 5 页。
③ 房玄龄：《晋书》，中华书局，1974，第 147-148 页。
④ 陈寿：《三国志》，中华书局，1982，第 1274-1275 页。

欲治张温重罪，骆统上表为张温求情，即言"是以晋赵文子之盟于宋也，称随会于屈建；楚王孙圉之使于晋也，誉左史于赵鞅"①。"王孙圉"他书未见，典出于《国语·楚语下》"王孙圉论国之宝"条无疑。在该条中，言王孙圉聘于晋，在晋定公为其举行的享礼中与晋卿赵简子谈起楚宝，他提出楚有三宝：观射父、左史倚相和云连徒州之薮，左史倚相"能道训典以叙百物，以朝夕献善败于寡君，使寡君无忘先王之业，又能上下说于鬼神，顺道其欲恶，使神无有怨痛于楚国"②。《三国志·陆瑁传》言陆瑁劝谏孙权征伐公孙渊，言"臣闻圣王之御远夷，羁縻而已，不常保有，故古者制地，谓之荒服，言恍惚无常，不可保也"③。这句话当本于《国语·周语上》祭公谋父所言："夫先王之制……蛮夷要服，戎狄荒服。"④吴国人对《国语》的喜爱，除却魏晋这个时代背景外，盖亦与吴国人特殊的地域文化心理有关，《国语》中的《吴越》《越语》毕竟是最早展示吴越文化的作品。"至汉末三国时，吴中人士，或因其中《吴越》《越语》特异之故，故习之者尤伙。"⑤这就为虞翻、唐固、韦昭等人的《国语》训诂著作的出现提供了深厚的文化土壤。这三家中，韦昭的《国语解》后出转精，成为集大成者。关于这一点，韦氏在其《国语解叙》中已经指出虞翻、唐固和汉代的贾逵等人对《国语解》的深刻影响："因贾君之精实，采虞、唐之信善，亦以所觉增润补缀。参之以《五经》，检之以《内传》，以《世本》考其流，以《尔雅》齐其训。"⑥我们在本节先来考察虞翻和唐固的《国语》训诂。

一、虞翻的《国语》研究

虞翻（164～233）是三国时期吴国重要的学者，其家学深厚，博治众学，治《易经》《论语》《孝经》《论语》《老子》《太玄》《国语》

① 陈寿：《三国志》，中华书局，1982，第1333页。
② 徐元诰：《国语集解》，中华书局，2002，第526页。
③ 陈寿：《三国志》，中华书局，1982，第1337页。
④ 徐元诰：《国语集解》，中华书局，2002，第6-7页。
⑤ 邵毅平：《〈国语〉的作者与时代》，《图书馆杂志》2004年第4期，第76页。
⑥ 徐元诰：《国语集解》，中华书局，2002，第595页。

等，尤以易学名世。他颇具狂狷之气，这也构成了他人生悲剧的重要因素。《三国志·吴书·虞翻传》言其因狂傲触怒孙权："权称怒非一，遂徙翻交州。虽处罪放，而讲学不倦，门徒常数百人。又为《老子》《论语》《国语》训注，皆传于世。"①刘大钧先生对此做出细致考订："罪放交州发生在孙权称吴王后不久。此时虞翻约五十一、二岁，至七十岁卒，在交州近二十年，《论语注》《春秋外传国语注》等皆于此时撰成。"②据笔者粗略统计，韦昭《国语解》称引虞翻《国语注》十几处，此外还见于《史记》三家注等典籍中。

对现今残存的虞翻《春秋外传国语注》进行分析，不难发现虞注体现了文义疏通与词语训释并重的特色。串讲文句意旨是古代注家们习用的注释方法，有些注家由于受学术渊源尤其是思维模式的影响，往往对这一注释方式表现出强烈的爱好。在韦昭之前的《国语》训诂学者中，虞翻似乎是这一倾向的代表，他往往不拘泥于个别词义阐幽抉微，而是更属意于文句整体意思的把握与阐发，以使文意愈加显豁。如《鲁语下》"公父文伯之母欲室文伯"条有"宗室之谋，不过宗人"句，韦昭注引："虞、唐云：'不过宗人，不与他姓议亲亲也。'"③在虞翻和唐固看来，这句的意思是婚姻之事的商议范围，不越出同宗之人的范围，这是亲亲宗法伦理所决定的。再如《晋语二》"公子重耳夷吾出奔"条冀芮语"聚居异情恶"，韦昭注引："虞云：'重耳、夷吾情好不同，故恶相近。'"④在虞翻看来，冀芮这句话的意思是，公子夷吾也像公子重耳一样逃到狄的话，他们住在一起，而秉性不同，会产生不好的后果。这样的理解于上下文文义契合。又如《史记·五帝本纪》"自黄帝至舜、禹，皆同姓而异其国号，以章明德"，裴骃《史记集解》引徐广《史记音义》："虞翻云'以德为氏姓'。"⑤徐广所引虞注显系《国语·晋语四》"重耳婚媾怀嬴"条重耳和臣子司空季子对话的训解，这

① 陈寿：《三国志》，中华书局，1982，第1321页。
② 刘大钧：《虞翻著作考释》，《周易研究》1990年第2期，第33页。
③ 徐元诰：《国语集解》，中华书局，2002，第200页。
④ 徐元诰：《国语集解》，中华书局，2002，第282页。
⑤ 司马迁：《史记》，中华书局，1959，第45页。

段话中涉及德和姓关系的语句颇多，如"异姓则异德，异德则异类""同姓则同德，同德则同心，同心则同志"①等，我们很难遽然判断虞翻为释哪一语句而发，但他意在阐释《国语》时代"德""姓"两范畴间关系则毋庸置疑。这些均显示了虞翻注侧重于疏通文义的训诂倾向。但是我们注意到，虞翻在注释《国语》时并不局限于只作文义疏通，他往往对文句中的关键词进行简洁精到的阐释，切中肯綮以解疑释滞，如《晋语二》"骊姬谮杀太子申生"条有"弑君以为廉，长廉以骄心"句，很明显，这个短句中"廉"是一个重点词，韦昭注引："贾侍中云：'廉，犹利也。以太子故，弑君以自利。'唐尚书云：'为太子杀奚齐，不有其国，以为廉也。'昭谓：是时太子未废，献公在位，而以君为奚齐，非也。君，献公也。虞御史云'廉，直也，读若斗廉之廉'，此说近之。"②在这里，韦昭引用了贾逵、唐固和虞翻三人的解释，而他们的解释截然不同，反映了他们对"弑君以为廉"意旨理解的歧异。贾逵释"廉"为"利"，并指出这句话的意思是里克作为太子申生的同党，为了保住太子地位杀掉晋献公，巩固了太子的权位也就是使自己受益。唐固则是串讲整句意思，即将君理解为奚齐，杀掉奚齐而自己不专控权力，即不是满足个人权欲，而是为了太子和晋国的前途命运，这就是廉。韦昭注先集中驳斥唐固的解释，一个重要理由是献公仍是晋国国君，奚齐连太子都不是，根本不具备君或储君的身份，所以唐氏将"弑君"解释为"杀奚齐"是错误的，这里的"君"就是指晋献公，绝不可能是他人。在此基础上，韦昭肯定了虞翻的注解。虞翻将廉释为"直"，于义为长，即将弑君以救护太子看作端直正义之事。虞翻还用音训的方式进一步解释自己这样训解的缘由，"读若斗廉之廉"，"'读如（读若）'主要用以拟音，但也可以用来易字、释义、拟音兼释义"③。在虞注这里，"读若"的释义功能是相当鲜明的，因为"廉"之本义，《说文》："廉，仄也。"④徐灏《段注笺》："谓侧边也。"

① 徐元诰：《国语集解》，中华书局，2002，第337页。
② 徐元诰：《国语集解》，中华书局，2002，第278页。
③ 傅定淼：《训诂术语札记》，《洛阳师范学院学报》2003年第1期，第85页。
④ 许慎：《说文解字》，中华书局，2013，第190页。

朱骏声《说文通训定声》："堂之侧边曰廉。"①堂屋侧边必然为直，故可衍生出"直"义。再如《郑语》"史伯为桓公论兴衰"条有"计亿事"语："贾、虞说，皆以万万为亿。"②此为虞翻《国语注》释词又一例。需要指出的是，《说文》释曰"十万曰亿"，由此看出汉魏时期对"亿"这一计数单位内涵理解的不同。

虞翻《春秋外传国语注》还颇重视从历史事实的角度对《国语》语句进行训释，从而得出卓异的见解。如《晋语四》"文公任贤与赵衰举贤"条有"三德者，偃之出也"句，韦昭注云："偃，狐偃。贾、唐云：'三德，栾枝、先轸、胥臣，皆狐偃所举。'虞云：'三德，谓劝文公纳襄王以示民义，伐原以示民信，大搜以示民礼。故以三德纪民。'昭谓：栾枝等皆赵衰所进，非狐偃。三德纪民之语在下，虞得之。"③按：虞翻敏锐地注意到《晋语四》"文公称霸"条所言奠定其霸业基础的三件事，即示民以义、示民以信、示民以礼，皆系出于狐偃谋谏，以之释"三德"内涵，远比贾逵和唐固的解释恰切，故为韦昭所采信。虞翻还注意对《国语》语句的校理，如《周语下》"晋羊舌肸聘周论单靖公敬俭让咨"条叔向论及单靖公语《昊天有成命》并释之云："熙，广也。"韦昭注云："郑后司农云：'广，当为光。'虞亦如之。"④此处郑玄和虞翻的释读得到了学界的普遍赞同。凡此都表明虞翻《国语》注有着自己的鲜明特色。

当然，虞翻《春秋外传国语注》也有着明显失误，如《晋语四》"文公任贤与赵衰举贤"条言晋文公"乃使狐毛将上军，狐偃佐之。狐毛卒，使赵衰代之"，韦昭注曰："虞、唐云：'代将新军。'昭谓：代将上军。"⑤结合上文很明显看出，赵衰所代去世的狐毛的职责肯定是"将上军"，虞翻和唐固可能根据下文"使赵衰将新上军"而出此注语，实际上下文交代得很清楚，赵衰将新上军是在搜于清原新作五军后。

① 徐灏：《说文解字注笺》，四库全书本，上海古籍出版社，2002，第249页。
② 徐元诰：《国语集解》，中华书局，2002，第471页。
③ 徐元诰：《国语集解》，中华书局，2002，第358页。
④ 徐元诰：《国语集解》，中华书局，2002，第103页。
⑤ 徐元诰：《国语集解》，中华书局，2002，第358页。

再如《晋语四》"重耳婚媾怀嬴"条有"昔少典娶于有蟜氏。生黄帝、炎帝"，韦昭注曰："贾侍中云：'少典，黄帝、炎帝之先。有蟜，诸侯也。炎帝，神农也。'虞、唐云：'少典，黄帝、炎帝之父。'昭谓：神农，三皇也，在黄帝前。黄帝灭炎帝，灭其子孙耳，明非神农可知也。言生者，谓二帝本所生出也。"①如将"生"理解为父子之间的繁衍生殖关系，那么虞翻和唐固就无必要出注，所以此处贾逵的解释更为准确，这段文字只是强调少典为炎帝、黄帝的血缘祖先，是其生之本。

虞翻的《国语》训诂也对其他注书产生了重要影响，如裴骃《史记集解》。《史记·周本纪》述幽王宠妃褒姒生平经历多取材于《国语·郑语》，故裴骃《史记集解》多采掇《国语》注，其中就包括多条虞翻注。我们在这里试举两条。一条是注"有二神龙止于夏帝庭而言曰：'余，褒之二君也。'"②《周本纪》此言本于《郑语》，但所有所简括，《郑语》云："褒人之神化为二龙，以同于王庭。"③《集解》引虞翻说"龙自号褒之二先君也"④，使语义更为显豁。另一条是注"至厉王之末"，《集解》引虞翻说"末年，王流彘之岁"⑤，使时间定位更为明晰。张守节的《史记正义》更是如此，如《四库全书总目》卷45"史部·正史类"言："张守节正义尝备述所引书目次。然如《国语》多引虞翻注，《孟子》多引刘熙注，《韩诗》多引薛君注，而守节未著于目。"⑥指出张守节虽未将虞翻《国语》注录于所引书目，但称引甚多。在所举诸例中将虞翻放在最前，亦可证张氏《史记正义》引虞注数量之大。

二、唐固的《国语》研究

唐固（？～225），生平经历附于《三国志·吴书·阚泽传》："泽州里先辈丹杨唐固亦修身积学，称为儒者，著《国语》《公羊》《穀梁传》注，讲授常数十人。权为吴王，拜固议郎，自陆逊、张温、骆统

---

①　徐元诰：《国语集解》，中华书局，2002，第336页。

②　司马迁：《史记》，中华书局，1959，第147页。

③　徐元诰：《国语集解》，中华书局，2002，第473页。

④　司马迁：《史记》，中华书局，1959，第148页。

⑤　司马迁：《史记》，中华书局，1959，第148页。

⑥　永瑢、纪昀：《四库全书总目》，中华书局，1965，第398页。

等皆拜之。黄武四年为尚书仆射，卒。"裴松之注引《吴录》曰："固字子正，卒时年七十余岁矣。"①由上述传文可以看出，唐固年龄长于虞翻十岁左右，堪称东吴知识界的第一代学者，其学术对当时的政治文化界影响颇大。相较于虞翻的博学，唐固似更主要专注于今文《春秋》学，其中《国语》学的成就也非常高。唐固的《国语》训诂成果主要保存在韦昭《国语解》中，此外尚散见于《史记》三家注等典籍。在残存的《国语》唐注基础上，我们可概括出唐固《国语》训诂的如下特色。

第一，正如黄侃先生指出："训诂事，在解明字义和词义。"②唐固《国语》注特别重视词语的训释，且努力做到持之有故，多从古籍或前人传注中取材。如《周语上》"祭公谏穆王征犬戎"条引《诗经·周颂·时迈》"载櫜弓矢"，毛传："櫜，韬也。"③"祭公谏穆王征犬戎"条全为《周本纪》吸收，裴骃《史记集解》："唐固曰：'櫜，韬也。'"④很明显唐固注本自《毛传》。再如《鲁语下》"闵马父笑子服景伯"条有"今吾子之教官僚"语，韦昭注引："唐云：'同官曰僚。'"⑤唐注本于《左传·文公七年》："荀林父曰：'同官为寮。'"⑥《尔雅·释诂》亦云："寮，官也。"⑦又如《周语中》"单襄公论陈必亡"条有"野有庾积"句，韦昭注引："唐尚书云'十六斗曰庾'。"⑧《论语·雍也》"与之庾"，东汉初年经学家包咸注云"十六斗曰庾"⑨，很明显唐说本于包注。又如《齐语》有"九妃六嫔"语，韦昭注云："唐尚书曰：'九妃，三国之女，以侄娣从也。'"⑩如前所述，唐固精于《公羊传》，此注当本于《公羊传·庄公十九年》："媵者何？诸侯娶一国而二国往媵

① 陈寿：《三国志》，中华书局，1982，第1250页。
② 黄侃述、黄焯编：《文字声韵训诂笔记》，上海古籍出版社，1983，第195页。
③ 徐元诰：《国语集解》，中华书局，2002，第2页。
④ 司马迁：《史记》，中华书局，1959，第136页。
⑤ 徐元诰：《国语集解》，中华书局，2002，第206页。
⑥ 杨伯峻：《春秋左传注》，中华书局，2016，第613页。
⑦ 徐朝华：《尔雅今注》，南开大学出版社，1994，第22页。
⑧ 徐元诰：《国语集解》，中华书局，2002，第62页。
⑨ 黄怀信：《论语汇校集释》，上海古籍出版社，2008，第474页。
⑩ 徐元诰：《国语集解》，中华书局，2002，第217页。

之，以侄娣从。侄者何？兄之子也。娣者何？弟也。诸侯一聘九女，诸侯不再娶。"①《鲁语上》"夏父弗忌改昭穆之常"条有"蒸，将跻僖公"句，韦昭注引："唐尚书云：'蒸，祭也。'"②颇为精当，亦有所本，《尔雅·释天》："冬祭曰蒸。"③《天问》"何献蒸肉之膏"，王逸注云："蒸，祭也。"④凡此足证唐固注解《国语》追求其说有自，绝不凿空。

第二，唐固《国语》注也注意句义的疏通。如《鲁语上》有"大惧乏周公、太公之命祀"句，韦昭注引："贾、唐二君云：'周公为太宰，太公为太师，皆掌命诸侯之国所当祀也。'"⑤从齐、鲁两国始封君职掌的角度释义，使读者易于理解整句的意思。再如《晋语四》"郑叔詹据鼎耳而疾号"条有"文公诛观状以伐郑"句，韦昭注引："唐尚书云：'诛曹观状之罪，还而伐郑。'"⑥言晋文公讨伐曹共公在其流亡途经曹国时"闻其骈胁，欲观其状，止其舍，谍其将浴，设微薄而观之"⑦的无礼行为，后接着讨伐郑国。唐固的注解简洁而释义明晰。

需要指出的是，唐固的《国语》注也存在着较为明显的局限，他在解释《国语》中涉及的制度时常常出现粗率失察的错误，如《晋语三》"吕甥逆惠公于秦"条有"作辕田"语，韦昭注云："贾侍中云：'辕，易也，为易田之法，赏众以田，易疆界也。或云：辕，车也。以田出车赋。'昭谓：此欲赏以悦众，而言以田出车赋，非也。唐曰：'让肥取硗也。'"⑧由韦注称引和辨析来看，对于"作辕田"的理解歧异甚大。尽管韦昭未对唐注做出评判，但我们认为它的不合理是显而易见的。唐固赞同贾逵释"辕"为"易"，这是没有任何问题的，但对"易"的内容是什么，唐固和贾逵发生了很大分歧。贾逵认为"易"的是田地疆界，而唐固则认为是"让肥取硗"，即让出肥沃田地，换回贫瘠的

① 李学勤：《十三经注疏·春秋公羊传注疏》，北京大学出版社，1999，第158页。
② 徐元诰：《国语集解》，中华书局，2002，第164页。
③ 徐朝华：《尔雅今注》，南开大学出版社，1994，第42页。
④ 朱熹：《楚辞集注》，上海古籍出版社，2001，第60页。
⑤ 徐元诰：《国语集解》，中华书局，2002，第149页。
⑥ 徐元诰：《国语集解》，中华书局，2002，第356页。
⑦ 徐元诰：《国语集解》，中华书局，2002，第327页。
⑧ 徐元诰：《国语集解》，中华书局，2002，第313页。

田地。需知，辕田是作为一种新兴的土地制度出现的，"在春秋战国时期的社会变革中，井田制衰落下去，代之而起的是一种新的制度——爰田制"①。"辕"通"爰"，作为一种新的田地制度，绝不可能采取这种"让肥取硗"的方式。有时候，唐固《国语注》脱离上下文环境出注，导致文义理解的滞涩不通，如《齐语》"管仲对桓公以霸术"条有"管子于是制国以为二十一乡：工商之乡六，士乡十五"，于"二十一乡"下韦昭注曰："唐尚书云：'四民之所居也。'昭谓：国，国都城郭之域也，唯士、工、商而已，农不在也。"于"士乡十五"下韦昭注曰："唐尚书云：'士与农共十五乡。'昭谓：此士，军士也。十五乡合三万人，是为三军。农野处而不昵，不在都邑之数，则下所云五鄙是也。"②唐注和韦昭注一个显著区别是"农"是否居于这二十一乡中。在唐固看来，这二十一乡是四民即工商士农所居，但他无法解释下文只提到"工商之乡"和"士乡"，于是只好解作"士与农共十五乡"，但这与上文管子的主张"四民者，勿使杂处，杂处则其言咙，其事易"③相矛盾。所以我们认为唐注是错误的。相形之下，韦昭的注解更为合理，韦氏紧紧抓住二十一乡是对"国"内居民的界分，认为国是"国都城郭之域"，只有士、工、商"三民"于此居住，农是"野处"，"不在都邑之数"。又如《鲁语上》"曹刿谏庄公如齐观社"条有"是故先王制诸侯，使五年四王、一相朝"④句，韦昭注曰："贾侍中云：'王，谓王事天子也。岁聘以志业，闲朝以讲礼，五年之间，四聘于王，则一相朝。相朝者，将朝天子，先相朝也。'唐尚书云：'先王，谓尧也。五载一巡守，诸侯四朝。'昭谓：以《尧典》相参，义亦似之，然此欲以礼正君，宜用周制。《周礼》：'中国凡五服，远者五岁而朝。'《礼记》曰：'诸侯之于天子也，比年一小聘，三年一大聘。'五年一朝谓此也。晋文霸时亦取于此也。"⑤在这里，韦昭主要针对唐固注发表评议，认为其将

---

① 于琨奇：《论春秋战国时期土地所有制关系的变化》，《北京师范大学学报》2001 年第 5 期，第 45 页。

② 徐元诰：《国语集解》，中华书局，2002，第 222 页。

③ 徐元诰：《国语集解》，中华书局，2002，第 219 页。

④ 徐元诰：《国语集解》，中华书局，2002，第 144 页。

⑤ 徐元诰：《国语集解》，中华书局，2002，第 145 页。

先王释为尧，貌似合理，因为《尚书·舜典》有"五载一巡守，群后四朝"之语；但这段话的语境是谈以礼端正君主行为的，所以把"先王之制"理解为周礼更为准确，而不应局限于某个圣王。毫无疑问，韦昭的注解于上下文文义更为顺通。

　　唐固对韦昭的《国语解》影响很大。有时韦昭在唐固《国语》注的基础上进一步申说，这于《国语解》中屡屡可见。如《周语下》"晋羊舌肸聘周论单靖公敬俭让咨"有"二后受之，让于德也"句，韦昭注云："推功曰让。《书》曰：'允恭克让。'贾、唐二君云：'二后所以受天命者，能让有德也。'谓询于八虞，访于辛、尹之类。"①韦昭在解释了"让"的内涵后，引贾注和唐注指出"让有德"是周文王和周武王得到天命支持的原因，然后自己再进一步解释他们是如何做到"让有德"的，这样语义的阐释更为透彻明晰。再如前举《周语中》"单襄公论陈必亡"条"野有庾积"句，韦昭注引："唐尚书云：'十六斗曰庾。'昭谓：此庾露积谷也。《诗》云：'曾孙之庾，如坻如京'是也。"②唐固此解语义纡徐，与其具体语境也不贴合，韦昭引唐固之说主要用以说明庾的容量之大，接着则从另一角度指出庾的特性是露天存粮之仓，恰好符合《说文》所释，"仓无屋者"，段注"无上覆者也"③，即露天的谷堆，随后引用《诗经》语句，形象地说明庾所能储存的粮食之多。又如《晋语一》"伯氏不出，奚齐在庙"句，韦昭注云："贾、唐皆云：'伯氏，申生也。'一云'伯氏，狐突也。'昭谓：是时狐突未杜门，故以伯氏为申生。伯氏，犹言长子也。"④这段话中最关键的是"伯氏"系指何人。韦昭先列出两种说法，一种说法是贾逵、唐固之注，认为"伯氏"系指申生；另一种说法是指狐突，似乎也有一定的道理，因为《晋语二》申生临终前通过猛足传话于狐突："申生有罪，不听伯氏，以至于死。申生不敢爱其死。虽然，吾君老矣，国家多难，伯氏不出，奈吾君何？伯氏苟出而图吾君，申生受赐以至于死，虽死何悔！"

①　徐元诰：《国语集解》，中华书局，2002，第104页。
②　徐元诰：《国语集解》，中华书局，2002，第62页。
③　段玉裁：《说文解字注》，凤凰出版社，2007，第776页。
④　徐元诰：《国语集解》，中华书局，2002，第257页。

三次以"伯氏"称呼狐突，且提到"伯氏不出"，韦昭注云："伯氏，狐突字也。"①韦昭对第二种说法予以驳斥，一重要根据是狐突未曾杜门不出。最后解释称申生为伯氏的理由，伯氏即长子，而太子申生即长子。有的是在标出唐注后，接着以"得之"之类的词表示赞同。有的则是直接引用，尽管韦注未直接标出，但通过考索可以确证。《周语上》"芮良夫论荣夷公专利"条言"《大雅》曰'陈锡载周'"，韦昭注云："《大雅·文王》之二章也。陈，布也。锡，赐也。言文王布赐施利，以载成周道也。"②"芮良夫论荣夷公专利"条全为《周本纪》吸收，裴骃《史记集解》："唐固曰：'言文王布锡施利，以载成周道也。'"③很明显，韦昭注本自唐固注。又如《周语上》"祭公谏穆王征犬戎"条言"昔我先王世后稷"，韦昭注云："父子相继曰世。谓弃与不窋也。"④裴骃《史记集解》："唐固曰：'父子相继曰世。'"⑤《国语》唐注和韦昭《国语解》之间的承袭关系昭然可判。

唐固的《国语》训诂对其他注书也产生了重要影响，如裴骃《史记集解》在注解《史记》时多用唐固之注。王鸣盛《十七史商榷》在指出裴注博采众长这一特征时即以他对《国语》注的采撷为例："于《国语》则引贾逵、唐固注，不但引韦昭。"⑥就多用《国语》的《周本纪》而言，《史记集解》六次称引唐注。这里面有词语的训解，如"厉王使妇人裸而噪之"句，《集解》云："韦昭曰：'噪，讙呼也。'唐固曰：'群呼曰噪。'"⑦关于"噪"这一词的解释，韦注和唐注没有本质不同，韦说强调声音之热烈，唐说强调人数之多。再如"犹其有原隰衍沃也"句，《集解》云："唐固曰：'下平曰衍，有溉曰沃。'"⑧韦注全同于唐说。其中唐固对"沃"的注解盖本于《说文》："沃，溉灌也。"⑨

---

① 徐元诰：《国语集解》，中华书局，2002，第 281 页。
② 徐元诰：《国语集解》，中华书局，2002，第 14 页。
③ 司马迁：《史记》，中华书局，1959，第 142 页。
④ 徐元诰：《国语集解》，中华书局，2002，第 3 页。
⑤ 司马迁：《史记》，中华书局，1959，第 137 页。
⑥ 王鸣盛：《十七史商榷》，凤凰出版社，2008，第 6 页。
⑦ 司马迁：《史记》，中华书局，1959，第 148 页。
⑧ 司马迁：《史记》，中华书局，1959，第 143 页。
⑨ 许慎：《说文解字》，中华书局，2013，第 232 页。

我们认为，唐固《国语》注从《说文》吸纳一定的养分是可能的，如《周语上》"鸑鷟鸣于岐山"句，唐固注云："鸑鷟，凤之别名也。"①《说文》："鸑鷟，凤属，神鸟。"②释语略有不同，其意义相同。这里面有地名的训释。如《周语上》"仲山甫谏宣王料民"条有"宣王既亡南国之师，乃料民于太原"③句，《集解》云："韦昭曰：'败于姜戎时所亡也。南国，江汉之间。料，数也。'唐固曰：'南国，南阳也。'"④有人名的训释，如《周语上》"西周三川皆震伯阳父论周将亡"条，《集解》："韦昭曰：'伯阳父，周大夫也。'唐固曰：'伯阳父，周柱下史老子也。'"⑤再如《周语中》"富辰谏襄王以狄伐郑及以狄女为后"条有"翟人来诛，杀谭伯"⑥句，《集解》："唐固曰：'谭伯，周大夫原伯、毛伯也。'"⑦凡此可证裴骃对唐固《国语》注之重视。此外唐固《国语注》还对他书有影响，如范宁《穀梁传注》，上文所提唐注"群呼曰噪"亦出现于《穀梁传·定公十年》范注中，传文云"齐人鼓噪而起"，范宁注云"群呼曰噪"，⑧考虑到唐固曾为《穀梁传》做注，其注"噪"时当同于《国语》注，而范宁势必参考过唐固《穀梁传》注，其对"噪"的解释全同于唐固《国语》注，就很容易理解了。由上述来看，唐固的《国语注》在《国语》研究史和训诂学史上的地位应值得我们重视。

第三节　韦昭的《国语》研究

在《国语》研究史上，韦昭的《国语解》是一部具有里程碑意义的作品，它代表了迄今为止《国语》注解的最高成就。它在注书这一

---

① 徐元诰：《国语集解》，中华书局，2002，第29页。

② 许慎：《说文解字》，中华书局，2013，第74页。

③ 徐元诰：《国语集解》，中华书局，2002，第24页。

④ 司马迁：《史记》，中华书局，1959，第145页。

⑤ 司马迁：《史记》，中华书局，1959，第146页。

⑥ 徐元诰：《国语集解》，中华书局，2002，第50页。

⑦ 司马迁：《史记》，中华书局，1959，第154页。

⑧ 李学勤：《十三经注疏·春秋穀梁传注疏》，北京大学出版社，1999，第327页。

文化形态的历史进程中也具有重要意义。梁启超指出："《国语》韦昭注为汉注古书之一。"①意谓《国语解》对词语的训释精当平允，训释用词严洁不芜，颇得汉儒注书义法的精髓，因此被视为汉注古书的典范。

一、韦昭的生平简历

韦昭（204～273），字宏嗣，吴郡云阳人，晋人因避司马昭讳改"昭"为"曜"。他是三国时期吴国最杰出的史学家和语言学家。《三国志·吴书·韦昭传》言"韦曜笃学好古，博见群籍，有记述之才"②，其同僚华核亦称他"自少勤学，虽老不倦，探综坟典，温故知新"③，这为他注释《国语》《汉书》等典籍打下了深厚的基础。他历仕孙权、孙亮、孙休、孙皓四朝。韦昭在孙亮朝深蒙诸葛恪信任，"表曜为太史令，撰《吴书》，华核、薛莹等皆与参同"，这也为《国语解》的撰写提供了良好条件。孙休登基后，韦昭担任中书郎、博士祭酒等职，"命曜依刘向故事，校定众书"④。从韦昭的仕途经历来看，他主要担任文化典籍方面的职位，这无疑是他的博学多才使然，同时又助力他取得了很高的学术文化成就，华核赞誉他"今昭在吴，亦汉之史迁也"⑤。他本受孙皓恩宠，但由于他坚持修史原则，在撰写《吴书》时间拒绝孙皓将其父故废太子孙和写入本纪的要求，最终被下狱杀害。他著述丰富，有《国语解》《汉书音义》《吴书》《毛诗答杂问》《孝经解赞》等。

二、韦昭的《国语解叙》

谈到韦昭的《国语》学贡献，首先要注意到韦昭的《国语解叙》⑥，实际上这篇文章可视为《国语》研究史的第一篇专题论文，具有非常重要的学术史意义。具体而言，可分为以下几个方面。

---

① 梁启超：《中国近三百年学术史》，东方出版社，1996，第260页。
② 陈寿：《三国志》，中华书局，1982，第1470页。
③ 陈寿：《三国志》，中华书局，1982，第1463页。
④ 陈寿：《三国志》，中华书局，1982，第1462页。
⑤ 陈寿：《三国志》，中华书局，1982，第1463页。
⑥ 徐元诰：《国语集解》，中华书局，2002，第594页。

第一，对《国语解》前的《国语》传播、整理、研究简史进行了清晰而细致的梳理。在文中，作者提到了《国语》对贾谊和司马迁的影响，"遭秦之乱，幽而复光，贾生、史迁颇综述焉"。《国语》对司马迁《史记》的影响，班彪、班固父子已经指出，而指出贾谊作品与《国语》的关系在韦昭之前未见他人提及，由此可认为韦昭最早注意到了《国语》对贾谊作品的影响。《国语解叙》还最早指出刘向的《国语》校理，"及刘光禄于汉成世始更考校，是正疑谬"，直言《国语》校勘整理工作始于刘向，这也是其对《国语》研究史的一个贡献。韦昭还对从东汉郑众到东吴的唐固、虞翻的《国语》训诂发展历程，包括每人的训诂特征及其局限进行了准确概括，如肯定郑众《国语章句》"昭晰可观"的同时，指出其存在"至于细碎，有所缺略"的粗疏弊端。他高度肯定贾逵《国语解诂》对后人的影响，如贾逵和唐固都是"因贾为主而损益之"，而自己作《国语解》也是"因贾君之精实"。对于大体同时的虞翻、唐固也做了如实评价与肯定。可以这样说，《国语解》具有相当重要的学术史价值。

第二，对《国语》作者和创作缘由及过程进行了分析和总结。韦昭先从《春秋》经谈起，提出"昔孔子发愤于旧史，垂法于素王"，这是指出孔子《春秋》的撰成是以鲁国旧史为基础的，其创作目的是为后世"垂法"，在这里韦昭通过对"垂法""圣言""王义"等词语的运用，表明他对汉儒崇仰《春秋》传统的继承，但同时亦强调了《春秋》的史书基因。随之，韦昭亦像古文经学家一样肯定《左传》传经的文化功能，并对其成就给予高度肯定，"左丘明因圣言以摅意，托王义以流藻，其渊源深大，沉懿雅丽"，同时还肯定了左丘明的杰出才能，"可谓命世之才，博物善作者也"。接着阐述了《国语》创作的动机，认为是基于《左传》写作中"明识高远，雅思未尽"而撰《国语》，这个说法当是王充观点的发展。与王充不同的是，尽管他肯定了《国语》的"《春秋》外传"这一名称，但认为其与《左传》没有什么直接关系，"其文不主于经"。这也昭示从魏晋六朝开始，人们开始渐渐将《国语》从经学藩篱中解脱出来。

第三，对《国语》的内容进行了具体的总结。韦昭对《国语》所反映的时代做了明晰的界定，"故复采录前世穆王以来下讫鲁悼智伯之诛"，《国语》叙事起自穆王系指《周语上》"祭公谏穆王征犬戎"，截至智伯之诛系指《晋语九》"士茁谓土木胜惧其不安人"条言"室成三年而智氏亡"①，"智伯国谏智襄子"条言"段规反，首难而杀智伯于师，遂灭智氏"②。《史记·鲁周公世家》云"（悼公）十三年，三晋灭智伯，分其地有之"③。就历史叙事的时间范围而言，《国语》起点远早于《左传》，终点也晚于《左传》，正如《四库全书总目》所言："《国语》上包周穆王，下暨鲁悼公，与春秋时代首尾皆不相应。"④这也是《国语》独有史学价值的一个体现。韦昭《国语解》对《国语》的内容也做了具体总结。两汉时期，很少有学者注意对《国语》内容进行概括，最先做这一工作的应该是刘熙，他在《释名·释典艺》中说："《国语》，记诸国君臣相与言语谋议之得失也。"⑤应该说，刘氏概括出了《国语》的主旨，但失之于简略。相形之下，《国语解》的总结就具体翔实得多了，包括"邦国成败，嘉言善语，阴阳律吕，天时人事逆顺之数"，这样的概括比较全面，如"邦国成败"可谓《国语》叙事的核心，涉及周王室的衰微、齐桓和晋文霸业、吴之败亡和越之兴霸等，"嘉言善语"的概括无疑也比刘熙广泛，因为《国语》所载言语明显超越了"诸国君臣相与言语"的范围，如女性人物密康公母、齐姜、僖负羁妻、鲁定姜、怀嬴等人的言语，"阴阳律吕"应该指《周语下》中"单穆公谏景王铸大钟""景王问钟律于伶州鸠"两条所反映的内容，"天时人事逆顺之数"应该指《越语下》中勾践和范蠡二人关于伐吴兴越的讨论。当然这里"阴阳律吕"和"天时人事逆顺之数"都是例举，意谓《国语》内容之广泛。我们认为，韦昭关于《国语》内容的概括实际上指出了《国语》丰富的文化史价值，所以拓宽了我们对《国语》的观照视野。

---

① 徐元浩：《国语集解》，中华书局，2002，第455页。
② 徐元浩：《国语集解》，中华书局，2002，第456页。
③ 司马迁：《史记》，中华书局，1959，第1546页。
④ 永瑢、纪昀：《四库全书总目》，中华书局，1965，第461页。
⑤ 王先谦：《释名疏证补》，商务印书馆，1937，第311页。

　　第四,《国语解叙》高度肯定了《国语》的功能、价值与地位。《国语解叙》首先高度肯定了《国语》的政治文化价值。在提及《国语》内容时韦昭谈到了"邦国成败,嘉言善语",实际上肯定了《国语》的历史经验功能和道德训诫功能。中国古代政治文化很早就赋予了修史鲜明的政治功能,正如班固《汉书·艺文志》所言:"古之王者世有史官,君举必书,所以慎言行,昭法式也。"[①]《国语》的编撰也同样具有这样的政治文化功能,正如程水金先生所言:"《国语》是鉴古思潮的产物,其编纂目的是搜缀既往,鉴于当时,或戒于将来。"[②]《国语解叙》指出了《国语》的政治文化功能。作者认为《国语》所反映的"邦国成败"和历史人物的"嘉言善语",必然能够为他人提供历史认识和历史经验功能。另外韦昭还注意到《国语》具有"章表善恶"的道德评价与劝诫功能。凡此都体现了韦昭对《国语》政治文化价值的推重。其次,韦昭强调了《国语》宇宙认识的神秘功能。华夏先民天人合一的宇宙观必然影响他们的历史观及对历史著作功能的认识。从司马迁开始,历史学家逐渐确立了这样的历史认识,即历史人物的命运、历史事件的走向与结局、政权的盛衰兴亡受天命和人事两个因素的制约,天命与人事二者之间既有一种鲜明的必然性的联系,又有一种隐伏的偶然性的联系,以历史人物和历史事件为主体内容的历史著述就要揭示这种关系,正如司马迁在其《报任安书》中所倡扬的"究天人之际,通古今之变,成一家之言"。其中"究天人之际"是根本。韦昭认为《国语》在一定程度上也实现体现了这种文化功用,有着"包罗天地,探测祸福,发起幽微"的功能,这与司马迁对《史记》"究天人之际"的期许和自信有很大的一致性,恰恰反映了韦昭对《国语》史著特质的确认。再次,韦昭强调了《国语》在学术文化和社会思想中的地位,"实与经义并陈,非特诸子之伦也"。在韦昭看来,《国语》虽"文不主于经",但其在学术文化谱系中的地位要远高于诸子,可与经义相提并论,这样的评价反映了韦昭对《国语》的重视,实际也是

---

　　① 班固:《汉书》,中华书局,1962,第1715页。

　　② 程水金:《从鉴古思潮看〈国语〉之编撰目的及其叙述方式》,《武汉大学学报》2008年第4期,第478页。

魏晋时期史学地位高涨这一文化现象的体现。总的来说，韦昭对《国语》地位、价值、功能的评价，在《国语》研究史上具有非常重要的价值和影响。正如陈其泰先生所指出："他高度评价《国语》的价值应与儒家经典并列，尤其概括'邦国成败，嘉言善语'八字，实则揭示出《国语》全书的记载重点和精华所在。韦氏不愧既有撰史的实践，又有过人的史识，所论切中肯綮。"①

　　第五，在《国语解叙》中韦昭还揭橥了自己为《国语》做注所遵循的原则和运用的方法，对后世的《国语》训诂和古籍训解有显著的影响，对于我们今天研究《国语解》也颇具参考价值。在训解指导原则上，他强调参酌前贤注解与自己出注相结合，而以己注为主。"因贾君之精实，采虞、唐之信善，亦以所觉增润补缀。"在具体方法上，"参之以五经，检之以内传，以《世本》考其流，以《尔雅》齐其训，去非要，存事实"。应该说，韦昭选取的训诂方法是相当恰切的。就"参之以五经"而言，我们知道"五经皆史"，它们在很大程度上反映了三代和春秋时期政治、军事、伦理、礼制、法律、音乐、天文等领域的社会文化，和《国语》自然有很大的契合之处。韦昭注《国语》，对五经均有征引，"征引经书的内容来做注解的目的，是让读者全方位地读懂《国语》"②。就"检之以内传"而言，《国语》和《左传》在叙述的历史事件、反映的历史文化甚至具体的文句上有很多的相同之处，将《左传》和《国语》比照互证，无论是于《国语》研究还是于《左传》研究都是有效的研究方法和范式。就"以《世本》考其流"而言，《世本》是一部先秦史官修撰，以帝王、诸侯、卿大夫家族世系传承为主要内容的史著。《国语》尤其是其中的《周语》《鲁语》《郑语》保留了大量族姓方国的资料，《世本》自然成为《国语》训诂的重要参考文献。就"以《尔雅》齐其训"而言，《尔雅》作为中国文化史上第一部辞典，释词种类繁富，释词简洁，成为汉代以来经典词语注解的重要释义来源，韦昭注释《国语》强调"以《尔雅》齐其训"是很容易理解的。

---

① 陈其泰：《〈国语〉的史学价值和历史地位》，《中国史研究》2015 年第 2 期，第 7 页。
② 张居三：《韦昭〈国语解〉对〈春秋〉经传的征引》，《学习与探索》2012 年第 9 期，第146页。

三、《国语解》的成就

（一）征引广博是《国语解》的一个鲜明特色

《国语解》在引用郑众、贾逵、虞翻、唐固等人的训诂成果之外，还大量征引经史小学等众多文献。《国语解》称引文献多达二十余种，现择要分析如下。

第一，在诸多典籍中，《左传》是《国语解》称引最多的典籍。张居三先生曾做过细致统计："直接引用并标注的共 99 条，间接引用的共 197 条，共计 296 条。这些引注分布于八国之语的韦解中。以《晋语》九卷最多，计 157 条。《越语》二卷最少，只有 1 条。"①《国语解》称引《左传》呈现如下几个特征。（1）韦昭《国语解》对《左传》的征引有四种形式。第一种是以"《传》曰"的形式直接标出，如《晋语五》"张侯御郤献子"条有"靡笄之役，郤献子伤"，韦昭注云："伤于矢也。《传》曰：'流血及屦，未绝鼓音。'"②事见《左传·鲁成公二年》。第二种是《国语解》引用了《左传》原文，但并未标出，如《鲁语上》"曹刿问战"条韦注引《左传》以交代长勺之战背景："初，齐襄公立，其政无常，鲍叔牙曰：'君使民慢，乱将作矣。'奉公子小白奔莒。鲁庄八年，齐无知杀襄公，管夷吾、邵忽奉公子纠来奔鲁也。九年夏，庄公伐齐，纳子纠。小白自莒先入，与庄公战于干时，庄公败绩。故十年齐伐鲁，战于长勺也。"③韦注叙庄公八年事当本于《左传·鲁庄公八年》："初，襄公立，无常。政令无常。鲍叔牙曰：'君使民慢，乱将作矣！'奉公子小白出奔莒。乱作，管夷吾、召忽奉公子纠来奔。"④韦注和《左传》所载鲍叔牙语完全一致，其他语句也基本相同，《国语解》此处文字本于《左传》当系无疑。第三种是根据《左传》相关记载丰富《国语》原文信息且加以系年。如《周语中》"襄王拒杀

---

① 张居三：《韦昭〈国语解〉对〈春秋〉经传的称引》，《学习与探索》2012 年第 9 期，第147页。

② 徐元诰：《国语集解》，中华书局，2002，第 382 页。

③ 徐元诰：《国语集解》，中华书局，2002，第 143 页。

④ 杨伯峻：《春秋左传注》，中华书局，2016，第 191-192 页。

卫成公"条"晋人乃归卫侯",韦昭注云:"在鲁僖三十年也。晋侯使
医衍酖卫侯不死,鲁僖为请于王及晋侯,皆纳玉十瑴,于是归之也。"①
按:《左传·鲁僖公三十年》载:"公为之请,纳玉于王与晋侯,皆十
瑴,王许之。"②与韦注颇合,为韦注所本无疑。第四种是虽然《国语
解》没有标明出处,也未直接征引原文,但根据其注文所包蕴的理念
和语言形式可肯定来自《左传》。如《周语上》"内史过论晋惠公"条
有"民之所急在大事",韦昭注云:"大事,戎事也。"③很明显本自《春
秋左传·成公十三年》刘康公所言:"国之大事,在祀与戎。"④再如
《国语·周语中》"单襄公论郤至佻天之功"条有"故制戎以果毅"句,
韦昭注云:"戎,兵也。杀敌为果,致果为毅也。"⑤很明显本于《左
传·宣公二年》"君子曰"中对狂狡的评论:"杀敌为果,致果为毅。"⑥
(2)《国语解》时时称引《左传》所载史料来补充、丰富自己的训释之
语,或用以解释自己出注理由。如《周语上》"祭公谏穆王征犬戎"条
中,韦昭《国语解》如此解释"祭公谋父":"祭,畿内之国,周公之
后也,为王卿士。谋父,字也。《传》曰:'凡、蒋、邢、茅、胙、祭,
周公之胤矣。'"⑦这一段话中,最核心的内容是交代了祭与周王室的关
系及其政治地位(在亲亲政治原则下,与周王室血缘关系和政治地位
二者是统一的),即"周公之后",那么韦氏此注语的依据何在呢?他
在注文结尾指出是源于《左传·僖公二十四年》富辰谏襄王之语。
(3)《国语解》时时称引《左传》所载春秋人言论来训解《国语》。《左
传》和《国语》成书时代大体接近,它们反映的文化观念和社会政治
伦理观念均以春秋时期为主,这就使二者在注书实践中可以起到相互
生发的作用。如《周语上》"内史过论神"条有"其政腥臊,馨香不登"
句,韦昭注云:"腥臊,臭恶也。登,上也。芳馨不上闻于神,神不飨

① 徐元诰:《国语集解》,中华书局,2002,第56页。
② 杨伯峻:《春秋左传注》,中华书局,2016,第523页。
③ 徐元诰:《国语集解》,中华书局,2002,第32页。
④ 杨伯峻:《春秋左传注》,中华书局,2016,第941页。
⑤ 徐元诰:《国语集解》,中华书局,2002,第76页。
⑥ 杨伯峻:《春秋左传注》,中华书局,2016,第712页。
⑦ 徐元诰:《国语集解》,中华书局,2002,第1页。

也。《传》曰：'黍稷非馨，明德惟馨。'"①韦注在这里将释词、通句、引《传》有机交融在一起，训解明晰而语义贯通丰厚，堪称精妙。在内史过的话中，"腥臊"一词用得颇为恰切，因为在春秋时人的观念中，神享用的是祭祀品的"馨香"，如祭祀者为政是恶浊的，就像那祭品发出"腥臊"之气一样，产生不了馨香气息，神自然不会享用。韦昭非常准确地把握了内史过表达的意思，所以他在解释"腥臊"时突出"臭恶"的嗅觉描述，释"登"时突出其"上闻于神"的效果，然后突出"馨香不登"的意思实际是"神不飨也"，最后引《左传·僖公五年》宫之奇谏虞公之语来强调"德"是构成祭祀的"黍稷"之"馨"的关键，反证昏暗的君政是得不到神灵庇佑的。韦昭这里所引《左传》之语非常精准，与所释语句非常契合。由上述可见，韦昭注解《国语》时无疑是将《左传》作为最重要典籍来看待的。

第二，《国语解》对《春秋》和《公羊传》的称引。"比较而言，《春秋》经文简略，《公羊传》主要以解释春秋大义为主，都不如《左传》更能诠释《国语》的史实，所以韦昭做注解对它们的征引较少。"②张居三先生的这一论述颇有道理。《国语解》直接称引《春秋》共有三处。第一处是《周语下》"单襄公论晋将有乱"条中，《国语解》注"柯陵之会"时言："柯陵，郑西地也。《经》书：'公会尹子、单子、晋侯、齐侯、宋公、卫侯、曹伯、邾人伐郑。六月乙酉，同盟于柯陵。'在鲁成十七年。"③《左传》亦有相关内容记载，但不如《春秋》详细，且中间为其他内容隔开，而不似《春秋》连缀在一起，此盖《国语解》取《春秋》而舍《左传》之故。第二处是《鲁语上》"夏公弗忌改昭穆之常"条"夏父弗忌为宗，烝，将跻僖公"句，韦昭注云："经曰'八月丁卯，大事于太庙，跻僖公'是也。"④此事《左传》未载，独见于《春秋》，韦注引《春秋》自在情理之中。第三处是《晋语六》"晋败楚

---

① 徐元诰：《国语集解》，中华书局，2002，第29页。

② 张居三：《韦昭〈国语解〉对〈春秋〉经传的称引》，《学习与探索》2012年第9期，第148页。

③ 徐元诰：《国语集解》，中华书局，2002，第82页。

④ 徐元诰：《国语集解》，中华书局，2002，第164页。

师于鄢陵"条载郤至语"夫阵不违忌，一间也"，韦昭注云："违，避也。忌，晦也。间，隙也。晦，阴气尽，兵亦阴，故忌之。《经》书，六月甲午晦，晋侯及楚子、郑伯战于鄢陵。"①此处主要说明郤至"阵不违忌"的含义，涉及双方交战时日的问题，而《春秋》明确地言明了交战时日，并点明是晦日，《左传·成公十六年》虽也有"甲午晦，楚晨压晋军而陈"②的载录，但显然不如《春秋》明确直接，故韦昭采录《春秋》来训解《国语》。《国语解》还两引《公羊传》，一处是《鲁语上》"夏公弗忌改昭穆之常"条"夏父弗忌为宗，烝将跻僖公"句，韦昭注在征引完《春秋》后，又言："《传》曰：'大事者，袷祭也。毁庙之主陈于太祖，未毁庙之主皆升合食于太祖。跻僖公，逆祀也。逆祀者，先祢而后祖也。'"③此处《传》文几近全同于《公羊传》，《公羊传·文公二年》："大事者何？大袷也。大袷者何？合祭也。其合祭奈何？毁庙之主，陈于大祖。未毁庙之主，皆升，合食于大祖，五年而再殷祭。跻者何？升也。何言乎升僖公？讥。何讥尔？逆祀也。其逆祀奈何？先祢而后祖也。"④很明显，韦注所引系《公羊传》"删节版"。另一处是韦注中直接标明《公羊传》，《周语中》"富辰谏襄王以狄伐郑及以狄女为后"条有"郐由叔妘"，韦昭注云："《公羊传》曰：'先郑伯有善乎郐公者，通于夫人，以取其国。'此之谓也。"⑤此则材料他书未见，故韦昭采录以释《国语》。

第三，《国语解》对《诗经》的称引。《诗经》也是《国语》韦昭注称引数量很多的典籍。有学者做过统计，"经过对黄刊明道本《国语解》的统计，韦昭《国语解》一共引《诗》38 条。其中《周语中》8 条，《鲁语下》7 条，《周语上》《晋语四》各 6 条，《楚语下》4 条，《齐语》3 条，《周语下》《鲁语上》《晋语五》各 1 条"⑥。《国语解》引《诗》表现为如下特色：（1）韦注引《诗经》以阐明古人礼制。如《周语上》

① 徐元诰：《国语集解》，中华书局，2002，第 390 页。
② 杨伯峻：《春秋左传注》，中华书局，2016，第 965 页。
③ 徐元诰：《国语集解》，中华书局，2002，第 164 页。
④ 李学勤：《十三经注疏·春秋公羊传注疏》，北京大学出版社，1999，第 279-280 页。
⑤ 徐元诰：《国语集解》，中华书局，2002，第 47 页。
⑥ 郭万青：《韦昭〈国语解〉引〈诗〉笺补》，《诗经研究丛刊》第 27 辑，第 40 页。

"祭公谏穆王征犬戎"条"先王之制，邦内甸服"句，韦昭注云："邦内，谓天子畿内千里之地。《商颂》曰：'邦畿千里，维民所止。'"[①]在这里，韦昭为证实祭公谋父所言先王礼制不谬，故引《诗经·商颂·玄鸟》诗以证之。同样在这一条中，韦昭在注释"荒服者王"时言："王，王事天子也。《周礼》：九州之外谓之藩国，世一见，各以其所贵宝为贽，故《诗》云：'自彼氐羌，莫敢不来王。'"[②]祭公谋父认为按先王之制荒服者应尽"王事天子"的义务，接着又引《周礼》说明"王事天子"族群的地理区域，即应在九州之外，他们的职分是"世一见"，觐见时"以其所贵宝为贽"，最后引《诗经·商颂·殷武》诗言氐羌族群就是履行荒服者的义务。（2）韦注引《诗经》语句以作《国语》所阐释伦理观念的例证、说明或补充。如《周语中》"富辰谏襄王以狄伐郑及以狄女为后"条有"今以小忿弃之，是以小怨置大德也，无乃不可乎"句，韦昭注云："置，犹废也。《诗》云'忘我大德，思我小怨'也。"[③]在《国语》中，富辰认为襄王因小怨而弃大德的做法不可取，韦昭认为这种观念在当时是普遍的，《诗经·小雅·谷风》就表达了对这种做法的不满与指责。（3）韦注引《诗经》语句以作词语释义例证。如《周语上》"内史过论神"条有"丹朱凭身以仪之，生穆王焉"句，韦昭注云："凭，依也。仪，匹也。《诗》云：'实维我仪。'言房后之行有似丹朱凭依其身而匹偶焉，生穆王也。"[④]韦昭释"仪"为"匹"，随后引用《诗经·鄘风·柏舟》中诗句以证之。（4）韦注引《诗经》语句以作历史名物的例证或信息补充。如《周语中》"单襄公论陈必亡"条有"野有庾积"句，韦昭注云："此庾，露积谷也。《诗》云'曾孙之庾，如坻如京'是也。"[⑤]所引《诗》句出自《诗经·小雅·甫田》，郑玄笺："庾，露积谷也。"[⑥]故韦注引《甫田》以证周代庾之存在和规模，从而也表明自己所注渊源有自。《鲁语上》"曹刿问战"条有"不

---

① 徐元诰：《国语集解》，中华书局，2002，第6页。
② 徐元诰：《国语集解》，中华书局，2002，第7页。
③ 徐元诰：《国语集解》，中华书局，2002，第45页。
④ 徐元诰：《国语集解》，中华书局，2002，第30页。
⑤ 徐元诰：《国语集解》，中华书局，2002，第62页。
⑥ 李学勤：《十三经注疏·毛诗正义》，北京大学出版社，1999，第845页。

爱牲玉于神"句,韦昭注云:"牲,牺牲。玉,珪璧。所以祭祀也。《诗》云:'靡爱斯牲,珪璧既卒。'"①此处韦氏引《诗经·大雅·云汉》诗句证明牺牲、玉璧为祭祀所必备之物,也用《诗》句言"不爱牲玉于神"整个句子的意思。(5)韦注引《诗经》语句以补充、丰富《国语》所言人物信息。《周语中》"富辰谏襄王以狄伐郑及以狄女为后"条有"昔挚、畴之国也由大任"句,韦昭注云:"挚、畴二国,任姓,奚仲、仲虺之后,大任之家也。大任,王季之妃,文王之母也。《诗》云:'挚仲氏任。'"②诗句见《诗经·大雅·大明》。毛传云:"挚国任姓之中女也。"郑笺云:"挚国中女曰大任,从殷商之畿内,嫁为妇于周之京,配王季,而与之共行仁义之德,同志意也。"③传笺关于大任的描述当为韦注所本,亦足以体现《国语》文本中富辰所论大任促成母国的兴盛。

这里我们顺便再来讨论一下韦昭和《诗经》的关系问题。在这方面,刘立志教授的《韦昭诗经研究资料析论》一文做了比较深入的探讨。刘文指出:"三国时期孙吴地区的经学,大抵承东汉经学之余绪,整体上说成就有限,仅毛诗研究取得了较好的成绩,《隋书·经籍志》著录有吴太常卿徐整所撰《毛诗谱》3卷,侍中韦昭、朱育等撰《毛诗答杂问》7卷,吴郡人陆玑著有《毛诗鸟兽草木虫鱼疏》2卷。几家之中,韦昭是一位不容忽视的学者。"④由此来看,韦昭治《诗》属于古文经学。毫无疑问,在训解《国语》过程中涉及《诗经》问题时,他尽管偶用今文经学说法,但其主要依据当为《毛诗传笺》。因此,《国语解》多称引《毛诗序》《毛传》《郑笺》就很容易理解了。就《毛诗序》而言,韦注中直接标明称引《毛诗序》有四例,分别见于《鲁语下》"闵马父笑子服景伯"条、《晋语四》"秦伯享重耳以国君之礼"条、《郑语》"史伯为桓公论兴衰"条、《楚语上》"左史倚相儆申公子亹"

---

① 徐元诰:《国语集解》,中华书局,2002,第143页。

② 徐元诰:《国语集解》,中华书局,2002,第46页。

③ 李学勤:《十三经注疏·毛诗正义》,北京大学出版社,1999,第968页。

④ 刘立志:《韦昭〈诗经〉研究资料析论》,《南京师范大学文学院学报》2014年第4期,第174页。

条，除此之外，尚有几处未标明但实际本于《毛诗序》，如《鲁语下》"叔孙穆子聘于晋"条有"《四牡》，君之所以章使臣之勤也，敢不拜章"，韦昭注云："四牡，君劳使臣之乐也。"①《毛诗序》云："劳使臣之来也。"②显系为韦注所本。《鲁语下》"叔孙穆子聘于晋"条还有"《皇皇者华》，君教使臣曰'每怀靡及'"，韦昭注云："《皇皇者华》，君遣使臣之乐也。"③《毛诗序》云："《皇皇者华》，君遣使臣也。"④其与韦注个中关系不言自明。韦注称引《毛诗序》用意主要是交代《诗经》篇章主旨或创作缘由与背景。如《周语上》"祭公谏穆王征犬戎"条有"周文公之颂"，韦昭注云："颂，《时迈》之诗也。武王既伐纣，周公为作此诗，巡守、告祭之乐歌也。"⑤言《时迈》为"巡守、告祭之乐歌"当本于《毛诗序》："《时迈》，巡守告祭柴望也。"⑥此言指出了《时迈》的创作动机和主旨。韦注引《毛传》和《郑笺》之例虽未标明，但实际数量甚夥，不能一一缕析。兹举几例以明之。《周语上》"祭公谏穆王征犬戎"条引《诗经·周颂·时迈》"我求懿德，肆于时夏"，韦昭注云："懿，美也。肆，陈也……夏，大也。"⑦《时迈》毛传："夏，大也。"郑笺："懿，美。肆，陈也。"⑧韦注出于《毛传》和《郑笺》甚明。《周语上》"祭公谏穆王征犬戎"条"夫兵戢而时动"，韦昭注云："戢，聚也。"《周语上》"祭公谏穆王征犬戎"条引《诗经·周颂·时迈》"载戢干戈，载櫜弓矢"，韦昭注云："櫜，韬也。"⑨《时迈》毛传："戢，聚。櫜，韬也。"⑩《毛传》当为《国语解》所本。再如《楚语下》"蓝尹亹论吴将毙"条"吾闻君子唯独居思念前世之崇替"句，韦昭注

---

① 徐元诰：《国语集解》，中华书局，2002，第 179 页。

② 李学勤：《十三经注疏·毛诗正义》，北京大学出版社，1999，第 560 页。

③ 徐元诰：《国语集解》，中华书局，2002，第 179 页。

④ 李学勤：《十三经注疏·毛诗正义》，北京大学出版社，1999，第 564 页。

⑤ 徐元诰：《国语集解》，中华书局，2002，第 2 页。

⑥ 李学勤：《十三经注疏·毛诗正义》，北京大学出版社，1999，第 1302 页。

⑦ 徐元诰：《国语集解》，中华书局，2002，第 2 页。

⑧ 李学勤：《十三经注疏·毛诗正义》，北京大学出版社，1999，第 1306 页。

⑨ 徐元诰：《国语集解》，中华书局，2002，第 2 页。

⑩ 李学勤：《十三经注疏·毛诗正义》，北京大学出版社，1999，第 1306 页。

云："崇，终也。替，废也。《诗》云：'曾不崇朝。'"①韦昭引《诗》出于《诗经·卫风·河广》，郑玄笺："崇，终也。"②当为韦氏所本。

　　第四，《国语解》对"三礼"的称引。"三礼"（《仪礼》《礼记》《周礼》）也是《国语解》称引的一个重要材料来源，据统计有 90 余处。《国语解》引"三礼"如此之多，当与《国语》多载古之礼制典章有关。韦昭《国语解》引"三礼"呈现如下特色：（1）引"三礼"以对词语做出更准确训释。如《周语上》"邵公谏厉王弭谤"有"史献书"句，韦昭注云："史，外史也。《周礼》，外史掌三皇、五帝之书。"③韦注本于《周礼·春官宗伯》："外史掌书外令，掌四方之志，掌三皇五帝之书，掌达书名于四方。"④在周代，史官系统极其庞大，名目极其繁多，韦昭结合《周礼》记载推断邵公所言"史献书"之"史"当指外史。（2）引"三礼"以扩充《国语》文本信息，从而丰富读者的理解。如《周语中》"襄王拒晋文公请隧"条有"昔我先王之有天下也，规方千里以为甸服……其余以均分公侯伯子男"句，韦昭注云："周礼，公之地方五百里，侯四百里，伯三百里，子二百里，男一百里。"⑤《周礼·地官司徒》："凡建邦国，以珪土其地而制其域。诸公之地，封疆方五百里，其食者半；诸侯之地，封疆方四百里，其食者参之一；诸伯之地，封疆方三百里，其食者参之一；诸子之地，封疆方二百里，其食者四之一；诸男之地，封疆方百里，其食者四之一。"⑥当为韦注所本，实际上《周礼·夏官·职方氏》亦有类似载录，为避烦冗兹不赘述。（3）《国语解》所引"三礼"内容极其广泛。有丧制，如《周语下》"单襄公论晋将有乱"条言晋厉公被弑埋葬事，"晋侯弑，于翼东门葬以车一乘"，韦昭注云："礼，诸侯七命，遣车七乘。以成一乘，不成丧也。"⑦

---

① 徐元诰：《国语集解》，中华书局，2002，第 525 页。
② 李学勤：《十三经注疏·毛诗正义》，北京大学出版社，1999，第 241 页。
③ 徐元诰：《国语集解》，中华书局，2002，第 11 页。
④ 孙诒让：《周礼正义》，中华书局，1987，第 2136-2138 页。
⑤ 徐元诰：《国语集解》，中华书局，2002，第 51-52 页。
⑥ 孙诒让：《周礼正义》，中华书局，1987，第 727 页。
⑦ 徐元诰：《国语集解》，中华书局，2002，第 87 页。

所言之"礼"本于《礼记·檀弓下》有若言"国君七个，遣车七乘"①。有觐见之礼，如《鲁语上》"夏父展谏宗妇觌哀姜用币"言"夫妇贽不过枣、栗"，韦昭注云："《曲礼》曰：'妇人之贽，脯、脩、枣、栗。'"②有祭祀之礼，如《周语下》"景王问钟律于伶州鸠"条"帝喾受之"，韦昭注云："《礼·祭法》曰：'周人禘喾而郊稷。'"③借《礼记》记载凸显帝喾在周人社会文化中的地位。有军礼，如《周语下》"景王问钟律于伶州鸠"条"以夷则之上宫毕"，韦昭注云："《周礼》：'太师执同律以听军声，而诏吉凶。'"④本于《周礼·春官·太师》，全同。

第五，《国语解》对于其他经书和儒家经典的称引。先秦两汉，《尚书》都是一部重要经典，韦昭注解《国语》时引《尚书》近20处。《国语解》有时借引《尚书》来阐释古代礼制，如《周语上》"祭公谏穆王征犬戎"条有"夫先王之制：邦内甸服"，韦昭注云："《王制》曰：'千里之内曰甸。'京邑在其中央，故《夏书》曰'五百里甸服'，则古今同矣。甸，王田也。"⑤按此处《尚书》系《尚书·禹贡》。这里韦昭将《礼记·王制》所载视为周代礼制实录，将《尚书·禹贡》所载视为夏代礼制实录，两书所言甸服范围实际上是一致的，反映了这一礼制的稳固性。《国语解》有时借引《尚书》来阐释古代政治理念。如《周语下》"晋羊舌肸聘周论单靖公敬俭让咨"条"二后受之，让于德也"，韦昭注云："推功曰让。《书》曰：'允恭克让。'"⑥韦注所引见于《尚书·尧典》，让被视为古代圣君美德，韦昭引《尚书》以释之。《国语解》有时借引《尚书》事例进行阐释。如《楚语上》"白公子张讽灵王宜纳谏"条言武丁"于是乎三年，默以思道"，韦昭注引《尚书·无逸》以证之："默，谅暗也。思道，思君人之道也。《书》曰：'高宗谅暗，三年不言，言乃雍。'"⑦

---

① 李学勤：《十三经注疏·礼记正义》，北京大学出版社，1999，第280页。
② 徐元诰：《国语集解》，中华书局，2002，第147页。
③ 徐元诰：《国语集解》，中华书局，2002，第124页。
④ 徐元诰：《国语集解》，中华书局，2002，第126页。
⑤ 徐元诰：《国语集解》，中华书局，2002，第6页。
⑥ 徐元诰：《国语集解》，中华书局，2002，第104页。
⑦ 徐元诰：《国语集解》，中华书局，2002，第503页。

　　作为五经之一的《周易》也时时被《国语解》称引，据统计有 10
处。《国语解》有时引《周易》以阐释社会政治伦理规范，如《周语上》
"密康公母论小丑备物终必亡"条有"王田不取群"，韦昭注引《周
易·必卦》"九五"爻辞很贴切地说明了这一田猎中的伦理准则："不
尽群也。《易》曰：'王用三驱，失前禽也。'"①再如《周语下》"单襄
公论晋周将得晋国"条评论晋周美德时有"言义必及利"句，韦昭注
云："能利人物，然后为义。《易》曰：'利物足以和义。'"②见于《周
易·乾卦》"文言"："君子体仁足以长人，嘉会足以合礼，利物足以和
义，贞固足以干事。"③以《周易》阐释周人的义利观，丰富韦注对义
利关系的论述。《国语解》有时引《周易》以阐释周人宇宙观。如《周
语下》"太子晋谏灵王壅谷水"条有"川，气之导也"句，韦昭注引《周
易·说卦》云："导，达也。《易》曰：'山泽通气。'"④《周易·说卦》
阐释了古代的一个基本宇宙观：构成宇宙本体的是气，而其中起疏导
作用的是山、水。这样的宇宙观非常适合用于阐释《国语》中"川，
气之导也"这句话。

　　《论语》虽未列于五经，但在汉代已广泛传播开来并逐渐成为地位
仅次于五经的要典。赵岐《孟子题辞》云："孝文皇帝欲广游学之路，
《论语》《孝经》《孟子》《尔雅》皆置博士。"⑤从此以后，无论是上层
贵族还是普通知识分子都非常重视《论语》。就统治者而言，《论语》
成为太子的必修内容，如《汉书·萧望之传》言其"以《论语》《礼服》
授皇太子"⑥。甚至出现了大儒包咸及其子均为皇室授《论语》的现象，
《后汉书·儒林传》言包咸"入授皇太子《论语》，又为其章句"，其子
包福"亦以《论语》入授和帝"。⑦普通儒生研习《论语》蔚然成风，
多有以讲授《论语》为业者。汉代《论语》地位颇为独特，一方面被

---

① 徐元诰：《国语集解》，中华书局，2002，第 10 页。
② 徐元诰：《国语集解》，中华书局，2002，第 88 页。
③ 李学勤：《十三经注疏·周易正义》，北京大学出版社，1999，第 12 页。
④ 徐元诰：《国语集解》，中华书局，2002，第 93 页。
⑤ 焦循：《孟子正义》，中华书局，1987，第 17 页。
⑥ 班固：《汉书》，中华书局，1962，第 3282 页。
⑦ 范晔：《后汉书》，中华书局，1965，第 2570 页。

视为传记，亦被人习称为"传""记""说"等。有学者指出，汉儒观念中，皆以《论语》《孝经》《尔雅》等为传记之类，于五经别异也。在汉代文化体系中，传记自然比不上经。但同时，《论语》又往往被视为传记之中地位最高者，如《汉书·扬雄传》云："以为经莫大于《易》，故作《太玄》；传莫大于《论语》，作《法言》。"①这种风气自然延至魏晋并深深影响韦昭。韦昭对《论语》的熟谙自然会使他易于以《论语》作为材料来源注释《国语》。据统计《国语解》称引《论语》共 5 处。《国语解》主要将《论语》作为语料库以印证自己字词训释的正确性。如《周语下》"单襄公论晋将有乱"条"夫君子目以定体"，韦昭引《论语·微子》句以释："体，手足也。《论语》曰'四体不勤'也。"②再如《周语下》"太子晋谏灵王壅谷水"条有"皇天嘉之，祚以天下"，韦昭注引《论语·尧曰》云："祚，禄也。《论语》曰'帝臣不蔽，简在帝心'是也。"③《论语》在汉魏文化体系中的特殊地位还表现为在《汉志》中与五经、《孝经》、小学类著作构成"六艺略"。孙钦善先生言："'六艺略'中除六经之外，还包括《论语》、《孝经》、小学三类，这是因为《论语》记载孔子的言行，而孔子述六经，被奉为圣人；《孝经》为曾子述孔子思想之作，符合汉代'以孝治国'的政治需要；小学是解经之工具，为经学之附庸。同时，因为这三种书是当时学校诵习的基础之书，相当于进修经书的预备课程。"④《国语解》称引《孝经》仅一处，即《国语上》"祭公谋父谏穆王征犬戎"条中韦昭《国语解》释"宾服者享"时曾引《孝经》，"《孝经》所谓'四海之内，各以其职来祭'者也"⑤，描述"宾服者享"的局面。《尔雅》《说文》是影响最大的两部小学著作。《国语解》中直接标明称引《尔雅》仅 1 处，即《鲁语上》"匠师庆谏庄公丹楹刻桷"条"而刻其桷"，韦昭注云："《尔雅》曰：'桷谓之榱。'"⑥但实际引用则多得不胜枚举，现仅取《周

---

① 班固：《汉书》，中华书局，1962，第 3583 页。

② 徐元诰：《国语集解》，中华书局，2002，第 83 页。

③ 徐元诰：《国语集解》，中华书局，2002，第 96 页。

④ 孙钦善：《中国古文献学史简编》，高等教育出版社，2001，第 71-72 页。

⑤ 徐元诰：《国语集解》，中华书局，2002，第 7 页。

⑥ 徐元诰：《国语集解》，中华书局，2002，第 146 页。

语上》"祭公谏穆王征犬戎"条，由《国语解》词语训诂与《尔雅》多有相同以证后者对前者之影响。"允王保之"，韦注与《尔雅·释诂》同，均为"允，信也"；"玩则无震"，韦注与《尔雅·释诂》同，均为"震，惧也"；"兵戢而时动"，韦注与《尔雅·释诂》同，均为"戢，聚也"；"我求懿德"，韦注与《尔雅·释诂》同，均为"懿，美也"；"昔我先王世后稷"，韦注与《尔雅·释诂》同，均为"后，君也"；"纂修其绪"，韦注与《尔雅·释诂》同，均为"绪，事也"；"纂修其绪"，韦注与《尔雅·释诂》同，均为"纂，继也"。①仅就一篇文章而言，韦注与《尔雅》有如此多的相同之处，似乎不能用巧合来解释，而只能说是前者参考了后者。关于《国语解》与《说文解字》的关系，韦昭自己未提及他征引过《说文》，但笔者通过将韦注与《说文》比对，发现二者对词语的训注大量相同，似不能用偶然相合来解释。为说明这一点，笔者将《周语上》中《国语解》的词语注释和《说文》相同或相近之例录出如下。为节省文字，仅标注出相同和相近注释，而不再标明词条出处。韦注和《说文》训释完全相同的词有 12 个，分别是：懋，勉也；窜，匿也；忝，辱也；恤，忧也；滋，益也；勤，劳也；逆，迎也；恒，常也；替，废也；慈，爱也；保，养也；享，献也。相近的 7 个，分别是：训，《说文》释为"说教也"，《国语解》释为"教也"；舍，《说文》释为"客舍也"，《国语解》释为"舍也"；禋，《说文》释为"洁祀也"，《国语解》释为"洁祀曰禋"；祈，《说文》释为"求福也"，《国语解》释为"求也"；凭，《说文》释为"依几也"，《国语解》释为"依也"；咨，《说文》释为"谋事曰咨"，《国语解》释为"谋也"；肆，《说文》释为"极陈也"，《国语解》释为"陈也"。《国语解》中仅《周语上》一卷就有 20 余条词语和《说文》相同或相近，那么全书 21 卷中韦注同于或近于《说文》的数量肯定不少，所以我们认为《说文》应该是《国语解》训诂材料的一个重要来源。

（二）词义训释的方式极其丰富

训释词义是《国语》训诂的核心。正如何九盈先生所说："古书注

---

① 徐元诰：《国语集解》，中华书局，2002，第 2 页。

解的内容不外乎四个方面：字音、词义、名物制度、历史典故。而词义的内容占重要地位。"①同样，解释词义是《国语解》训释的最重要的内容。《国语》词语训释的方式丰富多彩。

第一是同义为训，即用一个和被释词意义相同或相近的训释词来进行解释。这是《国语解》最常用的释词方式。如《齐语》"管仲对桓公以霸术"条"君若宥而反之"句，韦昭注云："宥，赦也。"②《晋语四》"重耳自狄适齐"条子犯有"奔而易达"语，韦昭注云："达，至也。"③有时候同义为训以"'被释词'犹'训释词'"的形式出现，如《周语下》"刘文公与苌弘欲城周"条"用巧变以崇天灾"，韦昭注云："崇，犹益也。"④《鲁语上》"匠师庆谏庄公丹楹刻桷"条有"其为后世，昭前之令闻也"句，韦昭注云："为，犹使也。"⑤有时候同义为训以"'被释词'亦'训释词'"的形式出现，如《齐语》"管仲对桓公以霸术"条有"相示以巧，相陈以工"句，韦昭注云："陈亦示也。"⑥《齐语》"桓公帅诸侯而朝天子"条有"兵车之属六，乘车之会三"句，韦昭注云："属，亦会也。"⑦同义为训的形式大量运用，充分表现了《国语解》训诂注重简洁明晰的特色。

第二是以"否定词+被释词的反义词"的形式训解被释词，这种方式被王力先生等人称为"由反知正"法。王先生在其《理想的字典》一文中对这一释词方法作如是界定："由反知正就是用否定词作解释。此类以形容词居多，有些形容词若用转注往往苦无适当的同义词；若用描写法，又很难于措辞。恰好有意义相反的一个字，就拿来加上一个否定词，作为注解，既省事，又明白。"⑧《国语解》中这种词语训释方式并不多见，所用否定词也全部为"不"。如《周语中》"襄王拒

---

① 何九盈：《中国古代语言学史》，广东教育出版社，2000，第42页。
② 徐元诰：《国语集解》，中华书局，2002，第216页。
③ 徐元诰：《国语集解》，中华书局，2002，第321页。
④ 徐元诰：《国语集解》，中华书局，2002，第133页。
⑤ 徐元诰：《国语集解》，中华书局，2002，第146页。
⑥ 徐元诰：《国语集解》，中华书局，2002，第220页。
⑦ 徐元诰：《国语集解》，中华书局，2002，第235页。
⑧ 王力：《龙虫并雕斋文集》（第一册），中华书局，1980，第349页。

晋文公请隧"条有"王劳之以地，辞，请隧焉"句，韦昭注云："辞，不受也。"①再如《周语中》"王孙说请勿赐叔孙侨如"条有"故圣人之施舍也议之"，韦昭注云："施，予也。舍，不予。"②很明显，韦氏认为此处"施""舍"是反义词连用，他用"施"的同义词"予"来进行解释，颇为简洁清晰。又如《鲁语上》"里革断宣公罟而弃之"条有"虫舍蚔蝝"句，韦昭注云："舍，不取也。"③这种释词方式也能起到明晰简洁的训释效果。

第三是义界法。陆宗达先生指出："用一句话或几句话来阐明词义的界限，对词所表示的概念的内涵做出阐述或定义，这种方法叫作义界。"④它主要包括以下类型：（1）定义式义界，即直接用下定义的方式来对被释词所代表的事物或概念进行解释。这是义界的基本形式，定义式义界最基本的语言标志是"曰"，如《周语上》"内史过论神"条有"其刑矫诬"，韦昭注云："以诈用法曰矫，加诛无罪曰诬。"⑤《周语下》"太子晋谏灵王壅谷水"条"不防川"，韦昭注云："流曰川。"⑥（2）对举式义界，即将一组在意义上呈现相关性、相似性或相反性的两个或多个词语集中进行训释，这样的训释往往源于其所注释的《国语》文中同义连用或反义连用的语言环境。对举式义界在《国语解》中出现的频率颇高。通过对举式义界，读者能够清晰把握每个词语的准确含义。如《周语下》"太子晋谏灵王壅谷水"条"是故聚不阤崩，而物有所归"，韦昭注云："大曰崩，小曰阤。"⑦这是从毁的规模和程度来界定"阤"和"崩"的区别。《周语下》"单襄公谏灵王铸大钱"条有"且绝民用以实王府，犹塞川原而为潢污也"，韦昭注云："大曰潢，小曰污。"⑧这里单襄公用水作比喻来说明"绝民用以实王府"的

① 徐元诰：《国语集解》，中华书局，2002，第51页。
② 徐元诰：《国语集解》，中华书局，2002，第72页。
③ 徐元诰：《国语集解》，中华书局，2002，第170页。
④ 陆宗达：《训诂学》，北京出版社，2006，第195页。
⑤ 徐元诰：《国语集解》，中华书局，2002，第29页。
⑥ 徐元诰：《国语集解》，中华书局，2002，第92页。
⑦ 徐元诰：《国语集解》，中华书局，2002，第93页。
⑧ 徐元诰：《国语集解》，中华书局，2002，第107页。

危害，潢和污均指积聚不流的水域，属于同义连用，故韦注对举以释之。《鲁语上》"文公欲弛孟文子与郈敬子之宅"条有"尝、禘、蒸、享之所致君胙者，有数矣"句，韦昭注云："秋祭曰尝，夏祭曰禘，冬祭曰蒸，春祭曰享。"①《晋语七》"悼公即位"条有"夫膏粱之性难正也"句，韦昭注云："膏，肉之肥者。粱，食之精者。"②（3）嵌入式义界。有研究者解释："只有词义值差而无主训词。由于主训词难找，便将被训释词嵌入义界中占据了主训词的位置，而只用义值差来显示词义的特点。"③《晋语二》"骊姬谮杀太子申生"条有"日，吾固告君曰得众"，韦昭注云："日，往日也。"④《晋语三》"惠公入而背外内之赂"条有"述意以导之"，韦昭注云："导，开导也。"⑤《晋语八》"阳毕教平公灭栾氏"条有"栾书实覆宗"，韦昭注云："宗，大宗也。"⑥《吴语》"勾践灭吴夫差自杀"条有"莫如此以环瑱通相问也"，韦昭注云："环，金玉之环。"⑦有时是嵌入式和对举式混用，如《周语下》"景王问钟律于伶州鸠"条有"细钧有钟无镈，昭其大也"，韦昭注云："钟，大钟。镈，小钟也。"⑧

第四是描述。《国语解》在解释具有特定性质或特定状态的形容词时常常用描述的方式，最常见的语言标志是"貌"，往往置于用于解释被释词性质的形容词或被释词所修饰状态的名词后，如《周语上》"密康公母论小丑备物终必亡"条有"女三为粲"句，韦昭注云："粲，美貌也。"⑨《周语中》"定王论不用全烝之故"条有"胡有孑然其效郊戎狄也"句，韦昭注云："孑然，全体之貌也。"⑩描述式训解常常能达到生动清晰的效果。

① 徐元诰：《国语集解》，中华书局，2002，第 163 页。
② 徐元诰：《国语集解》，中华书局，2002，第 407 页。
③ 于金华：《论义界及相关问题》，《通化师范学院学报》2007 年第 7 期，第 91 页。
④ 徐元诰：《国语集解》，中华书局，2002，第 275 页。
⑤ 徐元诰：《国语集解》，中华书局，2002，第 305 页。
⑥ 徐元诰：《国语集解》，中华书局，2002，第 420 页。
⑦ 徐元诰：《国语集解》，中华书局，2002，第 559 页。
⑧ 徐元诰：《国语集解》，中华书局，2002，第 122 页。
⑨ 徐元诰：《国语集解》，中华书局，2002，第 10 页。
⑩ 徐元诰：《国语集解》，中华书局，2002，第 59 页。

　　第五是以今释古。（1）以今字释古字。古今字是古文阅读和训诂中的一项重要内容。清代语言学大家段玉裁曾云："凡读经传者，不可不知古今字。古今无定时，周为古则汉为今，汉为古则宋为今。随时异用者为古今字。"①古今字的训释在《国语解》中出现的频率较高，训释语常用"古某字"或"古之某字"的格式。《晋语一》"优施教骊姬谮申生"条仆人赞有"且是衣也，狂夫阻之衣也"，韦昭注云："狂夫，方相氏之士也。阻，古'诅'字。将服是衣，必先诅之。"②《晋语四》"胥臣论教诲之力"条有"官师之所材也"句，韦昭注云："材，古裁字。"③《吴语》"勾践灭吴夫差自杀"条有"吴师大北"句，韦昭注云："军败奔走曰北，北，古之'背'字。"④（2）以今语释古语。通古今之语是注书的一个重要内容。如《鲁语下》"季冶致禄"条有"追而予之玺书"，韦昭注云："玺，印也。古者大夫之印亦称玺。玺书，印封书也。"⑤玺在春秋时期的含义要比秦汉以后广泛，秦汉以后专指帝王之印，正如《说文》所云："玺，王者印也。"段玉裁《说文解字注》："印者，执政所持信也。王者所执则曰玺。盖古者尊卑通称，至秦汉而后，为至尊之称。此语举汉制也。"⑥

　　第六是音训。所谓"音训"，即用读音相同或相近的字对被释字推求语源的方法，因而也构成了一种释义方法。音训方法在汉代颇为盛行。承其余绪，《国语解》亦常用音训的方式，兹举几例以证之。《周语上》"祭公谏穆王征犬戎"条有"穆王将征犬戎"语，韦昭注云："征，正也，上讨下之称。"⑦"征""正"同音，故以"正"释"征"。《周语上》"祭公谏穆王征犬戎"条有"动则威"语，韦昭注云："威，畏也。"⑧"威""畏"同音，故以"畏"释"威"。《周语上》"内史过论神"条有

① 段玉裁：《说文解字注》，上海古籍出版社，1988，第 94 页。
② 徐元诰：《国语集解》，中华书局，2002，第 267 页。
③ 徐元诰：《国语集解》，中华书局，2002，第 363 页。
④ 徐元诰：《国语集解》，中华书局，2002，第 561 页。
⑤ 徐元诰：《国语集解》，中华书局，2002，第 186 页。
⑥ 段玉裁：《说文解字注》，凤凰出版社，2007，第 1195 页。
⑦ 徐元诰：《国语集解》，中华书局，2002，第 1 页。
⑧ 徐元诰：《国语集解》，中华书局，2002，第 2 页。

"其君齐明衷正"句，韦昭注云："衷，中也。"①"衷""中"同音，故以"中"释"衷"。《周语上》"内史过论晋惠公必无后"条有"是故被除其心"句，韦昭注云："被，犹拂也。"②"被""拂"同音，故以"拂"释"被"。《周语上》"内史过论晋惠公必无后"条有"制义庶孚以行之"句，韦昭注云："义，宜也。"③"义""宜"同音，故以"宜"释"义"。《周语中》"襄王拒晋文公"条有"班先王之大物以赏私德"语，韦昭注云："班，分也。"④"班""分"同音，故以"分"释"班"。《周语中》"襄王拒晋文公"条有"自显庸也"语，韦昭注云："庸，用也。"⑤"庸""用"同音，故以"用"释"庸"。

（三）《国语解》训诂内容的多样性

除了训解词义这一核心内容外，《国语解》训释的内容还呈现出丰富多彩的特征。主要包括以下几个方面。

第一，疏通句义。盖受汉儒章句注释体式的影响，疏通句义在《国语解》也占有非常重要的地位。我们认为，训诂最终目的是读懂和深入理解文本，弄清词义只是训诂和阅读的基础，真正理解句义和句群之义才是关键所在。因为具体的言语活动受言语方式、言语环境等诸多因素的影响，一篇文章或一句话所传达的信息绝非是构成文章或句子的词语意义的简单组合。这样就使古书注解除了训解词义这一核心任务外，疏通句义也是其应有之义。疏通句义主要有如下几个常用方式：（1）串讲整句。如《晋语二》"骊姬谮杀太子申生"条有里克语"吾秉君以杀太子，吾不忍"，韦昭注云："秉执君志以杀太子，不忍为也。"⑥这里，将韦注与里克原话对照，发现韦注只是少了主语，其他部分可理解为对里克话语的直译，特别将里克话语中的两个难以索解之处"秉君""不忍"给予了非常准确的解释，使整句的意思变得明了易晓。有时为了更清楚地讲清《国语》原句，韦昭甚至根据自己的理解在注中

① 徐元诰：《国语集解》，中华书局，2002，第28页。
② 徐元诰：《国语集解》，中华书局，2002，第32页。
③ 徐元诰：《国语集解》，中华书局，2002，第32页。
④ 徐元诰：《国语集解》，中华书局，2002，第52页。
⑤ 徐元诰：《国语集解》，中华书局，2002，第53页。
⑥ 徐元诰：《国语集解》，中华书局，2002，第277页。

加进一些信息，从而使《国语》原句更为通畅易懂。例如《周语中》"襄王拒晋文公请隧"条有"何政令之为也？"句，韦昭注云："何以复临百姓而为政令乎？"[1]我们来看韦昭对《国语》原句的处理，他在注中将原句的宾语前置句调整为正常语序，而中间加上了"复临百姓"四个字，这无疑是韦昭根据襄王的现实处境而作的对原句的增补，因为他被朝内以惠后和王子带为首的反对派逐离了王位，现在是在晋文公的拥戴下夺回了王权，重新掌控了天下臣民，这里韦注中加上的这四个字，无疑使襄王话语的丰富信息更为显豁，既有对晋文公的感激，又有对晋文公的一个提醒：我现在已恢复王位，行使政令必须合乎礼制，理应获得你的支持。再如《晋语七》"栾武子立悼公"条有"定百事，立百官"句，韦昭注云："议定百事，而立其官使主之。谓改其旧时之非者。"[2]韦昭注的前两句很明显是对《国语》原文的直译，但这似乎未能体现《国语》作者本意，因为无论是"百事"也好，"百官"也罢，作为政治运行体制先于悼公存在，并不是因其而"定"和"立"，所以韦昭又加了一句以突出《国语》作者这两句的真实意思，以突出悼公即位后改旧主失政而营造万象更新局面的一种努力。（2）《国语解》善于围绕文句的内涵做注解，有助于读者真正把握《国语》原句主旨。《晋语四》"秦伯享重耳以国君之礼"条言："秦伯赋《六月》，子余使公子降拜。"这两句是春秋时期一次社交场合赋诗言志场景的片段，理解这一场景的关键是理解秦穆公赋《六月》所传达的信息，韦注就紧紧围绕这一点出注："《六月》，道尹吉甫佐宣王征伐，复文、武之业。其诗云：'王于出征，以匡王国。'其二章曰：'以佐天子'，三章曰：'共武之服，以定王国。'此言重耳为君，必霸诸侯，以匡佐天子。"[3]这样我们就很容易理解文句的主旨了。（3）揭示言外之意。"言外之意是指言语未能直接表达出，而隐藏于言语背后，需要通过对具体语境及原文主旨的理解来揭示的意义。"[4]《晋语一》"史苏论骊姬必

---

① 徐元诰：《国语集解》，中华书局，2002，第 53 页。
② 徐元诰：《国语集解》，中华书局，2002，第 403 页。
③ 徐元诰：《国语集解》，中华书局，2002，第 340 页。
④ 孙园园：《〈国语〉韦昭注研究》，南京师范大学硕士学位论文，2005，第 27 页。

乱晋"条有"吾闻君子好好而恶恶，乐乐而安安，是以能有常"句，韦昭注云："好者好之，恶者恶之，乐则说之，安则居之，故能有常。此言献公好恶安乐皆非其所有也。"①史苏从献公宠爱骊姬这一有悖政治伦理的行为预见到晋将出现祸乱，但又不能直斥献公乱政，而只能从侧面君主伦理和政治经验出发，言善政应有的样子来暗示这恰为献公所欠缺，《国语解》就将史苏所言隐秘的意旨揭示了出来。（4）交代语句所述言行缘由或背景。如《鲁语下》"孔丘论大骨"条言"吴伐越，堕会稽"，韦昭注云："会稽，山名。堕，坏也。吴王夫差败越于夫椒，越王勾践栖于会稽，吴围而坏之。在鲁哀元年。"②此处注释非常精到，先解释"会稽""堕"两个基本词语的意义是非常有必要的。强调会稽是"山"主要是为了防止当时学者将其误会成郡。然后交代"堕会稽"的背景和原因，是因为越国被围困于会稽山所致。最后言明此事发生在鲁哀公元年，既是交代时间，同时又提醒读者可参看《左传·鲁哀公十七年》记载以了解详情。《周语下》"单襄公谏景王铸大钟"条有"乐以殖财"句，韦昭注云："古者以乐省土风，而纪农事，故曰'乐以殖财'。"③我们在《周语上》"虢文公谏宣王不籍千亩"条中能看到周人宇宙观中乐在籍田和农事生产中的作用，如"瞽帅音官以风土"等句，而农业在周人生活中的作用也正如虢文公所言"财用蕃殖于是乎始"④，所以韦注贴合周人的观念与实践，颇有道理。（5）有时韦注是对句意的概括和归纳。如《周语下》"太子晋谏灵王壅谷水"条有"晋闻古之长民者，不堕山，不崇薮，不防川，不窦泽"，韦昭注云："不为此四者，为反其天性也。"⑤（6）有时韦注是对《国语》文句所论的例证，如《晋语二》"里克杀奚齐而秦立惠公"条有"得国常于丧，失国常于丧"句，韦昭注云："若齐桓公以丧得国，子纠以丧失之是也。"⑥《国语》中，穆公吊丧之语是告诉重耳丧事期间是夺取权力的一个契机，

---

① 徐元诰：《国语集解》，中华书局，2002，第256页。

② 徐元诰：《国语集解》，中华书局，2002，第202页。

③ 徐元诰：《国语集解》，中华书局，2002，第110页。

④ 徐元诰：《国语集解》，中华书局，2002，第16页。

⑤ 徐元诰：《国语集解》，中华书局，2002，第92-93页。

⑥ 徐元诰：《国语集解》，中华书局，2002，第295页。

不能错过。韦注则结合齐桓公和公子纠同样是适逢襄公丧事，一个夺取了权力，另一人则失去机会，以帮助读者理解《国语》文本。

　　第二，注音也是韦昭《国语解》的重要内容，且形式丰富。（1）直音法。所谓"直音法"即用同音字来直接注音。这种方法肇端于东汉末年，发展于六朝。根据叶德辉的说法："郑玄注《三礼》、笺《诗》，无直音也。然《左传》列有服虔、高贵乡公两家音，则汉末已有之。高似孙《史略》载服虔有《汉书音》，则直音可断其以服虔为始矣。"①应该说，韦昭是较早使用直音法的注家。《国语解》共有直音法六例。《周语上》"邵公以其子代宣王死"条有"今杀王子，王其以我为怼"，韦昭注"怼"云："音坠。"②《周语上》"虢文公谏宣王不籍千亩"条有"太史顺时覛土"，韦昭注"覛"云："音脉。"③《周语上》"内史过论神"条有"回禄信于聆隧"，韦昭注"聆"云："音禽。"④《周语上》"内史过论晋惠公必无后"条有"大夫、士日恪位著"，韦昭注"著"云："音宁。"⑤《周语上》"内史兴论晋文公必霸"条有"艾人必丰"，韦昭注"艾"云："音刈。"⑥《鲁语下》"季桓子穿井获羊"条有"木石之怪曰夔"，韦昭注云："夔，一足，越人谓之山缲，音'骚'。"⑦从上举六例直音法使用场合来看，韦昭既给文中出现的生僻字注音，也给自己注释语中的生僻字注音，从下文的反切注音法也能得出这一认识。（2）反切法。所谓"反切法"即用两汉字拼合出一字读音的注音方法，被拼合字称为被切字，所用两汉字中前一个叫反切上字，用以标示被切字的声母，所用两汉字中后一个叫反切下字，用以标示被切字的韵母和声调。反切法亦产生于汉魏之交，它是中国古代注音法的一次伟大变革，从此以后反切注音法成为中国古代社会主流的注音方

　　① 李葆嘉：《论汉语的原初音节证音法与反切法的产生》，《南京师范大学学报》1998 年第 2 期，第 132 页。

　　② 徐元诰：《国语集解》，中华书局，2002，第 14-15 页。

　　③ 徐元诰：《国语集解》，中华书局，2002，第 16 页。

　　④ 徐元诰：《国语集解》，中华书局，2002，第 29 页。

　　⑤ 徐元诰：《国语集解》，中华书局，2002，第 33 页。

　　⑥ 徐元诰：《国语集解》，中华书局，2002，第 37 页。

　　⑦ 徐元诰：《国语集解》，中华书局，2002，第 191 页。

法。《国语解》中反切字共四例。《周语上》"虢文公谏宣王不籍千亩"条有"王乃淳濯飨醴",韦昭注云:"之纯反。"①《周语上》"虢文公谏宣王不籍千亩"条有"阳瘅愤盈",韦昭注云:"丁佐反。"②《周语上》"虢文公谏宣王不籍千亩"条有"其后稷省功",韦昭注云:"小井反。"③《周语上》"西周三川皆震阳伯父论周将亡"条有"是阳失其所而镇阴也",韦昭注云:"镇,为阴所镇笮也。笮,庄百反。"④(3)比拟注音法,即用一个读音相同或相近的字来标示被注音字的读音,其基本形式是"A读若(如,为,曰)B"。《国语解》共有四例。《周语下》"单襄公论晋将有乱"条有"厚味寔腊毒",韦昭注云:"腊,亟也,读若昔。"⑤《晋语二》"骊姬谮杀太子申生"条有"暇豫之吾吾",韦昭注云:"吾,读如鱼。"⑥《晋语九》"晋阳之围"条有:"浚民之膏泽以实之",韦昭注云:"浚,煎也,读若醮。"⑦《楚语上》"左史倚相儆申公子亹"条有"于是乎作懿戒以自儆也",韦昭注云:"'懿',读曰'抑',《毛诗序》曰:'抑,卫武公刺厉王,亦以自儆也。'"⑧由上述我们能够看出,《国语解》为字注音远远少于为词释义,这是因为在汉儒经学小学家那里,他们的关注重点是经义,这一取向妨碍了专门为典籍注音这一注释旨趣的产生。这种兴趣只有到了汉末才产生,《国语解》中有一定数量的注音片段,即与汉魏为典籍注音这一潮流相适应,但毕竟处于为经典注音的初创阶段,因此《国语解》注音的比重很小。

　　第三,解释语法现象是《国语解》的内容之一。(1)指明虚词。《国语解》共有三处指明虚词释例。《周语上》"邵公谏厉王弭谤"条有"其与能几何"句,韦昭注云:"与,辞也。"⑨《晋语六》"范文子论胜楚必有内忧"条有"诸臣之委室而徒退者,将与几人"句,韦昭注亦

---

① 徐元诰:《国语集解》,中华书局,2002,第18页。
② 徐元诰:《国语集解》,中华书局,2002,第16页。
③ 徐元诰:《国语集解》,中华书局,2002,第19页。
④ 徐元诰:《国语集解》,中华书局,2002,第26页。
⑤ 徐元诰:《国语集解》,中华书局,2002,第85页。
⑥ 徐元诰:《国语集解》,中华书局,2002,第276页。
⑦ 徐元诰:《国语集解》,中华书局,2002,第457页。
⑧ 徐元诰:《国语集解》,中华书局,2002,第502页。
⑨ 徐元诰:《国语集解》,中华书局,2002,第13页。

云："与，辞也。"①《周语下》"太子晋谏灵王壅谷水"条有"此一王四伯，岂繄多宠"，韦昭注亦云："岂，辞也。"②我们知道，"辞"作为训诂术语就是指明虚词，这三条注释无疑是发挥着注明语法的功能。

（2）指明使动用法。使动用法是先秦汉语习见句法，《国语》亦大量出现，《国语解》往往于此以"使……"的形式标出，兹举数例以证之。《周语下》"太子晋谏灵王壅谷水"条有"封崇九山"句，韦昭注"封崇"云："封，大。崇，高也。除其壅塞之害，通其水泉，使不堕坏，是谓封崇。"③《鲁语上》"展禽使乙喜以膏沐犒师"条有"质之以牺牲"句，韦昭注云："质，信也，谓赐之盟以信其约也。"④《鲁语上》"夏父弗忌改昭穆之常"有"未尝跻汤与文、武，为不踰也"句，韦昭注云："不使相踰也。"⑤《晋语四》"重耳婚媾怀嬴"条子犯有"今将婚媾以从秦，受好以爱之，听从以德之"言，韦昭注"德之"云："使之德己。"⑥《晋语八》"叔向论务得无争先"条末句是"乃先楚人"，韦昭注云："让使楚先。"⑦《楚语上》"蔡声子论楚材晋用"条有"子尚良食，吾归子"句，韦昭注"归子"云："使子得归。"⑧《吴语》"越王勾践命诸稽郢行成于吴"条有"君王之于越也，繄起死人而肉白骨也"句，韦昭注"肉白骨"云："使白骨生肉，德至厚也。"⑨（3）指明意动用法。意动用法是先秦汉语习见句法，《国语》亦时有出现，《国语解》往往于此以"以……为……"形式标出，兹举三例证之。《周语下》"单襄公论晋周将得晋国"条有"利制能义"句，韦昭注云："以利为制，故能义也。"⑩《晋语二》"里克杀奚齐而秦立惠公"条有舅犯语："以丧得国，则必乐丧，乐丧必哀生。"韦昭注云："乐丧，以丧为

①　徐元诰：《国语集解》，中华书局，2002，第 393 页。
②　徐元诰：《国语集解》，中华书局，2002，第 97 页。
③　徐元诰：《国语集解》，中华书局，2002，第 95 页。
④　徐元诰：《国语集解》，中华书局，2002，第 152 页。
⑤　徐元诰：《国语集解》，中华书局，2002，第 165 页。
⑥　徐元诰：《国语集解》，中华书局，2002，第 338 页。
⑦　徐元诰：《国语集解》，中华书局，2002，第 431 页。
⑧　徐元诰：《国语集解》，中华书局，2002，第 489 页。
⑨　徐元诰：《国语集解》，中华书局，2002，第 538 页。
⑩　徐元诰：《国语集解》，中华书局，2002，第 89 页。

乐。"①《晋语三》"惠公入而背外内之赂"条载郭偃语："夫众口祸福之门，是以君子省众而动，监戒而谋，谋度而行，故无不济。"韦昭注云："监，察也。度，揆也。察众口以为戒，谋事揆义乃行之。"②这里"监戒"是"监之戒之"的省略形式，"之"是指"众口"，"监戒而谋"就是指考察众口，以众口为戒做出谋划。"戒之"即意动用法，以之为戒的意思。（4）指明被动句式。被动句习见于《国语》，这一点已被韦昭注意到，他在《国语解》中常以"为+施动者+所+动词"或"见+动词"的形式标出，兹举几例以证之。如《周语上》"祭公谏穆王征犬戎"条有"商王帝辛大恶于民"，韦昭注云："大恶，大为民所恶也。"③《周语上》"西周三川皆震伯阳父论周将王"条有"是阳失其所而镇阴也"，韦昭注云："镇，为阴所镇笮也。"④《齐语》"桓公霸诸侯"条有"男女不淫"句，韦昭注云："淫，见淫略也。"⑤《晋语七》"栾武子立悼公"条有"孤之不元，废也"句，韦昭注云："废，以不善见废。"⑥（5）指明宾语前置。在《国语》中，宾语前置句式时时出现。《国语解》对于此类句式往往以正常语序释义，由此表明其为宾语前置句。如《周语下》"太子晋谏灵王壅谷水"条有"古之圣王，唯此之慎"，韦昭注云："慎逆天地之性也。"⑦韦注的注释思路是这样的：唯此之慎=慎此=慎（古之长民者，不堕山，不崇薮，不防川，不窦泽）=慎逆天地之性，其推衍的起点是宾语前置。再如《晋语二》"里克杀奚齐而秦立惠公"条载秦穆公语："夫晋国之乱，吾谁使先若夫二公子而立之？"韦昭注云："当先立谁？"⑧此处韦昭很明显是用正常语序解释"谁使先"。由此能看出，韦昭已经注意到了《国语》中诸多规律性的语法现象，并结合三国时期的语言习惯进行训释，这是他的一个突出贡献。

---

① 徐元诰：《国语集解》，中华书局，2002，第 292 页。
② 徐元诰：《国语集解》，中华书局，2002，第 303-304 页。
③ 徐元诰：《国语集解》，中华书局，2002，第 5 页。
④ 徐元诰：《国语集解》，中华书局，2002，第 26 页。
⑤ 徐元诰：《国语集解》，中华书局，2002，第 238 页。
⑥ 徐元诰：《国语集解》，中华书局，2002，第 403 页。
⑦ 徐元诰：《国语集解》，中华书局，2002，第 93 页。
⑧ 徐元诰：《国语集解》，中华书局，2002，第 294 页。

　　第四，通过注释以言明修辞手法即其意蕴，也是《国语解》的重要内容，其中对比喻及其意旨的解释出现于韦注中最多，兹举几例以证之。《周语下》"刘文公与苌弘欲城周"条卫彪傒引谚"从善如登，从恶如崩"，韦昭注云："如登，喻难。如崩，喻易。"①将"登"和"崩"的比喻义阐释清楚了，整个谚语的意思也就非常容易理解了，也就更能明晰这个谚语在上下文衔接中的作用。再如《周语下》"单襄公论晋将有乱"条有"高位实疾颠，厚味实腊毒"，韦昭注云："厚味，喻重禄也。"②韦注极其精准地揭示了"高位实疾颠"和"厚味实腊毒"这两个短句之间的本体和喻体关系，很形象地揭示了位宠禄重的郤氏宗族的危险境地。再如《晋语二》"骊姬谮杀太子申生"条优施所歌有"人皆集于苑，己独集于枯"句，韦昭注云："集，止也。苑，茂木貌。己，里克也。喻人皆与奚齐，己独与申生。"③通过韦昭这一解释，优施所歌的意思及其政治用意就非常清楚了。夸张的修辞手法亦时见于《国语》，韦昭在《国语解》中亦予标示。如《越语上》有"今夫差衣水犀之甲者亿有三千"句，韦昭注云："言多也。"④揭示了原著中文学性的夸张手法。再如《晋语五》"韩宣子论比与党"条言："众咸曰：'韩厥必不没矣。其主朝升之，而暮戮其车，其谁安之！'"韦昭注云："朝暮，喻速也。"⑤《国语》所载重大夫的言论是一种夸张手法，非常准确地把韩厥不徇私情秉公执法带给他们的错愕和震撼表达了出来。韦昭《国语解》点出这一修辞手法，有助于读者加强对《国语》文学色彩的体认。《周语中》"富辰谏襄王以狄伐郑及以狄女为后"条引古人言"兄弟谗阋、侮人百里"，韦昭注云："百里，谕远也。"⑥双关的修辞手法亦时见于《国语》，双关是指表达者利用语音或语义条件，借助特定语境信息，通过显形语义表达隐形语义的修辞现象。先秦许多双关的产生是与社会交往密切结合在一起的，通过物的文化意蕴赋予词语以隐

---

① 徐元诰：《国语集解》，中华书局，2002，第130页。
② 徐元诰：《国语集解》，中华书局，2002，第85页。
③ 徐元诰：《国语集解》，中华书局，2002，第276页。
④ 徐元诰：《国语集解》，中华书局，2002，第571页。
⑤ 徐元诰：《国语集解》，中华书局，2002，第378页。
⑥ 徐元诰：《国语集解》，中华书局，2002，第44-45页。

形意义，而非单纯的文学表现手法，有学者将之称为"借物表意"："在我国古代，有一种较为特殊的表达方式，这种表达方式不仅是依靠语言，而是借助于一定的外物，利用这一外物的谐音或其形状、功用委曲地表达自己的意思。对这一种表达方式，我这里就暂称它为借物表意。"①韦昭注解《国语》时往往重视对双关隐形语义的阐发。如《鲁语上》"夏父展谏宗父觌哀姜用币"言"夫妇贽不过枣、栗，以告虔也"，韦昭注云："枣，取蚤起。栗，取敬栗。虔，敬也。"②枣是谐音双关，谐"蚤（早）"音，即象征督促女子应早起勤勉劳作，如《诗经·卫风·氓》之"夙兴夜寐"的描写；栗是语义双关，一个义项是植物，另一义项是敬惧。《诗·秦风·黄鸟》"惴惴其栗"，毛传："栗，惧也。"③借"植物"之显形意义表达"敬惧"之隐形意义。在这里，韦注通过双关意义的阐释疏通了"枣"与"栗"的礼俗文化内涵。《齐语》"管仲教桓公足甲兵"条有"索讼者，三禁而不可上下，坐成以束矢"，韦昭注云："矢，取往而不反也。"④这是语义双关，用"兵器"之矢取"往而不返"义，强调提起诉讼的人不能反复。再如《晋语二》"公子重耳夷吾出奔"条有"骊姬使奄楚以环释言"，韦昭注云："环，玉环。环，还也。释言，以言自解释也。"⑤环是谐音双关，通过韦昭对双关义的解释，我们就能理解环作为礼品的文化蕴含与功能。互文是古代汉语一种颇有特色的修辞手法，"所谓'互文'修辞格就是指前后语言单位之间交错省略，互相补充，需要合在一起才能表达完整语义的语言现象。据我们考证这一现象实际上由服虔最早发现"⑥。作为走在时代前列的训诂学家和语言学家，韦昭亦注意到了《国语》中的互文辞格，并以明确的称谓将其标示出来，《楚语下》"观射父论祀牲"条有"天子禘郊之事，必自射其牲，王后必自舂其粢。诸侯宗庙之事，必自射牛、刲羊、击豕，夫人必自舂其盛"，韦昭注云："在器曰盛。上言'粢'，

---

① 董志翘：《借物表意——一种特殊的表达方式》，《当代修辞学》1986 年第 5 期，第 44 页。
② 徐元诰：《国语集解》，中华书局，2002，第 147 页。
③ 李学勤：《十三经注疏·毛诗正义》，北京大学出版社，1999，第 428 页。
④ 徐元诰：《国语集解》，中华书局，2002，第 230 页。
⑤ 徐元诰：《国语集解》，中华书局，2002，第 282 页。
⑥ 刘斐、朱可：《互文考论》，《当代修辞学》2011 年第 3 期，第 19 页。

此言'盛'，互其文也。"①在这里，韦昭很敏锐地看出，《国语》"天子禘郊"和"诸侯宗庙"祭祀准备过程的叙述中，对王后和诸侯夫人在这一过程中所担任的工作采用了互文描写。无论是作为天子之妻的王后还是作为诸侯之妻的夫人都既要"舂其粢"又要"舂其盛"，即她们与其夫君分工，后者做牺牲准备工作，她们做粢盛工作。虽然《国语解》仅出现一处互文释例，但在学术史上具有重要意义。发现先秦汉语运用互文辞格这一语言现象始于服虔。《左传·隐公元年》："公入而赋：'大隧之中，其乐也融融！'姜出而赋：'大隧之外，其乐也泄泄！'"孔颖达疏引服虔注云："'入'言公，'出'言姜，明俱出入互相见。"②郑庄公因母亲姜氏参与了弟弟共叔段的叛乱而愤怒，平叛后"寘姜氏于城颍"，并发出了"不及黄泉无相见也"的狠话，后生悔意，但基于君言无复的政治伦理而一筹莫展，纯孝而聪慧的颍考叔提出了"隧而相见"的建议，母子遂得于隧中相见。正如研究者所分析："进入隧道的就不仅有庄公还有其母武姜，而走出隧道的也不仅有武姜还有庄公，进入隧道和走出隧道是庄公和武姜共同发出的动作，且二人都是先进入隧道而后再走出隧道。这就是服虔所谓的'入言公，出言姜，明俱出入'。故'公入而赋……姜出而赋'实际上是'公入（出）而赋……姜（入）出而赋'。'公入而赋'和'姜出而赋'交错省略，互相补充，需要合在一起才能表达完整语义，这属于典型的互文修辞格。可见服虔已发现互文现象，并用'互相见'来概括。"③以"互文"来称指这种新发现的辞格始于郑玄，《礼记·曾子问》："诸侯适天子，必告于祖，奠于祢。"郑玄注云："皆奠币以告之，互文也。"④《周礼》："有寇戎之事，则保郊，祀于社。"郑玄注云："玄谓保祀互文，郊社皆守而祀之，弥灾兵。"⑤由此可见，东汉末年对先秦典籍的互文辞格已开始引起注意，"互文"这一名称也产生且逐渐走向凝定。韦昭去服、郑未远，

① 徐元诰：《国语集解》，中华书局，2002，第519页。
② 李学勤：《十三经注疏·春秋左传正义》，北京大学出版社，1999，第56页。
③ 刘斐、朱可：《互文考论》，《当代修辞学》2011年第3期，第19-20页。
④ 李学勤：《十三经注疏·礼记正义》，北京大学出版社，1999，第572页。
⑤ 孙诒让：《周礼正义》，中华书局，1987，第2042页。

由此可以认为，他也是对互文这一辞格进行关注的早期学者之一，这也能看出当时东吴学术文化与中原学术文化发展的同步性。从《国语》研究史的角度看，他也是最早对《国语》互文辞格进行探究的学者。反语这一辞格也时见于《国语》，韦昭也于《国语解》中予以指出。《晋语八》"叔向谏杀竖襄"条中，叔向成功地劝谏平公放弃处死竖襄的想法，关键就是采用了反语的辞格，"君必杀之。昔吾先君唐叔射兕于徒林，殪以为大甲，以封于晋。今君嗣吾先君唐叔，射鴳不死，搏之不得，是扬吾君之耻者也。君其必速杀之，勿令远闻"。韦昭注云："杀之益闻，诡辞以谏。"①韦氏所言"诡辞"即反语。对比这一辞格屡见于《国语》，但《国语解》予以指明仅有一例。《吴语》"勾践灭吴夫差自杀"条文尾："越灭吴，上征上国，宋、郑、鲁、卫、陈、蔡执玉之君皆入朝。夫唯能下其群臣，以集其谋故也。"韦昭注云："集，成也。言下其群臣，以明吴不用子胥之祸。"②这个训语极为精彩，作者总结勾践霸业成功的原因在于礼贤下士，而吴王夫差最终败亡也是因其刚愎拒谏，这集中体现在他与忠臣伍子胥的关系上。伍子胥以其政治家的敏锐和远见主张对越斩草除根，却最终被夫差逼迫自杀。伍子胥的悲剧最终造成了吴国也包括作为君主的夫差的悲剧。韦注从用贤与否和功业成败两方面出发对吴、越进行了对比，也对吴最终君死国灭的原因进行了深刻的分析，实际上也指出了《国语》这一段对整个《吴语》的收束作用。

第五，方言也成为《国语》训解的内容。中国地域的广袤和政治上的一统需求，使训解方言以克服地域文化沟通与交流的障碍成为中国学术文化的一个传统领域，这一传统肇端于西汉后期扬雄的《方言》，同时也深深地影响了中国的训诂注书实践。韦昭的《国语解》也颇为重视方言的训解。《国语解》中的方言训解有时是直接标明，如《楚语下》"蓝尹亹避昭王而不载"条有"死在司败矣"，韦昭注云："楚谓司寇为司败。"③《左传·文公十年》载楚贵族子西言"臣归死于司败也"，

---

① 徐元诰：《国语集解》，中华书局，2002，第427页。

② 徐元诰：《国语集解》，中华书局，2002，第562页。

③ 徐元诰：《国语集解》，中华书局，2002，第524页。

杜预注云："陈楚名司寇为司败。"①由此可证韦昭训释之正确。以通用语释方言，使读者很容易了解词义。再如《吴语》"勾践灭吴夫差自杀"条有"以其私卒君子六千人为中军"句，韦昭注云："私卒君子，王所亲近，有志行者。犹吴所谓贤良，齐所谓士。"②吴方言中的"贤良"、齐方言中的"士"，在汉代传播就已非常广泛，以之释"私卒君子"通俗易懂。有的虽未直接标明但结合相关文献亦能判断韦注所释为方言。如《周语上》"内史过论神"条有"道而得神，是谓逢福"，韦昭注云："逢，迎也。"③《周语上》"内史兴论晋文公必霸"条有"上卿逆于境"④句，《齐语》"管仲对桓公以霸"条"桓公亲逆之于郊"句，韦昭注均云："逆，迎也。"⑤扬雄《方言》卷一："自关而东曰逆，自关而西或曰迎，或曰逢。"⑥由《方言》可知，"迎"和"逆"的区别是方言差别，山东地区说"迎"，而山西地区说"迎"或"逢"。再如《晋语二》"里克杀奚齐而秦立惠公"条梁由靡言"隐悼播越"，韦昭注云："悼，惧也。"⑦《说文》："悼，惧也。陈楚谓惧曰悼。"⑧这些均为《国语解》方言训解之例。

第六，名物制度也构成《国语解》训释的重要内容。名物制度是特定时代文化的集中反映，同时也成为后世读者阅读的主要障碍而且是读者需要重点理解的内容，这也就决定了名物制度必然成为古书注解的重要内容。《国语》多有西周和春秋名物制度的内容，这就使得名物制度构成《国语解》训释的重要内容。（1）训释古国名和族群是《国语解》的重要内容之一，而且在训解国名时特别强调其族姓所出，此盖与自先秦至汉魏重视族姓的文化传统息息相关。如《周语中》"富辰谏襄王以狄伐郑及以狄女为后"条所提到各国，《国语解》均一一注明

---

① 李学勤：《十三经注疏·春秋左传正义》，北京大学出版社，1999，第530页。
② 徐元诰：《国语集解》，中华书局，2002，第560页。
③ 徐元诰：《国语集解》，中华书局，2002，第30页。
④ 徐元诰：《国语集解》，中华书局，2002，第36页。
⑤ 徐元诰：《国语集解》，中华书局，2002，第217页。
⑥ 钱绎：《方言笺疏》，上海古籍出版社，1984，第105页。
⑦ 徐元诰：《国语集解》，中华书局，2002，第293页。
⑧ 许慎：《说文解字》，中华书局，2013，第222页。

其姓，如"滑，姬姓小国也。""狄，隗姓之国也。""挚、畴二国任姓，奚仲仲虺之后、大任之家也。""杞、缯二国姒姓，夏禹之后、大姒之家也。""陈，妫姓，舜后。""鄋，妘姓之国。""鄅，妘姓之国。""聃，姬姓，文王之子聃季之国。""息，姬姓之国。""邓，曼姓。""罗，熊姓之国。""卢，妫姓之国。""齐、许、申、吕由大姜"句，韦昭注云："四国皆姜姓也，四岳之后、大姜之家也。"①有时强调其所处区域，如《周语上》"密康公母论小丑备物终必亡"条"王灭密"，韦昭注云："密，今安定阴密县是也，近泾。"②当然韦昭在前面释"密康公时"已言"姬姓也"。《鲁语下》"此肃慎氏之矢也"，韦昭注云："肃慎，北夷之国，故隼来远矣。《传》曰：'肃慎、燕、亳，吾北土也。'"③（2）训释古地名也是《国语解》的重要内容之一，如《周语中》"王孙满观秦师"条有"晋人败诸崤"，韦昭注云："崤，晋地名，今弘农。"④《周语下》"宾孟见雄鸡自断其尾"条有"田于巩"句，韦昭注云："巩，北山，今河南县也。"⑤（3）度量衡单位也是《国语解》训释的重要内容之一。《周语下》"单穆公谏景王铸大钱"引《夏书》"关石和钧，王府则有"，韦昭注云："石，今之斛也。"⑥《鲁语上》"臧文仲说僖公请免卫成公"条有"行玉二十瑴"，韦昭注云："双玉曰瑴。传曰：'纳玉于王及晋侯皆十瑴，王许之。'"⑦（4）官制是《国语解》训释的重要内容之一。如《鲁语上》"里革论君之过"条有"边人以告"，韦昭注云："边人，疆场之司也。"⑧（5）人名训释是《国语解》颇为重要的内容。如《鲁语下》"季冶子致禄"中解释"季冶"时言："季冶，鲁大夫，季氏之族子冶也。"⑨（6）亲属称谓也是《国语解》训释的内容，如《鲁语下》"公父文伯之母别于男女之礼"有"公父文伯之母，季康子之从祖叔母

① 徐元诰：《国语集解》，中华书局，2002，第44—49页。
② 徐元诰：《国语集解》，中华书局，2002，第10页。
③ 徐元诰：《国语集解》，中华书局，2002，第204页。
④ 徐元诰：《国语集解》，中华书局，2002，第57页。
⑤ 徐元诰：《国语集解》，中华书局，2002，第129页。
⑥ 徐元诰：《国语集解》，中华书局，2002，第106页。
⑦ 徐元诰：《国语集解》，中华书局，2002，第153页。
⑧ 徐元诰：《国语集解》，中华书局，2002，第172页。
⑨ 徐元诰：《国语集解》，中华书局，2002，第186页。

也"，韦昭注云："祖父昆弟之妻也。"①（7）礼制是《国语》的重要内容，自然也是《国语解》训释的重要内容。如《周语上》"虢文公谏宣王不籍千亩"条"不籍千亩"，韦昭注云："籍，借也，借民力以为之。天子田籍千亩，诸侯百亩，自厉王之流，籍田礼废，宣王即位，不复遵古也。"②名物制度的训解于《国语解》出现甚多，不胜枚举。

四、《国语解》的影响

第一，从六朝时期起，韦昭《国语解》就产生了巨大影响。我们知道《史记·周本纪》多从《国语》尤其是其中的《周语上》《周语中》《周语下》三部分取材。"《国语》是司马迁著作《史记》所重点依据的一部书……《国语》的史料素材，对《史记》具有史源性价值和意义。"③六朝时期，随着《史记》地位的进一步抬升，《史记》研究的热潮出现。在这种文化背景下，裴骃的《史记集解》应运而生。当然裴骃《史记集解》的撰成，与其深厚的家学渊源密不可分。裴骃的父亲即为《三国志》做注的著名史学家裴松之。《史记集解》为《周本纪》做注时，就大量采撷韦昭《国语解》的训释。如《周本纪》有"不窋末年，夏后氏政衰，去稷不务"，裴骃《史记集解》注云："韦昭曰：'夏太康失国，废稷之官，不复务农。'"④《周语上》"祭公谏穆王征犬戎"条有"夏之衰也，弃稷不务"，韦昭注云："衰，谓启子太康废稷之官，不复务农也。"⑤显系裴骃集解所本。不只《周本纪》，裴骃在为《史记》他篇注解时亦多引韦昭《国语解》。

第二，《国语解》甫经产生，就出现了《国语》诸注皆废的趋向。这在唐代已非常明显了。其表现是径称韦昭《国语解》为《国语注》，而不标明"韦昭"字样，这表明在唐人那里，韦昭的《国语解》已和《国语注》画上了等号，韦昭《国语解》的权威地位已然确立。如《史

① 徐元诰：《国语集解》，中华书局，2002，第199页。
② 徐元诰：《国语集解》，中华书局，2002，第15页。
③ 可永雪：《〈国语〉八论》，《渭南师范学院学报》2014年第22期，第18页。
④ 司马迁：《史记》，中华书局，1959，第112-113页。
⑤ 徐元诰：《国语集解》，中华书局，2002，第3页。

记·周本纪》言"古公有长子曰太伯，次曰虞仲。太姜生少子季历"，张守节《史记正义》："《国语注》云：'齐、许、申、吕四国，皆姜姓也，四岳之后，太姜之家。太姜，太王之妃，王季之母。'"①张氏《正义》所本系《国语·周语中》"富辰谏襄王以狄伐郑及以狄女为后"条富辰语"齐、许、申、吕由大姜"韦昭注："四国皆姜姓也，四岳之后、大姜之家也。大姜，太王之妃、王季之母也。"②再如《史记·周本纪》言"季历娶太任"，张守节《史记正义》："《国语注》云：'挚、畴二国，任姓。奚仲、仲虺之后，太任之家。太任，王季之妃，文王母也。'"③张氏《正义》所本系《国语·周语中》"富辰谏襄王以狄伐郑及以狄女为后"条富辰语"挚、畴二国，任姓，奚仲、仲虺之后，大任之家也。大任，王季之妃、文王之母也"④。依据《史记》引《国语》最为集中的《周本纪》作数据分析，也有助于我们得出这一结论。据笔者粗略统计，《周本纪》所用《国语》材料，引韦昭注以训释者52处，这足以看出《国语》韦昭注的重要影响。

当然，韦昭《国语解》亦时有疏略之处，后世很多学者对韦注做了辨析校订工作，其中以清儒成绩最大。如赵翼《陔余丛考》卷二首先高度肯定了韦昭注的成就，"韦昭注《国语》，合贾逵、虞翻、唐固诸本参考是正，最号详核"，但同时亦指出"然亦有舛谬者"，并例举四处。第一处是《周语中》的"晋文公请隧"，对于隧的解释，赵翼列出了两种主要观点，一种是贾逵观点，另一种是韦昭观点，"贾逵云：王之葬礼，阙地通路曰隧，昭则以为天子之六乡六隧地也"，贾逵将其释为天子特有的葬礼，葬仪呈现为"阙地通路曰隧"，韦昭则将"隧"理解为属于天子"六乡六隧"之"隧"，是地域。赵翼随后对韦昭之说进行了批驳，"按襄王之词曰：'若班先王之大物以赏私德'，又曰'叔父若能更姓改物，以取备物'，又曰'余敢以私劳变前之大章乎？'又《晋语》：文公请隧，弗许，曰：'王章也'"，这中间的"大物、备物，

①　司马迁：《史记》，中华书局，1959，第115页。
②　徐元诰：《国语集解》，中华书局，2002，第46-47页。
③　司马迁：《史记》，中华书局，1959，第115页。
④　徐元诰：《国语集解》，中华书局，2002，第46页。

大章、王章，皆谓礼之大者，非郊隧地可知"。最后赵翼指出，如信从
韦昭的解释，那么晋文公的做法是不符合常理的："况是时王正劳之
以地，岂又辞所赐之地而别请所不赐之地乎？"①第二处是《周语上》
"仲山父谏宣王立戏"，"鲁武公以其子括与戏见宣王，王立戏"，韦昭
注："括，武公子长子伯御；戏，括弟懿公也。"赵翼引《史记·鲁世
家》指出："懿公九年，兄括之子伯御弑公而自立。则伯御乃括之子也。
《汉书·古今人表》亦同。而昭以伯御为括，亦误。"②以《史记》之说
为准指出韦注的失误。第三处是《郑语》"史伯为桓公论兴衰"，"昭注
《国语》'虞幕能听协风'乃云'幕，舜后，虞思也'"。在赵翼看来，
"按《左传》自幕至于瞽瞍，则幕在瞽瞍之先"，韦昭此注则是"以舜
之远祖为舜之远孙矣"③。第四处是不当避讳问题。"东汉明帝讳庄，
故凡前史所有庄字悉改为严。昭，三国吴人，尚复何所忌讳？而不为
改正，仍以鲁庄公为严公，曲沃庄伯为严伯，亦不免疏于检点。"还指
出顾炎武为韦昭的辩说是曲为之辞，"顾宁人乃以为作史者意存忠厚，
不遽改前代之讳，此亦曲为之说矣"④。除赵翼外，清代许多学者如王
念孙父子、俞越、吴增祺等都有大量辨析更正韦误之说，我们将于后
文中展开。当代也有许多学者对韦注进行辨析更正，其中的代表人物
是俞志慧先生，容后文详加论述。需要指出的是，这些舛误之处对《国
语解》来说瑕不掩瑜。

第四节　王肃和孔晁的《国语》研究

汉晋时期，北方始终是华夏的政治、经济中心，从而也就成为学
术文化中心。汉晋时期，一般认为中国文化发达地区是中原地区、齐
鲁地区和江东地区，其中北方就占了两个。这也就决定了三国时期魏

① 赵翼：《陔余丛考》，商务印书馆，1957，第49页。
② 赵翼：《陔余丛考》，商务印书馆，1957，第49页。
③ 赵翼：《陔余丛考》，商务印书馆，1957，第49页。
④ 赵翼：《陔余丛考》，商务印书馆，1957，第49页。

国和它的政治遗产继承者晋在学术文化上较吴、蜀更为发达。就《国语》研究来看，前后出现了两位著名学者王肃和孔晁，尽管他们的《国语》研究成就无法和韦昭相提并论，但亦不容忽视。

一、王肃的《国语》研究

王肃（195～256），字子雍，官至中领军加散骑常侍，是三国时期魏国最负盛名的经学家。曹魏经学代表了三国经学的最高成就，而王肃是其中当之无愧的领袖人物。王肃经学成就的取得有其深厚的家学渊源。"盖自汉代学校制度废弛，博士传授之风气止息以后，学术中心移于家族，而家族复限于地域，故魏晋南北朝之学术、宗教与家族、地域两点不可分离。"[①]家学的重要性在东汉已开始凸显，正如王鸣盛《十七史商榷》卷27"师法"条所指出："盖前汉多言师法，而后汉多言家法，不改师法则能修家法矣。"[②]但在魏晋六朝，家族对知识获得与学术取向的影响达到了前所未有的程度。王肃的经学成就得益于他的家学，其父王朗即以通经入仕，《三国志·魏书·王朗传》言："著《易》《春秋》《孝经》《周官》传、奏议、论记，咸传于世。"[③]正是在此基础上，形成了王肃宏博多闻的治学特色，为其遍注群经打下了扎实的基础。同时我们不得不承认，王肃经学地位的获得还与强大政治力量的支持密不可分。和《国语》学史上的诸多学者相比，他是为数不多的权位煊赫的人物之一，系曹魏政权后期重臣司马昭的岳父，亦是司马炎的外祖父。正是借助与司马氏政权的姻亲关系，王氏经学成为显赫的官学。《三国志·魏书·王肃传》云："肃善贾、马之学，而不好郑氏，采会同异，为《尚书》《诗》《论语》《三礼》《左氏》解，及撰定父朗所作《易传》，皆列于学官。"[④]他借重于自己的政治影响，高举与郑玄经学对抗的大旗，展示了自己高度的学术自信，"由于王肃

---

① 陈寅恪：《隋唐制度渊源略论稿·唐代政治史述论稿》，生活·读书·三联书店，2001，第20页。

② 王鸣盛：《十七史商榷》，中国书店，1987，第148页。

③ 陈寿：《三国志》，中华书局，1982，第414页。

④ 陈寿：《三国志》，中华书局，1982，第419页。

感到自汉末以来'集大成'的郑玄之学雄踞一时，有意和郑学立异，来树立自己一家之学。他主要是用贾逵、马融的说法来反郑"①。正是因其显赫的学术地位和政治地位，其对《国语》的重视与研究必然会对那个时代产生重要影响。我们认为，《国语》在王肃的学术研究中应占有重要的一席之地，因为本传颇为郑重地提到了他的《春秋外传国语章句》，"及作《周易》《春秋例》《毛诗》《礼记》《春秋三传》《国语》《尔雅》诸注，又注书十余篇"②。从王肃所注诸书的范围似乎能看出他综汇古文经学和今文经学的努力，也能看出他的《国语章句》是服务于他的经学建设尤其是《春秋》学研究的。《隋书·经籍志》《唐书·艺文志》均著录王肃《国语章句》二十二卷，《宋史·艺文志》未见著录，盖宋后失传，《黄氏逸书考》仅辑录 8 条，汪远孙《国语三君注辑存》收 1 条。从残存王肃《国语》注，我们可概括其《国语章句》特色如下。

第一，重视词语训诂。《鲁语下》"孔丘论大骨"条被《史记·孔子世家》采入，有"吴伐越，堕会稽"句，《史记集解》："王肃曰：堕，毁也。"③此解颇为精当。《春秋·定公十二年》："叔孙州仇帅师堕郈。"杜预注亦云："堕，毁也。"④《说文》："隓，败城阜曰隓。"⑤隓隶变为堕，俗作"隳"，即贾谊《过秦论》"隳名城"之"隳"，因此司马贞《史记索隐》将其写为"隳会稽"，并注云："隳，毁也。"⑥《鲁语下》"孔丘论楛矢"条亦被《史记·孔子世家》采入，有"通道于九夷百蛮"句，《史记集解》："王肃曰：'九夷，东方夷有九种也。百蛮，夷狄之百种。'"⑦关于"九夷"的解释能看出王肃对马融之说的推崇，《论语·子罕》："子欲居九夷。"何晏《论语集解》引马融曰："东方之夷有九种。"⑧

---

① 刘起釪：《尚书学史》，中华书局，1989，第 159 页。
② 陈寿：《三国志》，中华书局，1982，第 420 页。
③ 司马迁：《史记》，中华书局，1959，第 1912-1913 页。
④ 李学勤：《十三经注疏·春秋左传正义》，北京大学出版社，1999，第 1594 页。
⑤ 许慎：《说文解字》，中华书局，2013，第 307 页。
⑥ 司马迁：《史记》，中华书局，1959，第 1913 页。
⑦ 司马迁：《史记》，中华书局，1959，第 1923 页。
⑧ 黄怀信：《论语汇校集释》，上海古籍出版社，2008，第 797 页。

当为王肃《国语章句》所本。尽管王肃《国语章句》残存的关于词语的训释极其有限，但我们能看出王肃出注是极其审慎的。

第二，从王肃的《国语章句》能够看出，他对语言有一种敏锐的感觉，能够提出卓异的新见。这集中表现在对"郑伯南也"的训释上。《周语中》"富辰谏襄王以狄伐郑及以狄女为后"条有"郑，伯南也"语，韦昭注云："贾侍中云：'南者，在南服之侯伯也。'或云：'南，南面君。'郑司农云：'南谓子男，郑，今新郑。新郑之于王城在畿内，畿内之诸侯虽爵有侯伯，周之旧法皆食子男之地。'昭案：《内传》子产争贡，曰：'爵卑而贡重者，甸服也。郑，伯男也，而使从公侯之贡，惧弗给也。'以此言之，郑在男服明矣。周公虽制土中设九服，至康王而西都鄗京，其后衰微，土地损减，服制改易，故郑在男服。礼，畿外之侯伯世位，其见待重于采地之君，故曰'是不尊贵也'。"①由韦注的称引和分析可以看出，"郑伯南也"的训释可谓聚讼纷纭，具体有如下几种看法。第一种是贾逵的看法，将这个语句解释为郑伯是在南方的侯伯，称为南服者，据《国语·周语上》祭公谋父所言，王畿之外为五服，《周礼·夏官·职方氏》亦有"辨九服之邦国"的说法，故将南方称为南服。第二种是郑众的看法，认为"南"通"男"，是指子男爵位，畿内诸侯即便是侯伯这样的尊爵，按周代礼制也只能享有子男的采邑。韦昭大体赞同郑众的说法，又引《左传》之语以证之。第三种说法是将"南"解释为"南面之君"。尽管王肃奉贾逵之学为圭臬，但在这里却不拘师法，独辟蹊径地提出自己的看法："郑，伯爵而连男言之，犹言曰'公侯'，足句辞也。"也就是说，王肃认为"郑伯南（男）也"的句读应该是"郑，伯男也"，意思是"郑是伯爵"，"男"在这里只是连及，没有什么意思，"伯男"连及就像"公侯"连及一样，具有"足句辞"的功能。在这里，王肃指出了古汉语中常见的"连及"辞格。对于连及，程邦雄先生做了较为深入的研究，他指出："连及又称连类而及……所述内容实际上是一种修辞现象，指古人表达时，由说甲而

---

① 徐元诰：《国语集解》，中华书局，2002，第48—49页。

连带说到乙。"①他还进一步指出："'连及'的作用概括起来说主要有两个：一是明确语义，一是协调语气。"②顺便补充一点，王肃的这个例证很有可能是从《左传·昭公十三年》子产所言"郑伯男也，而使从公侯之贡"生发而来。实际上王肃用先秦汉语中习见"连及"辞格解释了"伯男"一语。

第三，从现残存的《国语》王肃注来看，疏通句义似乎是其训诂的重点内容，有的训释简洁明晰，畅达贯通。如《鲁语下》"孔丘论大骨"条"于周为长狄，今为大人"③句，《史记集解》："王肃曰：'周之初及当孔子之时，其名异也。'"④《国语》韦昭注则为："周世其国北迁，为长狄也。今，孔子之时也。"⑤两相比照，王注之简明一目了然，前半句分别对应地揭示了两个时间点，即周初叫长狄，孔子时代开始叫大人；后半句则点出只是名号不同而已，族群依然，防止我们理解发生歧异。再如《鲁语下》"孔丘论楛矢"条有"使无忘服也"句，《史记集解》云："王肃曰：'使无忘服从于王也。'"⑥简明扼要地点出了"服"的意蕴，即服从王室命令，把贡物的文化礼仪功能揭示出来。再如《鲁语下》"孔丘论大骨"条中孔子在吴使者问人的身高极限时回答说："僬侥氏长三尺，短之至也。长者不过十之，数之极也。"⑦《史记集解》："王肃曰：十之，谓三丈也，数极于此也。"⑧王注点出"十之"是一个倍数关系，并指出这就是身高的极限，注释语简要畅达。

第四，从现残存的《国语》王肃注来看，政治礼制似乎是王肃注释的重要内容。《鲁语下》"孔丘论大骨"条载孔子语："山川之灵，足以纪纲天下者，其守为神。社稷之守者为公侯。皆属于王者。"⑨关于

① 程邦雄：《说"连及"》，《语言研究》1995 年第 1 期，第 21 页。
② 程邦雄：《"连及"释义法刍议》，《语言研究》1998 年第 1 期，第 178 页。
③ 徐元诰：《国语集解》，中华书局，2002，第 203 页。
④ 司马迁：《史记》，中华书局，1959，第 1913 页。
⑤ 徐元诰：《国语集解》，中华书局，2002，第 203 页。
⑥ 司马迁：《史记》，中华书局，1959，第 1923 页。
⑦ 徐元诰：《国语集解》，中华书局，2002，第 203 页。
⑧ 司马迁：《史记》，中华书局，1959，第 1914 页。
⑨ 徐元诰：《国语集解》，中华书局，2002，第 202 页。

前半句,《史记集解》云:"王肃曰:'守山川之祀者为神,谓诸侯也。'"①关于后半句,《史记集解》:"王肃曰:'但守社稷无山川之祀者,直为公侯而已。'"②王肃的解释明显不同于韦昭。关于前半句,韦昭《国语解》云:"山川之守主,为山川设者也。足以纪纲天下,谓名山大川能兴云致雨以利天下也。"③关于后半句,韦昭《国语解》云:"封国,立社稷而令守之,是谓公侯。"④显然,韦昭将孔子的这番话界定为关于作为山川之主的神和社稷之守的公侯的阐述。王肃则将孔子的这番话界定为关于诸侯和公侯的阐述,认为两者的区分是前者守山川之祀,后者则守社稷之祀。顾颉刚的概括似乎能代表王肃的观点:"按如此说,是古代诸侯有二种,其一为守山川者,又其一为守社稷者。"⑤这侧重从古代祭祀礼制来展开解释,可备一说。

王肃《国语注》也有其不足,一个明显的缺点就是芜杂,即有的语句较为简单没有必要出注,如《鲁语下》"孔子论楛矢"条有"使各以其方贿来贡",《史记·孔子世家》全同,《史记集解》云:"王肃曰:'各以其方面所有之财贿而来贡。'"⑥其实这个语句很容易懂,即便是"贿"字,《说文》:"贿,财也。"⑦足见此为"贿"之汉魏习见义。王肃的《国语章句》服务于他的经学传授,随着经学衰落,更由于韦昭《国语解》的巨大成就,最终导致它在历史长河中湮没无闻。

二、孔晁的《国语》研究

孔晁是西晋著名学者,《晋书》无传,其生平经历不详,但从一些文献零星琐细的记载能看出他性格的一些特征。晋武帝泰始初为五经博士,曾因简慢疏放获罪,《晋书·傅玄传》言晋武帝诏:"近者孔晁、綦毋龢皆案以轻慢之罪,所以皆原,欲使四海知区区之朝无讳言之忌

---

① 司马迁:《史记》,中华书局,1959,第1913页。
② 司马迁:《史记》,中华书局,1959,第1913页。
③ 徐元诰:《国语集解》,中华书局,2002,第202页。
④ 徐元诰:《国语集解》,中华书局,2002,第202页。
⑤ 顾洪:《顾颉刚读书笔记》,联经出版事业公司,1990,第4379-4381页。
⑥ 司马迁:《史记》,中华书局,1959,第1923页。
⑦ 许慎:《说文解字》,中华书局,2013,第126页。

也。"①唐人杜佑亦于其《通典》卷104《上书犯帝讳及帝所生讳议》指出孔晁因犯讳而获罪事:"晋博士孔晁上书犯帝讳,后自上又触讳,而引《诗》《书》不讳,临文不讳。有司奏以慢论。"②由此能看出孔晁性格的某些特征与其仕途的落拓。也许正因不善为官而致力为学,他在学术上取得了很高的成就,曾著《逸周书注》《尚书义问》《春秋外传国语注》。《逸周书注》为今存最早注本,但可惜的是,《春秋外传国语注》失传,《旧唐书·经籍志》无著录,但《新唐书·艺文志》著录,也不见于《宋史·艺文志》,盖已亡佚。关于该书辑佚见于马国翰《玉函山房辑佚书》、汪远孙《国语三君注辑注存》、黄奭《黄氏逸书考》、蒋曰豫《滂喜斋学录》等。从残存孔晁《国语》注我们可概括其《春秋外传国语注》特色如下。

戴震曾言:"治经先考字义,次通文理。志存闻道,必究所依傍。"③孔晁特别注意语句中基本字词的训解。如《周语上》"虢文公谏宣王不籍千亩"条有"阳瘅愤盈,土气震发"句,孔晁注云:"瘅,起。愤,盛也。盈,满。震,动也。"④瘅与"燀"相通,《说文》:"燀,炊也。"⑤孔氏训"瘅"为"起",盖以做饭时火气上升状态形容阳气升起状态,有一定道理。坆,《尔雅·释诂》:"坆,大也。"⑥《方言》卷一:"坆,地大也。青幽之间凡土而高且大者谓之坆。"⑦坆声"贲"亦表义,《尚书大传》卷四"天子贲庸",郑玄注云:"贲,大也。"⑧故"愤"意谓怒气之大,《说文》:"愤,懑也。"⑨即言怒气充满。故孔训"愤"为"盛"可谓持之有故。唐人《一切经音义》云:"愤,怒气盈满也。"⑩盈,《说

① 房玄龄:《晋书》,中华书局,1974,第1320页。
② 杜佑:《通典》,岳麓书社,1995,第1422页。
③ 戴震:《戴震全书》,黄山书社,1995,第495页。
④ 张以仁:《张以仁先秦史论集》,上海古籍出版社,2010,第168页。
⑤ 许慎:《说文解字》,中华书局,2013,第207页。
⑥ 李学勤:《十三经注疏·尔雅注疏》,北京大学出版社,1999,第9页。
⑦ 钱绎:《方言疏证》,上海古籍出版社,1984,第96页。
⑧ 皮锡瑞:《尚书大传疏证》,影印复旦大学图书馆藏清光绪二十二年(1896年)刻师伏堂丛书本。
⑨ 许慎:《说文解字》,中华书局,2013,第221页。
⑩ 徐时仪点校:《一切经音义》(三种校本合刊),上海古籍出版社,2010,第8页。

文》："盈，满器也。"①训"盈"为"满"，当由其引申而来。训"震"为"动"，亦有所本，屈原《哀郢》"何百姓之震愆"，王逸注云："震，动也。"②关于这四个词的意思，韦注云："瘅，厚也。愤，积也。盈，满也。震，动也。"③其中"盈""满"韦说与孔说全同，"愤"义孔说和韦说相近，"瘅"义孔说与韦说不同，均可成说。再如《晋语四》"曹共公不礼重耳而观其骈胁"条有"闻其骈胁，欲观其状，止其舍，谍其将浴，设微薄而观之"，孔晁注云："谍，候也。微，蔽也。"④对"谍"和"微"的注释颇为精当。《左传·哀公元年》载"少康使女艾谍浇"，杜预注云："谍，候也。"⑤杜预和孔晁大体同时，由此足证"侯"和"谍"为同义词是那时的一个普遍认识。"微"之释义本于《尔雅·释诂》："蔽，微也。"⑥对这两个词的释义非常精准。

孔晁释词的范围极为广泛。有的是解释官职，如《晋语七》"悼公即位"条有"栾伯谓公族大夫"句，孔晁注云："公族大夫，掌公族及卿大夫子弟之官。"⑦有的是解释人名，如《周语下》"景王问钟律于伶州鸠"条有"则我皇妣太姜之姪，伯陵之后，逄公之所凭神也"，孔晁注云："太姜，太王之妃，王季之母，姜女也。女子谓昆弟之子，男女皆曰姪。伯陵，太姜之祖有逄伯陵也。逄公，伯陵之后，太姜之姪，殷之诸侯，封于齐地。"⑧有的是解释器物，如《鲁语上》"展禽使乙喜以膏沐犒师"条有"室如悬磬"句，孔晁注云："悬磬，但有桷，无覆盖。"⑨有的是解释礼仪制度，如《鲁语上》"展禽论祭爰居非政之宜"条有"幕，能帅颛顼者也"句，孔晁注云："幕能修道，功不及祖，德不及宗。每于岁之大烝而祭，谓之报。"⑩有的是解释地名，如《鲁语

---

① 许慎：《说文解字》，中华书局，2013，第99页。
② 朱熹：《楚辞集注》，上海古籍出版社，2001，第81页。
③ 徐元诰：《国语集解》，中华书局，2002，第16页。
④ 张以仁：《张以仁先秦史论集》，上海古籍出版社，2010，第271页。
⑤ 李学勤：《十三经注疏·春秋左传正义》，北京大学出版社，1999，第1612页。
⑥ 李学勤：《十三经注疏·尔雅注疏》，北京大学出版社，1999，第37页。
⑦ 徐元诰：《国语集解》，中华书局，2002，第407页。
⑧ 徐元诰：《国语集解》，中华书局，2002，第125页。
⑨ 徐元诰：《国语集解》，中华书局，2002，第151页。
⑩ 徐元诰：《国语集解》，中华书局，2002，第160页。

上》"里革论君之过"条有"幽灭于戏"句，孔晁注云："戏，西周地名。"①

　　孔晁注还对《国语》的正文内容做辨析正讹，这在其他《国语》注书中似乎并不多见。如《晋语七》"悼公即位"条有"二月乙酉，公即位"句，孔晁注云："二月乙酉，言正月者，记者误也。"②

　　孔晁对有些字词的训释亦有粗疏失误之处，如《吴语》"夫差伐齐不听申胥之谏"条叙写楚灵王众叛亲离后"乃匍匐入棘闱"，孔晁注云："棘，楚邑。闱，门也。"③关于"棘"的解释是正确的，但训"闱"为门欠妥，《尔雅·释宫》："宫中之门谓之闱，其小者谓之闺。小闺谓之阁。巷门谓之闳。"④再如《鲁语下》"公父文伯之母论劳逸"条："是故天子大采朝日，与三公、九卿祖识地德，日中考政，与百官之政事、师尹、维旅、牧、相宣序民事。少采夕月，与大史、师载，纠虔天刑。"孔晁注云："大采，谓衮冕。""少采，谓黼衣。"⑤在《春秋左传正义》中孔颖达结合周代礼制的分析，认为孔晁关于"大采"的解说是不正确的，而采信韦昭注："大采，谓玄冕也。"

　　孔晁《国语》注成就的取得，与他善于吸取前人和同时代人注书的成果分不开。贾逵《国语》注就对孔晁产生了重大影响。如《晋语五》"宁嬴氏论貌与言"条有"舍于逆旅宁嬴氏"⑥，《左传·文公五年》有"晋阳处父聘于卫，反过宁，宁嬴从之"句，孔颖达《春秋左传正义》云："注《国语》者、贾逵、孔晁，皆以宁嬴为掌逆旅之大夫，故杜亦同之。"⑦贾、孔注语相同，显然是孔晁注承自贾逵。孔晁亦借鉴韦昭处颇多。一个鲜明例证是《晋语六》"范文子论胜楚必有内忧"条有"栾武子将上军，范文子将下军"句，孔晁注云："上、下，中军之上、下也。《传》曰：'栾书将中军，士燮佐之。'又曰：'栾、范以其

①　徐元诰：《国语集解》，中华书局，2002，第160页。
②　徐元诰：《国语集解》，中华书局，2002，第404页。
③　徐元诰：《国语集解》，中华书局，2002，第542页。
④　徐朝华：《尔雅今注》，南开大学出版社，1987，第171页。
⑤　徐元诰：《国语集解》，中华书局，2002，第194-196页。
⑥　徐元诰：《国语集解》，中华书局，2002，第376页。
⑦　李学勤：《十三经注疏·春秋左传正义》，北京大学出版社，2004，第507页。

族夹公行。'"①全同于韦昭注，韦注对孔晁注的影响显而易见。再如《晋语四》"曹共公不礼重耳而观其骈胁"条有"闻其骈胁，欲观其状，止其舍，谍其将浴，设微薄而观之"，孔晁注："谍，候也。""微，蔽也。"②亦全同于韦昭注，由此可见，无论是礼制还是具体字词，孔晁《国语》注从韦昭《国语解》取鉴很多。

　　孔晁《国语》注对后世注书的影响是比较大的。如孔颖达《春秋左传正义》即多引孔晁《国语》注以申说，上文亦多所称引，兹不赘述。在《国语》研究史上，孔晁还有一个贡献，即对《国语》作者及其与《左传》的关系等问题进行了阐述。孔颖达《春秋左传正义》"鲁僖公十一年"引孔晁语："左丘明集其典雅令辞，与经相发明者，以为《春秋传》。其高论善言，别为《国语》。凡《左传》《国语》有事同而辞异者，以其详于《左传》，而略于《国语》；详于《国语》，而略于《左传》。"③首先孔氏肯定了《国语》和《左传》的作者都是左丘明，应该说，孔晁对左丘明著《国语》的强调是有针对性的，魏晋时已开始出现怀疑《国语》为左丘明所作的声音，如前一章我们提到的傅玄。其次孔晁还将《国语》与《左传》进行了细致的比较，认为被左丘明写进《左传》的部分其功能是阐释《春秋》经，其语言形式特征是"典雅令辞"，被写进《国语》的部分则是"高论善言"。一方面肯定了《国语》和《左传》不同的语言特色，另一方面如同韦昭评价《国语》为"嘉言善语"一样，肯定了《国语》的社会政治价值，同时也如韦昭强调《国语》"文不主于经"一样，并未强调《国语》作为"《春秋》外传"和经的关系，这代表了魏晋时人对《国语》认识的深入。尤其难能可贵的是，孔晁非常准确地指出了《国语》和《左传》在历史叙事上各有千秋的特色，肯定既有"详于《左传》，而略于《国语》"的存在，同时也有"详于《国语》，而略于《左传》"的存在。确实，《国语》中有许多内容描写叙述得要比《左传》更为生动具体。这一主张体现了孔晁的学术卓见。

---

① 徐元诰：《国语集解》，中华书局，2002，第393页。
② 徐元诰：《国语集解》，中华书局，2002，第327页。
③ 李学勤：《十三经注疏·春秋左传正义》，北京大学出版社，2004，第365页。

在魏晋六朝，除上述注家外，还出现了其他《国语》注者，尽管他们的作品已湮没在历史长河中。例如三国时期的孙炎，《三国志·王肃传》言其受学于郑玄，"作《周易》《春秋例》《毛诗》《礼记》《春秋三传》《国语》《尔雅》诸注"。①此外还有北魏的刘芳，《魏书·刘芳传》载刘芳才思深敏，"兼览《苍》《雅》，尤长音训，辨析无疑"，因汉之熙平石经是"学者文字不正，多往质焉"的权威版本，而北魏的刘芳也因其"音义明辨，疑者皆往询访"，被起了个雅号"刘石经"，②足见其在北魏学术文化领域中的影响。正是奠基于深厚的学术功底，他为郑玄注《周官》《仪礼》、干宝注《周官》、王肃注《尚书》、何休注《公羊传》、范宁注《公羊传》等注音，亦撰韦昭注《国语音》一卷，这是最早为《国语》注音的著作，具有学术史的开创意义，很遗憾的是它失传了，我们无法一窥其貌。

第五节　魏晋六朝注书家引《国语》研究

《国语》在魏晋六朝的影响进一步扩大，除了许多学者训解《国语》外，许多其他书籍的注疏也多称引《国语》，这表明《国语》的史学和语料等诸多价值受到了学者们的关注。囿于篇幅，笔者择要介绍几部注书称引《国语》的情况。

一、《尔雅》郭璞注引《国语》

郭璞是两晋之交的著名学者，《晋书·郭璞传》言"璞好经术……好古文奇字"，广注众书，尤致力于《尔雅》，"注释《尔雅》，别为《音义》《图谱》"。郭氏《尔雅注》得到了学界一致推许，邢昺《尔雅疏序》称其"甚得六经之旨，颇详百物之形。学者祖焉，最为称首"③。郭注的一个优长之处就是取证广泛。对于郭璞《尔雅注》取例诸书，赵振

---

① 陈寿：《三国志》，中华书局，1982，第420页。
② 魏收：《魏书》，中华书局，1974，第1220页。
③ 李学勤：《十三经注疏·尔雅注疏》，北京大学出版社，1999，第3页。

铎先生曾予以详尽概括："郭璞给《尔雅》做注，大量采用群经的材料，特别是《诗经》《尚书》用得较多……《周易》、《三礼》、《春秋》三传、《论语》，郭璞也常引用……除了群经外，郭璞称引的古籍还有：《尚书大传》《归藏》《谥法》《外传》《仓颉篇》《广雅》《埤苍》《国语》《周书》《史记》《汉书》《山海经》《庄子》《管子》《晏子春秋》《孟子》《尸子》《韩非子》《吕氏春秋》《淮南子》《本草》《相马经》《家语》《离骚》，等等。"①赵先生将郭注所采摭群书按其与《尔雅》关联的紧密程度及重要程度分为三个层级，大体是正确的。将《国语》置于第三层级亦颇有道理。对郭注征引《诗经》与《国语》的数据进行比较，即可说明这一点。《尔雅注》引《诗》170 例，而引《国语》仅 15 例，后者不及前者的十分之一。但从《国语》传播史及研究史的角度来看，这些材料还是颇具价值的。

（一）从《尔雅注》引《国语》看郭璞对《国语》的熟谙

郭璞注释《尔雅》虽仅采用了《国语》的 15 处语例，并不表明他对《国语》的轻忽，这主要是由注解对象——《尔雅》的性质与成书目的决定的。学术界主流意见是将《尔雅》归为解经之作，如托名刘歆所著《西京杂记》卷三载，扬雄言《尔雅》为"孔子门徒游、夏之俦所记，以解释六艺者也"②。王充《论衡·是应》明确指出："《尔雅》之书，五经之训故。"③郑玄《驳五经异义》亦言："某之闻也，《尔雅》者，孔子门人所作，以释六艺之旨，盖不误也。"④陆德明《经典释文·序录》亦主张："《尔雅》所以训释五经，辨章同异。"⑤欧阳修《诗本义》甚至强调《尔雅》为解《诗经》而作，"《尔雅》……乃是秦汉之间学《诗》者纂集说《诗》博士解诂"⑥。有的学者为了强调《尔雅》的词典性质而否认其为解经专著，如《四库全书总目提要》编者即指出《尔雅》"释五经者不及十之三四，更非专为五经作。今观其文，大抵采诸

①　赵振铎：《郭璞〈尔雅注〉简论》，《语文研究》1985 年第 1 期，第 14-15 页。
②　葛洪：《西京杂记》，三秦出版社，2006，第 134 页。
③　黄晖：《论衡校释》，中华书局，1990，第 765 页。
④　阮元：《十三经注疏》，中华书局，1980，第 757 页。
⑤　陆德明：《经典释文》，中华书局，1983，第 17 页。
⑥　谢启昆：《小学考》，语文出版社，1997，第 123 页。

书训诂名物之同异，以广见闻，实自为一书，不附经义"①。今人张紫文先生指出："《尔雅》显然是一部训诂专著，或者说是一部收录语词兼百科词的综合性词典。""《尔雅》不是专为解释'五经'、'六艺'，更不是专门解释《诗经》的，不能说它是'几乎完全顺着儒家经典而设置的'。"②我们认为强调《尔雅》作为一部综合性词典和其服务于解读儒家经典的撰写动机并不矛盾。这一点正如远后于《尔雅》的《说文解字》，《说文》是一部字典，但许慎撰著它的初衷是服务于儒家经典的研习和古文经学的发展，"许慎撰《说文解字》的主要目的，正是为了正确解释作为'经艺之本，王政之始'的文字，以发扬'五经之道'的"③。这一点许氏自己在《说文解字·序》中阐释得很清楚："盖文字者，经艺之本，王政之始，前人所以垂后，后人所以识古。知天下之至赜而不可乱也。今叙篆文，合以古籀，博采通人，至于小大，信而有证。稽撰其说，将以理群类，解谬误，晓学者，达神旨。分别部居，不相杂厕，万物咸睹，靡不兼载，厥谊不昭，爰明以喻。其称《易》孟氏、《书》孔氏、《诗》毛氏、《礼》周官、《春秋》左氏、《论语》、《孝经》，皆古文也。"④相较于《说文》，《尔雅》与儒家经典尤其是《诗经》《尚书》的关系更为密切，其中很多语料为《诗经》《尚书》所屡见或仅见，这就决定了郭璞《尔雅注》必然更多地从以《诗经》《尚书》为中心的群经中采撷语料。相形之下，《国语》等典籍中的语料较少出现于《尔雅》中就不难理解了。自然而然，《尔雅注》引证《国语》语例就远较《诗经》《尚书》为少。

　　实际上，郭璞对《国语》是颇为重视的，这从其《尔雅注》所引证《国语》之语料可见一斑。郭璞对《国语》语例的选择绝非随意，而是极为精审。如《尔雅·释诂》："靖、惟、漠、图、询、度、咨、诹、究、如、虑、谟、猷、肇、基、访，谋也。"郭注："《国语》曰：

---

① 永瑢、纪昀：《四库全书总目》，中华书局，1965，第 339 页。

② 张紫文：《〈尔雅〉说略》，《江淮论坛》1980 年第 2 期，第 113 页。

③ 邓文彬：《中国古代文字学的建立与许慎〈说文解字〉的地位和影响》，《西南民族大学学报》2001 年第 8 期，第 163 页。

④ 许慎：《说文解字》，中华书局，2013，第 317 页。

'询于八虞，咨于二虢，度于闳夭，谋于南宫，诹于蔡、原，访于辛、尹。'通谓谋议耳。如、肇所未详，余皆见《诗》。"①郭氏所引《国语》文句构成了《尔雅》此条注释的主体。《国语》文本巧妙地连用六个同义联合构成排比，足证在其时语境中"询""咨""度""谋""诹""访"六词构成同义关系，而这六个词分别成为《尔雅》该词条的被训释词和训释词。郭氏选例之精当令人折服。若非对《国语》之熟谙，断不及此。再如《尔雅·释诂》："仇、雠、敌、妃、知、仪，匹也。"郭注："《诗》云：'君子好仇'，'乐子之无知'，'实维我仪'。《国语》亦云：'丹朱凭身以仪之。'雠犹侔也。《广雅》云：'雠，辈也。'"②在该注中，"仪"显系重点被训释词，郭氏在引证《诗经·鄘风·柏舟》诗句后，又引《国语·周语上》文句进一步补充，而这种补充绝非可有可无，其目的是引导读者进一步认识"仪"的词义，显然这两例之"仪"均为男女匹合之义。这也表明，郭璞认为"仪"之"匹"义是强调男女配合内涵。凡此足证《尔雅注》对《国语》语料的运用大多精心选择，而这是以郭璞对《国语》的熟悉和重视为前提的。再如《尔雅·释虫》"蠭，蝝蛹"，郭璞注云："螽子未有翅者。《外传》曰：'虫舍蚳蠭。'"③郭注所引见《国语·鲁语上》，"蠭"字较为生僻，《诗》《书》《左传》等文献均未见，《尔雅注》引《国语》文句以疏证《尔雅》，足见其对《国语》的纯熟和推重。可作为这一论断佐证的是，郭璞在其文学创作中亦时用《国语》之典，如严可均《全上古三代秦汉三国六朝文·全晋文》收录其《井赋》残篇，中有"怪季桓之穿费兮，乃获羊于土缶"句，显系出于《国语·鲁语下》："季桓子穿井如获土缶，其中有羊焉。"④因为舍此之外再无其他先秦文献载录此事。郭璞对《国语》的精熟从一个侧面反映了《国语》在晋代知识界的流传状况。

通过《尔雅》郭璞注引《国语》，我们还可了解《国语》传播过程中的异文情况，如《尔雅·释言》："块，墣也。"郭璞注云："土块也。

---

① 李学勤：《十三经注疏·尔雅注疏》，北京大学出版社，1999，第14页。
② 李学勤：《十三经注疏·尔雅注疏》，北京大学出版社，1999，第18页。
③ 李学勤：《十三经注疏·尔雅注疏》，北京大学出版社，1999，第285页。
④ 徐元诰：《国语集解》，中华书局，2002，第190页。

《外传》曰：'枕凷以堛。'"①郭注所引《国语》之句当为《国语·吴语》伍子胥谏吴王夫差语，其文云："王寐，畴枕王以墣而去之。"②相较而言，以今本更为通畅。再如《尔雅·释言》："晦，冥也。奔，走也。逡，退也。"郭璞注云："《外传》曰：'已复于事而逡。'"③郭注所引《国语》之句见于《国语·齐语》："正月之朝，乡长复事。君亲问焉，曰：'于子之乡，有居处好学，慈孝于父母，聪慧质仁，发闻于乡里者，有则以告。有而不以告，谓之蔽明，其罪五。'有司已于事而竣。"④根据语境，当以郭注所引为佳，唯此方与上文"复事"吻合。

《尔雅注》引《国语》共 15 处，其中仅有 3 处称《外传》，其他 12 处均称《国语》，这与汉代有鲜明不同。例如《说文》，全书直接标明引用《国语》共计 21 处，其中称《春秋传》2 处，称《国语》7 处，称《春秋国语》12 处。再如《风俗通义》直接标明引《国语》者 11 处，其中 3 处称《国语》，8 处称《春秋国语》。由此可见，汉人更倾向于以《春秋国语》指称"国语"，这与汉儒认为《国语》辅翼《左传》解《春秋》的观念息息相关。郭璞《尔雅注》以直称《国语》名为主的倾向则显示魏晋人试图将《国语》从经学体系中剥离的趋势。

（二）从《尔雅注》引《国语》看韦昭《国语解》的传播

与郭璞通晓《国语》相关的一个问题是，郭氏在阅读《国语》时是否参阅过前贤注本？我们通过将《国语》韦昭注与郭氏《尔雅注》所引《国语》语料进行比对，可得出这样一个判断：郭璞注释《尔雅》极有可能参考了韦昭的《国语解》。

韦昭《国语解》释词于《尔雅》多所汲取，正如其《国语解叙》所言"以《尔雅》齐其训"，有的直接标明，如《国语·越语下》"至于玄月"，韦昭注云："《尔雅》曰：'九月为玄。'"⑤有的虽未标明，但明系承自《尔雅》，如《国语·周语上》"事之供给于是乎在"，韦昭注

① 李学勤：《十三经注疏·尔雅注疏》，北京大学出版社，1999，第 89 页。
② 徐元诰：《国语集解》，中华书局，2002，第 542 页。
③ 李学勤：《十三经注疏·尔雅注疏》，北京大学出版社，1999，第 84 页。
④ 徐元诰：《国语集解》，中华书局，2002，第 225 页。
⑤ 徐元诰：《国语集解》，中华书局，2002，第 583 页。

云："供，具也。"①《国语·周语上》"西周三川皆震"，韦昭注云："震，动也。"②这两条韦注均同于《尔雅·训诂》。《尔雅注》称引《国语》共 15 处 18 个被训释词，将韦昭与《尔雅》对这 18 个词的注释进行比照，就会发现韦注中 13 处 16 个被训释词的解释完全同于或可溯源于《尔雅》。为便于读者对之有清晰的了解，兹胪列如下。

第一处即《尔雅·释天》："九月为玄"，郭璞注云："《国语》云'至于玄月'是也。"③陈按，郭注所引《国语》句见于《国语·越语下》，韦昭注云："《尔雅》曰：'九月为玄。'"

第二处即郭璞引《国语》释《尔雅》"询、度、咨、诹、访，谋也"例。陈按，此处郭注所引系《国语·晋语四》晋大夫胥臣对晋文公之语，言周文王即位，"询于八虞，而咨于二虢，度于闳夭，而谋于南宫，诹于蔡、原而访于辛、尹，重之以周、邵、毕、荣，亿宁百神，而柔和万民"。韦昭注云："询，谋也。""咨，谋也。""度，亦谋也。""诹、访，皆谋也。"④

第三处即郭璞引《国语》释《尔雅》"仪，匹也"例。陈按，此处郭注所引系《国语·周语下》周内史过对周惠王之语："昔昭王娶于房，曰房后，实有爽德，协于丹朱，丹朱凭身以仪之，生穆王焉。"韦昭注云："仪，匹也。"⑤

第四处见《尔雅·释诂》："讫、徽、妥、怀、安、按、替、戾、底、废、尼、定、曷、遏，止也。"郭璞注云："妥者，坐也。怀者，至也。按，抑，按也。替、废皆止住也。戾、底义见《诗》。《国语》曰：'戾久将底。'《孟子》曰：'行或尼之。'今以逆相止为遏。徽未详。"⑥陈按，郭注所引《国语》句为《国语·晋语四》狐偃谏公子重耳语，该语句含有《尔雅》两个被释词，当为郭璞所精选。韦昭注云："底，

---

① 徐元诰：《国语集解》，中华书局，2002，第 16 页。
② 徐元诰：《国语集解》，中华书局，2002，第 26 页。
③ 李学勤：《十三经注疏·尔雅注疏》，北京大学出版社，1999，第 170 页。
④ 徐元诰：《国语集解》，中华书局，2002，第 361-362 页。
⑤ 徐元诰：《国语集解》，中华书局，2002，第 30 页。
⑥ 李学勤：《十三经注疏·尔雅注疏》，北京大学出版社，1999，第 38 页。

止也。"①

第五处见《尔雅·释诂》:"挥、盏、歇、涸,竭也。"郭璞注云:"《月令》曰:'无漉陂池。'《国语》曰:'水涸而成梁。'挥振去水亦为竭。歇,通语。"②陈按,郭注所引《国语》句为《国语·周语中》单襄公语,"涸"于单襄公话中凡两见,此前有"天根见而水涸",韦昭注云:"涸,竭也。"③

第六处见《尔雅·释诂》:"馌、馕,馈也。"郭璞注云:"《国语》曰:'其妻馌之。'"④陈按,郭注所引《国语》句见于《国语·晋语五》:"见冀缺薅,其妻馌之,敬,相待如宾。"韦昭注云:"野馈曰馌,《诗》曰:'馌彼南亩。'"⑤

第七处见《尔雅·释言》:"观、指,示也。"郭璞注云:"《国语》曰:'且观之兵。'"⑥陈按,郭注所引《国语》句为《国语·周语上》祭公谋父谏周穆王语,"观"于祭公谋父话中凡两见,此前有"先王耀德不观兵",韦昭注云:"观,示也。"⑦

第八处见《尔雅·释言》:"曩,曏也。"郭璞注云:"《国语》曰:'曩而言戏也。'"⑧陈按,郭注所引《国语》句为《国语·晋语二》里克对优施语,韦昭注云:"曩,向也。"⑨"向"即"曏"之假借字,而"曏"之义,正如《说文》所释:"曏,不久也。"⑩即不久前的意思。

第九处即上文所举郭璞引《国语》释《尔雅》"逡,退也"例。"逡",今本《国语·齐语》原文作"竣",二字当通。韦昭注云:"竣,退伏也。"⑪

---

① 徐元诰:《国语集解》,中华书局,2002,第 321 页。
② 李学勤:《十三经注疏·尔雅注疏》,北京大学出版社,1999,第 44 页。
③ 徐元诰:《国语集解》,中华书局,2002,第 63 页。
④ 李学勤:《十三经注疏·尔雅注疏》,北京大学出版社,1999,第 45 页。
⑤ 徐元诰:《国语集解》,中华书局,2002,第 375 页。
⑥ 李学勤:《十三经注疏·尔雅注疏》,北京大学出版社,1999,第 58 页。
⑦ 徐元诰:《国语集解》,中华书局,2002,第 2 页。
⑧ 李学勤:《十三经注疏·尔雅注疏》,北京大学出版社,1999,第 86 页。
⑨ 徐元诰:《国语集解》,中华书局,2002,第 277 页。
⑩ 许慎:《说文解字》,中华书局,2013,第 135 页。
⑪ 徐元诰:《国语集解》,中华书局,2002,第 222 页。

第十处见《尔雅·释亲》："妇称夫之父曰舅，称夫之母曰姑。姑舅在，则曰君舅、君姑；没，则曰先舅、先姑。"郭璞注云："《国语》曰："'吾闻之先姑。'"①陈按，郭注所引《国语》句为《国语·鲁语下》公父文伯母对季康子语，韦昭注云："夫之母曰姑，殁曰先姑。"②

第十一处见《尔雅·释鸟》："爰居，杂县。"郭璞注云："《国语》曰：'海鸟爰居。'汉元帝时琅邪有大鸟如马驹，时人谓之爰居。"③陈按，郭注所引《国语》句见《国语·鲁语上》，其文曰："海鸟曰爰居。"韦昭注云："爰居，杂悬也。"④陈按，"县"为"悬"之古字。

第十二处见《尔雅·释兽》："麎：牡，麚；牝，麀；其子，麛；其迹，躔。绝有力，狄。"郭璞注云："《国语》曰：'兽长麛麃。'"⑤陈按，郭注所引《国语》句见《国语·鲁语上》，韦昭注云："鹿子曰麛，麇子曰麀。"⑥

第十三处见于前举《尔雅·释虫》："蠓，蝮蜪。"郭注云："蝗子未有翅者。《外传》曰：'虫舍蚳蠓。'"郭引见《国语·鲁语上》，韦昭注云："蠓，蝮蜪也，可食。"⑦

我们认为，郭璞《尔雅注》以《国语》所疏证的《尔雅》18个被训释词的释义，竟有16个同于韦昭《国语解》，似乎不能用巧合来解释，最大的可能是郭璞所读《国语》即为韦注本，而韦昭注解《国语》依据的最主要的工具书就是《尔雅》，因此郭璞在注解《尔雅》时，即自然地根据《国语解》的习得，以《国语》语料训释韦昭所用的《尔雅》词条。遗憾的是，郭璞在《尔雅注》序言中并未言明，我们不能断言韦昭《国语解》对《尔雅注》的影响，但有两个旁证可增加我们对这一推想的信心。一是郭璞对略早于他的魏晋时人的文献及研究成果是相当重视的，如前举《尔雅·释诂》："仇、雠、敌、妃、知、仪，

---

① 李学勤：《十三经注疏·尔雅注疏》，北京大学出版社，1999，第122页。
② 徐元诰：《国语集解》，中华书局，2002，第192页。
③ 李学勤：《十三经注疏·尔雅注疏》，北京大学出版社，1999，第312页。
④ 徐元诰：《国语集解》，中华书局，2002，第154页。
⑤ 李学勤：《十三经注疏·尔雅注疏》，北京大学出版社，1999，第321页。
⑥ 徐元诰：《国语集解》，中华书局，2002，第170页。
⑦ 徐元诰：《国语集解》，中华书局，2002，第170页。

匹也。"郭注引《广雅》以释"雠":"雠犹俦也。《广雅》云:'雠,辈也。'"据笔者粗略统计,《尔雅注》引《广雅》共计 10 处,《广雅》为魏人张揖所作。《竹书纪年》和《穆天子传》为西晋不准盗墓所出文献,郭璞《尔雅注》一处引证《竹书纪年》,《尔雅·释亲》"来孙之子为晜孙",郭璞注云:"晜,后也。《汲冢竹书》曰:'不窋之晜弟。'"①两处引证《穆天子传》,《尔雅·释兽》"狻麑,如虦猫,食虎豹",郭璞注云:"即师子也,出西域。汉顺帝时疏勒王来献犎牛及师子。《穆天子传》曰:'狻猊日走五百里。'"②《尔雅·释畜》"小领,盗骊",郭璞注云:"《穆天子传》曰:'天子之骏,盗骊、绿耳。'又曰'右服盗骊'。盗骊,千里马。"③《国语解》作为魏晋时期《国语》训诂的集大成者,受到郭璞重视自在情理之中。另一旁证是《尔雅注》对前人古注的重视和承引,如全书五处直接标明《毛诗传》,《尔雅·释诂》"忥、谧、溢、蛰、慎、貉、谧、顗、顟、密、宁,静也",郭璞注云:"忥、顗、顟,未闻其义。馀皆见《诗传》。"④《尔雅·释训》"凡曲者为罶",郭璞注云:"(《毛诗传》曰:'罶,曲梁也。'凡以薄为鱼笱者,名为罶。"⑤《尔雅·释宫》"隄谓之梁",郭璞注云:"即桥也。或曰:'石绝水者为梁。'见《诗传》。"⑥《尔雅·释水》"归异出同流,肥",郭璞注云:"《毛诗》传曰:'所出同,所归异为肥。'"⑦《尔雅·释草》"藚,牛唇",郭璞注云:"《毛诗传》曰:'水蕮也。'如藚断,寸寸有节,拔之可复。"⑧作为东汉以后传布最广的《诗经》传本,《毛诗传》颇为郭璞所重,那么作为《国语》的重要注本,郭璞推重韦昭《国语解》似乎也易于理解和接受。

《国语》作为一部先秦要籍,在魏晋六朝社会受到广泛的重视。郭

① 李学勤:《十三经注疏·尔雅注疏》,北京大学出版社,1999,第 117 页。
② 李学勤:《十三经注疏·尔雅注疏》,北京大学出版社,1999,第 327 页。
③ 李学勤:《十三经注疏·尔雅注疏》,北京大学出版社,1999,第 335 页。
④ 李学勤:《十三经注疏·尔雅注疏》,北京大学出版社,1999,第 19 页。
⑤ 李学勤:《十三经注疏·尔雅注疏》,北京大学出版社,1999,第 116 页。
⑥ 李学勤:《十三经注疏·尔雅注疏》,北京大学出版社,1999,第 133 页。
⑦ 李学勤:《十三经注疏·尔雅注疏》,北京大学出版社,1999,第 219 页。
⑧ 李学勤:《十三经注疏·尔雅注疏》,北京大学出版社,1999,第 250 页。

璞《尔雅注》从一个侧面反映了《国语》在晋代的传播和接受状况，是《国语》研究史梳理中不应忽视的资料。郭璞广引《国语》注解《尔雅》，表明《国语》的语料价值和文化史资料价值受到了晋人的珍重。与此同时，郭璞征引《国语》时多以今人习用之名称之，而非如汉儒常称之为"《春秋外传》"，亦足证《国语》的接受与传播渐呈与经学背离趋势，其史书性质开始受到进一步重视，为唐人的《国语》接受奠定了基础。《尔雅》郭注与韦昭《国语解》的密切关系，也在一定程度上折射了《国语》韦注在六朝的接受状况。对郭璞《尔雅》征引《国语》的研究，有助于丰富和深化我们对《国语》接受史与研究史的理解；其研究实践亦引导我们将古代注疏文献和小学典籍征引《国语》的现象，作为《国语》研究史的一个维度加以重视。

二、裴骃《史记集解》对《国语》的称引

魏晋六朝，《史记》的研究在平稳推进，尽管和《汉书》相比似乎显得冷清一些，但也出现了一些值得称道的著述。东汉末年，《史记》已引起有的学者注意，如延笃，司马贞《史记索隐·后序》云："始后汉延笃，乃有《音义》一卷，又别有《音隐》五卷，不记作者何人。"[①]延至东晋末年南朝初年出现了大史学家徐广，作《史记音义》，影响甚大。正是在徐著基础上，裴骃著成了大型综合性《史记》注本《史记集解》，该书也成为魏晋六朝的典型性注疏方式——集解体的经典之作。裴著的撰成，还得益于家庭环境的影响和激励，其父裴松之受宋文帝之命撰成《三国志注》，与《三国志》并行而成为不朽的经典。裴骃的《史记集解》则同唐人的《史记索隐》《史记正义》被合在一起，称为"三家注"，与《史记》并行成为经典。朱东润先生曾给予了它很高评价："今所传《史记》注本之最古者，独有裴骃集解，其后刘伯庄、司马贞、张守节诸家训释《史记》，兼为《集解》下注，此则比毛传、郑笺，同为不刊之作矣。"[②]《史记集解》广引《尚书》《左传》《穀梁

---

① 司马迁：《史记》，中华书局，1959，第 3331 页。
② 朱东润：《裴骃〈史记集解〉说》，《史记考索》，开明书店，1943，第 127 页。

传》《孟子》《战国策》《孙子兵法》《鲁连书》《司马书》《尸子》《楚汉春秋》《韩诗章句》《尚书大传》《皇览》《古史考》《帝王世纪》等书，其中就包括《国语》及诸注书。我们可将《史记集解》对《国语》及其注的称引概括为如下几个特色。

第一，就《国语》及其注而言，裴骃更重视运用《国语》注释成果来训解《史记》。如《史记·郑世家》载郑桓公听从史伯建议："于是卒言王，东徙其民雒东，而虢、郐果献十邑，竟国之。"所献十邑是哪十邑？《史记》未作交代。裴骃《史记集解》云："虞翻曰：'十邑谓虢、郐、鄢、蔽、补、丹、依、弢、历、莘也。'"司马贞《史记索隐》则又进一步指出虞注实际是出自《国语》文本："《国语》云：太史伯曰'若克二邑，鄢、蔽、补、丹、依、弢、历、莘君之土也'。虞翻注皆依《国语》为说。"① 《史记》史料多引《国语》，而在注解这些史料时，《史记集解》几乎全用《国语》诸注，其中以韦昭注为主，兼及贾逵、唐固、王肃等人的《国语》注解。如《周语上》"祭公谏穆王征犬戎"条全被《史记·周本纪》所采撷，仅此处《史记集解》就引韦昭注 19 次，引唐固注 2 次。再如《鲁语下》"季桓子穿井获羊""孔丘论大骨""孔丘论楛矢"三条全被《史记·孔子世家》所采撷，《史记集解》就引韦昭注 13 次，引王肃注 8 次，引唐固注 2 次。

第二，裴骃《史记集解》注解《史记》制度材料时经常引用《国语》的相关材料。如《史记·齐太公世家》"桓公既得管仲，与鲍叔、隰朋、高傒修齐国政，连五家之兵"，《史记集解》："《国语》曰：'管子制国五家为轨，十轨为里，四里为连，十连为乡，以为军令。'"② 陈按，裴氏此注出自《国语·齐语》"管仲对桓公以霸术"条："管子于是制国：'五家为轨，轨为之长；十轨为里，里有司；四里为连，连为之长；十连为乡，乡有良人焉。以为军令……'"③ 再如《史记·五帝本纪》："自黄帝至舜、禹，皆同姓而异其国号，以章明德。"裴骃集解："徐广曰：《外传》曰'黄帝二十五子，其得姓者十四人'。虞翻云'以

---

① 司马迁：《史记》，中华书局，1959，第 1758 页。
② 司马迁：《史记》，中华书局，1959，第 1487 页。
③ 徐元诰：《国语集解》，中华书局，2002，第 224 页。

德为氏姓'。又虞说以凡有二十五人，其二人同姓姬，又十一人为十一姓，酉、祁、己、滕、葴、任、荀、釐、姞、儇、衣是也，余十二姓德薄不纪录。"①

需要指出的是，《史记集解》亦有失引之处。如《史记·周本纪》"自发未生于今六十年，麋鹿在牧"，《史记集解》："徐广曰：'此事出《周书》及《随巢子》，云"夷羊在牧"。牧，郊也。夷羊，怪物也。'"②而《国语·周语上》亦云："商之兴也，梼杌次于丕山；其亡也，夷羊在牧。"韦昭注："夷羊，神兽。牧，商郊牧野。"③裴氏未称引，失当。

除上述诸书外，魏晋六朝尚有许多注书称引《国语》，杜预《春秋经传集解》三次称引《国语》。范宁《穀梁传集解》亦时引《国语》，如《春秋·文公十年》有"楚杀其大夫宜申"句，注云："僖四年传曰'楚无大夫'，而今云杀其大夫者，楚本祝融之后，季连之胄也，而国近南蛮，遂渐其俗，故弃而夷之。今知内附中国，亦转强大，故进之。"杨士勋疏指出："《国语》与《楚世家》文也。"④甚是，其内容源于《国语·郑语》。《水经注》也多称引《国语》，如该书卷 26 即有"巨洋水，即《国语》所谓具水矣"⑤。凡此足证，《国语》在魏晋六朝的影响日趋扩大。

---

① 司马迁：《史记》，中华书局，1959，第 45 页。
② 司马迁：《史记》，中华书局，1959，第 129 页。
③ 徐元诰：《国语集解》，中华书局，2002，第 29 页。
④ 李学勤：《十三经注疏·春秋穀梁传注疏》，北京大学出版社，1999，第 173 页。
⑤ 郦道元：《水经注》，浙江古籍出版社，2001，第 414 页。

第四章 唐宋时期的《国语》研究

唐宋时期，建立在强大国力和经济繁荣基础之上的学术文化也呈现出兴盛景象。这在《国语》研究上也有鲜明体现。唐宋《国语》学者对《国语》的史学价值、文学特色、作者及与《左传》的关系等问题进行了深入的探究。本章拟对唐宋《国语》研究与接受状况进行简单描述和概括。

第一节 刘知几对《国语》的接受与研究

刘知几，字子玄，是有唐一代最伟大的史学家，构成其一生志业主体也最能体现其生命价值的便是史学活动。自武则天执政时期至开元初，修史即为其主要职掌。《旧唐书·刘子玄传》云："子玄掌知国史，首尾二十余年，多所撰述，甚为当时所称。"①最能代表刘知几史学成就的首推《史通》，这部史著在当时便获得了极高声誉，时为太子右庶子的著名文士徐坚曾给予很高评价："居史职者，宜置此书于座右。"②强调了此书对史家的指导意义。作为最高统治者的唐玄宗在刘知几去世后，曾"敕河南府就家写《史通》以进，读而善之"③，其影响可见一斑。《史通》的学术价值更是得到了学界一致推崇，傅振伦曾言："盖我国史籍，起于皇古，而历史之学，则始于刘氏《史通》。"④

① 刘昫：《旧唐书》，中华书局，1975，第 3173 页。
② 刘昫：《旧唐书》，中华书局，1975，第 3171 页。
③ 刘昫：《旧唐书》，中华书局，1975，第 3173-3174 页。
④ 傅振伦：《刘知几年谱》，中华书局，1963，第 5 页。

视《史通》为史论开山之作。金毓黻则将其与章学诚《文史通义》相
提并论："回溯清代以往，史学成就综以两端：一曰撰史……二曰论史，
刘氏《史通》创作于前，章氏《通义》嗣响于后。"①《史通》对先秦
至唐前的史学做了具体清晰的概括，其中就包括对《国语》的论述。
我们即由此入手来管窥刘知几对《国语》的认识。

一、刘知几对《左传》与《国语》关系的看法

《左传》与《国语》的关系是《国语》学史上的一个重要问题。对
二者关系认识的变迁对《国语》学发展的影响极为显著。这一问题的
产生可溯源至汉代。首先是汉人普遍认为《国语》和《左传》作者均
为左丘明，如司马迁《史记·太史公自序》《报任安书》均言："左丘
失明，厥有《国语》。"②班固《汉书·艺文志》亦持此说："《国语》二
十一篇，左丘明著。"③这就为汉儒将两书联系起来提供了依据。这一
说法亦为刘知几所继承，《史通·六家》即言《国语》"其先亦出于左
丘明"④。这在一定程度上促成了刘知几对《左传》与《国语》间存在
关系的确认。其次是经学文化构成了汉儒对两书关系认识的基础。汉
代是经学昌明的时代，经学成为那个时代居于主流地位的意识形态，
从深层决定了时人的认知取向和价值观。先秦典籍也被置于经学框
架中加以审察和定位。汉儒认为《左传》系《春秋》的解经之作，而《国
语》是作为《左传》的辅翼出现的，王充《论衡·案书》所言就代表
了这一认识："《左氏》传经，辞语尚略，故复选录《国语》之辞以实。"⑤
辞语即关于言辞之语，汉人认为它具有明理功能，如贾谊《新书·道
德说》："德之理尽施于人，其在人也，内而难见，是以先王举德之颂
而为辞语，以明其理；陈之天下，令人观焉；垂之后世，辩议以审察
之，以转相告。"⑥历史活动主体之德因其内隐于思想深处无法被人直

---

① 金毓黻：《中国史学史》，河北教育出版社，2000，第5页。
② 司马迁：《史记》，中华书局，1959，第3300页。
③ 班固：《汉书》，中华书局，1962，第1714页。
④ 张振珮：《史通笺注》，贵州人民出版社，1985，第17页。
⑤ 黄晖：《论衡校释》，中华书局，1990，第1165页。
⑥ 阎振益、钟夏：《新书校注》，中华书局，2000，第328页。

接感知，必须借助辞语才能表现出来，才能达到供时人观睹并传于后世的效果。立德自先秦即被视为人的生命价值和社会价值的最高体现，如《左传·襄公二十四年》载叔孙豹语："太上有立德，其次有立功，其次有立言，虽久不废，此之谓不朽。"①辞语作为明德的传播手段，其重要性自不待言，以《国语》为代表的语体史书的文化功能即在于此，如《国语·楚语上》载时人语："教之语，使明其德，而知先王之务用明德于民也。"②在汉人看来，《左传》传经有一不足，即由于其侧重叙事而导致阐释明理的辞语尚嫌简略；为弥补这一缺憾，左丘明又选录以辞语为主的《国语》来加以充实。如此一来，《国语》就被纳入了经学传播体系之中。在汉儒心目中，尽管《国语》在经学中的地位不如《左传》，但也绝非可有可无，而是作为《左传》不可替代的补充存在，直接服务于解读《春秋》经的目的。这样，一方面，《国语》就进入了汉代主流意识形态话语之中，其文化地位得以抬高；另一方面，《国语》与《左传》又因解经这一共同的文化价值功能而被扭结在一起。这一认知构成了刘知几接受与研究《国语》的一个重要前提。

随着汉帝国的渐趋衰亡，学术文化也日益从经学藩篱中挣脱出来。但是汉代经学思维下形成的一些认知仍因历史惯性而得以保存。同时，经学文化对于社会伦理秩序的维持功能也为唐代统治者所珍重，《隋书·儒林传序》："儒之为教大矣，其利物博矣！笃父子，正君臣，尚忠节，重仁义，贵廉让，贱贪鄙，开政化之源，凿生民之耳目，百王损益，一以贯之。"③这亦体现于文化制度中，明经成为唐代科举考试中的一个重要科目。《左传》成为九经之一并被纳入大经。受这一文化环境熏染，刘知几依然尊奉《左传》产生于解读《春秋》之需的经学观念："孔子既著《春秋》，而丘明受经作传。盖传者，转也，转受经旨，以授后人。或曰传者，传也，所以传示来世。……观《左传》之释经也，言见经文而事详传内，或传无而经有，或经阙而传存。其言

---

① 杨伯峻：《春秋左传注》，中华书局，2016，第1199页。
② 徐元诰：《国语集解》，中华书局，2002，第485页。
③ 魏徵等：《隋书》，中华书局，1973，第1705页。

简而要，其事详而博，信圣人之羽翮，而述者之冠冕也。"①《国语》
则被刘知几视为《左传》解经的副产品。《史通·六家》言："既为《春
秋内传》，又稽其逸文，纂其别说，分周、鲁、齐、晋、郑、楚、吴、
越八国事。起自周穆王，终于鲁悼公，列为春秋外传《国语》，合为二
十一篇。"②值得注意的是，刘氏在强调《国语》所纂集多系有别于《左
传》的异说的同时，还是以经学思维的断语肯定了其地位，"此亦《六
经》之流，《三传》之亚也"③，表现了对传统经学的承袭。尽管如此，
和前引王充《论衡》语相比可明显看出，《史通》已不再强调《国语》
"实之"的解经功能，这昭示了《国语》开始从经学中剥离出来的趋向。
另外，刘知几还从述史的角度强调了《国语》对《左传》的增广作用。
《史通·二体》言："春秋时事，入于左氏所书者，盖三分得其一耳。
丘明自知其略也，故为《国语》以广之。然《国语》之外，尚多亡逸，
安得言其括囊靡遗者哉？"④这无疑触及了《国语》的史著性质。尤其
需要指出的是，作为史学家，虽仍受经学思维制约，但刘知几更值得
注意的一点是他开始视《国语》为一本独立的史学著作，并将其列为
"六家"史书之一，实际上拉开了它与《左传》和经学的距离，有助于
《国语》研究的深入。还需要指出的是，刘知几注意到了《国语》和《左
传》存在着诸多对同一事件叙说的歧异，"左丘明既配经立传，又撰诸
异同，号曰《外传国语》，二十一篇"⑤，这为中唐时期以啖助为代表
的新经学派否定二书为同一人所作提供了前提。《新唐书·儒学传》
云："啖助以左氏解义多谬，其书乃出于孔氏门人。且《论语》孔子所
引，率前世人老彭、伯夷等，类非同时；而言'左丘明耻之，丘亦耻
之'。丘明者，盖如史佚、迟任者。又《左氏传》《国语》，属缀不伦，
序事乖剌，非一人所为。盖左氏集诸国史以释《春秋》，后人谓左氏，
便傅著丘明，非也。"⑥啖助等人研读《春秋》，推崇《公羊》《春秋》

---

① 张振珮：《史通笺注》，贵州人民出版社，1985，第10—11页。
② 张振珮：《史通笺注》，贵州人民出版社，1985，第18页。
③ 张振珮：《史通笺注》，贵州人民出版社，1985，第17页。
④ 张振珮：《史通笺注》，贵州人民出版社，1985，第31页。
⑤ 张振珮：《史通笺注》，贵州人民出版社，1985，第426页。
⑥ 欧阳修等：《新唐书》，中华书局，1975，第5706页。

二传而贬低《左传》，盖缘于此，其认为《左传》非左丘明所作，并进而认定《左传》《国语》二书非一人所为，其立论的一个重要依据就是两者"序事乖刺"，颇有道理。

二、刘知几对《国语》家的看法

作为一名学识渊博和极富洞见的史学家，刘知几将先秦至唐前的典范性史著体例概括为六家，"古往今来，质文递变，诸史之作，不恒厥体。榷而为论，其流有六：一曰《尚书》家，二曰《春秋》家，三曰《左传》家，四曰《国语》家，五曰《史记》家，六曰《汉书》家"①。这里，刘氏按照史学体裁将先秦至唐前的史书分为六类，即记言体、记事体、编年体、国别体、纪传体通史、纪传体断代史，并以各类中具有开创意义和典范意义的史籍来冠名。就国别体而言，刘知几冠之以"《国语》家"的名称，足见其将《国语》视为国别体的开山之作和最高典范。这表明刘知几出于史学家的职业敏感，对《国语》作为国别体史书体例及其结构与性质的体认和重视。这在《国语》研究史上无疑具有首发之功。在刘知几之前，对先秦至汉魏史著进行过较为具体论析的当属刘勰的《文心雕龙·史传》，该篇对刘知几的《史通》产生过直接影响。但就先秦史著言，刘勰仅提到了《尚书》《春秋》《左传》和《战国策》，重点论及的是《春秋》与《左传》，对《国语》则只字未提。两相对照，足能发现刘知几对《国语》之重视及其学术史价值。甚至可以说，刘知几是真正重视《国语》史学价值的第一人。

更为难能可贵的是，在《史通·六家》中，刘知几对《国语》之后国别体史书的发展脉络进行了较为细致的梳理，以见出《国语》之影响。他首先提及的是《战国策》，指出《战国策》是"纵横互起，力战争雄，秦兼天下"②时代的产物；将《战国策》置于"《国语》家"下，以明其体例渊源有自。接着刘氏谈到了晋人孔衍《春秋时国语》和《春秋后语》两书的编撰。孔衍基于对《战国策》的不满而编成《春

---

① 张振珮：《史通笺注》，贵州人民出版社，1985，第 4 页。
② 张振珮：《史通笺注》，贵州人民出版社，1985，第 17 页。

秋后语》，"至孔衍又以《战国策》所书未为尽善，乃引太史公所记，
参其异同，删彼二家，聚为一录，号为《春秋后语》。除二周及宋、卫、
中山，其所留者七国而已。始自秦孝公，终于楚、汉之际，比于《春
秋》，亦尽二百三十余年行事"①。其体例模仿《国语》和《战国策》，
判然可见。作者承续《国语》的创作意图，从《春秋后语》的名称可
见一斑。《春秋后语》之前的《春秋时国语》更直接以《国语》为名，
由此看出《国语》对该书创作动机的影响，刘知几指出其书序有"虽
左氏莫能加"之语，并揭示出"寻衍之此义，自比于丘明者，当谓《国
语》"②，更能看出《国语》在孔衍心目中的地位。最后刘知几提到了
司马彪的《九州春秋》，并指出其反映了东汉末年"汉氏失驭，英雄角
力"③的历史现实，作者用"寻其体统，亦近代之《国语》也"④来赞
誉此书，足见在刘知几心目中，《国语》是国别体的最高典范。值得注
意的是，刘知几并未将陈寿《三国志》和崔鸿《十六国春秋》置于《国
语》家，这是因为在他看来，"自魏都许、洛，三方鼎峙；晋宅江、淮，
四海幅裂。其君虽号同王者，而地实诸侯。所在史官，记其国事。为
纪传者则规模班、马，创编年者，则议拟荀、袁。于是《史》《汉》之
体大行，而《国语》之风替矣"⑤。这些史书的主导体例是纪传体或编
年体，国别只是其外在的形式。由此看出，刘知几认为，《国语》所代
表的国别体，是史书内在结构和外在结构的有机统一。同时他也深刻
地认识到，纪传体的盛行从另一个角度表征了国别体无可挽回地走向
式微的历史命运。

三、刘知几对《国语》于《史记》之影响的看法

《史记》作为中国古代史传文学的最高典范，其所以取得如此高的
成就，一个重要原因就是从先秦史籍汲取了丰厚滋养。其中《国语》

① 张振珮：《史通笺注》，贵州人民出版社，1985，第 17—18 页。
② 张振珮：《史通笺注》，贵州人民出版社，1985，第 18 页。
③ 张振珮：《史通笺注》，贵州人民出版社，1985，第 18 页。
④ 张振珮：《史通笺注》，贵州人民出版社，1985，第 18 页。
⑤ 张振珮：《史通笺注》，贵州人民出版社，1985，第 18 页。

对《史记》的影响极为显著。《汉书·司马迁传》最先明确指出这一点："故司马迁据《左氏》《国语》，采《世本》《战国策》，述《楚汉春秋》，接其后事，讫于大汉。"①韦昭《国语解叙》亦指出《史记》对《国语》的借鉴："遭秦之乱，幽而复光，贾生、史迁颇综述焉。"②将《史记》与《国语》进行对照，就会发现班、韦所言甚是。将两书文本进行比照不难发现，《史记》征引《国语》之处甚夥，不能一一缕述。兹将《周语上》与《史记》比对以明之。《史记·周本纪》述周之祖先不窋事，"不窋末年，夏后氏政衰，去稷不务，不窋以失其官而犇戎狄之间"③，很明显化自《国语·周语上》祭公谋父语："及夏之衰也，弃稷不务，我先王不窋用失其官，而自窜于戎狄之间。"④祭公谋父极力劝阻周穆王征西戎事全录自《国语·周语上》"祭公谏穆王征犬戎"。共王灭密事亦源于《国语》"密康公母论小丑备物终必亡"。芮良夫谏厉王用荣夷公事几全同于《国语·周语上》"芮良夫论荣夷公专利"。召公谏周厉王事系录自《国语·周语上》"邵公谏厉王弭谤"。召公以其子代宣王事亦采自《国语·周语上》。宣王不籍于千亩亦节录自《国语·周语上》"虢文公谏宣王不籍千亩"，虽虢文公语全部删去，但《周本纪》结尾是"王弗听。三十九年，战于千亩，王师败绩于姜氏之戎"⑤，《国语·周语上》结尾是"王不听。三十九年，战于千亩，王师败绩于姜氏之戎"⑥，前者照搬于后者之迹昭然。仲山甫谏宣王料民事亦是撮录自《国语·周语上》"仲山父谏宣王料民"。周幽王二年地震事全抄自《国语·周语上》"西周三川皆震伯阳父论周将亡"。周惠王四年郑厉公、虢公杀王子颓入惠王事当据《左传·鲁庄公二十年》《左传·鲁庄公二十一年》和《国语·周语上》"郑厉公与虢叔杀子颓纳惠王"所记。除上述《国语·周语上》九篇被《史记·周本纪》汲取外，另《仲山父谏宣王立戏》和《穆仲论鲁侯孝》被《史记·鲁周公世家》所吸收。

---

① 班固：《汉书》，中华书局，1962，第 2737 页。
② 徐元诰：《国语集解》，中华书局，2002，第 594 页。
③ 司马迁：《史记》，中华书局，1959，第 112 页。
④ 徐元诰：《国语集解》，中华书局，2001，第 3-4 页。
⑤ 司马迁：《史记》，中华书局，1959，第 144 页。
⑥ 徐元诰：《国语集解》，中华书局，2002，第 21 页。

《周语上》共十四篇，就有十一篇被《史记》所吸收，足以见出《国语》对《史记》影响之深。

刘知几踵武前贤，多处谈及《国语》对《史记》的影响。《史通·古今正史》指出："孝武之世，太史公司马谈欲错综古今，勒成一史。其意未就而卒。子迁乃述父遗志，采《左传》《国语》，删《世本》《战国策》，据楚、汉列国时事，上自黄帝，下讫麟止，作十二本纪、十表、八书、三十世家、七十列传，凡百三十篇，都谓之《史记》。"① 《史通·采撰》亦指出："观夫丘明受《经》立《传》，广包诸国。盖当时有《周志》《晋乘》《楚杌》等篇，遂乃聚而编之，混成一录。向使专凭鲁策，独询孔氏，何以能殚见洽闻，若斯之博也。马迁《史记》，采《世本》《国语》《战国策》《楚汉春秋》。"② 除六家说外，刘知几还提出了史有二体，即以《左传》为代表的编年体和以《史记》为代表的纪传体。在他看来，史著无论是编年体还是纪传体，都应该具有广博的品格，而做到这一点就需作者"殚见洽闻"。正如《左传》是在当时列国史书基础上"聚而编之"，《史记》亦是广泛吸纳了《世本》《国语》《战国策》和《楚汉春秋》。我们应该看到，刘知几对待《国语》的态度是矛盾的，他一方面强调《国语》对《史记》的重要影响，另一方面似乎又对《国语》有所轻忽。《史通·杂说上》写道："昔读《太史公书》，每怪其所采多是《周书》《国语》《世本》《战国策》之流。"③ 不屑的语气非常明显。结合刘知几的史学思想来看，个中委曲似能了解。刘知几在探讨《史记》与《国语》关系时，是从史学家的视角将后者作为前者的史料来看待的。对于史料的采撰，他强调实录和博闻两个原则，如《史通·史官建置》云："然则当时草创者，资乎博闻实录。"④ 《史通·辨职》亦强调史官应"高才博学"，在刘氏看来，司马迁撰写《史记》的过程中博采《国语》等书，正是博闻这一原则的体现。相对于《尚书》《春秋》《左传》等史著，《国语》似主要起洽博见闻的辅助作

---

① 张振珮：《史通笺注》，贵州人民出版社，1985，第426页。

② 张振珮：《史通笺注》，贵州人民出版社，1985，第141页。

③ 张振珮：《史通笺注》，贵州人民出版社，1985，第575页。

④ 张振珮：《史通笺注》，贵州人民出版社，1985，第413-414页。

用。实际上刘知几的这种看法值得商榷。《国语》作为《史记》的重要材料来源的史学价值绝不容轻视。我们注意到，《左传》和《国语》在叙述同一历史事件时，往往详略不一，甚至多有歧说，司马迁在将其写入《史记》时并未采取厚此薄彼的做法，而是根据不同情况，或依《左传》，或依《国语》，或用他说。如《国语·晋语四》所载晋公子重耳流亡事较《左传·僖公二十三年》和《左传·僖公二十四年》更为详细，《史记》即多从《国语》取材。例如《左传·僖公二十三年》有这样的描写："公子不可。姜与子犯谋，醉而遣之。醒，以戈逐子犯。"①缺少如在耳畔、栩栩如生的对话描写。《国语·晋语四》的叙写远较之具体生动："姜与子犯谋，醉而载之以行。醒，以戈逐子犯，曰：'若无所济，吾食舅氏之肉，其知餍乎！'舅犯走，且对曰：'若无所济，余未知死所。谁能与豺狼争食？若克有成，公子无亦晋之柔嘉，是以甘食，偃之肉腥臊，将焉用之？'遂行。"②我们再来看《史记·晋世家》的叙述："乃与赵衰等谋醉重耳，载以行。行远而觉，重耳大怒，引戈欲杀咎犯。咎犯曰：'杀臣成子，偃之愿也。'重耳曰：'事不成，我食舅氏之肉。'咎犯曰：'事不成，犯肉腥臊，何足食！'乃止，遂行。"③在这里，司马迁很明显袭用了《国语》中的史料。《国语》有时更是作为唯一的史料来源起着不可替代的作用，如自西周穆王至西周末年的周史，就散文形态的记录来说，很多为《国语》所独有，它便成为《周本纪》的唯一取材来源。正如韩兆琦先生所分析："《周本纪》写文王、武王、成王、康王时代的事情，西周中期以后，《春秋》与《左传》记事之前，《尚书》里的材料不多，《国语》在这时正好补充了历史记事的缺乏。"④尽管如此，我们仍认为刘知几对《国语》与《史记》关系的强调具有极强的学术史意义，它凸显了《国语》的历史著作本质，为《国语》最终从经学藩篱中解放出来准备了条件。

　　总的来看，作为史学家，刘知几对《国语》是颇为熟悉的，这也

---

① 杨伯峻：《春秋左传注》，中华书局，2016，第444页。

② 徐元诰：《国语集解》，中华书局，2002，第326页。

③ 司马迁：《史记》，中华书局，1959，第1658页。

④ 韩兆琦：《史记通论》，广西师范大学出版社，1996，第235-236页。

体现在其行文中,《国语》之典往往信手拈来。如《史通·杂说上》言
"姬宗之在水浒也, 鸑鷟鸣于岐山"①, 前句明显脱化于《诗经·大
雅·绵》"古公亶父, 来朝走马, 率西水浒"②, 后句则无疑典源于《国
语·周语上》:"周之将兴也, 鸑鷟鸣于岐山"③。这不仅是因为《周语
上》句与《史通》句完全相同, 而且此句仅见于《国语》, 他书未见。
再如《史通·列传》有"古人以没而不朽为难"④, 很明显典出于春秋
时期鲁大夫叔孙豹和晋大夫范宣子的谈论,《国语·晋语八》和《左传·襄
公二十四年》均有载,《国语》先于《左传》, 且文句更为接近,"鲁先
大夫臧文仲, 其身没矣, 其言立于后世, 此之谓死而不朽"⑤, 当为刘
知几所本。《国语》亦成为刘知几学术研究的基础, 如《史通·古今正
史》:"宣帝时, 复有河内女子, 得《泰誓》一篇, 献之。与伏生所诵
合三十篇, 行之于世。其篇所载年月, 不与序相符会, 又与《左传》、
《国语》、《孟子》所引《泰誓》不同, 故汉、魏诸儒, 咸疑其谬。"⑥刘
知几所称《国语》引《泰誓》见于《周语中》和《郑语》。《国语·周
语中》单襄公曾言"在《太誓》:'民之所欲, 天必从之'",⑦《国语·郑
语》亦载史伯言"《泰誓》曰:'民之所欲, 天必从之'",⑧《泰誓》仅
两见于《国语》, 即为刘氏称述, 足见其对《国语》熟谙的程度。要之,
在《史通》中, 刘知几虽未将《国语》置于如同《左传》《史记》那样
的显赫地位, 但相较于前贤, 他对《国语》的重视程度有了显著提高,
并对《国语》的史著性质及其史学地位有了深刻的认识。这在《国语》
研究史上具有重要意义。

---

① 张振珮:《史通笺注》, 贵州人民出版社, 1985, 第582页。
② 程俊英、蒋见元:《诗经注析》, 中华书局, 2017, 第810页。
③ 徐元诰:《国语集解》, 中华书局, 2002, 第29页。
④ 张振珮:《史通笺注》, 贵州人民出版社, 1985, 第53页。
⑤ 徐元诰:《国语集解》, 中华书局, 2002, 第423页。
⑥ 张振珮:《史通笺注》, 贵州人民出版社, 1985, 第419-420页。
⑦ 徐元诰:《国语集解》, 中华书局, 2002, 第76页。
⑧ 徐元诰:《国语集解》, 中华书局, 2002, 第470页。

第二节　柳宗元的《国语》观及《非国语》

柳宗元（773～819），是活跃于中唐时期的一个伟大的文学家，也可以称得上整个唐代对《国语》兴趣最浓厚的作家。他在许多书信和著述中表达了对《国语》内容主旨和艺术技巧的看法，其散文创作多取鉴于《国语》，历代许多学者指出了这一点，如宋人吕祖谦《古文关键·总论看文字发》言："看柳文法，关键出于《国语》。"①清儒平步青云："柳州文学《国语》最多。如伍举论章华之台曰：'问谁宴焉？则宋伯郑伯。问谁相礼？则华元驷騑。问谁赞焉？则陈侯、蔡侯、许男、顿子。'柳州《岭南节度飨军堂记》中，'问工焉取'十句全仿之。"②刘熙载《艺概·文概》亦言："柳州作《非国语》，而文学《国语》。"③他还创作了《非国语》，从而在《国语》接受与研究史上打上了深深的烙印。

一、柳宗元对《国语》文学特色的认识

在《国语》接受与研究史上，柳宗元最先高度肯定《国语》浓厚的文学色彩。例如《报袁君陈秀才避师名书》指出："大都文以行为本，在先诚其中。其外者当先读六经，次《论语》、孟轲书皆经言；《左氏》《国语》、庄周、屈原之辞，稍采取之；穀梁子、太史公甚峻洁，可以出入；余书俟成文异日讨也。"④柳氏认为，文如其人，文章写作以人的品行为根底，所以读书应首先读六经，其次是《论语》和《孟子》，这两部虽非经书，但实际阐发的都是经典之言。很明显，柳宗元强调阅读六经、《论语》和《孟子》，都是着眼于它们能提升人的品性素养。做到"诚其中"，就具备了文学创作的前提，接下来一步就是文学技能

---

① 吴文治：《柳宗元资料汇编》，中华书局，1964，第126页。
② 吴文治：《柳宗元资料汇编》，中华书局，1964，第540页。
③ 王气中：《艺概笺注》，贵州人民出版社，1986，第97页。
④ 柳宗元：《柳宗元集》，中华书局，1979，第880页。

也就是文辞能力的培养了，即如何做到修辞明道。在这里他举出了首选应读的三部书。在这里先需要补充一下，结合柳宗元作品中出现的十多处"左氏《国语》"的提法，其主要指《国语》一书，而非《左传》和《国语》。笔者倾向于将句读理解为左氏《国语》，也就是说左氏是《国语》的作者，整个短语可理解为左氏所写的《国语》。在谈到提高文学修养应取法的对象时，柳宗元将作为史著的《国语》置于作为先秦文学经典的《庄子》和楚辞前面，足见柳宗元对《国语》文采的高度认同。他在《答韦中立论师道书》中谈及自己文章写作经验时曾言："本之《书》以求其质，本之《诗》以求其恒，本之《礼》以求其宜，本之《春秋》以求其断，本之《易》以求其动，此吾所以取道之原也。参之穀梁氏以厉其气，参之《孟》《荀》以畅其支，参之《庄》《老》以肆其端，参之《国语》以博其趣，参之《离骚》以致其幽，参之太史公以著其洁，此吾所以旁推交通，而以为之文也。"[①]在这里，柳宗元更为显豁地阐释了道和文的关系，鲜明地提出了"文以明道"的思想，强调道是文的根本，与《报袁君陈秀才避师名书》所表达的文学观念大同小异。在文中，柳宗元认为阅读《书》《诗》《礼》《春秋》《易》可更为直接地砥砺人的内在素养以做到明道，这些都属于"本"的范畴；与《报袁君陈秀才避师名书》略有不同的是，他将《穀梁传》《孟子》《荀子》《庄子》《老子》《国语》《离骚》诸书也与人的秉性培养联系起来，而不仅仅是文学手段与技巧的问题；不过与五经相较，这种联系显得更为间接；在柳氏眼中，它们更多与人的情感宣泄表达、审美体验、文章语言风格追求相联系。柳宗元认为精研这些作品方能更好地做到言为心声以固本。这里，柳宗元对《国语》的推崇又一次显现出来。柳氏所举多为先秦典籍，其中《国语》是唯一的先秦史著。值得注意的是，《国语》被赋予了"趣"的审美品格，而这也成了柳宗元取法的目的。确实，《国语》中有大量充满谐趣与机趣的情节，如《晋语四》述重耳遭晋之乱，流亡国外，来到齐后"齐侯妻之，甚善焉"，重耳图谋返晋建立功业的壮志被消磨，准备于此安度一生，言"民生

---

① 柳宗元：《柳宗元集》，中华书局，1979，第 873 页。

安乐，谁知其他"，而作为一个富有远见的女性，其妻姜氏在劝说未果后，"与子犯谋，醉而载之以行"①；同样的情节在《左传》中亦出现，《左传·僖公二十三年》仅言："公子醒，以戈逐子犯。"②《晋语四》却将其铺衍成一个充满趣味和戏剧性的细节描写："醒，以戈逐子犯，曰：'若无所济，吾食舅氏之肉，其知餍乎！'舅犯走。且对曰：'若无所济，余未知死所，谁能与豺狼争食？若克有成，公子无亦晋之柔嘉，是以甘食。偃之肉腥臊，将焉用之？'遂行。"③子犯所言妙趣横生，场面描写也颇具趣味，因为趣是一种审美意味，它是人物之间关系有所对峙而最终走向和谐统一的审美境界。作品中公子重耳和舅父狐偃就是这样一种关系。重耳酒醒以后知道自己已被带离齐国，安老于此的想法落空后，其内心的恼怒可想而知，"食舅氏之肉"只不过是一种愤激情绪的发泄，而绝非与狐偃誓不两立、除之而后快的残暴性格与厌恶、痛恨心理的写照，因为重耳本质上是仁厚的，他对狐偃是颇为倚重的。在这个集团中除了作为领袖的重耳外，威望最高的就是狐偃了，他屡屡以自己的智谋与远见主导着整个团体做出正确的抉择，况且狐偃谋醉重耳是出于其将来能返国为君的考虑，恰是对其忠诚的表现。这样的关系在《晋语四》的叙事中充满了艺术张力，促成了谐趣这一审美品格的生成。再如《晋语八》"叔向谏杀竖襄"中载"平公射鴳，不死，使竖襄搏之，失"④，导致平公大怒，"拘将杀之"，为挽救一个无辜小臣的生命，他连夜进谏，却正话反说，言"君必杀之"，因为晋的始封君唐叔因其勇力品格而获封，"昔我先君唐叔射兕于徒林，殪，以为大甲，以封于晋"⑤，而作为唐叔功业的继承者，"今君嗣吾先君唐叔"⑥，却"射鴳不死，搏之不得"⑦，这是"扬吾君之耻"，故

① 徐元诰：《国语集解》，中华书局，2002，第326页。
② 杨伯峻：《春秋左传注》，中华书局，2016，第444页。
③ 徐元诰：《国语集解》，中华书局，2002，第326页。
④ 徐元诰：《国语集解》，中华书局，2002，第427页。
⑤ 徐元诰：《国语集解》，中华书局，2002，第427页。
⑥ 徐元诰：《国语集解》，中华书局，2002，第427页。
⑦ 徐元诰：《国语集解》，中华书局，2002，第427页。

需"速杀之，勿令远闻"①，最终使晋平公意识到自己错误，"君怛怳，乃趣赦之"②。以叔向之言为主体的这个小故事简洁生动，颇富审美趣味。《晋语九》"董叔欲为系援"中，叙董叔欲与晋国权卿范氏结亲，叔向认为双方不般配，"范氏富，盍已乎"，可是董叔却坚持这段婚姻，并明示自己目的，"欲为系援焉"，直到后来董叔被妻子告到娘家，"献子执而纺于庭之槐"③，恰遇叔向来拜访范氏，遂请其为自己求情，叔向回应他说："求系，既系矣；求援，既援矣。欲而得之，又何请焉？"④巧妙地运用语义双关的语言形式讥讽了董叔贪鄙附势、不听规劝终至受辱的行径。幽默风趣的言语和富有机趣的小品风格构成这篇作品的审美特征。正是《国语》中充满了如此丰富的极具审美趣味的作品，柳宗元才用"趣"这一兼具内容意蕴和艺术形式两方面内涵的范畴来概括《国语》的审美特征。注重趣味也成为柳宗元散文创作自觉追求的审美效果，这一点已有学者指出："柳宗元汲取了《国语》中巧用比喻，正话反说的方式，使其文章具有幽默风趣的特征。"⑤

　　正是在欣赏《国语》文学价值的基础上，柳宗元对其整体艺术风格给予了非常高的评价。柳宗元《非国语序》指出："左氏《国语》，其文深闳杰异，固世之所耽嗜而不已也。而其说多诬淫，不概于圣。余惧世之学者溺其文采而沦于是非，是不得由庸以入尧、舜之道。本诸理，作《非国语》。"⑥我们需要对于这段话有一个完整的理解。在这里柳宗元的主旨是阐述自己创作《非国语》的缘由与动机，即忧惧学者沉溺于《国语》文采之美的欣赏而忽略了《国语》在内容上有他所言"其说多诬淫，不概于圣"⑦这些有悖于"尧舜之道"的局限，最终导致"沦于是非"。也就是说，柳宗元认为《国语》之病在于文胜于道，

① 徐元诰：《国语集解》，中华书局，2002，第 427 页。
② 徐元诰：《国语集解》，中华书局，2002，第 427 页。
③ 徐元诰：《国语集解》，中华书局，2002，第 446 页。
④ 徐元诰：《国语集解》，中华书局，2002，第 446 页。
⑤ 袁茹：《博国语之趣，得幽默之心——柳宗元散文对〈国语〉"趣"之特色的继承与创新》，《柳州师专学报》2007 年第 4 期，第 7 页。
⑥ 柳宗元：《柳宗元集》，中华书局 1979，第 1265 页。
⑦ 柳宗元：《柳宗元集》，中华书局 1979，第 1265 页。

而对《国语》富于文采这一点则是赞同的，因此他肯定《国语》"深闳杰异"，即言《国语》有着博大的气象和瑰异的文辞。这里，柳宗元还客观道出了《国语》广为世人喜爱的传播效果。时人痴爱于《国语》还能从柳宗元的其他文章中得到印证，如柳宗元对《国语》风格的概括，得到了后世许多学者的认同。如明人王世贞指出："即寥寥数语，靡不悉张弛之义，畅彼我之怀，极组织之工，鼓陶铸之巧，学者稍稍掇拾其芬艳，犹足以文藻群流，黼黻当代，信文章之巨丽也。"①清代戴仔亦指出："吾读《国语》之书，盖知此编之中一话一言，皆文武之道也，而其辞闳深雅奥，读之味尤隽永。"②指出了《国语》文辞富丽和闳深雅奥的特征。这无疑是受到了柳宗元的启迪，由此也能看出柳宗元对《国语》文学性研究的开拓域性意义。

《国语》的审美趣味还表现在强烈的语怪倾向，这也是柳宗元所诟病并认为其不合于圣人之道的地方。其《答吴武陵论非国语书》言："夫为一书，务富文采，不顾事实，而益之以诬怪，张之以阔诞，以炳然诱后生，而终之以僻，是犹用文锦覆陷阱也。不明而出之，则颠者众矣。仆故为之标表，以告夫游乎中道者焉。"③在《与吕道州温论非国语书》中，柳宗元更是鲜明地指出："甚者好怪而妄言，推天引神，以为灵奇，恍惚若化而终不可逐。"④《国语》确实有着浓厚的语怪趣味，以《鲁语下》之"季桓子穿井获羊""孔丘论大骨""孔丘论楛矢"和《周语上》"内史过论神"最为鲜明。我们认为，中国古代史著尤其是先秦史书是不排斥语怪的；和《国语》相比，《左传》的语怪倾向有过之而无不及，如《左传·庄公八年》"齐公孙无知之乱"、《左传·成公十年》"晋侯梦大厉"等。柳宗元却独独对《国语》表现出强烈的批判意识，这应该有"爱之深，责之切"的感情色彩在里面，同时也和他对传统政治伦理和儒家思想强烈的尊重和维护情感有关。如《周语上》载有神降于莘，周王向内史过咨询，其实这是周人政治文化的习

---

① 朱彝尊：《经义考》，中华书局，1989，第 1072 页。
② 朱彝尊：《经义考》，中华书局，1989，第 1073 页。
③ 柳宗元：《柳宗元集》，中华书局，1979，第 825 页。
④ 柳宗元：《柳宗元集》，中华书局，1979，第 822 页。

规，在天降异象时，君主必须向洞晓天道的瞽史探询，以做出恰切的应对。可是到了政治文明已高度理性化的唐代社会，在柳宗元看来，君臣应关注的是社稷民生，鬼神之事不应在他们的关注范围内。这一点连晚唐的李商隐亦是。《史记·屈原贾生列传》："后岁余，贾生征见。孝文帝方受厘，坐宣室。上因感鬼神事，而问鬼神之本。贾生因具道所以然之状。至夜半，文帝前席。既罢，曰：'吾久不见贾生，自以为过之，今不及也。'"①李商隐为贾谊的怀才不遇鸣不平，作《贾生》一诗，发出了对汉文帝"不问苍生问鬼神"的责问。柳宗元也是在这个意义上对周惠王与内史过提出了非难："天子以是问，卿以是言，则固已陋矣。"②也就是说，在《国语》中本来郑重其事的君臣问对被柳宗元看作违背政治伦理的关于诬妄之事的闲谈。再如，《鲁语下》所载"季桓子穿井获羊""孔丘论大骨""孔丘论楛矢"等怪异之事皆与孔子有关，这几个故事的一个共同主旨是表现孔子的博学多闻。这实际上是时人和后人对孔子一个共同的评价和看法，如《论语·子罕》："达巷党人曰：'大哉孔子，博学而无所成名。'"③《庄子·秋水》亦言："仲尼语之以为博。"可是《论语·述而》言"子不语怪、力、乱、神"，④柳宗元便据之将《国语》所记视为虚妄之言："孔氏恶能穷物怪之形耶？是必诬圣人矣。"⑤我们认为，受认识的局限，柳宗元对《国语》语多诬怪阔诞的特色不可能形成科学的历史辩证的解释，而仅从唐代社会政治文化的角度对其做简单的是非判断与价值判断，所以许多指责是失之偏颇甚至站不住脚的。不过，他指出《国语》多语怪这一特色还是颇具学理意义的。

　　由上述可知，柳宗元对《国语》的态度是矛盾的。他一方面折服于《国语》的文采富丽，另一方面他依据自己所标榜的明道做价值判断时，对《国语》高超的文学成就可能带来的他所认为的不良后果又

---

① 司马迁：《史记》，中华书局，1959，第 2502-2503 页。
② 柳宗元：《柳宗元集》，中华书局，1979，第 1272 页。
③ 黄怀信：《论语汇校集释》，上海古籍出版社，2008，第 746 页。
④ 黄怀信：《论语汇校集释》，上海古籍出版社，2008，第 619 页。
⑤ 柳宗元：《柳宗元集》，中华书局，1979，第 1288 页。

表示忧虑。他在《与吕道州温论非国语书》中指出："尝读《国语》，病其文胜而言厖，好诡以反伦，其道舛逆，而学者以其文也，咸嗜悦焉，伏膺呻吟者，至比六经。则溺其文必信其实，是圣人之道翳也。余勇不自制，以当后世之讪怒，辄乃黜其不臧，救世之谬。"①正如有学者指出："富存文采而遮蔽了圣人之道，是他对《国语》的总体评价。"②关于这一特色，明代大学者胡应麟在其《少室山房笔丛》卷十三乙部《史书占毕》中曾给予过非常精彩的论述："柳宗元爱《国语》，爱其文也；非《国语》，非其义也。义诡僻则非，文杰异则爱，弗相掩也。好而知恶，宗元于《国语》有焉。论者以柳操戈入室，弗察者又群然和之。然则文之工者，伤理倍道，皆弗论乎？"③尽管如此，柳宗元对《国语》文学成就的高度肯定，对《国语》风格的概括与论述，都是前无古人的，从而为《国语》学开辟了一条新路径。这奠定了他在《国语》接受史和研究史上的重要地位。

二、柳宗元对《国语》学史其他问题的看法

（一）关于《国语》的作者问题

在汉儒那里，《国语》的作者是不成问题的，就是左丘明。但到魏晋就有人提出了质疑，这就是傅玄（217～278）。孔颖达《春秋左传正义》"鲁哀公十三年"引傅玄说："《国语》非丘明所作。凡有共说一事而二文不同，必《国语》虚而《左传》实，其言相反，不可强合也。"④应该说，傅玄的观点是颇有道理的，他认为《左传》和《国语》有一种情况颇为常见，即记同一件事而《左传》《国语》二书有着明显不同，将两书作者归为一人从逻辑上讲不通。他的见解得到了隋朝学者刘炫的赞同，刘氏于《春秋》《左传》用力甚勤，著《春秋左传杜预集解序注》和《春秋左传述义》等。正因精嗜于此，他敏锐地感觉到了《国

---

① 柳宗元：《柳宗元集》，中华书局，1979，第 822 页。
② 李伏清：《柳宗元论左氏与〈左传〉〈国语〉及〈春秋〉之关系》，《湘潭大学学报》2009年第 6 期，第 130 页。
③ 吴文治：《柳宗元资料汇编》，中华书局，1964，第 272 页。
④ 李学勤：《十三经注疏·春秋左传正义》，北京大学出版社，1999，第 1671 页。

语》与《左传》的歧异，并进一步否认《国语》出于左丘明之手："《国语》非丘明所作，为有此类，往往与《左传》不同故也。"①延至唐代，关于《国语》作者仍存在着激烈争论。新春秋学派就承袭并发展了傅、刘之说。啖助指出："丘明者，盖夫子以前贤人，如史佚、迟任之流，见称于当时耳，焚书之后莫得详知，学者各信胸臆，见传与《国语》但题左氏，遂引丘明为其人。"②啖助的弟子赵匡亦言："《左传》《国语》文体不伦，序事又多乖剌，定非一人所为也。盖左氏广集诸国之史以释《春秋》。传成之后，盖其家弟子及门人，见嘉谋事迹，多不入传，或有虽入传而复不同，故各随国编之，而成此书，以广异闻尔。"③赵匡除了继承傅玄和刘炫所言《左传》《国语》二书叙事多有差异外，还提出了另一个理由，即二书"文体不伦"；然后又对《国语》成书做了一个推测，认为是左丘明弟子门人基于两种情况而编成此书，一是为"不入传"的"嘉谋事迹"感到遗憾，二是入传的记载尚有异说。至此，我们似乎能得出两个认识。一是对二书"文体不伦"内涵的理解，除了《左传》重叙事而《国语》尚记言外，还指《左传》的核心功能是"释《春秋》"故整部书有机系统，而《国语》系"编"成故显散漫。二是赵匡尽管反对二书作者为同一人，但又主张《国语》系左氏弟子门人在其"广集诸国之史"的基础上编成，某种程度上又体现出对《国语》为左丘明所作说的妥协。这恰恰说明《国语》作者为左丘明这一说法在唐代依然占绝对优势。事实正是如此，唐代绝大多数人仍主张《国语》作者为左丘明，包括我们上节提到的刘知几，柳宗元亦持此说。这在其《非国语》中得到鲜明例证，在此书的序言中柳宗元直言"左氏《国语》"，于正文中凡10处提及左氏（不包括"鉏麑"条，此条下"左氏"一句疑为"长鱼矫"条下窜入），如"大钱"条下言"左氏又于《内传》曰"④、"赵文子"条下言"左氏于其《内传》曰"⑤，很明

---

① 李学勤：《十三经注疏·春秋左传正义》，北京大学出版社，1999，第 1047 页。

② 张西堂：《唐人辨伪集语》，《古籍考辨丛刊》，中华书局，1985，第 76 页。

③ 陆淳：《春秋啖赵集传纂例》，中华书局，1985，第 9-10 页。

④ 柳宗元：《柳宗元集》，中华书局，1979，第 1280 页。

⑤ 柳宗元：《柳宗元集》，中华书局，1979，第 1318 页。

显将《左传》称为内传，将《国语》视为外传，左氏意指左丘明无疑。"骨节专车楛矢"更直言"左氏，鲁人也，或言事孔子，宜乎闻圣人之嘉言，为《鲁语》也"①，直言左丘明作《鲁语》。"郤至"条下言"左氏在《晋语》言免胄之事"②，直言左丘明作《鲁语》。"卜"和"料民"条下抨击《国语》诬妄嗜怪直言左丘明，前条言"左氏惑于巫而尤神怪之"③，后条言"盖左氏之嗜诬斯人也已"④。"长鱼矫"条言《国语》喜言证验亦云"今左氏多为文辞以著其言而征其效"⑤。"荀息"条下言《晋语二》"里克杀奚齐而秦立惠公"中荀息以死践行其对晋献公的诺言时云"左氏、穀梁子皆以不食其言"⑥。《非国语跋》中两见"左氏"，一处是柳宗元对《国语》不录宋、卫、秦之语的不满："宋、卫、秦，皆诸侯之豪杰也，左氏忽弃不录其语，其谬耶？"⑦另一处是对《越语下》独异风格的评价，"《越》之下篇尤奇峻，而其事多杂，盖非出于左氏"。⑧凡此足证"尽管柳宗元对其许多说法不予赞同，但却肯定了《国语》为左氏所为之说"⑨。

（二）关于《国语》诸语风格的差异

和其他民族相比，中华民族很早就进入定居农耕文明，按照历史学界的普遍认识，这个过程在仰韶文化和龙山文化时期就完成了。这样的生产方式对中国古代文明尤其是社会政治文明产生了深远的影响。"中华先民不但比欧洲绝大多数古代民族早两三千年进入定居农业文明，而且不是像许多欧洲民族那样，在个体生产方式和私有制已经取代血缘组织集体协作劳动和原始公有制的条件下进入文明时代，而是靠着氏族、宗族的集体协作劳动，创造了足以脱离野蛮状态的剩余

---

① 柳宗元：《柳宗元集》，中华书局，1979，第 1289 页。
② 柳宗元：《柳宗元集》，中华书局，1979，第 1274 页。
③ 柳宗元：《柳宗元集》，中华书局，1979，第 1291 页。
④ 柳宗元：《柳宗元集》，中华书局，1979，第 1271 页。
⑤ 柳宗元：《柳宗元集》，中华书局，1979，第 1314 页。
⑥ 柳宗元：《柳宗元集》，中华书局，1979，第 1296 页。
⑦ 柳宗元：《柳宗元集》，中华书局，1979，第 1328 页。
⑧ 柳宗元：《柳宗元集》，中华书局，1979，第 1328 页。
⑨ 李伏清：《柳宗元论左氏与〈左传〉〈国语〉及〈春秋〉之关系》，《湘潭大学学报》2009年第 6 期，第 129 页。

产品，进入了文明时代。这已经不是原始野蛮状态下的狭小、分散、孤立的氏族组织的集体协作劳动，而是由一个高居于各个氏族——宗族之上的统一体按一定体制、制度自上而下地组织的集体协作劳动。那个统一体，就是夏、商、西周时代建立在氏族——宗族网络顶端的国家组织。"①也就是说，虽然统一的高级形态的大帝国在秦汉才完全确立，但作为天下共主领导下的政治共同体实际在夏商和两周就已初步形成，当然作为天下共主的王对地方政权的控制是极其脆弱的。所以我们看待西周和春秋政治文化，必须将其看成是两种因素的对立统一。一种因素是周王室通过周礼和宗法伦理等意识形态与会盟朝聘等政治活动，加强各诸侯对中央政权的认同和向心力；另一种因素是各诸侯国的政权与社会形态有着非常大的独立自主性。反映到《国语》文本，就是由于区域文化的巨大差异，必然会造成诸语风格的鲜明不同。但是对《国语》诸语风格差异的认识则需要一个漫长的过程，而标志这一进程起点的是柳宗元。

柳宗元对《国语》诸语风格差异的体认，是其在《国语》传播和研究史上最早开启《国语》文学性研究的逻辑产物。只有从语言与文学技巧等方面审视《国语》，才能逐渐形成对《国语》诸语审美风格的认知。柳宗元的这一认识集中体现在他的《非国语跋》中："宋、卫、秦，皆诸侯之豪杰也。左氏忽弃不录其语，其谬耶？吴、越之事无他焉，举一国足以尽之，而反分为二篇，务以相乘，凡其繁芜蔓衍者甚众，背理去道，以务富其语。凡读吾书者，可以类取之也。《越》之下篇尤奇峻，而其事多杂，盖非出于《左氏》。"②这段文字反映了柳宗元丰富的《国语》观。前半部分指出了《国语》编选适当的问题，柳氏认为宋、卫、秦皆春秋时期重要的国家，理应选入《国语》，左丘明却未将其收入；与之形成鲜明对照的是，吴越主要围绕吴越争霸展开，此外并无什么重要事情，编入一语即可，作者却硬性分为两篇。柳氏的这些论述表明他敏锐地看到了《国语》编选的一个重要原则，就是

---

① 庞卓恒：《唯物史观与历史科学》，高等教育出版社，1999，第284页。

② 柳宗元：《柳宗元集》，中华书局，1979，第1328页。

基于各国在周代社会政治文化中的地位。这段文字的后半部分进一步从批评的角度分析《国语》，但也由此概括了《吴语》《越语》的风格，指出它们"繁芜曼衍""背理去道，以务富其语"①。剔除其中的批评性成分，实际上柳氏认识到了《吴语》和《越语》恣肆放达、瑰丽富艳的特色，这是颇有意义的。尤其是柳宗元进一步概括了《越语下》不同于其他语的"奇峻"的特征，这个概括是较为精准的，直接被明人晁公武继承并发展，其在《郡斋读书志》卷三"春秋类"下云："柳宗元称《越语》尤奇峻，岂特《越》哉！自《楚》以下类如此。"②

三、《非国语》

如前所述，柳宗元对待《国语》的态度是分裂的，他对《国语》的艺术是颇为肯定的，而对于其内容则从封建政治文化伦理角度持尖锐的批判态度，认为《国语》"其道舛逆"，这种批判态度集中体现于柳氏的《非国语》一书中。其实，在《非国语》与《国语》尖锐的文化冲突的深处，二者有着内在的一致性，那就是鲜明的儒家文化精神；只不过子厚所生活的中唐社会距离《国语》所反映的西周中期至春秋社会已经一千二百至一千七百多年，其间的价值观念、文化意识、政治理念都发生了巨大的变革。受历史的局限，柳宗元认识不到《国语》理念在西周春秋时代的历史合理性，因而对之进行了激烈的抨击。这一点早已有学者注意到，如秦松鹤先生就指出："从《国语》到《非国语》，从先秦的儒家思想到柳宗元的儒家思想，其间的变化不小。"③《非国语》成了柳宗元哲学思想、政治理念、价值观、世界观得以展现的载体。

（一）《非国语》与柳宗元的政治理念

《非国语》一书与柳宗元的政治思想密不可分。这一点，章士钊曾有相当透辟的分析："尝论以文字言，《非国语》在柳集中固非极要，

---

① 柳宗元：《柳宗元集》，中华书局，1979，第 1328 页。
② 晁公武撰、孙猛校证：《郡斋读书志校证》，上海古籍出版社，1990，第 120 页。
③ 秦松鹤：《从〈国语〉到〈非国语〉的思想变革——柳宗元的"辅时及物之文"》，《北京师范大学学报》1990 年第 3 期，第 83 页。

若以政治含义言，则疏明子厚一生政迹，此作针针见血，堪于逐字逐句寻求线索。吾因谓了解柳文，当先读《非国语》，应不中不远。"①民本主义是中国传统政治伦理观念的精髓，也是儒家思想的基核，实际上《国语》就渗透着浓厚的民本主义意识，如《周语上》"邵公谏厉王弭谤"条言"防民之口，甚于防川"②，表现了对民意的尊重，但这种民本意识是孕育于西周和春秋社会的文化土壤之中的，"君—神—民"的互动关系成为中国传统社会政治运行的内在逻辑，即君要听命于天和神意，而天命和神意则源于民对君的态度，亦即《尚书·泰誓中》所倡扬的"天视自我民视，天听自我民听"③。在君、神、民这三者中，神作为虚位元素，其本质是人对世界的虚幻反映，必将随着历史的发展和人对世界认识水平的提升，最终淡出人的观念领域。但这必然表现为一个漫长的历史过程。同样是民本主义理念，在中唐社会的柳宗元身上，其对神怪世界的敬畏无疑要比《国语》时代的人们微弱得多。在《鲁语上》"曹刿问战"条中就传达出鲜明的民本思想，曹刿在谈到作战取胜的条件时这样说："夫惠本而后民归之志，民和而后神降之福。若布德于民而平均其政事……是以用民无不听，求福无不丰。"④曹刿的时代决定了他不可能完全否定神的存在，我们应该注意的是，他将"民"放在了第一位，强调 "民归之志""民和"的重要性，认为这是神灵降福的前提，民为邦本的政治意识特别鲜明。但是在柳宗元看来，此 "是大不可"，"方斗二国之存亡，以决民命，不务乎实"⑤，认为曹刿和庄公在决定国家存亡和民众安危的战争来临之际却去关注是否虔诚对待鬼神，是"不务乎实"的行为。柳河东的民本思想在其《非国语·不籍》中有着尤为鲜明的体现。周代社会，重农是重要的文化精神，作为这一精神外在重要体现的是周人政治生活中的籍田礼，籍田礼的烦琐复杂仪程在《周语上》"虢文公谏宣王不籍田亩"条中得到了

① 章士钊：《柳文指要》，文汇出版社，2000，第 771 页。
② 徐元诰：《国语集解》，中华书局，2002，第 11 页。
③ 李学勤：《十三经注疏·尚书正义》，北京大学出版社，2000，第 329 页。
④ 徐元诰：《国语集解》，中华书局，2002，第 143-144 页。
⑤ 柳宗元：《柳宗元集》，中华书局，1979，第 1285 页。

完整展现。"宣王不籍千亩"在《周语》中是作为周王室"礼崩乐坏"的衰象表征被加以载述的。也就是说，"宣王不籍千亩"的政治行径是《国语》作者所讥刺的。但是子厚却提出了质疑："然而存其礼之为劝乎农也，则未若时使而不夺其力，节用而不殚其财；通其有无，和其乡闾，则食固人之大急，不劝而劝矣。启蛰也得其耕，时雨也得其种，苗之猥大也得其耘，实之坚好也得其获；京庾得其贮，老幼得其养；取之也均以薄，藏之也优以固，则三推之道存乎亡乎，皆可以为国矣。"①中国传统社会以农立国，从某种意义上说以民为本就是以农为本。在柳宗元看来，籍田礼的精神实质就是劝农，统治者与其举行这种虚饰的礼仪形式，不如在政治生活中使民以时，不滥用民力，无为而治，使百姓顺时耕作和收获。柳氏还认为，"衣食"是百姓的固有需求，自然之所急，籍田礼这类的劝农仪式实无必要。柳宗元的民本思想还表现为对普通人生命价值的重视。《晋语五》"赵宣子论比与党"条言赵盾为考查自己推荐做中军司马的韩厥是否称职，故意命令车夫"以其乘车干行"，结果韩献子"执而戮之"。柳宗元对赵盾的行为进行了激烈的指责："使人以其乘车干行，陷而至乎戮，是轻人之死甚矣！彼何罪而获是讨也？孟子曰'杀一不辜而得天下，君子不为。'"②凡此均表明柳宗元的民本思想。和民本理念息息相关的还有德政意识，这在柳宗元的《非国语》中也有鲜明的体现。《周语下》"太子晋谏灵王壅谷水"条言周灵王怕谷河泛滥冲毁王宫而决计堵塞它，太子晋认为"古之长民者，不堕山，不崇薮，不防川，不窦泽"③，这是因为"川，气之导也"，只有不壅塞河川，才能做到"气不沉滞，而亦不散越。是以民生有财用，而死有所葬"④。这无疑是周人政治观和宇宙观交互作用的产物，古人认为君主是宇宙和谐秩序的体现者，而在他们看来，宇宙是由"气"构成的，君主要确保"气"的自然畅通，堵塞河川便是违背了君主的伦理准则。在这种带有神秘色彩的政治理念支配下，

---

① 柳宗元：《柳宗元集》，中华书局，1979，第 1267-1268 页。
② 柳宗元：《柳宗元集》，中华书局，1979，第 1311-1312 页。
③ 徐元诰：《国语集解》，中华书局，2002，第 92-93 页。
④ 徐元诰：《国语集解》，中华书局，2002，第 93 页。

周灵王的行为被视为违礼失政，在《国语》叙事中被记述为"乱于是乎始生""王室遂卑"①的直接原因。应该说，这种因果逻辑是颇为荒唐的。一千多年之后的柳宗元已看清了这一点，因此对《国语》之说进行了激烈的批评。他首先肯定了周灵王的做法，"天将毁王宫而勿壅，则王罪大矣，奚以守先王之国，壅之诚是也"②，柳宗元认为，如果不进行阻塞，任由谷水泛滥，从而使先王之国不保，就是罪错。接着柳氏直接指出《国语》将东周王室的衰微和失政归因于灵王壅塞谷水是错误的，"王室之乱且卑在德"③，认为周王室的德之衰是其动乱和地位下降的根源。再如柳宗元在《围鼓》一则中谈到自己认为中行穆子拒绝鼓人请降是错误做法时，分析了"城之畔而归己者"有三种情形，其中两种情形是应该接受其投降的，而"逃暴而附德者"即其一，这表明柳宗元充分地认识到了"德"具有强大的赢得民心的政治威力。在《国语》时代，人德和天数或曰天命二者合一，《周语下》"单襄公论晋周将得晋国"条鲜明地体现了这一政治理念。在单襄公看来，晋周将得晋国，他所给出的理由是："其行也文，能文则得天地。天地所胙，小而后国。"④随后列举了文之表现：敬、忠、信、仁、义、智、勇、教、孝、惠、让。这十一种表现实际均是人之德，但春秋时期的单襄公却将其与神秘的天地联系起来，"天六地五，数之常也。经之以天，纬之以地，经纬不爽，文之象也。文王质文，故天胙之以天下。夫子被之矣"⑤。柳河东在《非国语》中所批评的主要是附加在德之上的神秘因素，"单子数晋周之德十一，而曰合天地之数，岂德义之言耶，又征卦、梦以附合之，皆不足取也"⑥。有德才能得国也是柳宗元鲜明的政治理念。

（二）《非国语》与柳宗元的宇宙观

相对于《国语》，柳宗元的《非国语》表现出更为鲜明的唯物思想，

---

① 徐元诰：《国语集解》，中华书局，2002，第102页。
② 柳宗元：《柳宗元集》，中华书局，1979，第1279页。
③ 柳宗元：《柳宗元集》，中华书局，1979，第1279页。
④ 徐元诰：《国语集解》，中华书局，2002，第88页。
⑤ 徐元诰：《国语集解》，中华书局，2002，第89页。
⑥ 柳宗元：《柳宗元集》，中华书局，1979，第1278页。

即对《国语》"好怪而妄言，推天引神，以为灵奇，恍惚若化"①文化特征的批驳，这构成了柳宗元宇宙观的精神内核。这首先体现在他对充斥于《国语》全书之中的卜筮预言的激烈批评。"他批评《国语》的作者将占卜之言附益于史事，'恒用而征信'，不可相信。"②如在《晋语一》"史苏论献公伐骊戎胜而不吉"中载郭偃之言："且夫口，三五之门也。是以谗口之乱，不过三五。"③预言骊姬之乱不会超过十五年。郭偃又称卜偃，在《国语》中屡次出现，被奉为能洞悉和传达天道之人，而柳宗元在《国语》中直斥其荒诞："举斯言而观之，则愚诬可见矣。"④在《卜》篇中，柳宗元更是在对史苏为献公占卜伐骊戎的批驳中直截了当地指出："卜史之害于道也多，而益于道也少，虽勿用之可也。左氏惑于巫而尤神怪之，乃始迁就附益以成其说，虽勿信之可也。"⑤柳宗元唯物主义的宇宙观还表现在对童谣等神秘文化的批判上。童谣在《国语》中被视为神秘宇宙意志的体现，表征着神奇的预言力量，无论是《晋语二》中卜偃通过神秘的童谣预言晋战争的结局和灭虢的时间，还是在《郑语》中周宣王时童谣对褒姒的预言。在《非国语》中，柳宗元却称其为"童谣无足取者，君子不道也"⑥。

由此可见，《非国语》是柳宗元接受《国语》过程的一个产物，同时又全面而深刻地反映了柳氏的价值观，理应引起我们的重视。

第三节　从古籍注疏看唐人对《国语》的接受与研究

《国语》在唐代受到欢迎，一个重要表现就是许多注书大量称引《国语》材料。考察这一现象，有助于我们了解唐人对《国语》认识和接

---

① 柳宗元：《柳宗元集》，中华书局，1979，第 822 页。
② 王洪臣：《论柳宗元〈非国语〉的政论性》，《湖南科技学院学报》2013 第 9 期，第 10 页。
③ 徐元诰：《国语集解》，中华书局，2002，第 252 页。
④ 柳宗元：《柳宗元集》，中华书局，1979，第 1292 页。
⑤ 柳宗元：《柳宗元集》，中华书局，1979，第 1291-1292 页。
⑥ 柳宗元：《柳宗元集》，中华书局，1979，第 1295 页。

受的状况。

一、《春秋左传正义》对《国语》的引证

孔颖达的《春秋左传正义》是唐代《左传》学的经典之作，其鲜明特色就是大量征引唐以前文献尤其是先秦两汉文献疏注《春秋》《左传》文本和杜注，自然《国语》也受到了孔颖达的重视，据安敏博士统计，"引《国语》书篇 243 次"①。对之进行系统的研究，有助于我们具体地了解《国语》在唐代的传播和研究状况。

（一）《春秋左传正义》对《国语》运用的情形

注疏称引经典总是服务于特定的注释目标，《国语》作为屡被《左传》称引的先秦要典，主要是发挥如下功用。

第一，孔颖达常常运用《国语》的史料来补充《左传》简略之处。总的来说，作为一部以记言为主的语体史书，《国语》在叙事的生动性和丰赡性上要略逊色于《左传》，但就有些事件而言，《国语》的记述要比《左传》生动和丰富得多。正是有鉴于此，《春秋左传正义》在对《左传》和杜注做注疏时常常称引《国语》中的对应部分来加以丰富。例如《左传·僖公三十一年》和《国语·鲁语上》均载重馆人向臧文仲建言事，但二者由于记叙的目的不同，因而记录的侧重点和详略程度也不同。由于《左传》重在解释《春秋》"取济西田"，所以先指出其地的获得方式是"分曹地也"，接着叙述了这一功业取得的两个重要因素：重馆人的进言和臧文仲的从谏如流。重馆人所进之言非常简略，其后前途也未作交代。由于《国语》是语体史书，其结构形态一般分为三部分：先简略交代"嘉言"产生的背景和缘由，接着详记作为主体内容的"嘉言"，最后交代"嘉言"被采纳与否或效果如何。因此《鲁语上》以记载重馆人言为中心，亦交代了重馆人的结局，远较《左传·僖公三十一年》详细，故此《春秋左传正义》引之以注释："《鲁语》说此事，云'获地于诸侯为多。臧文仲反，既复命，为之请曰："地之多，重馆人之力也。臣闻之曰：善有章，虽贱，赏也。今一言而

---

① 安敏：《〈春秋左传正义〉研究》，华中师范大学博士学位论文，2008，第 263 页。

辟竟，其章大矣，请赏之。'"乃出而爵之。"①如此就使读者对此事有更为具体详细的了解。有时是因为囿于当时情境，如《左传·僖公十九年》载宋公授意邾文公用鄫子祭祀次睢之社，司马子鱼对之批评，言"桓公存三亡国以属诸侯，义士犹曰薄德"②。这是当时人的共识，且受语言的简约性原则所规约，故此"存三亡国"事不会具体展开，杜注仅言"三亡国，鲁、卫、邢"嫌于疏略，故《春秋左传正义》引《国语》加以详细阐释："《齐语》云：'鲁有夫人、庆父之乱，二君弑死，国绝无嗣，桓公使高子存之；狄人攻邢，桓公筑夷仪以封之；狄人攻卫，卫人出庐于曹，桓公城楚丘以封之。'是也。"③

　　第二，孔颖达常常运用《国语》史料来补足申释杜注。杜预《春秋经传集解》时引《国语》来训释经传，这分两种情况。一种是直接标明《国语》，但未具体标明是哪一部分，如《左传·文公十四年》云："楚庄王立，子孔、潘崇将袭群舒，使公子燮与子仪守，而伐舒蓼。二子作乱，城郢，而使贼杀子孔，不克而还。八月，二子以楚子出，将如商密。"杜预注："《国语》曰：'楚庄王幼弱，子仪为师，王子燮为傅。'"④但未明确指出何《语》，故此《春秋左传正义》具体指出："《楚语》蔡声子云：'楚庄王方弱，申公子仪父为师，王子燮为傅，使潘崇、子孔帅师以伐舒。燮及仪父施二帅而分其室。师还至，则以王如庐，庐戢黎杀二子而复王。'"⑤另一种情况是并未标明《国语》，如《左传·僖公十年》载申生魂灵与狐突对话"帝许我伐有罪矣，弊于韩"，杜预注云："敝，败也。韩，晋地。独敝惠公，故言罚有罪。明不复以晋畀秦。夷吾忌克多怨，终于失国，虽改葬加谥，申生犹忿。传言鬼神所冯，有时而信。"⑥个中唯有"虽改葬加谥"为读者难解，而实为杜预引《国语》，故《春秋左传正义》引《晋语三》以疏解："《晋语》云：'惠公即位，出共世子而改葬之，臭彻于外。国人诵之曰：'贞之

---

① 李学勤：《十三经注疏·春秋左传正义》，北京大学出版社，1999，第467页。
② 杨伯峻：《春秋左传注》，中华书局，2016，第417页。
③ 李学勤：《十三经注疏·春秋左传正义》，北京大学出版社，1999，第394页。
④ 李学勤：《十三经注疏·春秋左传正义》，北京大学出版社，1999，第552页。
⑤ 李学勤：《十三经注疏·春秋左传正义》，北京大学出版社，1999，第552页。
⑥ 李学勤：《十三经注疏·春秋左传正义》，北京大学出版社，1999，第363页。

不报，孰是人斯而有是臭也。贞为不听，信为不诚，不更厥正，大命其倾！猗兮违兮，心之哀兮，岁之二七，其靡有征兮！'郭偃曰：'甚哉！善之难也。君改葬其君，以为荣也，而恶滋章。十四年，君之冢祀其替乎？'亦是申生犹忿之事。"①再如《左传·闵公元年》有"赵夙御戎"之语，杜预注云："赵夙，赵衰兄。"其实关于赵夙与赵衰的关系，是有歧说的。《春秋左传正义》就列出这些歧见，并指出杜注所自："《史记·赵世家》：'夙生共孟，孟生赵衰。'《晋语》云：'赵衰，先君之戎御赵夙之弟也。'杜以夙为衰兄，从《晋语》也。"②

第三，引用《国语》的训诂材料来释词。尽管训诂学正式产生是在汉代，但在《左传》《国语》等典籍中保留了很多的训诂材料，如《左传·隐公十一年》有"而况能禋祀许乎"，杜注："絜齐以享，谓之禋。"《春秋左传正义》则引用《尔雅》《国语》和孙炎的《尔雅音义》等文献来阐释："《释诂》云：'禋，祭也。'孙炎曰：'禋，絜敬之祭。'《周语》曰：'精意以享，禋也。'是'絜齐以享谓之禋'。"③

第四，引用《国语》来训释某些国名、人名等。《左传·隐公元年》："初，郑武公娶于申，曰武姜。"武姜是叙事的主要人物，申是其母国，因此对申的训释应是重要内容。正是基于此，杜预注云："申，国，今南阳宛县。"但只解释其地域而未对先秦"国"的基本范畴——姓进行训解。正是基于此，《春秋左传正义》恰切地引用《国语》的两个史料来说明申国之源："《外传》说伯夷之后曰'申吕虽衰，齐许犹在'，则申吕与齐许俱出伯夷，同为姜姓也。《国语》曰'齐许申吕由大姜'，言由大姜而得封也。"④如《左传·宣公二年》"宣子使赵穿逆公子黑臀于周而立之"，杜注仅简单交代了其身份："黑臀，晋文公子。"《春秋左传正义》则借《国语》中的圣人单襄公之言，"吾闻成公之生也，其母梦神规其臀以黑，曰使有晋国'，故命之曰'黑臀'"⑤，使读者对他

① 李学勤：《十三经注疏·春秋左传正义》，北京大学出版社，1999，第363页。
② 李学勤：《十三经注疏·春秋左传正义》，北京大学出版社，1999，第304页。
③ 李学勤：《十三经注疏·春秋左传正义》，北京大学出版社，1999，第125-126页。
④ 李学勤：《十三经注疏·春秋左传正义》，北京大学出版社，1999，第50页。
⑤ 李学勤：《十三经注疏·春秋左传正义》，北京大学出版社，1999，第598-599页。

的了解更为具体详细。

（二）孔颖达《春秋左传正义》征引《国语》的价值与意义

就其最为直接的作用看，孔氏《春秋左传正义》通过大量的《国语》征引为我们保留了诸多《国语》研究史资料。如《左传·隐公十一年》："夫许，大岳之胤也。"杜注："大岳，神农之后，尧四岳也。"①《春秋左传正义》云："《周语》称共工、伯鲧二者皆黄炎之后。言鲧为黄帝之后，共工为炎帝之后。炎帝则神农之别号。《周语》又称尧命禹治水，'共之从孙四岳佐之'，'胙四岳国，命为侯伯，赐姓曰姜，氏曰有吕'。贾逵云：'共，共工也。从孙，同姓未嗣之孙。四岳官名大岳也，主四岳之祭焉。姜，炎帝之姓，其后变易，至于四岳。帝复赐之祖姓，以绍炎帝之后。'"②《左传·庄公二十二年》云："姜，大岳之后也。"杜注："姜姓之先为尧四岳。"《春秋左传正义》云："《周语》称尧命禹治水，'共之从孙四岳佐之……胙四岳国，命为侯伯，赐姓曰姜，氏曰有吕'。贾逵云：'共，共工也。从孙，同姓未嗣之孙。四岳官名大岳也，主四岳之祭焉。'然则以其主岳之祀，尊之故称大也。"③在这里，孔颖达很恰切地用《周语下》中太子晋的话简洁地解释了"姜姓之先为四岳"的因由，是因辅佐大禹治理洪水的功业而赐姓姜。更为重要的是，他载录了贾逵《国语注》的宝贵资料，《后汉书·贾逵传》："尤明《左氏传》《国语》，为之《解诂》五十一篇。"④对后世影响甚大，韦昭《国语解》多所取鉴，《国语解叙》："侍中贾君敷而衍之，其所发明，大义略举，为已憭矣。"⑤但遗憾的是贾逵的《国语注》失传了，我们只能通过一鳞半爪的辑佚了解其况，并与韦昭注相参酌。《春秋左传正义》保存了大量的《国语》贾逵注的资料，已见前述，兹不复赘冗。《春秋左传正义》亦保存了大量的孔晁《国语》注材料，如《春秋·庄公二十三年》"公如齐观社"，《春秋左传正义》云："《鲁语》说

---

① 李学勤：《十三经注疏·春秋左传正义》，北京大学出版社，1999，第126页。
② 李学勤：《十三经注疏·春秋左传正义》，北京大学出版社，1999，第126页。
③ 李学勤：《十三经注疏·春秋左传正义》，北京大学出版社，1999，第272-273页。
④ 范晔：《后汉书》，中华书局，1965，第1235页。
⑤ 徐元诰：《国语集解》，中华书局，2002，第252页。

此事云'夫齐弃大公之法而观民于社'，孔晁云'聚民于社，观戎器也'。"①孔晁既注重词语的训释，如《左传·僖公二十三年》"及曹，曹共公闻其骈胁，欲观其裸。浴，薄而观之"②，《春秋左传正义》云："《晋语》云'曹共公闻其骈胁，欲观其状，止其舍，谍其将浴，设微薄而观之'。孔晁云：'谍，候也。微，蔽也。'"③也非常注意事理的阐释，如《春秋左传正义》云："孔晁云'闻公子胁干是一骨，故欲观之'。"④有的还颇注意语言修辞的解释，如《左传·僖公二十三年》晋公子重耳应对楚成王语"其左执鞭弭，右属櫜鞬"，《春秋左传正义》引："孔晁云：马鞭及弓分在两手，欲辟右带櫜鞬之文，故云左执。"⑤意谓马鞭及弓应分左右两手，之所以称"左执"，主要是与下文"右属櫜鞬"构成对文。再如《左传·僖公二十三年》"公子惧，降服而囚"，杜预注："去上服，自拘囚以谢之。"⑥《春秋左传正义》引"孔晁云'归怀嬴，更以贵妾礼迎之也'"⑦。寻绎斯语，当为阐释《国语·晋语四》"乃归女而纳币，且逆之"句。再如《左传·昭公元年》载秦医和论晋平公疾病事，《春秋左传正义》引《国语·晋语》以丰富其解释："《晋语》云：'文子问医和曰："君其几何？"对曰："若诸侯服，不过三年。不服，不过十年。过是，晋之殃也。"'孔晁云：'人虽有命，荒淫者，必损寿。无外患，则并心于内，故三年死。诸侯不服，则思外患，损其内情，故十年。无道之君，久在民上，实国之殃也。'"⑧有的征引阐释了孔晁对《国语》的认识。《国语》和《左传》有许多相同的事件或人物言论，记载详略不同，也有着或大或小的差异。例如《左传·僖公十一年》载内史过受周襄王派遣赐晋惠公命复命时预言"晋侯其无后"，此事亦见载于《国语·周语》，《春秋左传正义》引之以注释，言

---

① 李学勤：《十三经注疏·春秋左传正义》，北京大学出版社，1999，第275页。
② 杨伯峻：《春秋左传注》，中华书局，2016，第444-445页。
③ 李学勤：《十三经注疏·春秋左传正义》，北京大学出版社，1999，第410-411页。
④ 李学勤：《十三经注疏·春秋左传正义》，北京大学出版社，1999，第411页。
⑤ 李学勤：《十三经注疏·春秋左传正义》，北京大学出版社，1999，第412页。
⑥ 李学勤：《十三经注疏·春秋左传正义》，北京大学出版社，1999，第413页。
⑦ 李学勤：《十三经注疏·春秋左传正义》，北京大学出版社，1999，第413页。
⑧ 李学勤：《十三经注疏·春秋左传正义》，北京大学出版社，1999，第1167页。

"其言多而小异"，并引孔晁语："左丘明集其典雅令辞，与经相发明者，以为《春秋传》。其高论善言，别为《国语》。凡《左传》、《国语》有事同而辞异者，以其详于《左传》，而略于《国语》；详于《国语》，而略于《左传》。"①这段话阐释了孔晁对《国语》作者、性质、成书来源、《左》《国》异同的看法。在孔晁看来，《国语》和《左传》的作者同为左丘明。这进一步表明汉晋人普遍认为《国语》的作者是左丘明。但不同于其他人的是，他更多从文本角度审视《左传》《国语》的关系，对"高论善言"的界定是相当准确的。

二、李善《文选注》对《国语》的引用

梁太子萧统主持编纂的《文选》在中国文化史上具有极其重要的地位，自它诞生后便受到文化界的普遍欢迎。适应广大受众的需要，该书很快就产生了"五臣注"和李善注。王力指出："李善是唐高宗时代（7 世纪）的人，是著名文学家和书法家李邕的父亲。他从曹宪受《文选》之学。现存的《文选》有李善注本和五臣注本。"②其中尤其是李善注，以援引该洽、注释详赡饮誉学林，可以称得上是"集部"注释的集大成之作。李善注称引广博，据统计其引书 1600 余种，其中就包括《国语》及贾逵《国语解诂》、韦昭《国语解》等。粗略统计，李善《文选注》称引《国语》共计 180 多处，应该引起我们的注意。具体我们可从如下两个方面来展开分析。

第一，从《国语》研究史的角度来看，李善《文选注》最为重要的功用是点出了汉魏六朝文学中许多典故的出处和语句的渊源所自，全面、具体地显示了《国语》对汉魏六朝文学创作的影响。用典是中国古代文学的一个优良传统，也是汉魏六朝文学的一个鲜明特色，其中许多典故来自包括《国语》在内的先秦典籍。《国语》对汉魏六朝文学的影响是多方面的。首先是汉魏六朝散文中有大量典故源自《国语》。如王僧达《祭颜光禄文》有"登朝光国，实宋之华"句，李善注云：

---

① 李学勤：《十三经注疏·春秋左传正义》，北京大学出版社，1999，第 365 页。
② 王力：《中国语言学史》，山西人民出版社，1981，第 100 页。

"《国语》季文子曰：'吾闻以德荣为国华。'"①其次是汉魏六朝诗歌中有大量典故源自《国语》。如谢朓《和伏武昌登孙权故城》"钓台临讲阅，樊山开广燕"，李善注云："《国语》虢文公曰：'一时讲武。'"②再次是汉魏六朝赋中有大量典故源自《国语》。如潘岳《籍田赋》"青坛蔚其岳立兮"，李善注云："《国语》虢文公曰：'古者，王命司空，除坛于藉。'"③在诸种文体中，赋用《国语》典故最多，计九十多处，占半数之多，在一定意义上显示出赋作长于用典的文体特征。在用《国语》典故的诸赋中，以张衡《二京赋》为最多，有近三十处之多，另外张衡《南都赋》用《国语》典故三处，《思玄赋》用《国语》典故四处，也就是说张衡赋用《国语》典故超过用《国语》典故诸赋的三分之一，足见张衡对《国语》之熟谙。另左思《三都赋》用《国语》典故次数也较多。凡此足见《国语》对赋的影响。

　　第二，从李善《文选注》来看，汉魏六朝作家用典的内容和篇目也呈现出一定的集中性。就内容而言，汉魏六朝作家用《国语》之典侧重于以下方面。首先，对"德"的倡扬。班固《两都赋序》："或以宣上德而尽忠孝。"李善注云："《国语》泠州鸠曰：'夫律，所以宣布哲人之令德。'"④张协《七命》："导气以乐，宣德以诗。"李善注云："王将铸无射，问律于泠州鸠。对曰：'律，所以立均度……所以宣布哲人之令德，示民轨仪也。'"⑤张衡《西京赋》："徒恨不能以靡丽为国华。"李善注云："《国语》季文子曰：'吾闻以德为国华。'"⑥此句注语出现于多篇诗文的语句之下，如颜延之《赠王太常》"舒文广国华，敷言远朝列"句、王俭《褚渊碑文》"毗佐之选，妙尽国华"句、王僧达《祭颜光禄文》"登朝光国，实宋之华"句之下，李善均以"《国语》季文子曰：'吾闻以德为国华'"注之。⑦凡此足以表明"国华"一词已成

①　李善：《文选注》，中华书局，1977，第 837 页。
②　李善：《文选注》，中华书局，1977，第 431 页。
③　李善：《文选注》，中华书局，1977，第 116 页。
④　李善：《文选注》，中华书局，1977，第 21 页。
⑤　李善：《文选注》，中华书局，1977，第 497 页。
⑥　李善：《文选注》，中华书局，1977，第 50 页。
⑦　李善：《文选注》，中华书局，1977，第 367 页，第 804 页，第 837 页。

为汉魏六朝文学创作的习用语，而此词在所源自的《国语》中已被赋予"德行懿美"的内涵，成为人格审美的准的。这也在一定程度上反映了中国古代诗文创作中的尚德传统。张衡《二京赋》有"德宇天覆，辉烈光烛"句，李善注云："勃碶曰：'君之德宇，何不宽裕也？'"①亦反映了华夏民族传统的尚德观念。其次，鲜明的民本思想。如张衡《二京赋》有"勤恤民隐，而除其眚"句，颜延之《赭白马赋》有"振民隐，修国章"句，王元长《永明九年策秀才文》有"惟瘼卹隐，无舍矜叹"句，王元长《三月三日曲水诗序》有"勤恤民隐，纠逖王慝"句，其下均有李善注云："《国语》祭公谋父曰：'勤恤民隐，而除其害。'"②"勤恤民隐"被视为先王的政德，而其精神实质就是民本意识。张衡《二京赋》有"洪恩素蓄，民心固结"句，李善注云："《国语》宁庄子曰：'民无结不可以固。'"③这也是民本意识的反映。第三，阴阳和谐的宇宙观。华夏先民认为整个宇宙是由阴阳二气交互作用构成和演变的，将阴阳之气的和谐畅通视为宇宙的理想状态，这在《国语》中有体现。何晏《景福殿赋》云"故冬不凄寒，夏无炎燀"，李善注曰："太子晋曰：'水无沉气，火无灾燀。'"④再如潘岳《西征赋》："灵壅川以止斗，晋演义以献说。"李善注曰："《国语》曰：'灵王二十二年，谷、洛二水斗，欲毁王宫，王欲壅之，太子晋谏曰："不可。晋闻古之长人，不堕土，不防川……今吾执政实有所辟，而祸夫二川之神。"'"⑤潘赋用典显系出自《周语下》"太子晋谏灵王壅谷水"条，太子晋反对壅塞谷水的主要论据是"天地……疏为川谷，以导其气"⑥。再次，对异象的兴趣。中国文化有着悠久的语怪传统，《国语》多言怪异，其所语怪异多为汉魏六朝文学称引。如张衡《南都赋》"追水豹兮鞭蝄蜽"，李善注云："《国语》曰：'木石之怪夔，水之怪龙。'"⑦再如郭璞《江

---

① 李善：《文选注》，中华书局，1977，第 65 页。
② 李善：《文选注》，中华书局，1977，第 57 页，第 206 页，第 509 页，第 649 页。
③ 李善：《文选注》，中华书局，1977，第 66 页。
④ 李善：《文选注》，中华书局，1977，第 175 页。
⑤ 李善：《文选注》，中华书局，1977，第 149 页。
⑥ 徐元诰：《国语集解》，中华书局，2002，第 93 页。
⑦ 李善：《文选注》，中华书局，1977，第 72 页。

赋》"洪蚶专车"，李善注云："《国语》孔子曰：'防风氏其骨节专车。'"①又如张华《鹪鹩赋》"海鸟鶢鶋，避风而至"，李善注云："《国语》曰：'海鸟曰爰居，止于鲁东门外。展禽曰："今兹海其有灾乎？夫广川之鸟兽，常知而避其灾。"是岁，海多大风。'"②又如张衡《南都赋》"鸾鸑鸀鸑翔其上"，李善注云："《国语》曰：'周之兴之也，鸑鷟鸣于岐山。'"③何晏《景福殿赋》"故能翔岐阳之鸣凤"，李善注云："《国语》周内史过曰：'周之兴之也，鸾鷟鸣于岐山。'"④嵇康《琴赋》"舞鸑鷟于庭阶"，李善注云："《国语》曰：'周文王时，鸑鷟鸣于岐山。'"⑤由此足能看出《国语》对汉魏六朝文学内容的影响。

三、司马贞《史记索隐》和张守节《史记正义》对《国语》的接受

如前所述，"三家注"代表了《史记》注释的最高成就。由于《史记》和《国语》的密切关系，"三家注"在注释《史记》时多引《国语》。据笔者粗略统计，司马贞《索隐》直接称引《国语》近 50 处，而张守节《史记正义》直接称引《国语》近 20 处。下面略作分析。

（一）《史记索隐》对《国语》的引用

司马贞，生卒年不详，新旧《唐书》无传，主要生活于高宗晚年到唐玄宗开元年间。其《史记索隐》受到学界很高评价："太史公《史记》，采录先秦古籍及秦、汉间事，其文雅奥简古，至有难句者……读之者鲜解训释；世有其人，第皆疏略，未能详尽。惟司马氏用新意撰《索隐》，所得为多，至有不可解者，引援开释明白。"⑥《史记索隐》对《国语》的引用，表现为如下特色。

第一，征引《国语》及其注训释词语是《史记索隐》中习见的训

---

① 李善：《文选注》，中华书局，1977，第 186 页。
② 李善：《文选注》，中华书局，1977，第 203 页。
③ 李善：《文选注》，中华书局，1977，第 70 页。
④ 李善：《文选注》，中华书局，1977，第 179 页。
⑤ 李善：《文选注》，中华书局，1977，第 259 页。
⑥ 司马迁：《史记》，中国国家图书馆藏宋张杅桐川郡斋刊本，宋淳熙三年（1176 年）。

诂方式。《史记·刘敬叔孙通列传》："乃赐叔孙通帛二十匹，衣一袭。"①
司马贞《史记索隐》引《国语》以释"一袭"："《国语》谓之'一称'，
贾逵案《礼记》'袍必有表不单，衣必有裳，谓之一称'。"②

　　第二，将《国语》及韦注的异文或异说和《史记》比照，丰富读
者对相关史实的了解。如《史记·郑世家》载郑桓公和史伯谈话，其
中郑桓公问道："吾欲居西方，何如？"司马贞《索隐》云："《国语》
曰：'公曰"谢西之九州何如"。'韦昭云：'谢，申伯之国。谢西有九
州。二千五百家为州。'其说盖异此。"③再如《史记·韩世家》关于韩
国君主祖先的说法是："韩之先与周同姓，姓姬氏。其后苗裔事晋，得
封于韩原，曰韩武子。武子后三世有韩厥，从封姓为韩氏。"④司马贞
《索隐》则提出了另一种说法，其中一个有力证据便来源于《国语》：
"按《系本》及《左传》旧说，皆谓韩万是曲沃桓叔之子，即是晋之支
庶。又《国语》叔向谓韩宣子能修武子之德，起再拜谢曰'自桓叔已
下，嘉吾子之赐'，亦言桓叔是韩之祖也。今以韩侯之后别有桓叔，非
关曲沃之桓叔，如此则与太史公之意亦有违。"⑤

　　第三，利用《国语》对《史记》进行校勘。如《史记·越世家》
"节事者以地"，司马贞云："《国语》'以'作'与'，此作'以'，亦与
义也。言地能财成万物，人主宜节用以法地，故地与之。"⑥将"以"
释为"与"，整个句义变得非常清晰明了。有时以《史记》之正确说法
驳斥《国语》谬误。如《史记·孔子世家》"有隼集于陈廷而死……陈
湣公使使问仲尼"，司马贞《索隐》云："《家语》《国语》皆作'陈惠
公'，非也。按：惠公以鲁昭元年立，定四年卒。又按《系家》，湣公
六年孔子适陈，十三年亦在陈，则此湣公为是。"⑦

　　第四，利用《国语》材料标明典故出处。如《史记·鲁仲连邹阳

---

① 司马迁：《史记》，中华书局，1959，第 2721 页。
② 司马迁：《史记》，中华书局，1959，第 2721 页。
③ 司马迁：《史记》，中华书局，1959，第 1757-1758 页。
④ 司马迁：《史记》，中华书局，1959，第 1865 页。
⑤ 司马迁：《史记》，中华书局，1959，第 1865 页。
⑥ 司马迁：《史记》，中华书局，1959，第 1740-1741 页。
⑦ 司马迁：《史记》，中华书局，1959，第 1922 页。

列传》邹阳《狱中上梁王书》:"夫以孔、墨之辩,不能自免于谗谀,而二国以危。何则?众口铄金,积毁销骨也。"①司马贞《索隐》:"《国语》云'众心成城,众口铄金'。贾逵云'铄,消也。众口所恶,虽金亦为之消亡'。"②再如《史记·张耳陈余列传》:"客有说张耳曰:"臣闻'天与不取,反受其咎'。"《索隐》:"此辞出《国语》。"③《越语下》:"臣闻之,'得时无怠,时不再来,天予不取,反为之灾'。"④

第五,利用《国语》补充《史记》相关内容的信息。如《史记·越世家》言伍子胥临死场景,伍子胥被夫差逼迫自杀,"报使者曰:'必取吾眼置吴东门,以观越兵入也'"⑤,凸显了伍子胥的刚烈、忠而被冤的愤激和政治远见。《史记》叙事至此戛然而止,至于夫差的反应如何,《史记》未作交代,司马贞《索隐》利用《国语·吴语》"申胥自杀"条做了补充:"《国语》云:吴王愠曰'孤不使大夫得见',乃盛以鸱夷,投之于江也。"⑥这样就将夫差的残暴、刚愎自用形象完满地展现了出来。再如《史记·外戚世家》谈及朝代兴亡与女色相关时提到夏桀与妹喜、纣王与妲己、幽王与褒姒,这些在《国语》中都有丰富的叙述,司马贞《史记索隐》便引《国语》来论述。《史记》言"而桀之放也以末喜",司马贞云:"《国语》'桀伐有施,有施人以妹喜女焉',韦昭云'有施氏女,姓喜'。"⑦《史记》言"纣之杀也嬖妲己",司马贞云:"《国语》'殷辛伐有苏氏,有苏氏以妲己女焉'。按:有苏,国也。己,姓也。妲,字也。"⑧《史记》言"而幽王之禽也淫于褒姒",司马贞云:"《国语》曰:'幽王伐有褒,有褒人以褒姒女焉。'按:褒是国名,姒是其姓,即龙漦之子,褒人育而以女于幽王也。然此文自'夏之兴'至'褒姒'皆是魏如耳之母词,见《国语》及《列女传》。"⑨

---

① 司马迁:《史记》,中华书局,1959,第2473页。
② 司马迁:《史记》,中华书局,1959,第2474页。
③ 司马迁:《史记》,中华书局,1959,第2580页。
④ 徐元诰:《国语集解》,中华书局,2002,第584页。
⑤ 司马迁:《史记》,中华书局,1959,第1744页。
⑥ 司马迁:《史记》,中华书局,1959,第1744页。
⑦ 司马迁:《史记》,中华书局,1959,第1968页。
⑧ 司马迁:《史记》,中华书局,1959,第1968页。
⑨ 司马迁:《史记》,中华书局,1959,第1968页。

（二）张守节《史记正义》对《国语》的接受

在继承裴骃《史记集解》和司马贞《史记索隐》成就的基础上，张守节的《史记正义》也取得了很大成就。范文澜先生在其《正史考略·史记》中认为他"能通裴骃之训辞，折司马之异同，题曰《正义》，殆欲与《五经正义》并传"[1]。张守节《史记正义》对《国语》的引用主要表现为以下几个方面。

第一，引《国语》及韦昭注等《国语》训诂以释《史记》地名。《史记·魏世家》："齐败我观。"张氏《正义》云："观音馆。魏州观城县，古之观国。《国语注》：'观国，夏启子太康第五弟之所封也，夏衰，灭之矣。'"[2]《史记·始皇本纪》"始皇还，过彭城"，张氏《正义》云："彭城，徐州所理县也。州东外城，古之彭国也。《搜神记》云陆终弟三子曰篯铿，封于彭，为商伯。《外传》云殷末，灭彭祖氏。"[3]

第二，利用《国语》来补充《史记》相关内容的信息。如《史记·管晏列传》由于历史叙事的重点是管子和叙事容量等因素，对于鲍叔在管仲任齐相这一过程中的举荐之功仅一笔带过，"鲍叔遂进管仲"，未展开叙述，张守节《史记正义》就非常巧妙地在"管仲既任政相齐"句下补充："国语云：齐桓公使鲍叔为相，辞曰：'臣之不若夷吾者五：宽和惠民，不若也；治国家不失其柄，不若也；忠惠可结于百姓，不若也；制礼义可法于四方，不若也；执枹鼓立于军门，使百姓皆加勇，不若也。'"[4]这样既凸显了管仲杰出的政治军事才能，又展现了鲍叔识人、胸襟宽广的性格特征。

第三，张守节的《史记正义》多引《国语》以疏解《史记》。如《史记·周本纪》："四十六年，宣王崩，子幽王宫涅立。"[5]《史记正义》："《周春秋》云：'宣王杀杜伯而无辜，后三年，宣王会诸侯田于圃，日中，杜伯起于道左，衣朱衣冠，操朱弓矢，射宣王，中心折脊而死。'

---

① 范文澜：《范文澜全集·正史考略》，河北教育出版社，2002，第23页。
② 司马迁：《史记》，中华书局，1959，第1844页。
③ 司马迁：《史记》，中华书局，1959，第248页。
④ 司马迁：《史记》，中华书局，1959，第2132—2133页。
⑤ 司马迁：《史记》，中华书局，1959，第145页。

《国语》云：'杜伯射王于鄗。'"①在这里，张守节称引《墨子》所录《周春秋》和《国语·周语上》"内史伯论神"条所言，点出了周宣王的死因。

第四，张守节的《史记正义》还涉及《国语》作者问题。《货值列传》有"整齐百家杂语"句，张守节《正义》云："太史公撰《史记》，言其协于六经异文，整齐诸子百家杂说之语，谦不敢比经艺也。异传，谓如丘明《春秋外传国语》、子夏《易传》、毛公《诗传》《韩诗外传》、伏生《尚书大传》之流也。"②很明显，张氏认为《国语》的作者为左丘明。

四、唐人其他注疏对《国语》的称引

（一）孔颖达《礼记正义》对《国语》的称引

《礼记正义》对《国语》的称引主要表现为如下特色。第一，由于《礼记》以记述解说先秦古礼为主，而《国语》多载录西周和春秋礼制，故《礼记正义》常引《国语》以解说《礼记》礼制内容。如《礼记·玉藻》："君无故不杀牛，大夫无故不杀羊，士无故不杀犬豕。君子远庖厨，凡有血气之类，弗身践也。至于八月不雨，君不举。"《礼记正义》曰："此谓寻常，若祭祀之事，则身自为之，故《楚语》云'禘郊之事，天子自射其牲，又刲羊击豕'是也。"③在这里，孔颖达引《国语》例证明在进行隆重的祭祀时，天子需"身自为之"，恰切地说明了《礼记》所言之"故"，使读者对古礼的了解更为准确细微。第二，孔颖达严格贯彻"疏不破注"的原则，谨遵郑注，故《礼记正义》常引《国语》及其注以佐成郑说。《礼记·大学》："《楚书》曰：'楚国无以为宝，惟善以为宝。'"郑玄注云："《楚书》，楚昭王时书也。言以善人为宝。时谓观射父、昭奚恤也。"④孔颖达引《国语》以说明郑注的依据："郑知是'楚昭王时书'者，案《楚语》云：楚昭王使王孙圉聘于晋，定公

① 司马迁：《史记》，中华书局，1959，第146页。
② 司马迁：《史记》，中华书局，1959，第3321页。
③ 李学勤：《十三经注疏·礼记正义》，北京大学出版社，1999，第881-882页。
④ 李学勤：《十三经注疏·礼记正义》，北京大学出版社，1999，第1601页。

缋之。赵简子鸣玉以相问于王孙圉，曰：'楚之白珩犹在乎？其为宝几何矣？'王孙圉对曰：'未尝为宝。楚之所宝者，曰观射父，能作训辞，以行事于诸侯，使无以寡君为口实。'"①再如《礼记·中庸》："至诚之道，可以前知。国家将兴，必有祯祥。国家将亡，必有妖孽。"郑玄注云："'可以前知'者，言天不欺至诚者也。前，亦先也。祯祥、妖孽，蓍龟之占，虽其时有小人、愚主，皆为至诚能知者出也。"《礼记正义》先解释了郑注意旨："郑以圣人君子将兴之时，或圣人有至诚，或贤人有至诚，则国之将兴，祯祥可知。而小人、愚主之世无至诚，又时无贤人，亦无至诚，所以得知国家之将亡而有妖孽者，虽小人、愚主，由至诚之人生在乱世，犹有至诚之德，此妖孽为有至诚能知者出也。"接着又广引《国语》以证之："案《周语》云：幽王二年，三川皆震，伯阳父曰：'周将亡矣。昔伊、洛竭而夏亡，河竭而商亡。'时三川皆震，为周之恶瑞，是伯阳父有至诚能知周亡也。又周惠王十五年，有神降于莘。莘，虢国地名。周惠王问内史过，史过对曰：'夏之兴也，祝融降于崇山，其亡也，回禄信于聆隧。商之兴也，梼杌次于丕山，其亡也，夷羊在牧。周之兴也，鸑鷟鸣于岐山，其衰也，杜伯射宣王于镐。今虢多凉德，虢必亡也。'"②再如《礼记·玉藻》："玄端而朝日于东门之外，听朔于南门之外，闰月则阖门左扉，立于其中。"郑玄注："端当为'冕'，字之误也。玄衣而冕，冕服之下。"孔颖达《礼记正义》具体阐释了郑校之正确："知'端'当为'冕'者，凡衣服，皮弁尊，次以诸侯之朝服，次以玄端。按：下诸侯皮弁听朔，朝服视朝。是视朝之服卑于听朔。今天子皮弁视朝，若玄端听朔，则是听朔之服卑于视朝，与诸侯不类。且听朔大，视朝小，故知'端'当为'冕'，谓玄冕也。"随后又引《国语》及注以丰富其说："按《鲁语》云：'大采朝日，少采夕月。'孔晁云：'大采，谓衮冕。''少采，谓黼衣。'而用玄冕者，孔氏之说非也。故韦昭云：'大采，谓玄冕也。少采夕月，则无以言之。'"③凡此足证孔颖达对《国语》之重视。

① 李学勤：《十三经注疏·礼记正义》，北京大学出版社，1999，第 1609 页。
② 李学勤：《十三经注疏·礼记正义》，北京大学出版社，1999，第 1449-1450 页。
③ 李学勤：《十三经注疏·礼记正义》，北京大学出版社，1999，第 872-874 页。

（二）杨倞《荀子注》引《国语》

在第一章里我们可以看到，荀子对《国语》应该有过比较深入的阅读，从其著作中能够看到《国语》较为鲜明的影响。也正是基于此，杨倞在为《荀子》做注时，时时称引《国语》及韦昭注，也包括贾逵注，从而能更为简洁准确地注释《荀子》，也有助于我们侧面地、间接地了解《国语》在唐代的接受和传播状况。通过对《荀子》杨倞注引《国语》的分析，我们可以得出如下几点认识。第一，《荀子》杨倞注将《国语》与韦昭注并引，如《劝学》有"问楛者，勿告也；告楛者，勿问也；说楛者，勿听也；有争气者，勿与辩也"，杨倞注："楛与'苦'同，恶也。问楛，谓所问非礼义也。凡器物坚好者谓之功，滥恶者谓之楛。《国语》曰：'辨其功苦'，韦昭曰：'坚曰功，脆曰苦。'"①在这段话中，核心也即难点是"楛"这个词，杨倞的训释极富层次，先是解释"楛"为假借字，其本字是"苦"，并解释了"苦"之意义，即"恶"的意思，进而指出"苦"这个词在这一语段中的意义，即"非礼义"的意思，而后解释"楛"的本义，即器物滥恶者，最后非常恰切地例举《国语》及韦注，两者相得益彰，使读者对"楛"之意义有了深刻的理解。再如《王制》："鼋鼍、鱼鳖、鳅鳣孕别之时，网罟、毒药不入泽，不夭其生，不绝其长也。"杨倞注："别，谓生育，与母分别也。《国语》里革谏鲁宣公曰'鱼方别孕'，韦昭曰：'自别于雄而怀子也。'"②在这里，杨倞注实际上指出了《王制》之言所本，而杨注释"别"则与韦注显著不同，具列韦说，有存异备考之意。总的来说，《荀子》杨倞注多并引《国语》和韦注，昭示了韦昭《国语解》"一注独尊"的地位在唐代正渐趋形成。第二，《荀子》杨倞注多引《国语》礼制材料以释《荀子》，如《正论》有"天子者……《雍》而彻乎五祀"句，杨倞广引诸说以释"五祀"："《周礼·宗伯》'以血祭祭社稷、五祀'，郑云'五祀，祀时迎五行之气于四郊而祭五德之帝'也。或曰：此五祀谓禴、祠、烝、尝及大祫也。或曰：《国语》展禽曰：'禘、郊、祖、宗、报，

---

① 荀况著、杨倞注、耿芸标校：《荀子》，上海古籍出版社，2014，第5-8页。
② 荀况著、杨倞注、耿芸标校：《荀子》，上海古籍出版社，2014，第98-99页。

此五者，国之祀典也。' 皆王者所亲临之祭，非谓户、灶、中溜、门、行之五祀也。"①指出对于"五祀"的解释有三种说法，第一种是《周礼》郑玄注，第二种是"或曰"，第三种是《国语·鲁语上》展禽所言。再如《荀子·正论》谈及先王出户、出门之礼制："出户而巫觋有事，出门而宗祀有事。"杨倞注云："'出门'谓车驾出国门。宗者，主祭祀之官。'祀'当为'祝'。'有事'，谓祭行神也。《国语》曰：'使名姓之后能知四时之主，牺牲之物，玉帛之类，采服之仪，彝器之量，次主之度，屏摄之位，坛场之所，上下之神祇，氏姓之所出，而心帅旧典者，为之宗。'又曰：'使先圣之后能知山川之号，宗庙之事，昭穆之世，齐敬之勤，礼节之宜，威仪之则，容貌之崇，忠信之质，禋洁之服，而敬恭明神者，为之祝。'韦昭曰：'宗，大宗伯也，掌祭祀之礼。祝，大祝，掌祈福祥也。'"②在这里，杨倞主要引《国语·楚语下》及韦注来阐释《荀子》所言礼制。第三，《荀子》杨倞注训释词语亦多引《国语》。有时径取《国语》韦注以释《荀子》词语。如《荀子·王霸》"无国而不有贤士，无国而不有罢士"句，杨倞注云："《国语》曰'罢士无伍，罢女无家'，韦昭曰：'病也，无行曰罢。'"③再如《荀子·成相》："曷为罢？国多私，比周还主党与施。"杨倞注云："假设问答以明其义。罢，读曰'疲'，谓弱不任事者也。所以弱者，由于多私。《国语》曰'罢士无伍'，韦昭曰：'罢，病也。无行曰罢。'"④有时是杨倞对某个词语有自己独到的解释，但引《国语》及韦注以示异说。如《荀子·非十二子》有"成名况乎诸侯，莫不愿以为臣"句，对于句中"况"的解释，杨注是："况，比也。"但注者同时又称引他说："或曰：况，犹'益'也，《国语》：骊姬曰：'众况厚之。'"⑤再如《荀子·儒效》有"反而定三革，偃五兵"句，对于"三革"的解释，杨倞注云："三革，犀也，兕也，牛也。"同时又引《国语·齐语》注："《国语》说齐

① 荀况著、杨倞注、耿芸标校：《荀子》，上海古籍出版社，2014，第215-218页。
② 荀况著、杨倞注、耿芸标校：《荀子》，上海古籍出版社，2014，第216-219页。
③ 荀况著、杨倞注、耿芸标校：《荀子》，上海古籍出版社，2014，第139页。
④ 荀况著、杨倞注、耿芸标校：《荀子》，上海古籍出版社，2014，第301-302页。
⑤ 荀况著、杨倞注、耿芸标校：《荀子》，上海古籍出版社，2014，第51-54页。

桓'定三革,偃五刃',韦昭云:'三革,甲、胄、盾也。'"①第四,《荀子》杨倞注除称引《国语》韦注外,还多次称引贾逵注,如《荀子·解蔽》有"桀蔽于末喜"句,杨倞注云:"末喜,桀妃。……《国语》史苏曰'昔夏桀伐有施,有施人以末喜女焉',贾侍中云:'有施,喜姓国也。'"②再如《荀子·解蔽》有"纣蔽于妲己"句,杨倞注云:"妲己,纣妃。……《国语》'殷纣伐有苏,有苏氏以妲己女焉',贾侍中云:'有苏,己姓国也。'"③由此也能看出贾逵《国语解诂》在唐代亦有较大的影响。

除以上注疏外,称引《国语》的唐人注疏还非常多,如杨士勋《春秋穀梁传注疏》。《穀梁传序》有"川岳为之崩竭,鬼神为之疵厉"句,杨士勋疏曰:"云'川岳崩竭'者,谓《周语》云:'幽王之时,三川震,伯阳父曰:"昔伊洛竭而夏亡,河竭而商亡。"'""今以为'鬼神为之疵厉',即《国语》云'杜伯射宣王于镐',《左传》云'伯有之鬼为厉'是也。"④再如《汉书》颜师古注,《汉书·五行志》有"故《传》曰晋侯使寺人披伐蒲,重耳奔狄"句,颜师古注曰:"晋侯谓献公也。寺人,奄人也,披其名也。蒲,晋邑也,公子重耳之所居。献公用骊姬之谗,故令披伐之,而重耳惧罪出奔也。事见《春秋左氏传》及《国语》。"⑤

第四节　唐宋学者视域中的《国语》作者、成书及流传

一、唐宋学者对《国语》作者的研究

《国语》作者是唐宋学者所关心的一个重要问题,鉴于唐代学者之间关于《国语》作者问题的讨论与争辩,我们在刘知几和柳宗元的《国

① 荀况著、杨倞注、耿芸标校:《荀子》,上海古籍出版社,2014,第77-78页。
② 荀况著、杨倞注、耿芸标校:《荀子》,上海古籍出版社,2014,第254-258页。
③ 荀况著、杨倞注、耿芸标校:《荀子》,上海古籍出版社,2014,第254-258页。
④ 李学勤:《十三经注疏·春秋穀梁传注疏》,北京大学出版社,1999,第4-5页。
⑤ 班固:《汉书》,中华书局,1962,第1019-1020页。

语》研究两节中已有涉及，本节我们主要讨论宋代学者对《国语》作者的研究。两节中未提及或虽提到但语焉不详的唐代学者也在我们的讨论之列。

宋代学者有不少人赞成传统说法，即认为《国语》系左丘明所作，但声势较前代明显减弱。有的是对唐代啖助、赵匡、陆淳等怀疑派的"异说"出于本能的回击，而并不能提出有力的证据。如南宋学者晁公武（约 1105～1180）《郡斋读书志》卷三中对啖助、赵匡、陆淳治《春秋》的方法颇多非议之辞，认为他们之前的学者"其失也固陋"，而在他们以后，"其或未明，则恣私臆决，其失也穿凿。均之失圣人之旨而穿凿之害为甚"①。对他们关于《国语》作者的说法更是予以了直接回击："陆淳谓'与《左传》文体不伦，定非一人所为'，盖未必然。范宁云《左氏》'艳而富'，韩愈云'《左氏》浮夸'，今观如此，信乎其富艳且浮夸也，非左氏而谁？柳宗元称《越语》尤奇峻，岂特《越》哉！自《楚》以下类如此。"②晁公武在这里并未直接驳斥怀疑派两书"文体不伦"的观点，而是从《左传》《国语》文学风格相同的角度论证两书出于同一人之手。他认为晋代学者范宁评价《左传》具有富艳的特征，韩愈评价《左传》具有浮夸的特征，而《国语》确实具有"富艳且浮夸"的风格。他又引柳宗元《非国语》对《越语下》风格的概括做了补充，认为《国语》中的《楚语上》《楚语下》《吴语》《越语上》《越语下》皆具有"奇峻"风格，足以体现富艳浮夸特征。应该说，晁氏所论表明《国语》的文学风格日益受到学者们的关注和重视，但以此作为论据证明其与《左传》出于同一作者之手似乎有些勉强。有的研究者则恰恰从《国语》与《左传》两书"文体不伦"入手去推断它们的成书过程，并以此解释两书文体、风格等存在差异的原因所在，在调和怀疑派和旧说分歧的基础上坚持传统的"左丘明著《国语》"说。司马光之父司马池（980～1041）即持此说。朱彝尊《经义考》卷二〇九引司马光言："先儒多怪左丘明既传《春秋》，又作《国语》，为之说

---

① 晁公武撰、孙猛校证：《郡斋读书志校证》，上海古籍出版社，1990，第 109 页。
② 晁公武撰、孙猛校证：《郡斋读书志校证》，上海古籍出版社，1990，第 120 页。

者多矣，皆未通也。先君以为丘明将传《春秋》，乃先采列国之史，因别分之，取其精英者为《春秋传》。而先所采集之稿，因为时人所传，命曰《国语》，非丘明之本意也。故其辞语繁重，序事过详，不若《春秋传》之简直精明浑厚遒峻也，又多驳杂不粹之义。诚由列国之史，学有厚薄，才有深浅，不能淳一故也，不然丘明作此重复之书何为？"①这一段话的主体内容是司马光转述他父亲的意见，认为《左传》《国语》二书产生于左丘明为《春秋》作传的目的。《国语》产生于为《春秋》作传过程的准备阶段即搜集材料阶段，左丘明只是做了按照国别分类的工作，即"先采列国之史，因别分之"，《左传》则产生于"传《春秋》"的创作阶段，即"取其精英者为《春秋传》"。相对于《左传》是左丘明的真正个人创作，产生于创作准备阶段的《国语》和左丘明的关系就有点暧昧难明，首先肯定的是经了左丘明之手，即由他采集而来，但他只是做了采集的工作而已，而不是他的个体创作，即"非丘明之本意"。正是缘于此，《国语》的文学性要远逊色于《左传》，《国语》无论是在记言上还是在叙事上均呈现出烦冗琐细的局限，即"辞语繁重，序事过详"，《左传》的风格则是浑厚、遒劲、精粹、峻拔、明晰。在思想内容上《国语》也"多驳杂不粹"。《国语》这一局限的主要原因是左丘明所采列国之史出于学养不同、史才不一的史官之手，自然不能形成纯一的整体风貌。我们认为司马池的观点有如下几点值得注意。一是他在很大程度上修正甚或放弃了汉儒的某些观点，如大多数汉代学者认为《国语》产生于弥补《左传》解《春秋》经不足的需要，而司马池则完全抛弃了《国语》为《春秋》外传的传统说法，认为《国语》只是左丘明采集而得，产生于《左传》创作的准备阶段，故先于《左传》。二是司马池实际上指出了《左传》与《国语》性质的不同，前者是创作，而后者只是汇编。三是尽管司马池对《国语》的评价过低，这和其后的晁公武对《国语》的溢美不啻有天壤之别，但在取向上却惊人一致，即从针对《国语》与《左传》文学风格异同的考察入手，这一点是对前人尤其是汉儒的突破，标志着《国语》研究

①　朱彝尊：《经义考》，中华书局，1989，第1071页。

的深入。南宋著名历史学家李焘（1115～1184）赞同司马光父子的观点，马端临《文献通考》卷一八三引李焘言："昔左丘明将传《春秋》，乃先采集列国之史，国别为语，旋猎其英华作《春秋传》。而先所采之语，草稿具存，时人共传习之，号曰《国语》，殆非丘明本志也。故其辞多枝叶，不若内传之简直峻健，甚者驳杂不类，如出他手。盖由当时列国之史，材有厚薄，学有浅深，故不能醇一耳。不然，丘明特为此重复之书，何邪？先儒或谓《春秋传》先成，《国语》继作，误矣。惟本朝司马温公父子能识之。"①李氏的观点几乎和司马氏父子全同，主要认为《国语》产生于左丘明为撰写《左传》所作的史料准备，只不过其描述更为详细。南宋著名学者陈造（1133～1203）也坚持《国语》为左丘明所作说。《经义考》卷二〇九引陈造说："左丘明《传》记诸国事既备矣，复为《国语》，二书之事，大同小异者多，或疑之。盖《传》在先秦，古书六经之亚也，纪史以释经，文婉而丽。《国语》要是传体，而其文壮，其辞奇。"②不同于司马池坚持《国语》成书早于《左传》，陈唐卿坚持许多汉儒的观点，仍认为《国语》晚于《左传》，但很明显，陈氏也否定了《国语》为《春秋》外传的说法，并未明确界定《国语》的性质。他坚持左丘明作《国语》说的一个重要依据是"二书之事，大同小异者多"。然后陈造又进一步分析了《国语》和《左传》同出于一人却文体、风格显著不同的原因，以回应怀疑派的质疑。他认为《左传》区别于《国语》的是其为"六经之亚"，即解经之传，其核心目的和内容是通过对历史事件的记述来训解《春秋》经，因此形成婉丽的风格。《国语》以独立形态存在，以记一系列历史人物的言辞为主，接近于一篇篇人物传记，故此形成壮奇的风格。和司马池、晁公武一样，陈造亦着眼于《国语》和《左传》文体风格的比较，他们有的认为二者相近，有的认为二者迥然不同，所下断语和结论亦有显著不同，但其研究理路是一致的，即强调从文本风格的角度探究《国语》作者问题。宋代大儒朱熹亦主张《国语》和《左传》的作者同为

---

① 马端临：《文献通考》卷一八三，中华书局，1986，第 1576 页。
② 朱彝尊：《经义考》，中华书局，1989，第 1071 页。

左丘明。《朱子语类》卷八十三中朱门师生讨论《春秋》相关问题，有学生问到齐桓公时便言"《国语》《左传》皆是左氏编"，有学生向朱熹讨教楚被吴攻入后申包胥如秦乞师，《传》言"哀公为之赋《无衣》"，不知此处"赋诗"是"作此诗，还只是歌此诗"，朱熹回答时曾言"赋诗在他书无所见，只是《国语》与《左传》说，皆出左氏一手"①。于此可见，朱门视《国语》和《左传》同出于左丘明之手，是一个常识。

宋代还有很多学者认为《国语》的作者不是左丘明。南宋时期著名的藏书家陈振孙在其《直斋书录解题》卷三"《国语》"条下指出："至今与《春秋传》并行，号为《外传》。今考二书。虽相出入，而事辞或多异同，文体亦不类，意必非出一人之手也。司马子长云：'左丘失明，厥有《国语》'，又似不知所谓。唐啖助亦尝辨之。"在这里，陈振孙很明确地表明其观点与啖助等怀疑派观点相同，即否认《国语》为左丘明所作，主要论据有两点，一是两书载同一事之辞多有不同，二是两书文体亦不同。②南宋末年王应麟于其《困学纪闻》卷六继承著名《春秋》学者叶梦得的看法，提出了关于《国语》作者的新解。叶梦得在其《春秋考》卷三《统论》指出："司马迁固以丘明为名，则左为氏矣。然迁复言'左丘失明，厥有《国语》'，按《姓谱》有左氏，有左丘氏。迁以左丘为氏，则《传》安得名左氏耶？"③这里叶梦得主要是辨析《左传》的作者，认为"《传》初但记其为左氏而已不言为丘明也"，是司马迁在《史记·十二诸侯年表》中首先将其指实为左丘明："鲁君子左丘明惧弟子人人异端，各安其意，失其真，故因孔子史记具论其语，成左氏春秋。"④那么如此一来，"左丘明"这一名字中"左"为氏，"丘明"为名，而太史公又云"左丘失明，厥有《国语》"，按此说法，则"左丘"为氏，"明"为名。由此叶氏得出结论，"以左氏为丘明自司马迁失之也"。这里叶少蕴虽用意于《左传》作者之辨析，实

① 黎靖德：《朱子语类》卷八十三，《钦定四库全书》子部儒家类，第47页。
② 陈振孙：《直斋书录解题》，上海古籍出版社，1987，第54页。
③ 叶梦得：《春秋考》，文渊阁四库全书（第153册），上海古籍出版社影印本，1987，第292页。
④ 司马迁：《史记》，中华书局，1959，第509-510页。

际上也得出这样一个认识，《左传》的作者是左氏，《国语》的作者是左丘氏，即左丘明。王应麟《困学纪闻》卷六言："叶少蕴云：'古有左氏、左丘氏。太史公称'左丘失明，厥有《国语》。'今《春秋传》作左氏，而《国语》为左丘氏，则不得为一家。文体亦自不同，其非一家书明甚。"①王氏将叶氏认识明晰化，并补充了一个新的论据，即两书问题不同，斩钉截铁地肯定两书绝非同出一手。叶适《习学纪言》卷十二亦对"汉魏相传，乃以《左氏》《国语》一人所为。左氏雅志未尽，故别著《外传》"的说法持怀疑态度，因为在叶适看来，"以《国语》《左氏》二书参较，左氏虽有全用《国语》文字者，然所采次仅十一而已；至《齐语》不复用，《吴》《越》语则采用绝少。盖徒空文，非事实也。《左氏》合诸国记载成一家之言，工拙烦简自应若此"②。黄震《黄氏日钞》也依据史事时代不合，对《国语》出于左丘明之手的说法持怀疑态度，"今《国语》避汉讳，谓鲁庄严公，又果左丘明之作否耶"③？

　　以上为宋代学者对《国语》作者的主要说法，尽管他们争论的看似老问题，即《国语》和《左传》是否出于同一人之手，《国语》的作者是否是左丘明，但他们对这个问题的研究比前人要深入得多，将《国语》作者问题的考察与《国语》文本风格的考察、《国语》与《左传》内在关系的考察结合起来，得出了更为翔实和令人信服的结论。

　　二、唐宋学者对《国语》成书时间的研究

　　古代学者对《国语》成书时间的研究主要集中于其创作时间是早于还是晚于《左传》上。唐宋学者包括汉晋六朝的学者在讨论《国语》作者问题时就已涉及这一问题，如前面提到的王充、司马池等人，兹不赘述。在本部分我们只归纳分析上文未提及的关于《国语》成书时间的论述。《左传》和《国语》孰先成书是宋代学者非常关心的一个重要问题，也是聚讼纷纭的一个问题。《朱子语类》卷八十三对《左传》

　　① 王应麟：《困学纪闻》卷六，商务印书馆，1935，第31页。

　　② 叶适：《习学纪言》卷十二，国家图书馆馆藏，清代湖州严氏抄本，第8页。

　　③ 黄震：《黄氏日钞》，台北大化书局据日本立命馆大学图书馆藏书影印，1984。

《国语》及《左传》《国语》关系等一系列问题进行了广泛讨论，具有很重要的《国语》研究史价值。其中关于两书成书时间有一段师生对话，兹录之如下："问：'《国语》《左传》皆是左氏编，何故载齐桓公于《国语》，而不载于《左传》？'曰：'不知二书作之先后。温公言先作《国语》，次作《传》。又有一相识言，先《左传》，次《国语》，《国语》较老如《左传》。后看之，似然。'"①这个对话场景颇为生动有趣，紧接上文朱子和学生对话而来，朱子在前面指出齐桓霸业详于《国语》而略于《左传》，弟子自然会产生钻牛角尖式的困惑，既然《左传》《国语》同为左丘明作，为什么《国语》要远较《左传》详细。其实这样的问题很难有一个清晰准确的答案。朱文公却煞有介事地将其与《国语》《左传》成书先后的问题联系起来，并指出自己也很难判断到底哪部书成书时间更早。随后晦庵又列出两种观点，一个观点就是司马光（亦包括其父）认为是先作《国语》后作《左传》，另一观点是《左传》创作在前，这是因为《国语》文笔比《左传》老练。朱熹比较赞同后一观点。

三、宋代学者对《国语》接受史和研究史的研究

自《国语》产生至两宋，在漫长的历史长河中，《国语》在知识分子群体和社会生活中慢慢传播开来，并产生了重大影响。宋代学者开始对《国语》的传播与接受进行分析和评价，而这其中，柳宗元和《国语》的关系最为宋人关注。就宋人对柳宗元和《国语》关系的评价而言，主要分为如下几类。有的研究者看到柳宗元从《国语》中汲取了丰厚的滋养，却又对之极尽攻击之能事，抱有鄙夷不屑的态度。我们来看一下南宋学者徐度在其《却扫编》记载的一条资料："张嵲舍人言柳子厚平生为文章，专学《国语》，读之既精，因得掇拾其差失，著论以非之，此正世俗所谓没前程者也。"②两宋之交的文人张嵲（1096～1148）颇具慧眼地看出《国语》对柳宗元的深刻影响，认为柳氏平生

---

① 黎靖德：《朱子语类》卷八十三，《钦定四库全书》子部儒家类，第36页。
② 徐度：《却扫堆》，毛氏汲古阁明崇祯，1628-1644，卷下第13页。

在为文上专学《国语》，达到了很高造诣，从而能够看出《国语》的局限与不足，却反过来攻击《国语》，未免不太厚道。看来张崏对柳宗元的批评深得徐度共鸣，可从下面的这则材料得到证明。陆游《老学庵笔记》卷十："徐敦立侍郎……尝为予言柳子厚《非国语》之作，正由平日法《国语》为文章，看得熟，故多见其疵病，此俗所谓没前程者也。予曰：'东坡公在岭外，特喜子厚文，朝夕不离手，与陶渊明并称二友。及北归，《与钱济明书》乃痛诋子厚《时令》《断刑》《四维》《贞符》诸篇，至以为小人无忌惮者。岂亦由朝夕绅绎耶？恐是《非国语》之报。'"①徐度（字敦立）在和陆游聊天时谈到了他对柳宗元作《非国语》的看法，和张崏看法完全相同。看来陆游也赞同张、徐看法，所以他才举苏轼贬官时"特喜子厚文"，而赦免后却痛诋柳文，陆游认为这是"《非国语》之报"。似乎王应麟也对柳宗元作《非国语》而却多取法《国语》的做法有些看不惯，《困学纪闻》卷六《春秋》曰："江端礼尝病柳子厚作《非国语》，乃作《非非国语》。东坡见之曰：'久有意为此书，不谓君先之也。'然子厚《非国语》，而其文多以《国语》为法。"②

第五节　宋代学者对《国语》内容及艺术的研究

据《宋史·艺文志》载，宋儒治经以《春秋》为最，而与《春秋》有一定关系的《国语》便受到了宋人的关注，他们对《国语》的思想内容和艺术特色进行了较为具体的探析。

一、宋代学者对《国语》内容的探究

宋代有许多学者对《国语》的内容进行了探究。我们知道，柳宗元对《国语》的内容颇多指责并著《非国语》以彰之，司马光对此极

---

① 陆游：《老学庵笔记》卷十，毛氏汲古阁明崇祯，1628-1644，第5页。
② 王应麟：《困学纪闻》卷六，商务印书馆，1935，第32页。

为不满，王柏《鲁斋集》卷四之《续国语序》引司马光言："《国语》所载，皆国家大节兴亡之本，宗元岂足以望古君子藩篱，妄著一书以非之！"①司马温公对柳河东《非国语》一书的愤激之情溢于言表。这是因为在他看来，《国语》所载均上古君子之言，内容均关乎国家大节与盛衰兴亡之道，并指出这一内容和那个时代密切相关，后儒不容置喙。实事求是地说，司马光对《国语》内容的评价比柳宗元要客观公允得多。南宋学者员兴宗在其《九华集》卷十之《柳宗元非国语策》一文中言："《国语》，丘明所著之书也。丘明之书，上不至圣而下愈于贤，抑在圣贤之间乎？虽然，丘明之文，其事则核，其文则滥。滥则多淫，多淫则多失，是固当也。"②在这里，员氏先指出《国语》作者是左丘明，并肯定了《国语》的内容"上不至圣而下愈于贤，抑在圣贤之间"③，我们认为员氏这一评价盖源于刘歆为提高《左传》经学地位而发表的评语，《汉书·刘歆传》："歆以为左丘明好恶与圣人同，亲见夫子，而公羊、穀梁在七十子后，传闻之与亲见之，其详略不同。"④认为左丘明"好恶与圣人同"，即近于圣人而高于一般的贤人，员兴宗移用来评价左丘明所著《国语》，当然流于简单而机械，但由此肯定《国语》在思想内容方面的价值，还是颇有积极意义的。尤其是肯定《国语》具有"其事则核"的特点，如同班固在《汉书·司马迁传》中评价《史记》"其事核"一样。但在肯定《国语》内容的同时，员兴宗还指出《诗》《易》《书》《礼》和荀子、韩愈具有"言之失"，"夫以圣言圣，以贤言贤，其失如是之甚也，而况《国语》乎"⑤，并指出《国语》具有"其文则滥"的毛病，而"滥"会导致"多淫"，"多淫"就带来"失"。正是在此基础上，员兴宗肯定了柳宗元《非国语》对《国语》的某些批评。《国语》也受到了朱熹的关注，其在《朱子语类》卷八十三中对《国语》的作者、内容和艺术多有论述。他肯定了《国语》独

①　王柏：《鲁斋集》卷四，商务印书馆，1936，第 61 页。

②　员兴宗：《九华集》卷十，国家图书馆，清东武刘氏嘉荫簃抄本，第 8 页。

③　员兴宗：《九华集》卷十，国家图书馆，清东武刘氏嘉荫簃抄本，第 8 页。

④　班固：《汉书》，中华书局，1962，第 1967 页。

⑤　员兴宗：《九华集》卷十，国家图书馆，清东武刘氏嘉荫簃抄本，第 8 页。

特的历史价值，如"齐桓公较正当，只得一番出伐。管仲亦不见出，有事时只是遣人出整顿。《春秋》每称'齐人'。《左传》上全不曾载许多事，却载之于《国语》，及出《孟子》"①。确实如此，管仲佐桓公称霸在春秋时期是具有重大影响的历史事件，但《左传》受编年体及以鲁为叙述中心这一视角的影响，记载颇为简略，而在先秦史著中，《国语》弥补了这一缺憾，整个《齐语》通篇是围绕管仲辅佐齐桓公称霸展开叙事，歌颂了作为杰出政治家的管仲的才干与韬略，也展现了齐桓公的贤明与胸怀，具有极为重要的政治史料价值。陈其泰先生曾精辟地概括《齐语》的历史价值："大国霸政是春秋史上的大事，由于霸主主持，中原各国互相救援，维持了相对安定的局面，成为中国历史由春秋初年小国林立逐步走向统一的重要环节。《国语·齐语》着力对齐桓公征伐强暴、扶助弱小、捍御中原安定局面的功绩做了总括性叙述……叙述和评论齐桓公任用管仲实行富国强兵的各种措施，建树霸主功业，实为司马迁以下史家论述这段历史提供了最主要的依据。"②再如"晋里克事，只以《春秋》所书，未见其是非。《国语》载骊姬阴讬里克之妻，其后里克守不定，遂有中立之说。他当时只难里克，里克若不变，太子可安。由是观之，里克之罪明矣。后来杀奚齐卓子，亦自快国人之意，且与申生伸冤。如春秋所书，多有不可晓"③。朱熹的这段分析极为精彩，因为《国语》遵循以人系言与事的体例原则，从《晋语一》到《晋语二》有十篇围绕骊姬展开，骊姬行事的目的就是铲除太子申生及其他威胁，使自己所生儿子奚齐登上晋国君位。里克是申生的政治盟友，具有很大的势力，所以骊姬要除掉申生必须赢得里克的支持或默许，《晋语二》"骊姬谮杀太子申生"条重笔浓墨地再现了骊姬和优施集团软硬兼施，迫使里克放弃对申生支持这一过程，最终导致骊姬没有顾忌而害死了申生。通过《国语》的叙写，读者很清晰地了解了里克的性格特征及其在骊姬谮杀申生这一政治事件中的心理、立场及其所应承担的责任，其价值正如朱熹所言："然克之罪则

---

① 黎靖德：《朱子语类》卷八十三，《钦定四库全书》子部儒家类，第 35 页。
② 陈其泰：《〈国语〉的史学价值和历史地位》，《中国史研究》2015 年第 2 期，第 7 页。
③ 黎靖德：《朱子语类》卷八十三，《钦定四库全书》子部儒家类，第 36-37 页。

在中立。今《左传》中却不见其事，《国语》中所载甚详。"①朱熹对《国语》内容的分析时有透辟之论，如"观《国语》之文，可见周之衰也。某尝读宣王欲籍千亩事，便心烦"②。《国语》尤其是《周语》表现周德衰缺、王权日削的社会政治现实，历史上周宣王时期被称为"周宣中兴"，而《周语上》中的"虢文公谏宣王不籍千亩"及其他关于周宣王条目均着重表现王道陵替的状况。因此我们认为朱熹的话概括了《国语》的一个主旨，即凸显周王室寝弱终至覆亡的历史变迁趋势。南宋文人戴仔对《国语》的内容和艺术特色有极为精辟的概括，朱彝尊《经义考》卷二〇九"春秋四十二"引戴仔言："吾读《国语》之书，盖知此编之十，一话一言皆文、武之道也。而其辞宏深雅奥，读之味犹隽永。然则不独其书不可訾，其文辞亦未易贬也。"③戴氏对《国语》内容的分析，得到了陈其泰先生的高度评价："戴氏之论，真能识人之所未识。他嘉许《国语》篇中所言'皆文、武之道也'，强调的即是《国语》通过总结邦国成败的史实和有关人物的评论，都深深符合治国的道理和成败的规律。此与韦昭的评价正好异曲同工。"④并强调正是这样的内容主旨，促成了宏深雅奥的语言艺术和隽永风格的生成。王应麟《困学纪闻》也时有对《国语》内容的评价。如卷六《春秋》言："伯宗好直言，而不容于晋；国武子好尽言，而不容于齐。小人众而君子独也。"⑤国武子事见载于《国语·周语下》"单襄公论晋将有乱"条，单襄公根据国佐"好尽言"预言其必罹祸，因为"唯善人能受尽言"，而齐国不具备这样的环境，结果国武子如单襄公所料被杀。这一事件在《周语下》中被赋予了强调"言"之重要性的内涵，而王应麟则对国武子给予了深切的同情，认为国武子的悲剧人生是黑暗的社会现实造成而非其性格使然，这可视为王应麟对《国语》思想的一个反思，似也有作者生活在腐败黑暗的南宋末年且屡遭丁大全、贾似道、留梦

---

① 黎靖德：《朱子语类》卷八十三，《钦定四库全书》子部儒家类，第 37 页。
② 黎靖德：《朱子语类》卷八十三，《钦定四库全书》子部儒家类，第 44 页。
③ 朱彝尊：《经义考》，中华书局，1989，第 1073 页。
④ 陈其泰：《〈国语〉的史学价值和历史地位》，《中国史研究》2015 版，第 7 页。
⑤ 王应麟：《困学纪闻》卷六，《钦定四库全书荟要》影印本，子部考证类，第 50 页。

炎等权贵排挤的人生感喟在内。再如卷六《春秋》言:"列国大夫之无君,晋为之也。会于戚而不讨孙林父,会于夷仪而不讨崔杼,会于适历而不讨季孙意如,君臣之义不明,而大夫篡夺之祸,晋自及矣。《晋语》赵宣子曰:'大者天地,其次君臣。'然宣子能言之,而躬自犯之。"①这则议论主要是批评春秋时期作为诸侯盟主的晋国不履行讨伐乱臣职责,言"大夫无君"的局面是晋造成的,而晋也承担了这一恶果。评论引《晋语五》赵盾例子,说明其所鼓吹君臣伦理的重要性而自己却做"弑其君"的事情。这也与《晋语五》和《左传》等书对赵宣子的颂扬背道而驰,体现了作者独立思考的学术研究取向。再如卷六《春秋》言:"《晋语》窦犨对赵简子曰:"君子哀无人,不哀无贿;哀无德,不哀无宠;哀名之不令,不哀年之不登。"味其言,见其贤矣。"②王氏所引见《晋语九》"窦犨论君子哀无人"条,窦犨言是强调德之重要性,王应麟则从窦犨所论肯定其为贤能之臣,此亦可视为王应麟对《国语》内容的研究。南宋末年名儒黄震(1213~1280)对《国语》亦颇多关注,他在其《黄氏日钞》中对《国语》的思想内容多所评价,如其指出:"事必稽典型,言必主恭敬,衰周之邪说,一语无之,是足昭万世也。"③在这里,黄氏首先注意到了《国语》的内容包括两部分,一部分是"事",一部分是"言",这是较许多《国语》学者的高明之处。实际上,《国语》不唯记言,亦多叙事,多数情况下是言与事有机统一。其次是对《国语》"言"与"事"选录标准与内涵主旨的分析。在东发看来,《国语》所言之事均有垂法后世的价值,所记之言均体现了彬彬有礼的君子之风,绝无周德衰微下的奸邪之说。《国语》的嘉言懿语足可永垂后世,这高度肯定了《国语》思想内容的价值和时代文化内涵,同时也表明黄震充分注意到了《国语》"明德"的体用特征。

二、宋代学者对《国语》艺术的探究

宋代有许多学者对《国语》的语言艺术进行了细致的探究。如《朱

---

① 王应麟:《困学纪闻》卷六,《钦定四库全书荟要》影印本,子部考证类,第50页。
② 王应麟:《困学纪闻》卷六,《钦定四库全书荟要》影印本,子部考证类,第53页。
③ 黄震:《黄氏日钞》,台北大化书局据日本立命馆大学图书馆藏书影印,1984。

子语类》卷八十三言："《左传》《国语》惟是周室一种士大夫，说得道理大，故细密。这便是文武周召在王国立学校，教得人恁地。惟是周室人会恁地说。且如《烝民》诗大故说得好，'人受天地之中以生'之类，大故说得细密。"①在这里，朱子指出了《国语》具有说理细密的特征。应该说，朱熹的概括是相当精准的。朱熹还对《国语》细密的说理特征形成的原因进行了细致的分析，"说得道理大，故细密"，我们认为朱子所言"道理大"是指《国语》所载贵族大夫言辞，无论是劝谏之辞还是外交应对之辞，抑或是君臣的问对之辞，或者是普通社交场合乃至家庭宗族内的谈论之辞，往往关乎神人关系、君国关系、君臣关系、君民关系等重大的政治、人生伦理，格局大，更要分析透彻，方能形成细密的说理。朱熹还指出这种说理特征的形成与言说者的士大夫身份息息相关，并进一步指出这是周代国学教育的产物。应该说朱熹的分析颇富启迪意义，有些论述是相当透辟和准确的。宋末黄震的《黄氏日钞》一书对《国语》的艺术特色也做了精辟准确的概括，他在评价韦昭《国语解》的时候指出："《国语》文宏衍精洁，韦昭注文亦简切称之。"②於越先生用"宏衍精洁"一语概括《国语》的艺术特色和风格，即言其做到了铺饰漫衍和精粹简洁的辩证统一，颇为恰切。

　　著名学者张舜徽先生曾说："宋代学者气象博大，学术途径至广，治学方法至密，凡举清代朴学家所矜为条理缜密，义据湛深的整理旧学的方式与方法，悉不能超越宋代学者治学的范围，并且每门学问的讲求，都已由宋代学者创辟了途径，准备了条件。宋代学者这种功绩，应该在中国学术史上大书特书，而不容忽视或湮没的。"③宋代学者的《国语》研究也体现了这一特征。

---

　　① 黎靖德：《朱子语类》卷八十三，《钦定四库全书》子部儒家类，第12-13页。

　　② 黄震：《黄氏日钞》，台北大化书局据日本立命馆大学图书馆藏书影印，1984。

　　③ 张舜徽：《论宋代学者博大气象及替后世学术界所开辟的新途径》，载《中国史论文集》，湖北人民出版社，1956，第78页。

第六节　宋代的《国语》版本及相关问题

　　如同其他古籍一样，《国语》研究也离不开版本的考察。流传至今的《国语》版本有两大系统，一个是明道本系统，一个是公序本系统，而这两大系统均肇端于宋。下面我们就简单来介绍一下。

一、明道本和公序本

（一）明道本及其传播

　　清代著名《国语》学者汪远孙在其《国语明道本考异序》中对明道本做了简要说明："天圣明道本《国语》，天圣，宋仁宗年号；明道，乃仁宗改元。卷末署云'天圣七年七月二十日开印，明道二年四月初五日得真本。'是明道二年以天圣本重刊也。"①这表明明道本的得名，是因为这一版本为宋仁宗明道二年对天圣七年《国语》印本的重刊。明道本是现存最早的《国语》版本。清代乾嘉学派的代表人物钱大昕（1728～1804）在其《十驾斋养新录》卷十三《国语》中言："《国语》传于今者，以宋明道二年椠本为最古。"②清代语言学大家段玉裁（1735～1815）也对明道本给予了很高评价，认为"《国语》善本无逾此"③，意谓明道本要优于公序本。在整个清代明道本颇受欢迎，许多学者以之作为《国语》校订的参校本，钱大昕在《十驾斋养新录》卷十三中曾言及钱曾（1629～1701）以明道本参校的成功："钱曾《读书敏求记》举《国语》'昔我先王世后稷'及'左右皆免胄而下拜'二条证今本之漏，是固然矣。"④其为黄丕烈刻本《国语》所作《重刊明道二年国语序》与上文大体全同："钱遵王《读书敏求记》举《周语》'昔

---

　　① 汪远孙：《国语明道本考异序》，中国书店，1995，第 1 页。
　　② 钱大昕：《十驾斋养新录》，上海书店，1983，第 292 页。
　　③ 段玉裁：《重刊明道二年国语序》，《经韵楼集》卷八，上海古籍出版社，1997，《续修四库全书》1435 册，第 74 页。
　　④ 钱大昕：《十驾斋养心录》卷十三，上海书店，1983，第 292 页。

我先王世后稷'及'左右皆免胄而下拜'二事，证今本之误，是固然矣。"然后又谈到自己以明道本参校《国语》的体验："予于《敏求》所记之外，复得四事：《周语》'瞽献曲'，注：'曲，乐曲也。'今本'曲'皆作'典'；'高位实疾颠'，今本'颠'作'债'；《郑语》'依、畴、历、华'，今本'华'作'莘'；《吴语》'王孙雒'，今本'雒'作'雄'。此皆灼然信其当从古者。今世盛行宋公序《补音》，而于此数事并同今本，则公序所刊正，未免失之牾疏。"①由此足见钱氏对《国语》明道本的重视程度。除钱大昕外，尚有许多学者表现出对《国语》明道本的推崇。清代著名语言文字学家王煦（1755～1836）在其《国语补补音序》中曾对钱曾所据明道本作如是评价："公序所刊正未免失之捅疏……余尝论古本可宝，于此本见之矣。"②将明道本《国语》视若珍宝。著名校勘学家顾广圻（1766～1835）在校雠实践中颇为重视善本、古本，他曾受黄丕烈延聘刻《国语》，顾千里曾言："今尧圃黄君乃以真本见借，所获抑何奢欤，悉心雠勘，两逾月始克归之。自今而后，宋公序以下本皆可覆瓿矣。"③顾氏自言从黄丕烈处借到明道本，阅读后收获甚大，并对之进行校刊，两个多月方才告罄，并自信"宋公序以下本皆可覆瓿"，字里行间满溢着顾氏对明道本《国语》的推重之情。当代版本目录学者中推崇明道本《国语》者颇多，如潘景郑先生就掷地有声地指出："《国语》以天圣明道本为最善，其次则推明嘉靖时金李覆宋本。"④清代著名文献家和藏书家黄丕烈（1763～1825）于嘉庆五年刻印明道本《国语》，段玉裁《重刊明道二年国语序》对其言之甚详："壬子，乃避居于苏，颇多同志，黄君尧圃其一也，常熟钱氏从明道二年刻本影钞者，在其家，顾君千里细意校出，读之始知外间藏书家《国语》皆自谓'明道二年本'，而[言+为][足+春]夺漏参差乖异，皆传教而失其真者也。今年尧圃用原钞付梓，以供同好，此书之面目

① 孟国栋：《钱大昕集外文一篇》，《文献》2012年第1期，第120-121页。
② 王煦：《国语补补音》，观海楼藏版，咸丰戊午年（1858年）。
③ 顾广圻：《思适斋书跋》，上海古籍出版社，2007，第23页。
④ 潘景郑：《著砚楼书跋》，上海古籍出版社，2007，第52页。

始见。"①黄丕烈作为痴迷于藏书与校书的学问家，为志嘉庆七年（1802）搜购到思慕已久的宋严州刻本和景德官刻本两种《仪礼》之喜，便将其藏书楼命名为士礼居，因此学界将黄氏据影抄宋本仿刻的明道本《国语》称为"士礼居翻刻明道本"，遂成善本。该版本对明道本影响的扩大起着至关重要的作用。李佳博士曾给予非常准确的概括："公序本系统《国语》宋元明刊刻不断，相当盛行；明道本则在若隐若显间，只是幸而不亡而已。但是自黄丕烈得明道抄本，并据之重雕刊印后，明道本《国语》反大行于世，学者普遍认为明道本优于公序本，今日许多整理本遂选择以之为底本。"②从 1920 年至 1936 年中华书局陆续编辑排印一套丛书，这套丛书按经、史、子、集分类，称为四部备要，其中就包括《国语》，即据清士礼居翻刻。1978 年上海古籍出版社出版的由上海师范大学吴绍烈先生等点校的《国语》，即以四部备要排印清代士礼居翻刻明道本为底本、以四部丛刊影印明代翻刻公序本为参校本，现已成为《国语》学界所青睐的版本。

（二）公序本及其传播

公序本得名源自北宋著名政治家和学者宋庠（996～1066）对其价值的发现和校订工作，宋庠字公序，因名之为公序本。宋庠《国语补音序》对这一版本的发现过程做了细致叙述："庠家旧藏此书，亦参差不一。天圣初，有宗人同年生缄假庠此书，最有条例，因取官、私所藏凡十五、六本校缄之书，其间虽或鲁鱼，而缄本大体为详；又题号诸篇较若划一，并不著'卷'字，但曰'某语第几'，其间唯一国有一篇，或二三篇，则加上、中、下以为别，然不知此目兴自何世，及何人论次，决非丘明所自造，盖历世儒者各有章句，并擅为部第，莫可知已，唯此本题卷不与诸家类，今辄据以为正云。"③该版本的发现源于和宋庠有同宗兼同年之谊的宋缄借该书于他，宋氏甫读此书便发现

---

① 段玉裁：《重刊明道二年国语序》，《经韵楼集》卷八，上海古籍出版社，1997，《续修四库全书》1435 册第 74 页。

② 李佳：《〈国语〉宋公序本刊刻考》，《安徽史学》2009 年第 1 期，第 128 页。

③ 宋庠：《〈国语〉补音》，文渊阁四库全书史部一六四，总第 406 册，商务印书馆（台北），1983，第 189 页。

它"最有条例"，由此可见宋庠对《国语》的喜爱和熟悉。在校订宋缄之书的过程中，宋庠所取参校本达十五六种之多，足见《国语》在宋时流传之广。在十几种版本的《国语》中，宋缄本"大体为详"，"最有条例"，经宋庠校订后更成为善本，自此之后，公序本便传播开来。有学者指出："宋代普遍使用雕版印刷术，《国语》曾被多次刊刻印行，而多属公序本系统，今天已知存世的五部宋刻《国语》均为此一系统。"①南宋著名学者王应麟在其《玉海·艺文·春秋》中言："宋庠《补音》三卷。治平元年上之，二月令国子监镂板。"②实际上，同《补音》一起付梓的还有公序本《国语》，《滂喜斋藏书记》卷一"宋刻《国语补音》三卷"条下有："《国语》，宋公序补音……后有治平元年中书省札一道云：'《国语》并《补音》共一十三册，国子监开板印造。'"③治平元年是公元1064年，即宋庠去世的前两年，而宋庠看到宋缄本《国语》并开始校勘则是在天圣初，天圣是宋英宗的年号，天圣元年是公元1023年，这说明前后近四十年宋氏致力于《国语》的研究和出版工作，正如李佳博士所感慨的那样："自天圣初年宋庠从宋缄处借得善本开始校勘，到治平元年卒前不久将书献上，宋庠一生于《国语》用力可谓深矣。"④凭借着自己巨大的学术成就和政治影响，宋庠极大地推进了《国语》整理工作，并促成了公序本进入了官方传播渠道，使其影响进一步扩大。至清代中期，公序本一直是《国语》的主要传世之本，"《国语》，自宋公序取官私十五六本校定为《补音》，世盛行之，后来重刻，无不用以为祖"⑤。按照著名学者俞志慧先生的缕析，公序本有两个子本系统："宋庠的《国语补音》、国家图书馆中华再造善本工程宋元递修本《国语》、四库全书本《国语》、日本国秦鼎《国语定本》等，在《国语》正文及韦注文字的取舍上即据此本，四部丛刊初编本《国语》（上海涵芬楼借杭州叶氏藏明金李刊本影印，后者初刻于

---

① 李佳：《〈国语〉宋公序本刊刻考》，《安徽史学》2009年第1期，第125-128页。

② 王应麟：《玉海》，四库全书影印本，广陵书社，2003。

③ 潘祖荫撰、叶昌炽编、潘承弼增补：《滂喜斋藏书记》，续修四库全书本，第926册，第427页。

④ 李佳：《〈国语〉宋公序本刊刻考》，《安徽史学》2009年第1期，第125-128页。

⑤ 国学基本丛书选印：《国语》，上海书店，1987，第241页。

1528 年，以下称'金李本'）、董增龄《国语正义》以及文盛堂藏板南宋鲍彪原本《〈国语〉〈国策〉合注》（乾隆壬午年，1762 年刊，以下简称'鲍本'）的白文与注文亦依公序本。"①在这两个公序本子系统中，有几个版本需要稍作解释。一是宋元递修本《国语》，南宋孝宗时刊刻，南宋中期进行过一次修版，后经元代递修。二是四库全书本《国语》，在乾隆统治的中后期刊刻而成。三是秦鼎《国语定本》，其全称是《春秋外传国语定本》，作者是尾张秦鼎，故名。四是金李本《国语》，即明代嘉靖七年（1528 年）由金李泽远堂刊刻的《国语》。此为公序本的大致传播情况。

（三）明道本和公序本的异同

对于《国语》的版本问题，绍兴文理学院的俞志慧先生进行了深入系统的研究。其中就《国语》两大版本系统的不同，俞先生曾概括为如下几点。第一点是公序本多保存有古字和生僻词，而明道本多改从熟字和常用词；第二点是公序本多存有借字，而明道本多用本字；第三点是公序本多用初文，而明道本多改从后起字；第四点是公序本多用正字，而明道本多用俗字；第五点是明刻公序本尚存汉宋名讳，而清刻明道本仅有清讳；第六点是公序本与明道本正文和韦注中，句首与句末的语气词常常存在此有彼无的现象。在此基础上俞先生进一步分析，认为第六条很难成为判定公序本优劣的依据；而"其他五条，若从大众接受的角度考虑，明道本当推首选；但若以学术研究求真的要求来衡量，反而是公序本更擅胜场"②。并明确指出："总体上看，公序本明显好于明道本。"③应该说，俞志慧先生的分析颇有道理。

二、宋庠《国语补音》

宋庠对《国语》传播和研究的贡献除了公序本这一善本外，另一个重要贡献是撰写了《国语补音》，该书在一定意义上可视为《国语》音义类研究的集大成之作。

---

① 俞志慧：《韦昭注〈国语〉公序本二子本之对比》，《齐鲁学刊》2011 年第 4 期，第 70—71 页。

② 俞志慧：《〈国语〉韦昭注辨正》，《绍兴文理学院学报》2009 年第 3 期，第 68 页。

③ 俞志慧：《〈国语〉韦昭注辨正》，《绍兴文理学院学报》2009 年第 3 期，第 68 页。

（一）《国语补音》的基础

汉晋六朝，以服虔《汉书音义》和应劭《汉书音义》为发端，注音成为古籍研读的一个重要方面。如前文所述，北朝刘芳撰写了《国语音》，遗憾的是，该书已经失传，我们无法窥其原貌。宋庠《国语补音》的直接基础是唐无名氏的《国语旧音》。这一点，宋庠自己在《国语补音序》中已经指出："今因旧本而广之，凡成三卷，其字音反切，除存本说外，悉以陆德明经传《释文》为主，亦将稽旧学、除臆说也。唯陆音不载者，则以《说文》《字书》《集韵》等附益之，号曰《国语补音》。"①由宋氏所言看，《国语补音》的实质是对《国语旧音》的增广。更为幸运的是，由宋庠《国语补音》体例所决定，《国语旧音》的原貌得以保存。这一点，马国翰在《玉函山房辑佚书·国语音序》中已经指出："此编《唐志》及各家书目皆不著录，世无行本，惟庠《补音》谓因旧本而广之。今检庠书全载《旧音》，其自为广续者必加'补音'或'今按'以别之，就中录出，仍完故帙。"②无论是对《国语》本身，还是对于《国语》学，《国语旧音》均具有不可替代的价值。马国翰氏对之给予了高度肯定："其体例与陆德明《经典释文》不殊，虽涉简略而贾逵、唐固、孔晁诸家说犹及引征，可与韦注互考。又间引《字苑》《韵集》《珠丛》《篆文》等书，皆散佚仅见者，唐时诸书尚存，故作音者得以援据。庠多空言排斥，似未为允论也。"③《国语旧音》的学术价值不容低估，应引起我们的重视。

（二）《国语补音》的特色

具体而言，《国语补音》的特色可分为如下两个方面。

第一，就注音方法而言，以反切为主，兼及其他注音方法。《国语补音》大量出现反切注音法，如《周语上》"祭公谏穆王征犬戎"条有"载櫜弓矢"句，宋庠云："櫜，古刀反。"又如《吴语》"夫差退于黄池使王孙苟告于周"有"吾先君阖庐不贳不忍"句，宋庠注云："贳，

---

① 宋庠：《国语补音序》，《钦定四库全书》史部杂史类，第3页。
② 马国翰：《玉函山房辑佚书·国语音序》，上海古籍出版社，1987，第2971页。
③ 马国翰：《玉函山房辑佚书·国语音序》，上海古籍出版社，1987，第2971页。

式制反。"①有时用直音法，如《周语上》"祭公谏穆王征犬戎"条中，宋庠释读"祭公谋父"之"父"时曾言："父音甫，男子之美称。"②又如《晋语八》"叔向谏杀竖襄"条有"平公射鴳不死"句，宋庠注云："鴳音鷃。"有时用"如字"注音法，"在古书中常见到这样的现象，同一个字，由于语言环境的不同，所表现出来的词性词义不同，这时古书就会注音为：'如字'或'读破'。凡是按照基本义的基础音读出来的叫'如字'，凡是为了区别词义，局部地调整音节，改变一个字的原来读音的叫'读破'"③。如《晋语九》"叔向论三奸同罪"有"遂施邢侯氏"句，韦昭注云："施，劾捕也。"宋庠曰："施如字。服云：'施罪于邢侯。'孔晁注云：'废也。'今韦注义自别，当从之。"④又如《吴语》"勾践灭吴夫差自杀"有"夫差将死，使人说于子胥"句，宋庠注云："说，如字，陈说也。"⑤

第二，就注释内容而言，除注音外，兼及其他。有时是注音兼释义，如前举"父"例，宋庠在用直音法以"甫"给"父"注音后接着说"男子之美称"，则是释义了。再如《鲁语上》"曹刿问战"条有"余听狱，虽不能察，必以情断之"句，宋庠释"断"曰："断，丁乱反，决也。"⑥有时是直接释义，如《周语上》"芮良夫论荣夷公专利"条，宋庠释"芮"曰："芮，人姓，又国名。"⑦又如《楚语上》"白公子张讽灵王宜纳谏"条有"若药不瞑眩"句，宋庠注云："瞑眩，困极也。"⑧有时在辩驳旧说的基础上释义，如《周语上》"祭公谏穆王征犬戎"条有"吾闻夫犬戎树惇"句，韦昭注云："树，立也。言犬戎立性惇朴。"⑨《国语旧音》则提出不同看法："鄁州界外羌中见有树惇，盖是犬戎主

---

① 宋庠：《国语补音》卷三，《钦定四库全书》史部杂史类，第25—26页。

② 宋庠：《国语补音》卷一，《钦定四库全书》史部杂史类，第1页。

③ 劳醒华：《浅谈古书中字、词的注音、拟音方法》，《黔东南民族师专学报》2002年第2期，第68—69页。

④ 宋庠：《国语补音》卷三，《钦定四库全书》史部杂史类，第8页。

⑤ 宋庠：《国语补音》卷三，《钦定四库全书》史部杂史类，第27页。

⑥ 宋庠：《国语补音》卷一，《钦定四库全书》史部杂史类，第27页。

⑦ 宋庠：《国语补音》卷一，《钦定四库全书》史部杂史类，第4页。

⑧ 宋庠：《国语补音》卷三，《钦定四库全书》史部杂史类，第17页。

⑨ 宋庠：《国语补音》卷一，《钦定四库全书》史部杂史类，第3页。

名。"①宋庠《国语补音》对此予以反驳："《旧音》辄建此说，虽似有理，然传疑失实，未足以诮先儒。且蛮夷姓名，随世变易，殊音诡韵，未始有极，矧千岁之外尚袭旧名者邪？或戎人姓名偶与旧文相会，安可执而为据！"②宋氏《国语补音》释义时引字典辞书以充实自己的解释，如《晋语九》"卫庄公祷"条有"以谆赵鞅之故"句，《国语旧音》云："谆，之闰反。"宋庠《国语补音》补充云："又之纯反。《说文》：'谆，晓告之孰也。'他书或训'佐也。'从去声，与韦注合，《旧音》得之。"③以《说文》释"谆"义，简洁明晰。又如《楚语上》"屈建祭父不荐芰"条有"屈到嗜芰"句，宋庠注云："芰，巨义反。《字林》云：'楚人名薢曰芰。'"④有时是订正字形，如《周语上》"内史过论晋惠公必无后"条有"亹亹怵惕"句，宋庠注云："《说文》无'亹'字，徐铉深以为伪，云非字也，当作'娓'。"⑤有时是标注出古今字，如《周语上》"芮良夫论荣夷公专利"条有"厉王说荣夷公"句，宋庠曰："说，古'悦'字。"⑥有时是标注出假借字，如《周语上》"密康公母论小丑备物终必亡"条有"今以美物归女"句，宋庠曰："经典'汝'字多借'女'为之。"⑦又如《周语上》"内史过论晋惠公必无后"条有"庶人、工、商各守其业，以共其上"句，宋庠注云："共，供假借。"⑧又如《鲁语上》"非昭穆也"，宋庠释曰："正作'佋'字，'昭'，假借字。"⑨又如《晋语九》"赵简子问贤于壮士兹"条，宋庠释"壮"曰："壮当作'庄'。"⑩两字古字通。又如《楚语上》"伍举论台美而楚殆"条有"今君为此台也，国民罢焉"句，宋庠注云："罢，经典通作'疲'。"⑪有

① 宋庠：《国语补音》卷一，《钦定四库全书》史部杂史类，第3页。
② 宋庠：《国语补音》卷一，《钦定四库全书》史部杂史类，第3页。
③ 宋庠：《国语补音》卷三，《钦定四库全书》史部杂史类，第10页。
④ 宋庠：《国语补音》卷三，《钦定四库全书》史部杂史类，第15页。
⑤ 宋庠：《国语补音》卷一，《钦定四库全书》史部杂史类，第10页。
⑥ 宋庠：《国语补音》卷一，《钦定四库全书》史部杂史类，第4页。
⑦ 宋庠：《国语补音》卷一，《钦定四库全书》史部杂史类，第3页。
⑧ 宋庠：《国语补音》卷一，《钦定四库全书》史部杂史类，第5页。
⑨ 宋庠：《国语补音》卷一，《钦定四库全书》史部杂史类，第29页。
⑩ 宋庠：《国语补音》卷三，《钦定四库全书》史部杂史类，第10页。
⑪ 宋庠：《国语补音》卷三，《钦定四库全书》史部杂史类，第16页。

时多音字亦标出，如《楚语下》"观射父论绝地天通"条有"在男曰觋"句，宋庠注云："觋，胡历反，又胡格反。"①再如《周语中》"定王论不用全烝之故"条有"奉其牺象"句，宋庠注云："牺，许宜反，郑康成音息何反。饰以翡翠。"②

（三）《国语补音》的影响

宋庠的《国语补音》在《国语》接受史和研究史上占有重要地位。这主要表现在如下几个方面。

第一，宋庠《国语补音叙录》对《国语》成书后至宋前的传播与研究做了一个简洁的梳理，有着重要的学术史意义。宋氏首先细致分析了《国语》研究的兴起时期及其与《左传》研究的关联性："当汉世，《左传》秘而未行，又不立于学官，故此书亦弗显，唯上贤达识之士好而尊之，俗儒弗识也。逮东汉，《左传》渐布，名儒始悟向来《公》《谷》肤近之说，而多归于左氏。及杜元凯精研训诂，木铎天下，古今真谬之学一旦冰释，虽《国语》亦从而大行，盖其书并出丘明。"③宋庠准确地指出了《左传》受到知识界的重视，尤其是杜预《春秋经传集解》最终确立了《左传》的地位，也使得《国语》迅速传播开来。其次，宋庠指出《左传》和《国语》分别作为《春秋》内传和《春秋》外传构成了互补关系。"自魏晋以后，书录所题皆曰《春秋外传国语》，是则《左传》为内，《国语》为外，二书相副以成大业。凡事详于内者略于外，备于外者简于内，先儒孔晁亦以为然。"④尽管二书是否构成互补关系尚待进一步探讨，但宋氏实际也指出了《国语》具有为《左传》所不及的独特优长之处，则值得完全肯定。再次，宋庠指出了东汉魏晋时期《国语》诸注的作用。"自郑众、贾逵、王肃、虞翻、唐固、韦昭之徒并治其章句，申之注释，为六经流亚，非复诸子之伦。"⑤诸家注解抬升了《国语》的地位。复次，宋庠《国语补音叙录》高度评价

---

① 宋庠：《国语补音》卷三，《钦定四库全书》史部杂史类，第18页。

② 宋庠：《国语补音》卷一，《钦定四库全书》史部杂史类，第14页。

③ 宋庠：《国语补音序》，《钦定四库全书》史部杂史类，第1页。

④ 宋庠：《国语补音序》，《钦定四库全书》史部杂史类，第1页。

⑤ 宋庠：《国语补音序》，《钦定四库全书》史部杂史类，第1页。

了《国语》韦昭注的价值："观韦氏所叙，以郑众、贾逵、虞翻、唐固为主而增损之，故其注备而有体，可谓一家之名学。"①宋氏在这里充分肯定了韦昭《国语解》体例的完备。

第二，《国语补音》产生后受到学界重视，清代产生了两部补正之作。一部是王煦所著《国语补补音》，共二卷三十六条；另一部是钱保塘所著《国语补音札记》一卷，这些均反映了清人对《国语补音》的重视。另民国时期徐元诰的《国语集解》多引《国语补音》以注音、释词、校字，足见对其版本价值、训诂价值和音韵价值的重视。

---

① 宋庠：《国语补音序》，《钦定四库全书》史部杂史类，第1-2页。

第五章 元明清时期的《国语》研究

在《国语》研究史上，元明清尤其明清时期是一个颇为重要的时期。这主要表现为两个方面。第一个方面是受时代文章要求和文化思潮的影响，散文评点兴盛起来，作为先秦散文的名篇，《国语》也被众多学者所注意并加以评点，《国学》的文学价值和思想内涵进一步被发掘。第二个方面是《国语》的注释整理受到进一步重视，出现一大批著作。同时，关于《国语》作者、成书年代及相关问题的研究在唐宋基础上也有了进一步推进。下面我们在第一节探讨《国语》的作者及相关问题，在第二节探讨明清人的《国语》评点，在第三节探讨清人的《国语》校注。

第一节　元明清学者对《国语》作者及
其他问题的研究

一、元明清学者关于《国语》作者问题的研究

在古代学者那里，《国语》作者问题在一定程度上就是《左传》与《国语》的关系问题。元明清时期的学者就是从这一问题切入的。

（一）元代学者对《国语》作者问题的探究

首先值得注意的是宋末元初的著名学者戴表元（1244～1310），他在《读国语》一文中比较审慎地指出："此书所为与《内传》相出入。"实际上就是对《左传》和《国语》作者同为左丘明这一成说有所怀疑。元代大儒郝经（1223～1275）更是彻底否定了《国语》为"《春秋》外

传说"，他于《春秋》三传之外另编《春秋外传》，却无视《国语》被称作和视为《春秋》外传的学界共识，于其《春秋外传序》中丝毫未提《国语》，代表了对传统成说的蔑视和否定，由此也就认为《国语》和《左传》没有任何关系，更进一步否定了《国语》作者即《左传》作者左丘明的说法。

（二）明清学者肯定《国语》为左丘明所作的观点

明清学者在《国语》作者的看法上基本上可分为两说。一说认为是左丘明所作。明人黄省曾（1490～1540）说："昔左氏罗集国史实书，以传《春秋》，其释经之余，溢为《外传》。"①（《黄五岳集》）基本承袭汉儒观点，将《国语》视为左丘明解经之余的副产品，但肯定了其与《左传》均源于"国史"的史书性质，这是较汉人进步的地方。"后七子"领袖人物王世贞（1526～1590）的说法与黄省曾大同小异："昔孔子因鲁史以作经，而左氏翼经以立传，复作《外传》，以补所未备。"②亦主《国语》系左丘明所作且为《春秋》外传说，不过他更强调《外传》系有意识"作"出，而非"溢"出，具有补充《左传》"所未备"的价值。最具代表性的是纪昀。他于《四库全书总目》卷五"《国语》提要"条目下未列撰人，只说："《国语》出自何人？说者不一，然终以汉人所托为近古。所记之事，与《左传》俱讫智伯之亡，时代亦复相合。中有与《左传》未符者，犹《新序》《说苑》，同出刘向，而时复抵牾。盖古人著书，各据所见之旧文，疑以存疑，不似后人轻改也。"③在这里，纪昀并未提出特别有力的证据来支撑"《国语》为左丘明所作"说，只是列出了三条理由：一是"《国语》为左丘明所作"说为汉人成说，汉人更接近于《国语》成书时代，因而更具可靠性；二是古人著述非常严谨，不会妄造新说；三是《国语》记事与《左传》时代大体相同。另外纪昀还辩驳了持"《国语》非左丘明所作说"者的一个重要论据，即《左传》《国语》关于同一事的记述多有抵牾之处，认为刘向所著《说苑》《新序》亦多不一致处。

---

① 朱彝尊：《经义考》，中华书局，1989，第1071页。
② 朱彝尊：《经义考》，中华书局，1989，第1072页。
③ 永瑢、纪昀：《四库全书总目》卷五，中华书局，1965，第460页。

（三）明清学者否定《国语》为左丘明所作的观点

相较而言，明清时期否定《国语》为左丘明所作的意见似乎声势更大，而且提出了五花八门的说法，这在一定程度上是《国语》研究或者学术研究日趋深入的表现。清代史学家赵翼（1727～1814）在《陔余丛考》卷二"《国语》非左丘明所撰"条中，对《国语》与《左传》的关系进行了翔实的考辨，他认为《国语》"乃是左氏采以作传之底本耳"[①]，诸国均有史官记录，左丘明为《春秋》作传，必然博取列国史记以备考核，"于《春秋》事相涉者，既采以作传矣，其不相涉及虽相涉而采取不尽且本书自成片段者，则不忍竟弃，因删节而并存之"[②]。所以赵氏认为"《国语》本列国史书原文，左氏特料简而存之，非手撰也"[③]，并高度肯定左丘明这一工作，"左氏之采《国语》，仙人之脱胎换骨也"[④]。清代学者高嵣则从两书文章的详略与所反映的时段出发，认为两书非同一人所作，"时代先后不同，而篇章长短各异，似非出一人之手"[⑤]。清代著名的疑古辨伪史家崔述（1740～1816）在其《洙泗考信录余录》中对《国语》做过详细辨析，他首先明确批驳的箭靶就是"世儒者皆谓《国语》与《春秋传》为一人所撰"[⑥]，接着将《左传》与《国语》进行比较，认为"《左传》之文，年月井井，事多实录，而《国语》荒唐诬妄，自相矛盾者甚多。《左传》纪事简洁，措词也多体要，而《国语》文词支蔓，冗弱无骨"[⑦]，从而得出结论"断不出于一人之手明甚"，随后又依据《国语》诸语之间的差异，指出即使《国语》一书也非出于一人之手，"且《国语》周鲁多平衍，晋楚多尖颖，吴越多恣放。即《国语》也非一人之所为也"[⑧]，作为自己论点的补充，又推想两书的成书情形以解释二者风格与特征不同的原因，认为《左传》

---

① 赵翼：《陔余丛考》卷二，商务印书馆，1957，第 48 页。
② 赵翼：《陔余丛考》卷二，商务印书馆，1957，第 48 页。
③ 赵翼：《陔余丛考》卷二，商务印书馆，1957，第 48 页。
④ 赵翼：《陔余丛考》卷二，商务印书馆，1957，第 48 页。
⑤ 高嵣：《国语钞》，广郡永邑杨氏培元堂刊本，乾隆五十三年（1788 年）。
⑥ 崔述：《洙泗考信录余录》，商务印书馆，1937，第 52 页。
⑦ 崔述：《洙泗考信录余录》卷三，商务印书馆，1937，第 52 页。
⑧ 崔述：《洙泗考信录余录》卷三，商务印书馆，1937，第 52 页。

系"采各国之史"撰成，而《国语》则是"后人取古人之事而拟之为文者"①，导致其特征是"事少而词多。《左传》一言可毕者，《国语》累章而未足也"②，将二者的差异进行透辟分析，指出《国语》和《左传》绝非成书于一人之手，进而否定《国语》为左丘明所作。崔述从文辞风格、材料来源和体裁的区别来详尽分析两书差异，立论扎实。姚际恒《古今伪书考》亦言："傅玄、刘炫、啖助、陆淳，皆以为与《左氏》文体不伦。"③"桐城三祖"之一的姚鼐（1731～1815）对《国语》和《左传》颇有研究，曾点评《左传》，作《春秋三传补注》《国语补注》。在《辨郑语》一文中，他对《国语》作者发表过自己的见解，他从否定《左传》作者为左丘明这一立场出发，进而主张《国语》非左丘明所作："太史公曰：'左邱失明，厥有国语'，吾谓不然。今《左氏传》非尽邱明所录，吾固论之矣。若《国语》所载，也多为《左传》采录，而采之者，非必邱明也。"④晚清桐城派著名人物贺涛（1849～1912）在其《读国语》一文中，则认为《国语》和《左传》系出于一人之手，不过《左传》是真正意义上的著述，而《国语》只是编辑而成。但贺氏并不认为二书作者就是左丘明。他认为两书体现出一个共同的倾向，即对赵氏之事记载最为详细，由此他推测《左传》《国语》应同出于一位赵国人之手。⑤

二、元明清时期关于《国语》其他问题的研究

（一）元明清学者对《国语》性质和体例的认识

《国语》作为一部语体史书，其结构有着内在的一致性和严谨性，"'求多闻善败以监戒'的编撰意图成为各'语'基本一致的思想倾向，这也使得《国语》成为一个整体"⑥。元明清时代的学者，已经看到了

---

① 崔述：《洙泗考信录余录》卷三，商务印书馆，1937，第52页。
② 崔述：《洙泗考信录余录》卷三，商务印书馆，1937，第52页。
③ 姚际恒：《古今伪书考》，景山书社，1929，第68页。
④ 姚鼐：《惜抱轩诗文集》卷五，上海古籍出版社，1992，第73页。
⑤ 贺涛：《贺涛文集》，华东师范大学出版社影印本，2011。
⑥ 仇利萍：《"自得"与"宗旨"——〈国语〉语体特征析论》，《内江师范学院学报》2013年第3期，第38页。

《国语》结构上诸篇之间和诸篇各自内部的严密性，如清初学者韩菼（1637～1704）指出："(《国语》)虽分八国各为卷，是亦一国之本末也；其传一人之事与言，必引其后事牵连以终之，是亦一人一事之本末也。"①在这里，韩菼用"本末"这个范畴形象地概括了《国语》叙事（言）内容和结构上的完整性、有机统一性，每一《语》都有一个统一的主旨或内容，如《周语》是揭示周德衰微的政治现实，《齐语》叙写的是管仲辅佐齐桓公称霸的过程。"明德"则构成整本《国语》的主旨。就一人之言与事来说，也关注行事或言谈主体能否做到始终明德循礼，并在结尾揭示该主体的结局和命运，即韩氏所言"一人一事之本末"。韩菼所论表明元明清学者已注意到了《国语》高超的历史叙事成就。

（二）《国语》研究和接受史的问题

柳宗元作《非国语》后，许多学者对其贬抑《国语》的做法表示不满，自北宋时期就已有人撰《非非国语》反击子厚，这其中就包括元初的虞盘。明儒黄瑜《双槐岁钞》卷六《非非国语》条云："宋刘章尝魁天下，有文名，病王充作《刺孟》、柳子厚作《非国语》，乃作《刺刺孟》《非非国语》。江端礼亦作《非非国语》……元虞槃亦有《非非国语》，是《非非国语》有三书也。"②刘章（1097～1177）历仕宋高宗、宋孝宗两朝，著《非非国语》一卷。黄宗羲《宋元学案》卷一《安定学案》"江季恭先生端礼"条云："江端礼，字子和，一字季恭，围城人。受学节孝，深于《春秋》。黄山谷谓其文似尹师鲁，张文潜亦喜之。而其驳柳子厚《非国语》，则东坡之所许也。尝裒集节孝遗书。三十八岁卒。"③虞盘是南宋名相虞允文之后，元初著名文人虞集胞弟。《元史·虞集传》云："盘幼时，尝读柳子厚《非国语》，以为《国语》诚可非，而柳子之说亦非也，著《非非国语》，时人已叹其有识。"④可见虞盘《非非国语》在当时影响甚大。

---

① 高士奇：《左传纪事本末》，中华书局，1979，第 1 页。

② 黄瑜：《双槐岁钞》卷六，商务印书馆，1939，第 101 页。

③ 黄宗羲：《黄宗羲全集》第三册《宋元学案》，卷一《安定学案》，浙江古籍出版社，1986，第 94 页。

④ 宋濂，王袆等奉敕修：《百衲本二十四史》五十四卷六十八，1935，第 14 页。

（三）元明清学者关于《国语》其他问题的一些论述

《国语》研究界从古代到当代都有一批学者探究《国语》中《齐语》和《管子》的关系问题，如清代后期学者汪之昌（1837～1895）主张《齐语》源自《管子》，他在其《青学斋集》卷二十一《书国语后》提出《国语·齐语》皆《管子·小匡》之辞的看法，并认为《越语》即《汉书·艺文志》中的《范蠡》二篇。

第二节　明清学者的《国语》评点

对《国语》的编选和评点构成了明清《国语》学的一个重要方面。

一、明清《国语》评点兴起的背景和渊源

任何一个时代，考试制度、考试内容和考试形式等因素作为统治者的文化政策，必然会对那个时代的知识分子产生导向性作用，影响到他们的研习形式甚至思维方式。明清时期八股取士的科举制度同样对明清读书人的阅读方式和思考方法产生了重要影响，这是明清时期评点散文、诗歌、小说、戏曲等艺术种类盛行的文化基础。八股取士标志着科举考试制度的进一步完善和规范化，顺应文章写作规范化的趋势，范文的萃取与精读成为确保读书人金榜题名的关键途径。范文包括两类，一类是墨选，即以往中试的文章，另一类就是古代的经典文章。这一点已有学者指出：“评点的阅读对象是一般的读书人，在那个时代，读书人的主要出路和目标就是走科举的道路。因此，评点自然就与科举有难解之缘，而带有明显的实用色彩和功利目的。”①为了提高自身的文章写作才能，明清读书人中间盛行文章的编选与点评。《国语》作为先秦散文的名作自然受到明清选家和评点家们的注意，从而构成明清《国语》研究的一个重要领域。

明清《国语》评点可溯源到南宋著名理学家真德秀（1178～1235）

---

① 吴承学：《中国古代文体形态研究》，中山大学出版社，2002，第237页。

的《文章正宗》。"真德秀《文章正宗》是一部特色鲜明的实践性文章
选本"①，他撰写这本书的目的是使学者明晰文章源流的正宗，其选录
标准包括两个方面：在内容上追求"明义理，切实用"，在形式上要体
现"本乎古"的趣味。正是基于这一宗旨，他编选了《汉书》《左传》
《史记》《国语》《后汉书》《公羊传》《穀梁传》《战国策》（按选入篇目
顺序排列）等先秦汉魏六朝散文和唐代韩愈、柳宗元、李翱等人的作
品，其中《国语》共35篇。从《国语》研究史角度看，《文章正宗》
首次编选评点《国语》，具有开创意义。《文章正宗》品鉴《国语》主
要是从内容主旨角度看其是否体道，是否承载伦理道德教育意义，如
真氏在选自《国语·周语下》的《景王将铸大钱》中的批语是："单穆
公陈铸大钱，陈铸无射二篇，俱是名言。"②从《国语》研究史角度看，
真德秀高度肯定了《单穆公谏景王铸大钱》《单穆公谏景王铸大钟》两
文中单穆公谏辞的核心地位及其价值，表达了对两文所传达的民本思
想、德政理念的高度认同。臣下勇于进谏和君主善于纳谏在先秦时期
被奉为重要的君臣伦理规范，《鲁语上》中《宣公夏滥于泗渊》的鲁宣
公和里革就是这样一对君臣。宣公违背时令于泗渊下网捕鱼，太史里
革当场撕破渔网，批评宣公任意捕鱼的行动是出于贪婪，这样大胆的
行为却获得了宣公的理解和接受，他承认了自己的错误，嘉许里革的
行为，"吾过而里革过我，不亦善乎"，并决定藏罟以自戒，"是良罟也，
为我得法。使有司藏之，使吾无忘谂"③。在真德秀看来，善于采纳"忠
言"是君主职责所在。应该说，这样的选文和点评鲜明地体现出真德
秀的政治伦理取向。文学作品点评是不可能将思想内容和艺术形式截
然分开的，尽管真德秀的文章选取和评点体现了鲜明的主理求正旨
趣，但在阐述分析义理过程中，时时杂有对作品艺术手法和风格的分
析，这集中体现于《襄王不许晋文公请隧》总批："此篇要领在'班先
王之大物，以赏私德'一语。后云'余敢以私劳'，变前之大章，盖覆

---

① 孙先英：《论真德秀〈文章正宗〉的审美价值取向》，《贵州大学学报》2009年第4期，第
121页。

② 真德秀：《文章正宗》，四库全书本。

③ 徐元诰：《国语集解》，中华书局，2002，第170页。

说此意也。晋文公三定襄王，自以为不世之大功，其请隧也，寖寖乎窥大物之渐。襄王目之曰'私德'、曰'私劳'，所以折其骄矜不逊之意，玩其辞气，若优游而实峻烈，真可为告谕诸侯之法。"①真德秀将襄王辞令核心归纳为"班先王之大物，以赏私德"，非常准确，这是他回绝晋文公无理请求的利器，是其辞令道义的制高点，也是其辞令展开的结构框架，所以说真德秀的概括既是着眼于襄王辞令的义理分析，也是着眼于其辞令的艺术技巧分析，是说辞内涵与艺术的有机统一的概括。于"优游"中显"峻烈"的"辞气"，更是谏辞艺术风格的概括。这充分表明，真德秀选取、评点《国语》文章，在追求义理一归于正的基础上，也非常重视作品的艺术性。真德秀还注意到《国语》和《左传》多有对同一事件或言论的记载，他在选文和评点时往往采取这一策略，即选入一个文本的同时而将另一文本附录于后，如他选录《左传·鲁哀公元年》的《伍员谏吴王许越成》后，还将《国语·吴语》"吴王夫差与越荒成不盟"中的申胥谏辞附在后面。再如他选录《左传·鲁哀公十一年》的《子胥谏伐齐》后，还将《国语·吴语》"夫差伐齐不听申胥之谏"附在后面。《文章正宗》中的《左传》《国语》选文和评点还有一种形式，即把一个人物的言、事跨越两书界线集中在一起。如在选录了《左传·昭公十二年》的《闵马父论学》后，《文章正宗》又附录了《国语·鲁语下》的《闵马父论商颂》文："昔正考父校商之名颂十二篇于周太师，以《那》为首，其辑之乱曰：'自古在昔，先民有作。温恭朝夕，执事有恪。'先圣王之传恭，犹不敢专，称曰'自古'，古曰'在昔'，昔曰'先民'。"②这样《左传》《国语》记载相得益彰，互相补充，使人物形象更为饱满，事件叙写更为完整。顺便补充的是，在《左传》《国语》的比照中，真德秀时时表现出重《左传》轻《国语》的倾向，如其评《叙晋人弑厉公》一文："此十数句，如大具狱，然真名笔也。"③并特意引《国语》关于同一事件记载进行对比：

---

① 真德秀：《文章正宗》，四库全书本。
② 真德秀：《文章正宗》，四库全书本。
③ 真德秀：《文章正宗》，四库全书本。

"以下二书参，然后知传文之峻洁也。"①这也是《国语》在其心目中地位的体现。但是，真氏也看到了《国语》独特的地位，比如他对《宣王既丧南国之师》下过这样的批语："以上数篇皆周宣王以前文章，不见于《书》，而幸见于《国语》，有志学古者，其深味之。"②《国语》中的一些篇章反映了《左传》所未载的西周事件与言论，而这些又为《尚书》所未录，故具有独特的史料文献价值。总的来说，真德秀的《文章正宗》对后世影响甚大，"总集之选《左传》《国语》自是编始，遂为后来坊刻古文之例"③。我们认为，《国语》的文学评点发端于真德秀《文章正宗》，这是可以肯定的。

二、明清《国语》评点家对《国语》思想内容的研究

《国语》编撰的一个重要文化功能就是"明德"，《国语》的史鉴价值一直受到历代《国语》接受者和研究者的重视。这种价值取向也影响到了《国语》的评点。明清《国语》评点家自觉继承宋儒真德秀开创的这一传统，社会伦理意义的体悟和阐发一直构成《国语》评点的重要内容。如开明清《国语》评点之风的王阳明（1472～1529）就特别重视《国语》伦理道德价值的发掘。他在《季文子俭德》一文中下了这样的批语："世俗皆习闻季氏强臣，其自处之俭，言论之高如此乎！子服过而能改，亦足征贤。"④这则批语的核心内容是评价故事中两个主要人物季文子和仲孙它的美德。就季文子而言，虽然季孙氏家族因在春秋时期鲁国政局中的强臣地位而为人所诟病，但这种地位的形成就有季文子在品德方面的奠基之功。在阳明先生看来，季文子作为一个优秀的政治家，其品德修养集中体现为两个方面。一是克俭处世、严于律己；二是高妙的言论。这源于他对自己职责清醒的认识，在"人之父兄食粗衣恶"的情况下，如果自己"美妾与马"，就是"非相人者"，作为"相人者"，建立美好声誉主要依赖于"德荣"而非"妾与马"，

---

① 真德秀：《文章正宗》，四库全书本。
② 真德秀：《文章正宗》，四库全书本。
③ 永瑢、纪昀：《四库全书总目》，中华书局，1965，第1699页。
④ 穆文熙：《国语钞评》，明万历间金陵胡东塘刊本。

这反映了中国传统社会所推崇的政治人格：深厚的民本思想，俭约自制的品行和睿智的政治远见。对于仲孙它，阳明先生亦指出，过而能改也是值得推崇的贤德。凡此足以见出王阳明侧重从思想主旨方面评点《国语》的特色。语篇的思想内容是《国语》评点家的一个重要关注点。从《国语》研究史的角度看，这实质上是明清评点家对《国语》思想内容的研究，其特色主要表现为如下几个方面。

第一，《国语》评点家对《国语》内容主旨的概括表现为两个取向。有的学者侧重于整个语篇主旨的归纳与总结。如清代徐乾学主持编选的《古文渊鉴》对《国语》还是比较重视的，其选先秦古文共九卷，其中《国语》占了二卷。盖因本书秉承康熙旨意，强调选文和评点事关治体取向，往往于总批中对语篇的整体主旨进行概括。如其于《穆王将征犬戎》一文的总批是"布令修德不勤兵于远，自先王抚驭荒服之要道。穆王以不享征之，弃祖训矣。故先儒谓《国语》列国列王，于此见周德之衰"①，非常准确。"德政"构成中国传统政治伦理的核心，德政伦理体现在华夏族群和其他族群的关系上，即《论语·季氏》中孔子所阐发的"远人不服则修文德以来之"②，《韩非子·五蠹》言大舜为帝之时，有苗不臣服于舜，大禹主张讨伐，"舜曰：'不可，上德不厚而行武，非道也。'乃修教三年，执干戚舞，有苗乃服"③。这是对三代时期尤其是周人关于华夏族群和蛮夷族群政治伦理规范的生动诠释。在《古文渊鉴》的编者看来，周穆王征伐犬戎是违背祖训的行为，预示着周德趋衰，因周本为天子，《国语》却将其与列国并列，就是周德衰微在历史叙事中的反映。我们认为，《古文渊鉴》的评论颇有道理。"《国语》有着明确的主题思想，即明德。其开篇便点出了这一主旨，'穆王将征犬戎，祭公谋父谏曰："不可。先王耀德不观兵"'，韦昭注：'耀，明也'，耀德即明德，可见《国语》一开始便点出主题，

---

① 徐乾学：《古文渊鉴》总六十四卷，清圣祖选、徐乾学编，清康熙四十九年（1710年）武英殿刻五色套印本。

② 黄怀信：《论语汇校集释》，上海古籍出版社，2008，第1459页。

③ 梁启雄：《韩子浅解》，中华书局，2009，第470页。

为全书定下了基调。"①整个《周语》实际上反映的就是周德衰微过程。再如王世贞评点《齐语》，认为"称顺、称仁、称宽、称广，不可分看，四者段段皆有，只如此鼓舞笔端耳"②，这样的概括也非常准确。《齐语》专记管仲辅佐齐桓公成就霸业的过程，主要体现于《桓公帅诸侯而朝天子》《葵丘之会天子致胙于桓公》《桓公霸诸侯》诸篇中。"称顺""称仁""称宽""称广"等是这些篇章中诸侯对桓公的称誉，如《葵丘之会天子致胙于桓公》言周襄王致胙于齐桓，并基于桓公"以尔自卑劳"的功勋和"实谓尔伯舅"的身份，特许其可以"无下拜"，但桓公仍恪守礼仪，"遂下拜，升受命"，桓公敬事天子的举动受到诸侯们的称赞，"诸侯称顺焉"。《桓公霸诸侯》言齐桓公通过文治笼络诸侯，使天下归心谋得霸权。他通过封邢复卫这种兴亡继绝的举动，使"天下诸侯称仁焉。于是天下诸侯知桓公之非为己动也，是故诸侯归之"③。在"天下诸侯多与己也"的基础上，桓公"又大施忠焉。可为动者为之动，可为谋者为之谋，军谭、遂而不有也，诸侯称宽焉"④，然后"通齐国之鱼盐于东莱，使关市几而不征，以为诸侯利，诸侯称广焉"⑤。桓公成就霸业的过程就是推行"霸主"之德的过程，霸主之德表现为对天子和对诸侯两个方面，齐桓公对天子推行"顺"之德，对诸侯推行"仁""宽""广"的德行。在王世贞看来，整部《齐语》围绕桓公霸业展开，都体现了这四方面的美德，故此应从两方面理解。一是四者实质是浑然一体，不可分开；二是并不仅局限于出现"顺""仁""宽""广"这几个范畴的语段，整个《齐语》都体现这些内涵。明清《国语》评点家概括《国语》内容的另外取向，是许多学者侧重于对自己阅读中的体验、认识、理解的概括，着眼于对故事中人物一行、一言所体现的主旨或评点者获得的感悟进行分析概括。如明后期的刘怀恕批点《展禽论祀爰居》一文："文仲始而祭爰居，及闻季子之言，遂书笯纪

---

① 张永路：《明德之"语"—〈国语〉成书性质的再审视》，《青海师范大学学报》2016 年第 3 期，第 140 页。

② 卢之颐订正：《国语》，日本内阁文库藏，约明天启六年（1626 年）刻本。

③ 徐元诰：《国语集解》，中华书局，2002，第 239 页。

④ 徐元诰：《国语集解》，中华书局，2002，第 239-240 页。

⑤ 徐元诰：《国语集解》，中华书局，2002，第 240 页。

之。人孰无过？过而能改，则亦无改其为知矣。"①在《展禽论祀爰居》中，柳下惠阐释了传统的祭祀礼法与祭祀原则，批评臧文仲令国人祭祀异鸟爰居的行为是"无故而加典，非政之宜"②，认为臧文仲"难以为仁且智矣"。这是文章的主要内容，刘怀恕的点评却未从此入手，仅对文末所言"文仲闻柳下季之言，曰：'信吾过也，季子之言不可不法也。'使书以为三筴"③做出评议，认为臧文仲过而能改，仍算得上智者。这表明，在有些《国语》评点家的点评中，并不强调文章的中心内容是什么，只是重在阐发自己对叙事中人物、事件的观点。

第二，历史兴亡经验取鉴是明清《国语》评点家的一个重要关注点。如清代文人储欣（1631～1706）在其《国语选》中评《召公谏厉王止谤》一文："厉王无道甚矣，《传》止载二条，以其塞人言，学专利也。嗟乎！此亡国之本也。城门开，言路闭，而宋亡；拜三公，悔不小靳而汉亡。兼斯二者，不亡何待？"陈按，"城门开，言路闭"典出于《宋史全文》卷十五："自金人犯边，屡下求言之诏，事稍缓则复沮抑言者，故当时有'城门闭，言路开；城门开，言路闭'之谚。"④亦见于《大宋宣和遗事》利集："盖自金人犯边，求言之诏凡几下，往往事缓则阻抑言者。当时民谣言：'城门闭，言路开；城门开，言路闭。'"⑤"悔不小靳"典出于《后汉书·崔骃列传》："灵帝时，开鸿都门榜卖官爵，公卿州郡下至黄绶各有差。其富者则先入钱，贫者到官而后倍输，或因常侍、阿保别自通达。是时段颎、樊陵、张温等虽有功勤名誉，然皆先输货财而后登公位。烈时因傅母入钱五百万，得为司徒。及拜日，天子临轩，百僚毕会。帝顾谓亲幸者曰：'悔不小靳，可至千万。'"⑥在储欣看来，《外传》所载厉王事虽只有两条，但已能见出其无道之甚，这是因为他具备了拒谏和专利两种恶行，而这两种行径是亡国之本。北宋统治者阻塞言路，东汉统治者贪财卖官，最终

---

①　刘怀恕刊：《国语》，刘怀恕万历年间刻本。

②　徐元诰：《国语集解》，中华书局，2002，第154页。

③　徐元诰：《国语集解》，中华书局，2002，第161-162页。

④　储欣选评：《国语选》，雍正六年刊刻本。

⑤　无名著、黎烈文标点：《大宋宣和遗事》，商务印书馆，1937，第88页。

⑥　范晔：《后汉书》，中华书局，1965，第1731页。

导致了他们的灭亡。很明显,《周语上》所载厉王拒谏、专利导致其被国人推翻而流于彘之事,触发了评点者强烈的历史兴亡感触,由此生发出这些评论。再如刘怀恕评《叔向贺韩宣子贫》一文:"富则奢侈生而德不修,贫则俭慎生而德日修。故君子不忧不足于财,而忧不修于德。叔向之言,其有见夫。"①尚俭黜奢是中国传统社会重要的政治和社会伦理道德观念。《晋语八》之"叔向论忧德不忧贫"条是叔向针对自己的谈话对象——晋卿韩起忧虑自身财富不足而发。叔向先从栾氏家族谈起,将栾武子和其子栾桓子对比,身为正卿的栾武子虽然贫穷到"无一卒之田,其宫不备其宗器"②,但由于他"宣其德行",在内政和外交上取得了巨大成就,"诸侯亲之,戎狄怀之,以正晋国"③,而且荫及其子,"宜及于难,而赖武之德,以没其身"④;他的儿子栾桓子却一味追求财富和奢侈的生活享受,"骄泰奢侈,贪欲无艺,略则行志,假货居贿"⑤,最后殃及其子栾怀子,"离桓之罪,以亡于楚"。通过栾氏父子对比,说明求富不求德的危害。接下来言富宠无德的郤氏家族的结局进一步警醒宣子,"夫郤昭子,其富半公室,其家半三军,恃其富宠,以泰于国"⑥,可是由于"唯无德也",最终落得"其身尸于朝,其宗灭于绛"的结局。叔向所论主要用意是提醒韩宣子,揭示德对于自身和宗族安全稳固的重要性。刘怀恕则从贫富与德的关系入手,论析叔向的见识高明,认为生活富足容易使人奢华而不注重德行,贫困则使人节俭谨慎从而注重修德,因此"忧德之不建"而不"患货之不足"是真正的君子人格。这是叔向所论的启迪意义之所在。

第三,将《国语》思想内容的评点与评点者个人的社会人生感喟有机交融,是明清《国语》评点家的一个重要取向。人们在欣赏文学作品的过程中,往往因其对社会人生哲理的艺术展现而产生强烈的情感共鸣。《国语》是一部文学色彩颇为浓厚的著作,明清评点家在阅读

① 刘怀恕刊:《国语》,刘怀恕万历年间刻本。
② 徐元诰:《国语集解》,中华书局,2002,第438页。
③ 徐元诰:《国语集解》,中华书局,2002,第438页。
④ 徐元诰:《国语集解》,中华书局,2002,第438页。
⑤ 徐元诰:《国语集解》,中华书局,2002,第438页。
⑥ 徐元诰:《国语集解》,中华书局,2002,第438-439页。

赏析的过程中往往会产生深深的共鸣，生发出对社会人生的感慨与评价，这构成明清《国语》评点的一个重要部分。如金圣叹（1608～1661）《才子古文》在《国语·魏献子悟三叹》"献子曰：'善。'乃辞梗阳人"句下评曰："献子又妙，君臣如此，直父子也，鱼水不足喻矣。"①在金圣叹看来，作为劝谏者的阎没和叔宽忠正机敏，作为君主的魏献子知错就改、从善如流，君臣间的关系和谐醇正，金圣叹将之比拟为父子关系，表现了对这种君臣关系的歆羡。再如穆文熙（1532～1617）《国语评苑》在评价《晋语·魏绛戮杨干》一文时指出："以悼公之贤，闻杨干之戮，犹且不许，况其下乎？信乎人臣守法之难也。"②鸡丘之会，悼公之弟杨干"乱行"，魏绛履行作为中军司马的职责而"斩其仆"，作为一代贤君的晋悼公却愤怒地要抓捕他。在君主专制的社会形态中，君主个人的意志在很大程度上决定了法能否贯彻执行，也决定了奉法之臣的命运。想必生活于其中的穆文熙有着深切的体验，故此发出"人臣守法之难"的慨叹。

第四，明清《国语》评点家在分析语篇的思想内容时，往往将之与艺术特色尤其是艺术风格、艺术结构的分析结合起来，二者浑然一体。如清人高嵣在其《国语钞》卷上评论《敬姜论劳逸》一文时指出："'劳'字是正面，'淫'字是反面。自男而女为经，自上而下为纬，衬托精湛，组织工整，典丽温润，博大细密，古穆谨严，无一美之不备。'劳'字为一篇之骨，劳则思善，淫则忘善。'思'字、'忘'字，皆有名理，可谓见道之言。此当与《无逸》《豳风》诸篇同读。"③这篇文章叙事的缘起是敬姜与儿子公父文伯观念上的冲突。公父文伯在"朝其母"时看到"其母方绩"，出于孝心劝止母亲，因为在他看来，年迈的母亲不应劳碌。敬姜却从儿子的行为中看到了"鲁其亡乎"的潜在危险，因为"圣王之处民"就是要"择瘠土"，目的是"劳其民而用之"以取得"长王天下"的政治效果。由此发端，敬姜展开了她的长篇大论，论的基本主旨就是"劳"的必要性和作用，这就决定了"'劳'字

---

① 叶慧晓：《才子古文读本》上册，上海广益书局，1936，第64页。
② 穆文熙：《国语评苑》，《四库全书存目丛书》，齐鲁书社，1995。
③ 高嵣：《国语钞》，广郡永邑杨氏培元堂刊本，乾隆五十三年（1788年）。

为一篇之骨"。在讲"劳"的必要性时，一个重要的论证思路就是"劳"
"逸"对比分析："夫民劳则思，思则善心生；逸则淫，淫则忘善，忘
善则恶心生。沃土之民不材，逸也；瘠土之民莫不向义，劳也。"①正
反对举以凸显"劳"之巨大作用，此即"'劳'字是正面，'淫'字是
反面"之意，既是内容主旨的展开，又是一种结构安排。接下来分男
子和女子两个群体叙写在圣王之治下男女皆劳，之所以分为两个群体
来写，目的是最终要归结到反驳公父文伯对自己"胡不自安"的不满。
此即"自男而女为经"之意。在写男子这个群体时，分写天子、诸侯、
卿大夫、士、庶人各有所劳；同样在写女子这个群体时，分写王后、
公侯之夫人、列士之妻、庶士以下亦各有所劳。此即"自上而下为纬"
之意。随后又从男女、上下两个角度总结："男女效绩，愆则有辟，古
之制也。君子劳心，小人劳力，先王之训也。自上以下，谁敢淫心舍
力？"②无论是男是女，是君子还是小人，皆应有劳。最后归结到自己
和家庭，"今我，寡也，尔又在下位，朝夕处事，犹恐忘先人之业"③，
更不应贪图安逸而不劳碌，从而在结构上做到了"组织工整，典丽温
润，博大细密，古穆谨严"④。再如清人林云铭（1628～1697）《古文
析义》卷三对《邵公谏厉王弭谤》的评点："召公所谏，语语格言，细
看当分四段：第一段言止谤有害；第二段言听政全赖民言斟酌而行；
第三段言民之有言实人君之利；第四段言民之言非孟浪而出，皆几经
裁度，不但不可壅，实不能壅者。回抱防川之意，融成一片，警健绝
伦。世人不察立言层节，辄把此等妙文一气读却，良可惜也。"⑤不能
弭谤构成邵公谏辞的主旨，围绕这一主旨邵公层层展开论析，线索清
晰，环环相扣，逻辑谨严，比喻论证鲜明形象又极富说服力，做到了
说理透彻。林氏评点将对谏辞内容主旨的分析和对谏辞的结构、手法、
风格的分析交织在一起，极具启迪意义。

---

① 高嵣：《国语钞》，广郡永邑杨氏培元堂刊本，乾隆五十三年（1788年）。
② 高嵣：《国语钞》，广郡永邑杨氏培元堂刊本，乾隆五十三年（1788年）。
③ 高嵣：《国语钞》，广郡永邑杨氏培元堂刊本，乾隆五十三年（1788年）。
④ 高嵣：《国语钞》，广郡永邑杨氏培元堂刊本，乾隆五十三年（1788年）。
⑤ 林云铭：《增订古文析义合编》十六卷，卷三，哈佛大学图书馆珍藏，清代文选楼刊本，
第6页。

三、明清《国语》评点家对《国语》艺术形式的研究

评点就其最本质的意义来说是一种文学鉴赏，这就决定了《国语》评点家们对《国语》艺术形式的玩味、赏析、评价、概括要远远多于对其思想内容的论析。我们可把明清《国语》评点家们对《国语》艺术形式的分析和研究约略分为如下几个方面。

第一，对《国语》语言艺术的论析。首先，《国语》评点家们往往注意对文篇中一些极富表现力的词语进行细致精到的分析，以引导读者理解和把握作品内在的艺术表现力。如林云铭《古文析义》卷三评点《王孙圉论楚宝》一文："召公作《旅獒》，云'不贵异物'，又曰'所宝惟贤'，言必去彼取此也。孟夫子谓'宝珠玉者，殃必及身'，恐其相妨。齐威王言'己有檀子等四臣，愈于梁王焰乘之珠'，欲以相胜。皆为正论。乃此篇独把个'宝'字看得十分郑重，语语归于'有益于国家'之意，故其言人则曰能，言物则曰足。以其意，以为若有益于国家，不特贤才当宝，即龟表金玉，山林薮泽，皆可资之以为用，本不相妨，何待相胜，亦不必去彼而取此也，但不可以耳目之珍谬称为宝。洵千古创辟之谈，亦千古平情之论也。王孙欲倒简子，故周匝至此，若单言宝贤不宝玉，便是一碗馊茶饭，如何劝客？反招迂腐之嗤矣。尤妙在逐件数来，有原有委，分而又合，合而又分，既明疏自己，又暗射他人，所以为至文。"[1]在这一大段文字中，评点家紧紧围绕作为整篇文章核心的"宝"字展开赏鉴与分析，探究王孙圉话语中"宝"的独特内涵及其艺术表现效能。林氏先分析了"宝"之正论。在《尚书》中，召公认为"异物"不是宝，唯有"贤才"方为宝；孟子亦表达了对"以珠玉为宝"的鄙弃，认为这将对人本身构成损害；齐威王亦言自己拥有檀子等四臣，超过魏王的宝珠。在召公、孟子、齐威王的"宝"论中，表现出鲜明的"去彼取此"的特色，即重视人之宝而排斥物之宝。在林云铭看来，王孙圉论宝表现出鲜明的不同，首先是

---

[1] 林云铭：《增订古文析义合编》十六卷，卷三，哈佛大学图书馆珍藏，清代文选楼刊本，第57页。

他对宝的内涵进行了细致的分析，凡足以"辅相国家""庇荫嘉谷""宪臧否""御火灾""御兵乱""备财用"者，均可宝之。一言以蔽之，宝的内涵就是"有益于国家"，分为两种情形：一种是人，其衡量标准是能；一种是物，其衡量标准是足。这样王孙圉所认可的"宝"的范围就远大于召公、孟子和齐威王所强调的以人为宝。林云铭认为强调了宝"有益于国家"就等于否认了"以耳目之珍"为宝。这既是创新之论又是符合生活实情之论。王孙圉如此周详地分析"宝"之内涵，其根本目的就是批驳赵简子，明确了赵简子所宝"楚之白珩"绝非楚宝，其自鸣得意的鸣玉也不在宝之列，即林氏所谓"既明疏自己，又暗射他人"。再如《伍举谏章华之台》一文中"美"这个词构成全文的核心，许多评点家对之进行评析，如王慎中评"若君谓此台美而为之正，楚其殆矣"一句时指出："仍用一'美'字收煞，几倍精神。"[1]点出"美"字在结构和艺术表达上的效果。俞宁世亦评论曰："只就'美'字说，亦变化，亦严谨，文词整炼，累如贯珠，柳州诸文，大率祖此。"[2]揭示了"美"字作为文篇的核心所营造的谨严多变、有机统一的结构特色。其次，《国语》评点家们往往注意对文篇中一些极富艺术表现张力的修辞手段进行细致的分析。如《周语上·召公谏厉王弭谤》一文一个典型的艺术表现手法是譬喻，"防民之口，甚于防川。川壅而溃，伤人必多，民亦如之。是故为川者决之使导，为民者宣之使言"[3]。这一手法被许多评点家注意到并加以高度肯定，如孙鑛（1543～1613）评曰："'天子听政'一段自是本理，而首以川辟之，则极有旨趣。"[4]用治川譬喻治民，生动形象且颇具说服力和趣味。清儒余诚《重订古文释义新编》卷三云："谏词只'天子听政'一段在道理上讲，其余都是在利害上讲，而正意又每与喻意夹写，笔法新警异常。"[5]正意和喻意有机混融确为《召公谏厉王弭谤》的一个显著特色，除了所举上例外，

---

① 程继红：《明清〈国语〉评点研究》，安徽师范大学硕士学位论文，2007，第16页。

② 高嶋：《国语钞》，广郡永邑杨氏培元堂刊本，乾隆五十三年（1788年）。

③ 徐元诰：《国语集解》，中华书局，2002，第11页。

④ 卢之颐订正：《国语》，日本内阁文库藏，约明天启六年（1626年）刻本。

⑤ 余诚：《重订古文释义新编》卷三，武汉古籍书店，1986，第100页。

后文还有"民之有口也，犹土之有山川也，财用于是乎出；犹其有原隰衍沃也，衣食于是乎生"①，将要表达的道理通过灵活的比喻运用传达出来，生动形象，清新警策。清人唐德宜在其《古文翼》卷三中更是指出前后两处譬喻有机结合所造成的风格及结构之美："中间正说求言，简而赅。前后喻言止谤，婉而劲。其章法两两照应，尤有罗浮二山，风雨离合之致。"②清人高嵣《国语钞》卷上引俞桐川评曰："喻隽矣，又变化；议核矣，又疏宕。"③指出《召公谏厉王弭谤》的比喻修辞具有意味隽永且富于变化的艺术表达效果，非常精辟。

　　第二，《国语》评点家们往往非常重视对《国语》人物形象的分析。如林云铭《古文析义》卷三《范蠡灭吴》总批："越有范蠡，犹吴有伍员。伍奢谓员'为人刚戾忍诟，能成大事'，余以为范蠡亦是此副本领。如员之在吴退耕，蠡之为吴宦士，同一忍诟也；员说吴必复楚，蠡谏越必灭吴，同一刚戾也，所以皆成大事也。若妇人之仁只是失之不刚戾，匹夫之勇只是失之不忍诟，鲜有不乱大谋者。兹蠡所言'天有还形'，即员所言'天命有反'之意，蠡所言'吴能争三江五湖之利'，即员所言'三江环之，民无所移'之意。无论本领相同，即见地亦未尝不相同。然吴所以亡，而越所以霸者，止争用与不用，故蠡得成其为智，员但成其为忠也。至于应对使者一着，在越王以为王孙雒之词，必无可以折服，乃蠡竟以'枹鼓''不币帛''以提援不揖让'轻轻把'听天之命'点过。待其说出理义话头，遂自认'越君本不成君''越国本不成国''越人本不成人'，而我但'粗具人形，实同异类'，懵然无觉。此时纵有波涛之辩、电光之舌何所用之？　不待折服，当无不废然后返，省却许许多多絮叨葛藤，还是一副刚戾忍诟大作用也。"④在《越语下》中范蠡是个核心人物，林云铭认识到了这一点，所以他在总批中对范蠡的形象进行了细致的分析。他采取的基本手法是将范蠡形

　　① 徐元诰：《国语集解》，中华书局，2002，第12页。
　　② 唐德宜：《古文翼》卷三，常熟黄氏艺文堂，1873，第3页。
　　③ 高嵣：《国语钞》，广郡永邑杨氏培元堂刊本，乾隆五十三年（1788年）。
　　④ 林云铭：《增订古文析义合编》十六卷，卷三，哈佛大学图书馆珍藏，清代文选楼刊本，第78页。

象与伍员形象进行对比分析。这一比较本身实际就是对范蠡重要地位的肯定，因为无论是在《吴语》的叙事体系中还是在吴国的实际地位，伍员都是最重要的臣子。就叙事体系而言，整个《吴语》叙事的一条重要线索就是刚愎自用、暴虐昏庸的吴王夫差与刚烈忠直的伍员的矛盾冲突。就其在吴国的地位而言，伍员是先朝元老。在《越语下》叙事中，范蠡作为中心人物之一，他与另一中心人物越王勾践君明臣贤，通力合作，最终灭吴，这也是《越语下》叙事的基本线索。林氏以热情洋溢的语言表达了对二人巨大功业的礼赞，即所谓"能成大事"，而这是因为他们具有共同的性格特征即"刚戾忍诟"。林氏分析了范蠡和伍员刚戾忍诟性格的具体展现。就范蠡来说，他以辅越灭吴以雪前耻作为自己的人生志业，为了这一宏伟目标，他能做到伸屈自如，忍受亡国之臣的羞辱伴随勾践"入宦于吴"。林氏还指出范蠡和伍子胥一样都具有战略家的远见卓识，他们都强调天命的不可依赖和尽人事的观念，都认识到吴越两国势不能共存的政治地理情势，揭示了范蠡作为政治家所具有的智慧人格。林氏在分析了范、伍本领、见地相同之后，又强调了正是因其所辅佐君主的不同，才导致了二者历史命运和结局的差异，伍子胥的远见卓识不能被昏庸的夫差所采用，而只能以忠直垂名后世，而范蠡则以智佐助勾践灭吴扬名于世。最后林云铭还驳斥了凡俗之见，对范蠡应对吴使王孙雒的言行进行了细致分析，认为这并非"馁鄙，不可为训"，而是故作自轻自贱，以斩断外交中虚空无效的纠葛，当机立断，顺应天命灭掉吴国以绝后患。这实际也是刚戾忍诟性格的一种体现。应该说，林云铭对《越语下》中范蠡的性格分析得比较透彻准确。

　　第三，《国语》评点家还对《国语》作品阅读中的共鸣现象进行了描摹。如明代文学家吴国伦评点《大夫种倡谋伐吴》一文言："夫妇君臣，各有生气。想其气象，人人可畏，安得不胜吴哉？"①《国语》展现了越国君臣上下同仇敌忾、斗志昂扬的状态。再如清人浦起龙《古文眉诠》卷十评点《敬姜论劳逸》一文说："他日敬姜语康子曰'君子

---

① 程继红：《明清〈国语〉评点研究》，安徽师范大学硕士学位论文，2007，第16页。

能劳，后世有继'足概此篇之旨。解方绩，正是训具官也。读此二条，如身亲禀训于严明大家之侧，心神肃然。"①

四、钟惺对《国语》的评点

钟惺（1574～1624）是竟陵派的领军人物，也是晚明评点大家之一，他的评点涉及诗歌、小说、散文等众多领域。钟惺的评点在当时影响颇大。明末清初的文坛领袖钱谦益曾这样谈及其流布之广："评骘之滋多也，议论之繁兴也，自近代始也，而尤莫甚于越之孙氏、楚之钟氏……世方奉为金科玉条，递相师述。夫孙氏、钟氏之学方鼓舞一世，余愚且贱，老而失学，欲孤行其言以易之，多见其不自量也。"②所谓的"楚之钟氏"即钟惺，"奉为金科玉条，递相师述""鼓舞一世"虽然谈的主要是其《诗经》评点的影响，实际上也反映了钟氏评点受欢迎的程度。钟惺对《国语》也非常重视，有许多评点文字，主要见于其《史怀》及《隐秀轩集》。

（一）钟惺对《国语》内容主旨的品评

钟惺的《国语》品评在思想内容呈现出如下特色。第一，钟氏评点体现出深邃的历史观和历史认识的洞察力。他看出《周语》的主旨是反映周的衰微。"《国语》列周，盖以列国待周也；三颂列鲁，盖以天子待鲁也。此周之所以为春秋也。素王素臣，其微可睹矣。"③《诗经》三颂中含有《鲁颂》是否反映了"以天子待鲁"暂且不论，但《国语》列《周语》于八语之首，确实体现了作者在《周语》中所寄寓的"周道已衰"的内涵主旨，钟惺还进一步认为这反映了从西周演进到春秋的历史内涵和趋势，更为深刻。在把握《周语》这一主要特色的基础上，他对《周语》内的一些历史叙事有着更为透彻的概括，如在《史记》等史著和习见的历史认识中周宣王是作为中兴明主的形象出现的，而《国语》所载宣王之事如"虢文公谏宣王不籍千亩""仲山父谏宣王

① 浦起龙：《古文眉诠》卷十，清乾隆九年（1744年）三吴书屋钞本。

② 钱谦益：《〈葛端调编次诸家文集〉序》，《牧斋初学集》（二）卷二十九，《四部丛刊》初编本第269册，复旦大学图书馆藏，第6页。

③ 钟惺：《史怀》，中华书局，1985，第35页。

立戏""仲山父谏宣王料民"均主要围绕宣王违礼失政展开，钟惺的评点一针见血："其意曰以宣王而犹如此也，又曰宣王之世已如此矣。此周衰之所以益不可为也。"①即便从文本看似与周衰之旨关联不大的篇章，钟惺都能深入文本内部展开分析，以见出其所隐含的兴衰史观。如《周语上》"密康公母论小丑备物终必亡"条中钟惺品鉴曰："密母此言，盖预知王之忮而虐也。从古下之不顺乎上，由上之苛求于下。上苛求于下，下不能应则怨，怨则畔，畔而上无以制之。此陵替之所以不敢反也。"②从全文意旨来看，凸显的一是密康公母的睿智，二是康公惑于女色、违背礼法终致亡国，周共王只是作为交代密康公母语发生背景中的人物出现。但钟氏却联系《周语》的主旨重点分析本篇，认为本篇揭示了周共王的暴虐，而这也是"周道已衰"的表征。应该说，钟惺的品鉴颇有道理。钟惺对《周语》"周道已衰"主旨的概括对后世影响甚大，如董增龄《国语正义序》："周何以称国？穆王时周道始衰，《书》言荒度作刑，《史记》言王道衰缺。盖已兆《黍离》国风之渐。迨平王周郑交质，直言结二国之信，虽号令止行于畿内，而为天下共主，故首列焉。"③即是对钟说的继承和发展。当代历史学家白寿彝先生也极其精辟地指出《周语》所载"是在反映宗周逐步走向衰亡的现象"。④李坤先生更是具体指出《国语》"揭示了周朝自穆王以来君权日削，王道衰缺，国势寝弱乃至最终覆灭的社会变化实质和历史趋势"⑤。我们不难见出白、李之论深受明清时期钟惺、董增龄等人的影响。第二，钟惺对《国语》的品评反映了他对春秋政治伦理深刻而独到的见解。如《鲁语上》"里革断宣公罟而弃之"条，钟惺评曰："里革论泗渊一事，虞衡月令，本末犁然，乃知春秋士大夫进谏于君，虽极小事，皆有一部掌故，详确有据，非自骋其辨博，正尊其所闻，以明不敢欺也，实臣子恪谨之义。爰居止鲁东门，展禽以为海将有灾。

---

① 钟惺：《史怀》，中华书局，1985，第35页。
② 钟惺：《史怀》，中华书局，1985，第35页。
③ 董增龄：《国语正义》，巴蜀书社，1985，第11页。
④ 白寿彝：《国语散论》，《人民日报》1962年10月16日。
⑤ 李坤：《〈国语〉的编撰》，《史学史研究》1988年第4期，第49页。

海之鸟兽，知而避之。臧文仲命国人祭焉。执政者有此举动，岂不乖张可笑，此不博之故也。事君者安可以不学。尝诵子产之论实沉驷台，郯子之论官，史墨之论龙，见举远抉幽，如探囊得物，愧文士虚过一生。"①在这段评点中，钟惺先概括了里革言辞"本末犁然"的特色，接着由此总结出春秋士大夫的谏辞具有"虽极小事，皆有一部掌故，详确有据，非自骋其辨博，正尊其所闻"②的文化特征。超拔于他人的是，钟惺将之与春秋臣子"恪谨"的伦理规范联系起来，意谓臣子劝谏君主必须做到博闻多见，对作为依据的礼制了如指掌，使自己的言辞"详确有据"，而不能夸夸其谈空发议论，这恰恰是臣子恭谨的伦理规范在进谏这一政治活动形式中的体现。接着钟氏又用《鲁语上》"展禽论祭爰居非政之宜"条中臧文仲的反面教训强调"事君者安可以不学"，最后又跳出《国语》旁征博引，举《左传·昭公元年》子产与叔向语、《左传·昭公十七年》郯子与鲁大夫昭子语、《左传·昭公二十九年》魏献子与蔡墨语，以证博闻之于春秋贵族大夫的重要性，从而有力地证明了博学多闻是春秋臣子伦理规范所要求的一项基本素质。再如《鲁语上》"里革更书逐莒太子仆"条写里革冒着杀头的危险更改国君书信，变给予莒太子封邑为将其流放，表现了里革对国家的忠诚，钟惺评语表达了对这种忠君行为的高度赞美："人臣于君，拼得一死，何事不可为，况未必死乎？"③字里行间表达了对臣忠美德的颂扬之情。

（二）钟惺对《国语》艺术特色的品评

钟惺的《国语》品评对《国语》艺术特色及成就的分析主要包括如下几个方面。第一，就《国语》对《史记》纪传体的影响进行了具体阐述："国有《语》，纪一国之事也，一国之中，以一人一事为始终，变编年为传记之萌也。"④这表明，钟惺已经看到《国语》在每《语》之中呈现出"以人系事"的倾向，在每一篇中，体现出围绕一人一事

① 钟惺：《史怀》，中华书局，1985，第37页。
② 钟惺：《史怀》，中华书局，1985，第37页。
③ 钟惺：《史怀》，中华书局，1985，第37页。
④ 钟惺：《史怀》，中华书局，1985，第35页。

来展开的特色,这表现出向《史记》人物传记体例过渡的趋势。第二,
对《国语》的人物塑造艺术进行了深刻而广泛的开掘。人物塑造艺术
是衡量历史散文文学品格的主要标尺,相对于其前的历史散文,《国语》
的人物塑造水平有了显著提高,"《国语》《战国策》已有完整历史事件
的叙述和比较完整的历史人物描绘了"①。《国语》的人物塑造艺术受
到明清评点家们的注意,其中就包括钟惺。首先,钟惺特别重视对《国
语》人物性格内涵的概括与分析。如《齐语》专记管仲佐助齐桓成就
霸业,管仲是核心的人物形象。"管仲对桓公以霸术"条中,鲁之大夫
施伯对庄公言:"夫管子,天下之才也。"钟惺对施伯的这一评价颇为
激赏,评点说:"'天下才'三字,遂为古今确评。其为管子知己,又
何减于鲍叔也。"②在钟惺看来,"天下才"概括出了管仲形象的核心内
涵。其次,钟惺特别重视对《国语》人物塑造手段的品鉴和概括。《国
语》作为语体史书,其以言语手段展现人物形象的特色尤为鲜明,钟
惺往往能对此做出精湛的点评。如《鲁语下》"公父文伯饮南宫敬叔酒"
条,钟惺的评点紧紧围绕文中人物露睹父和敬姜的言语展开,准确细
腻地揭示了两个人物的性格和心理世界:"'将使鳖长而后食之',愤中
浑语,口角如生。'鳖于何有,而使夫人怒也',虽怒责其子,然小人
哉睹父,亦隐然见于言外矣……以一鳖之故,使母逐其子,国去一大
夫,举朝纷纷请复,不知睹父此时何以为人?吾以为善愧人者,未有
很于文伯之母者也。"③《鲁语上》叙事本侧重于言敬姜家教的谨严,
而在钟惺的这段评语中则着重于对其心理世界的品析,点出了敬姜的
精明和睿智,发前人所未发。第三,对《国语》的语言艺术做了细致
而独到的品评。无论是史学著作还是文学作品,语言艺术都在很大程
度上决定其水平的高低。《国语》的语言艺术达到了先秦历史散文所应
有的高度,因而受到后世许多学者的推崇,钟惺也不例外。他多次对
《国语》有关章节的语言艺术进行精细的品评,如对《晋语一》"优施
教骊姬谮申生"条骊姬谮申生之语的分析颇为深刻:"优施教骊姬誉申

---

① 刘凤泉:《浅论纪传体和传记文学》,内蒙古师范大学学报 1992 年第 1 期,第 79 页。
② 钟惺:《史怀》,中华书局,1985,第 39 页。
③ 钟惺:《史怀》,中华书局,1985,第 37-38 页。

生之能与晋国之利，语语为献公伏一死地。人之畏死，有甚于爱其国爱其子者？微哉，千古谗峰如此。"①钟氏对骊姬谗言的分析可谓鞭辟入里，作为一代枭雄，献公最为痴迷的当然是权力，这就决定了他与作为君位法定继承人的太子申生之间必然存在着潜在的矛盾冲突，献公对申生怀有强烈的忌惮和疑虑，而这一点为骊姬和优施所洞悉并加以充分利用，这二人通过夸赞申生的能力及其对晋国的政治影响，巧妙地离间了申生与献公的父子关系，使献公将之视为自己权力乃至生命的最大威胁并下定决心予以铲除。这段语言描写颇为精彩，钟惺称其为"千古谗峰"，是对其语言艺术的高度肯定。钟惺对《国语》人物语言的品味颇能揭示其心理状态，主要得益于他在熟悉历史事实基础上对历史人物人生轨迹及命运的理解和把握。《楚语下》"叶公子高论白公胜必乱楚国"条言叶公在劝谏楚令尹子西召胜回国并"置之境"时言："夫造胜之怨者，皆不在矣。若来而无宠，速其怒也。若其宠之，毅贪无厌，既能得人，而耀之以大利，不仁以长之，思旧怨以修其心，苟国有衅，必不居矣。非子职之，其谁乎？彼将思旧怨而欲大宠，动而得人，怨而有术，若果用之，害可待也。"②叶公子高的这段分析非常精彩，他首先点出王孙胜和楚国统治集团的特殊关系，即他虽贵为楚平王之孙，但对王室充满怨恨之情，因为楚平王听信奸臣费无极之言，霸占了王孙胜之父太子建的未婚妻，除掉了太子建的老师伍奢，将之驱逐出楚国，饱受流离之苦最终死在了郑国。现在最为王孙胜痛恨的费无极已经死去，王孙胜的仇怨没有了发泄的对象，如将其接回国内，无非有两种情形，一种是"无宠"，结果必然是"速其怒"，另一种情形是"若其宠之"，就会刺激其贪欲，最终仍会导致他"思旧怨以修其心"，使国家陷入战乱，王孙胜一旦挑起动乱，其发难的对象必然是子西。叶公子高的分析可谓清晰透辟，钟惺就此点评道："其言曰'夫造胜之怨者，皆不在矣''思旧怨以修其心''非子职之，其谁乎'，盖谓费无极辈已死，白公积怨无所雪，而一发之与子西，此情所不宜

---

①　钟惺：《史怀》，中华书局，1985，第42页。

②　徐元诰：《国语集解》，中华书局，2002，第529页。

有而势必所至，何其言之透也。"①此处钟惺紧密结合《左传》等书所载白公胜及其父太子建遭遇事来解读叶公子高所言，分析深刻，立论卓异。第四，钟惺的《国语》评点长于对作品结构的分析。如《晋语九》"窦犨论君子哀无人"条围绕赵简子和窦犨君臣之间的对话展开，文章由赵简子的人生感叹写起，"赵简子叹曰：'雀入于海为蛤，雉入于淮为蜃。鼋鼍鱼鳖，莫不能化，唯人不能。哀夫'"②，引出在旁侍立的臣子窦犨的回应，言人也是能变化的，举显赫一时的范氏和中行氏的变化，"夫范、中行不恤庶难，欲擅晋国，今其子孙将耕于齐，宗庙之牺为畎亩之勤"③，警示自己的君主要勤于修德，避免他们那样的悲剧重演。钟惺对此段文字给予了极其精彩的评点，认为文初赵简子的感叹是"奇想奇论""无聊之情"，却引出了窦犨的"一段极正之言"，做到了"发乎情，止乎理"，表现了"英雄忧生之感"。④再如《楚语下》"观射父论绝地天通"条，钟惺对其结构做了细致分析："写鬼神之情与祭祀之理，未有如此精核者，说觋巫祝宗，历历有据，事所必有，皆非理所必无。其大旨尽于'神人不杂'四字。"⑤在钟惺看来，观射父所论主旨就是"神人不杂"，它是事与理达到内在统一、结构精核的基础。正如有学者所分析的那样："洋洋洒洒一篇大论，从远古'民神不杂'说起，到觋巫祝宗的产生、天地神明不相混乱，又回顾少皞衰落的民神混杂、祭祀无度，以及颛顼恢复旧规，以达'绝地通天'。娓娓道来的文字，把民神不杂的道理一一说出，详尽而精核，'鬼神之情与祭祀之理'也就十分明了了。"⑥

　　总的来说，钟惺的《国语》评点对《国语》的内容和艺术特色均进行了细致透彻的品评，时出新见，由此看出他对《国语》文学成就的重视。钟氏《国语》评点在《国语》研究史上应占一席之地。

---

① 钟惺：《史怀》，中华书局，1985，第44-45页。
② 徐元诰：《国语集解》，中华书局，2002，第452-453页。
③ 徐元诰：《国语集解》，中华书局，2002，第453页。
④ 钟惺：《史怀》，中华书局，1985，第43页。
⑤ 钟惺：《史怀》，中华书局，1985，第44页。
⑥ 郑艳玲：《钟惺品评〈国语〉》，《五邑大学学报》2015年第4期，第31页。

五、金圣叹对《国语》的评点

金圣叹（1608～1661）名采，字若采，又名人瑞，圣叹系其法名。明末清初著名评点家。金圣叹的评点范围非常广泛，有小说、戏曲、诗词和散文等；他的评点成就也非常高，其后学徐增曾在《才子古文序》中不无崇拜地谈到：“圣叹异人也，学最博，才最大，识最超，笔最快。凡书一经其眼经其手如庖丁解牛膝理井然，经其口如悬河翻澜，人人满意。”①尤其是《水浒传》和《西厢记》的评点，“三个世纪以来盛行不衰，几乎使原本失去立足之地”②。与之相较，金圣叹的古文评点要逊色得多。金氏的古文评点主要见于《天下才子必读书》，原名为《才子必读书》，1663 年敦化堂刻又名为《才子古文》，所选文章包括《左传》《国语》《战国策》《史记》和唐宋八大家的作品。其中选《国语》28 篇。金圣叹的《国语》评点，既为对古代散文理论的阐发，又在《国语》研究史上有着较重要的影响。总的来说，金圣叹对《国语》的评点更侧重于艺术特色的分析，这一点已有许多学者注意到了，如郝建杰先生曾就《才子古文》一书发表过这样的见解：“该编着眼不在文体，而在艺术技巧……金氏之意为教人作文之法。”③具体而言，我们从如下几个方面展开分析。

（一）金圣叹《国语》评点中艺术辩证法原则的运用

这一点已有研究者指出：“对文章艺术因素的关注是金氏评点的重点，而善以辩证的眼光来评点艺术中相对立又统一的因素是金氏评点的最大特色。”④如《吴语》“夫差伐齐不听申胥之谏”条，金圣叹总评曰：“笔下最曲折，最细琐，而诵之纯是忠烈之气，侃侃一直，如并不用曲折，不用细琐者。”指出这篇文章具有曲折细腻和刚劲率直相统一的风格。应该说，金氏的分析是颇有道理的。正如有学者所指出：“语

① 徐增：《〈才子古文〉序》. 九诰堂全集，中华全国图书馆文献缩微复制中心，2004.
② 徐朔方：《晚明曲家年谱》，浙江古籍出版社，1993，第 699 页。
③ 郝建杰：《〈国语〉所载成文述论》，《古籍整理研究学刊》2010 年第 2 期，第 13 页。
④ 程继红：《明清〈国语〉评点研究》，安徽师范大学硕士学位论文，2007，第 24 页。

言的运动方式是人物性格最充分、最深刻的体现。"①伍子胥的性格是刚烈勇毅的，他对吴国怀有深挚的忠诚之情和强烈的使命感，对夫差的昏庸统治可能给吴国带来的覆亡危险深感焦虑，这就决定了他的谏诤之辞必然带有浓厚的忠烈基调。作为一个有着远见卓识的政治家和战略家，伍子胥洞悉吴与齐、越关系的实质，故能条分缕析，首先分析了吴国与齐、越的利害关系，接着又例举反面的楚灵王为例，"其臣箴谏不入"，导致死于非命的悲惨结局，无论是析理还是叙事，皆能做到细腻翔实，从而使行文节奏放缓，多用譬喻和生动入微的细节描写也强化了文章曲折细琐的特色。再如《周语中》"襄王拒晋文公请隧"条，金圣叹评曰："其理甚直，其辞甚曲，其态甚婉，其旨甚辣。"②恩格斯在《反杜林论》中曾极其深刻地指出："自然界的一切归根到底是辩证地而不是形而上学地发生的。"③任何一种社会文化现象的产生及发展也必然是一组或多组对立统一体辩证发展过程的产物。辩证的实质就是矛盾的对立统一，它构成了一切事物存在和发展的基础，也是其生命力的源泉，"矛盾却是一切运动和生命力的根源；某物只因为在本身之中包含着矛盾，所以它才能运动，才有冲动和活动。"④从这个意义来看，周襄王辞令的风格，恰恰是作为言说主体的周襄王和作为言说对象的晋文公之间、传统礼制所赋予的规约力量和新兴霸主的政治影响力之间等各种对立统一因素交互作用的结果。晋文公帮助周襄王消灭了叛乱力量，重返王位，他在婉拒周王"劳之以地"后竟"请隧焉"，隧为王之葬仪，晋文公提出这一无礼要求，无疑是以之宣示自己的地位高于其他诸侯，就其实质而言，是正在兴起的霸主对已经衰微的王室权威的挑战。面对臣下的非分要求，在春秋社会中，周襄王不是唯一的个例，《左传·成公二年》载仲叔于奚在一次战斗中救过卫卿孙桓子，"卫人赏之以邑，辞。请曲县、繁缨以朝。许之"⑤，这件

---

① 党静萍：《论文学作品中人物语言个性化》，《西安电子科技大学学报》2002年第1期，第61页。

② 叶慧晓：《才子古文读本》上册，上海广益书局，1936，第50页。

③ 马克思、恩格斯：《马克思恩格斯选集》（第三卷），人民出版社，1972，第62页。

④ 列宁：《哲学笔记》，人民出版社，1974，第145页。

⑤ 杨伯峻：《春秋左传注》，中华书局，2016，第861页。

事遭到了春秋末年孔子的批评，因为在孔子看来，"唯器与名，不可以假人，君之所司也。名以出信，信以守器，器以藏礼，礼以行义，义以生利，利以平民，政之大节也"①。也正是看到了这一点，周襄王才竭力维护自己的权威，他所能倚仗的便是传统的礼制，所以先言"昔我先王之有天下也，规方千里以为甸服"②，而"其余以均分公侯伯子男，使各有宁宇，以顺及天地，无逢其灾害"③，意谓天子和各诸侯在统辖地域上并没有体现身份的差别，"亦唯是死生之服物采章，以临长百姓而轻重布之，王何异之有"④，言外之意隐作为王之葬仪是为数不多的标志周王身份的大礼，"班先王之大物以赏私德，其叔父实应且憎，以非余一人"⑤，认为用先王大礼来赏赐文公帮助自己返回王位的私德的行为不能接受。传统礼制是使襄王辞令"其理甚直"的力量源泉。接下来襄王又指出"叔父若能光裕大德，更姓改物，以创制天下，自显庸也"⑥，那么"余一人其流辟旅于裔土，何辞之有与"⑦，言外之意是晋文公如自己做了天子，用什么礼制可自己随意而行，"若由是姬姓也，尚将列为公侯，以复先王之职，大物其未可改也"⑧，强调只要是姬姓天下，就不能赐文公以隧礼，委婉之中有强硬。接下来又重申，"叔父其懋昭明德，物将自至，余何敢以私劳变前之大章，以忝天下，其若先王与百姓何？何政令之为也"⑨，再次强调文公助自己返回王位只是私劳，不能因此违背先王大礼，否则无法向先王和百姓交代，也不利于自己号令天下。王室卑弱的现实和周襄王有求于文公的处境，使襄王不得不放下身段以礼遇的言辞来回应晋文公的无礼要求，这就是"其辞甚曲，其态甚婉"生成的基础。但襄王对周王室尊严的维护、对礼制的熟悉、杰出的辩才，则使这种矛盾冲突以相对体面的方式解

① 杨伯峻：《春秋左传注》，中华书局，2016，第 861 页。
② 徐元诰：《国语集解》，中华书局，2002，第 51 页。
③ 徐元诰：《国语集解》，中华书局，2002，第 52 页。
④ 徐元诰：《国语集解》，中华书局，2002，第 52 页。
⑤ 徐元诰：《国语集解》，中华书局，2002，第 52 页。
⑥ 徐元诰：《国语集解》，中华书局，2002，第 52 页。
⑦ 徐元诰：《国语集解》，中华书局，2002，第 53 页。
⑧ 徐元诰：《国语集解》，中华书局，2002，第 53 页。
⑨ 徐元诰：《国语集解》，中华书局，2002，第 53 页。

决，襄王"不许"的主旨得以实现。从这个意义上来说，金圣叹的品评颇得此篇真谛。再如《鲁语下》"公父文伯之母论劳逸"条，金圣叹的评点也揭示了其艺术风格的辩证统一特质："极参差，极严整；极径直，极曲折。读其参差，须学其严整；读其径直，须学其曲折。"①认为这篇文章完美地体现了参差和严整、径直和曲折的对立统一。

（二）金圣叹在《国语》评点中特别注意对"文眼"的品评和分析

所谓"文眼"即在文章写作中作者进行艺术构思时所围绕的凝聚点，往往体现为最具表现力的词语。文章评点抓住了文眼往往就切中了作品肯綮，对于把握作品主旨、理解作品结构和艺术技巧颇有裨益。金氏在许多篇文章评点中都把文眼的分析放在核心地位。如《晋语九》"阎没叔宽谏魏献子无受贿"条金圣叹总评："初叹，是唯恐不足；再叹，是岂主而有不足；三叹，是已足。轻轻只将'不足'二字翻剔，而已令其主心动于内，意悦于外，有臣如此，主欲不名闻诸侯，不可得也。"②在这里，金氏注意到就全文而言，"叹"是文眼，"比已食，三叹"，阎没、叔宽"三叹"引起魏献子注意，故此问叹，"人有言曰：唯食可以忘忧，吾子一食之间而三叹，何也"③，然后是阎没、叔宽二人释叹；而在二人释叹语段中，"不足"是文眼，二人牢牢抓住"不足"，巧妙以之暗喻物欲，最后落脚点是"愿以小人之腹，为君子之心，属餍而已"④，交代出劝谏的动机。"不足"与全文主旨息息相关，故此金圣叹进行了细致分析。再如《晋语九》"范献子戒人不可以不学"条，金圣叹总评云："曰'人不可不学'，曰'唯不学'，曰'人之有学'，曰'而况君子之学'；一剪一裁，笔墨整齐。读之始不敢以文为戏。"⑤显然，金氏注意到这篇文章的文眼是"学"，全篇的结构处理围绕"学"展开，谨严整齐。

---

① 叶慧晓：《才子古文读本》上册，上海广益书局，1936，第58页。
② 叶慧晓：《才子古文读本》上册，上海广益书局，1936，第63-64页。
③ 叶慧晓：《才子古文读本》上册，上海广益书局，1936，第64页。
④ 叶慧晓：《才子古文读本》上册，上海广益书局，1936，第64页。
⑤ 叶慧晓：《才子古文读本》上册，上海广益书局，1936，第63页。

（三）在金圣叹《国语》评点出呈现出鲜明的崇奇尚妙的审美倾向

圣叹为人率真狂傲，清采蘅子《虫鸣漫录》卷二曾云："性滑稽，善诙谐。自言人生惟新婚与入泮二者为最乐……每遇岁试，或以俚语入时文，或于卷尾作小诗，讥刺试官，辄被黜，复更名入泮，如此者数矣。"①同时，晚明追求真性情的士风和文学创作主张对金圣叹也影响甚大，如李贽的"童心说"就主张："天下之至文，未有不出于童心焉者也。苟童心常存，则道理不行，闻见不立，无时不闻，无人不闻，无一样创制体格文字而非文者。"②正是在这种时代思潮影响下，金圣叹在进行评点时特别推崇那些抒写真性情的锦心绣口的文字。在《国语》评点中，他经常以"奇""妙"来赞叹文章的艺术技巧。有时是赞字词运用之妙，如《鲁语下》"公父文伯之母论内朝与外朝"条言："公父文伯之母如季氏，康子在其朝，与之言，弗应，从之及寝室门，弗应而入。"在季康子向她询问原因时，她的回答是："夫外朝，子将业君之官职焉；内朝，子将庇季氏之政焉，皆非吾所敢言也。"金圣叹评曰："'皆'字妙，不惟官职不敢言，虽家政亦不敢言，后世太后临朝，岂知前古先有如此龟鉴。"③在这里，金圣叹认为"皆"这个词运用得精妙，将敬姜严守礼法的性格特征凸显了出来。有时是赞语句之奇妙，如《晋语九》"董叔欲为系援"条："董叔将娶于范氏，叔向曰：'范氏富，盍已乎！'曰：'欲为系援焉。'他日，董祁愬于范献子曰：'不吾敬也。'献子执而纺于庭之槐，叔向过之，曰：'子盍为我请乎？'叔向曰：'求系，既系矣；求援，既援矣。欲而得之，又何请焉？'"④金圣叹总评曰："'求'字妙妙，'既'字妙妙，'矣'字妙妙，分作两句妙妙，'欲而得之'妙妙，'又何请焉'妙妙，不知文者谓是佳谑，却不知是一片眼泪。"⑤在这里，金圣叹首先认为"求""既""矣"三个词用得精妙，极具谐趣讽刺效果；接着重点分析了文篇句法的高妙。

① 转引自左东岭：《李贽与晚明文学思想》，天津人民出版社，1997，第310页。
② 李贽：《焚书·续焚书》，岳麓书社，1990，第98页。
③ 叶慧晓：《才子古文读本》上册，上海广益书局，1936，第58页。
④ 叶慧晓：《才子古文读本》上册，上海广益书局，1936，第63页。
⑤ 叶慧晓：《才子古文读本》上册，上海广益书局，1936，第63页。

有时是赞修辞手法运用得精妙，如《吴语》"夫差伐齐不听申胥之谏"条有："夫吴民离矣，体有所倾，譬如群兽然，一个负矢，将百群皆奔，王其无方收也。"金圣叹评曰："奇譬，妙譬。"①金氏所评确实精到，伍子胥言夫差所执行的"很天而伐齐"的错误战略已经使吴国民众离心离德，一旦发生变动，吴王将会众叛亲离，无法挽回。这个比喻形象地揭示吴国所面临的分崩离析的危险。有时是赞语篇的风格，如《晋语六》"范文子论外患与内忧"条，金圣叹总评曰："侵伐，武事，忽然写得郁伊悱恻之甚：古人之多奇如此。"②虽然范文子和晋国诸大夫讨论的是是否征讨郑国，但它与晋的内忧密切联系在一起。范文子准确地预见到随着晋国诸卿大夫之间矛盾加剧，晋将发生动乱，所以他对晋之政局充满忧虑，故其辞方有抑郁悱恻的风格。有时是赞语篇传达的社会人生哲理之高妙，如《晋语五》"师胜而范文子后入"条言靡笄之役，郤克率晋军打败齐国班师，范文子特意最后入城，其理由是"夫师，郤子之师也，其事臧。若先，则恐国人之属耳目于我也，故不敢"③，文子之父武子引"干人之怒，必获毒焉"赞赏儿子善于自保，金圣叹评曰："奇理，至理。"

（四）金圣叹《国语》评点特别擅长于结构分析

　　有时是对一组文章进行分析，如《晋语五》中关于靡笄之战的几篇文章，金圣叹评曰："此是六段文字，段段绝妙。"有时是对一篇文章进行分析，如《越语上》"勾践灭吴"条，金圣叹评曰："此文凡写数十段，段段异样神采；段段读之，使人跳舞。"④有时是深刻分析一句话的结构，如《周语上》"邵公谏厉王弭谤"条有："故天子听政，使公卿至于列士献诗，瞽献曲，史献书，师箴，瞍赋，矇诵，百工谏，庶人传语，近臣尽规，亲戚补察，瞽、史教诲，耆、艾修之，而后王斟酌焉，是以事行而不悖。"金圣叹评曰："'故'字起，'之'字止，

---

① 叶慧晓：《才子古文读本》上册，上海广益书局，1936，第72页。
② 叶慧晓：《才子古文读本》上册，上海广益书局，1936，第61页。
③ 叶慧晓：《才子古文读本》上册，上海广益书局，1936，第61页。
④ 叶慧晓：《才子古文读本》上册，上海广益书局，1936，第72页。

'而后'字转，'是以'字证，只是一句文字。"①有时从句群的修辞效果角度来分析语篇结构，如《吴语》"吴王夫差与越荒成不盟"条金氏总评曰："多作长句，而句法又最遒最逸。他文长句皆不能遒逸，遒者逸者率非长句也。又要看其字法新异，前后凡有无数字法，俱极新异。"②说明长句的大量运用对于结构的凝练、文章主旨的展现等均具有重要作用。金圣叹的《国语》评点还时时能注意到辞格对结构的作用，如《周语上》"邵公谏厉王弭谤"条中，金圣叹之评点就强调了两处比喻的结构功能："前说民谤不可防，则比之以川；后说民谤必宜静听，则比之以山川原隰。凡作两番比喻。后贤务须逐番细读之，真乃精奇无比之文，不得止作老生常诵习而已。"③对我们颇具启发。

（五）金圣叹《国语》评点的内容取向

尽管金圣叹《国语》评点侧重于艺术技巧方面，但并不等于说他的《国语》评点一点也不关涉《国语》内容。实际上，金氏也时常对《国语》的内容加以评点。如《晋语九》"阎没叔宽谏魏献子无受贿"条有"献子曰：'善。'乃辞梗阳人"句，金圣叹评："献子又妙，君臣如此，直父子也，鱼水不足喻矣。"④臣子忠正机敏，君主虚怀若谷，知错就改，君臣堪为知音，评点者借此表达了对这种美好君臣关系的歆羡。金氏有时在评析《国语》语篇艺术技巧时糅进对其主旨内涵的概括，如《周语上》"邵公谏厉王弭谤"条有"民之有口，犹土之有山川也，财用于是乎出；犹其有原隰衍沃也，衣食于是乎生"句，金圣叹评曰："上曰民口犹川，言谤口也，此曰民口犹山川原隰，言斟酌之口也。不惟不犯重，须知正欲如此用笔，以力辩民口必宜敬听，不宜怒而监之。"⑤金圣叹对《国语》内容的评点更多表现于对文章中人物性格内涵的描摹，因为人物性格和作品内涵有时具有内在的一致性。如《鲁语上》"里革更书逐莒太子仆"条，金圣叹评曰："沉毅而有扶

① 叶慧晓：《才子古文读本》上册，上海广益书局，1936，第49-50页。
② 叶慧晓：《才子古文读本》上册，上海广益书局，1936，第70页。
③ 叶慧晓：《才子古文读本》上册，上海广益书局，1936，第49页。
④ 叶慧晓：《才子古文读本》上册，上海广益书局，1936，第64页。
⑤ 叶慧晓：《才子古文读本》上册，上海广益书局，1936，第50页。

疏之意，板正而有圆滑之能。"①揭示了里革骨鲠不阿而又颇富机智的
性格特征。

总的来说，金圣叹的《国语》评点虽然在其评点文字中的地位不
太重要，但也是其文学思想的体现，同时也在《国语》研究史上占有
重要的一席之地，应该引起我们的珍视。

第三节　清代学者的《国语》校注

应该说，韦昭的《国语解》在《国语》校注史上是一座很难被超
越的里程碑式的著作。盖源于此，在这之后一千多年的历史长河中，
再无影响较大的《国语》校注著作出现。只有到了清代，受朴学大兴
的学术文化氛围的影响，《国语》的校注工作才引起了学者浓厚的兴趣，
产生了多部《国语》校注名作，并一直延续到晚清和民国初年。我们
认为，清人的《国语》校注成绩是巨大的，但同时也应看到，尚未出
现能超越《国语解》的标志性《国语》校注著作。清人的《国语》校
注分为两种形态，一种是专书，包括董增龄的《国语正义》和吴曾祺
《国语韦解补正》；另一种是校注札记和笔记等，这是清人《国语》校
注的主要形态。

一、校注专书

（一）董增龄的《国语正义》

董增龄的《国语正义》在《国语》研究史上占据极其重要的位置。
郭万青博士的评价较为公允："韦昭注解《国语》5629 条，此后研究细
密无过韦昭者。韦昭之后千五百年，董增龄作《国语正义》，疏证《国
语》1425 条，成为韦昭之后系统研究《国语》的人。就《国语》研究
的整体性而言，清代的其他学者无法和董增龄相比。"②董增龄，浙江

---

① 叶慧晓：《才子古文读本》上册，上海广益书局，1936，第 54 页。
② 郭万青：《董增龄籍贯问题试探》，《唐山师范学院学报》2014 年第 3 期，第 30 页。

乌程南浔镇人，字庆千，号寿群，生于 1780 年前后，卒年不详，可以大体判定其主要活动于嘉庆、道光年间。董增龄《国语正义》有光绪庚辰章氏式训堂刊本，巴蜀书社 1985 年据此本影印出版。关于董氏《国语正义》的影响及特色，可概括为如下几点。

第一，董增龄的《国语正义序》在《国语》研究史上有着非常重要的影响。董增龄《国语正义序》对《国语》结构分析颇为精彩，是《国语》学史上的一篇重要文献。他首先对《国语》列周于首进行了精辟的分析：“《国语》首以周，殿以越。周何以称国？穆王时周道始衰，《书》言荒度作刑，《史记》言王道衰缺。盖已兆《黍离》国风之渐。迨平王周郑交质，直言结二国之信，虽号令止行于畿内，而为天下共主，故首列焉。”①一方面，董首先阐释了周本贵为各诸侯之上的天子却与诸侯平列于《国语》的原因，就是因为周道衰缺，并特别提到《左传·隐公三年》所载周郑交质事件，确实这一政治事件标志着周礼的全面崩坏，因为周郑关系是君臣关系，君臣伦理规范决定了君臣之间是不能有互换质子关系的，“结二国之信”表明周郑实际上彼此视为同等的国家。“平王与郑交质诚自我矮化，使原本是君臣的上下关系变成对等的两国关系。”②这也是“称周为国”、将周与其他诸侯并列的缘由。同时董氏也交代了为何《国语》叙事从穆王开始的缘由，这是因为“穆王时周道始衰”。另一方面尽管将周与其他诸侯并列，但毕竟周名义上还是天下的共主，尽管现实中周的号令只能推行于王畿之内，因此将《周语》排在各国之语的前面。白寿彝先生继承了这一看法：“首列《周语》三卷，这还是从宗周时期沿袭下来的尊周的传统。这个传统在春秋时期虽已经是大大地动摇了，但周旧日的威望仍有一定程度上的保留而为名义上的‘共主’。”③董氏接下来分析鲁紧紧排列于周之后的缘由，“次鲁，重周公之后，秉礼之邦也”④，一是鲁为周公之后，而周

①　董增龄：《国语正义》，巴蜀书社，1985，第 11 页。
②　蓝丽春：《周王室东迁后五十年寰衰原因探究》，《暨南学报》（台湾）2005 年第 31 期，第 563 页。
③　白寿彝：《国语散论》，《人民日报》，1962 年 10 月 16 日。
④　董增龄：《国语正义》，巴蜀书社，1985，第 11 页。

公在西周灭商、周初国家稳定和制度建设过程中都发挥过举足轻重的作用，并且与周武王是同胞兄弟，亲亲的政治伦理和周公的功业、政治地位决定了以他为始封君的鲁国在周王朝的政权体系中居于政治文化大国的地位。二是春秋时列国公认鲁是保存周礼最为完备的国家，如《左传·昭公二年》载："晋侯使韩宣子来聘……观书于太史氏，见《易》《象》与《鲁春秋》，曰：'周礼尽在鲁矣。吾乃今知周公之德与周所以兴也。'"①《左传·襄公十年》亦言："诸侯宋鲁，于是观礼。"明德是《国语》的基本主旨，而衡量德的标准是行动主体是否遵循礼制，礼成为《国语》表现的核心内容，"《鲁语》主要记载有关德义礼信方面的内容，反映了鲁国在春秋时代的主要特点"②，因此将尊奉周礼的鲁之《语》紧排在《周语》之后就很容易理解了。董氏接下来分析齐排列于鲁之后的缘由，"次齐，美桓公一匡之列也"③，《齐语》主要叙述了桓公在管子辅佐下使齐国富兵强从而称霸的功业建立过程，而齐桓霸业建立在尊王攘夷、和睦诸侯的政治策略基础上，所以董氏认为，在诸《语》排列顺序中，将齐国置于仅次于周、鲁的位置上，传达了一种"美"的政治伦理评价，即对齐桓功德的赞美。齐桓功德集中体现于"匡"，也就是匡扶王室和匡正周代政治秩序，这是对"周德"的一种自觉维护。董氏的论断颇有道理。后来的学者对他的研究又做了进一步的发挥。如白寿彝先生曾言："次《鲁语》二卷，《齐语》一卷。这由于齐鲁是宗周建立的股肱之国，在春秋时期也还是东方大国。《国语》对于这两个股肱之国，先鲁后齐，是安排了一定次序的。"④白先生在这里并未指出先鲁后齐的缘由，我们推测盖因《国语》宗旨和核心内容是明德守礼，从这一标准来看，鲁无疑比齐更为典型。白先生这一段话主要是将齐鲁放在一起来讨论，指出两国在周人政治文化传统中的地位和春秋时期政治现实中的地位，决定了它们被置于非常重要的位置上，这无疑是对董增龄观点的发展。接下来董氏又对《晋

---

① 杨伯峻：《春秋左传注》，中华书局，2016，第1356页。
② 李坤：《〈国语〉的编撰》，《史学史研究》1988年第4期，第49页。
③ 董增龄：《国语正义》，巴蜀书社，1985，第11页。
④ 白寿彝：《国语散论》，人民日报，1962年10月16日。

语》在《国语》中所处位置展开分析："次晋，见其主盟十一世，有夹辅之勋且文之伯继乎桓也。"①指出晋之所以具有如此重要的地位来自三个方面的原因：第一是在春秋历史上，晋国长期扮演着霸主的角色；第二是周王室东迁过程中晋有护主之功，正如《国语·周语中》"富辰谏襄王以狄伐郑及以狄女为后"条中富辰所云："我周之东迁，晋郑是迁"，《国语·晋语四》亦载郑叔詹言，"吾先君武公与晋文侯戮力一心，股肱周室，夹辅平王，平王劳而德之，而赐之盟质，曰：'世相起也'"②；第三是晋文公继承齐桓公所建立的霸业。董氏所论也被白寿彝先生进一步发挥："次《晋语》九卷，《郑语》一卷。这是在宗周末年以后，逐渐兴起的国，是对周平王东迁尽了力量的。《国语》把夹辅平王东迁的这两个股肱之国位于宗周建立时的两个股肱之国的后边，而对于这两个后起的股肱之国，先晋后郑，也是有个一定的次序的。"③白先生的分析很有道理。接下来董增龄又对《郑语》做了精到的评价："次郑，郑出厉王，于诸姬为近，又与晋同定王室也。"④指出郑作为一个小国竟能得列于《国语》，主要有两个原因，一是从血缘上来说郑与周王室最为亲近，二是安定王室的功勋。这样的分析颇有道理。其实我们还可添上一点，即这也与郑在春秋初期的政治地位密切相关，郑武公及其子庄公均曾担任周王室卿士，"卿士，王卿之执政者"。在幽王被杀、西周灭亡、周氏动迁的变乱中，经郑桓公、武公父子两代人的苦心经营，"从宗周畿内的局促窄狭之地变为纵横于济、河、洛、颍之间的大国"⑤，到庄公时期，郑国影响更是达到极盛，被称为春秋小霸。童书业先生曾给予具体叙述："郑国当庄公时代，凭借了'挟天子以令诸侯'的地位，采用了远交（交齐、鲁）近攻（攻宋、卫）的政策，努力经营，国际的地位就蒸蒸日上。到了庄公末年，几乎成为春秋最初期的伯主（庄公败周以后又曾合齐、卫之师伐周邑盟、向，王迁盟、

① 董增龄：《国语正义》，巴蜀书社，1985，第11页。
② 徐元诰：《国语集解》，中华书局，2002，第330页。
③ 白寿彝：《国语散论》，人民日报，1962年10月16日。
④ 董增龄：《国语正义》，巴蜀书社，1985，第11页。
⑤ 苏勇：《周代郑国史研究》，吉林大学博士学位论文，2010，第41页。

向之民于郏,也可见郑人势焰之盛)。"①董增龄接下来又分析了《楚语》
和《吴语》在《国语》中的位置:"次楚、次吴,以其为重黎之后,泰
伯之裔,不使其迹之湮没弗彰焉。"②董增这一解释,后世鲜有应和者。
笔者认为,李坤先生关于《楚语》处理的解释更符合作品实际:"是为
了说明:楚国日渐强大兴盛,'唯荆实有昭德'是其原因之一。"③《吴
语》主要写吴国君主夫差因刚愎拒谏导致自己身死国灭的过程和悲剧。
董增龄接下来又分析了《越语》在《国语》中的位置:"终止以越,见
闵蛮强而中夏无伯主,春秋亦于是终矣。"④这样的见解也颇富新意。

第二,《国语正义》的体式。《国语正义》主要包括正文、韦注和
正义三部分。正文所用底本为公序本,正如《国语正义序》所云:"宋
公序补音本及天圣本两家并行,近曲阜孔氏所刻用补音本。今兼收二
家之长,而用补音本者十之七八。"⑤韦注部分以"解"标出,"正义"
部分则标以"疏"字,鲜明地表达了作者将己著视为《国语》韦注之
疏的意识,而这也正是董著《国语正义》的主要动因,这一点他在《国
语正义》中已明确指出,他感慨于韦昭《国语解》"孤行天壤间已千五
百年"却"未有为之疏者"⑥,明确强调《国语正义》汇总众说的目的
是"采掇以补宏嗣之意"。或许正是对"疏不破注"原则的恪守,《国
语正义》虽广征博引,堪称繁富,但发明无多。这成为其一个鲜明的
不足。

第三,征引广博是《国语正义》的一个鲜明特色。《国语正义序》
先是肯定了韦昭《国语解》的价值:"为之注者,有汉郑众、贾逵、魏
王肃、吴虞翻、唐固、韦昭,晋孔晁七家,今唯韦解尚存。"⑦指出韦
注的不足,一是"许叔重郑康成两君为汉儒宗主,自三国分疆而儒学
为之一变。宏嗣生于江南扰攘之秋,抱阙守残,视东汉诸儒已非当时

---

① 童书业:《春秋史》,上海古籍出版社,2003,第 145 页。
② 董增龄:《国语正义》,巴蜀书社,1985,第 11 页。
③ 李坤:《〈国语〉的编撰》,《史学史研究》1988 年第 4 期,第 51 页。
④ 董增龄:《国语正义》,巴蜀书社,1985,第 11 页。
⑤ 董增龄:《国语正义序》,巴蜀书社,1985,第 6 页。
⑥ 董增龄:《国语正义》,巴蜀书社,1985,第 7 页。
⑦ 董增龄:《国语正义序》,巴蜀书社,1985,第 6 页。

矣。其所解固援经义，而与许、郑诸君有未翕合者"①；二是由于"韦解体崇简洁"，便产生了"多阙而不释"的局限。正是出于弥补韦昭《国语解》这些不足的动机，董氏《国语正义》采取了"并采兼收，以汇古义"的编写原则。如《史记》《汉书》多引《国语》，因此《史记》"三家注"和汉魏六朝尤其是唐人颜师古的诸家《汉书注》，对于补充和丰富《国语》注解颇有裨益，这一点已为董增龄注意到，故《国语正义序》云："《史记》集解、索隐、正义及应劭、如淳、晋灼、苏林、颜师古等家《汉书注》、章怀太子《后汉书》注，凡与马班正文采取《国语》者，各有发挥。或与韦解两歧，或与韦解符合。同者可助其左证，异者宜博其旨归。錞鼓不同音，而皆悦耳；荼火不同色，而皆美观也。"②对于《国语解》注释简略的山水地理和宫室礼制等，《国语正义》也往往征引他书以详尽注释，如其序云："国邑水道，以《汉·地理志》《后汉·续郡国志》为主，而参以《水经注》《元和郡县志》、杜氏《通典》，诸家并列。我朝所定府厅州县之名庶览者了然。至宫室器皿衣裳之制度，则孔贾诸疏具存，止撷简要，不事详叙。"③《国语正义》这一特征毁誉参半，如吴曾祺在其《国语韦解补正》叙中就说："然董氏之书，多征引旧典，而于文义之不可通者，反忽而不及。似博而实略，似精而实疏。"④其对董著的贬抑溢于言表。汪远孙和高邮王氏父子则对《国语正义》给予了高度评价。汪康年所辑《振绮堂丛书初集》载汪远孙说："董君撰《国语正义》，征引极博，于发明之中时有是正，余采数条入鄙《国语发正》。"⑤其实其《明道本国语考异》也时引董著。如该书云："《解》：厉公州蒲。""归安董氏增龄说。"王引之亦给出近似评价："归安董文学增龄，博雅士也，所著《国语正义》援据该备，自先儒传注及近世通人之说，无弗征引。又于发明韦注之中时加是正，可谓语之详而释之精矣。向予为《经义述闻》一书，谨志家公之说，附

①　董增龄：《国语正义序》，巴蜀书社，1985，第 7 页。
②　董增龄：《国语正义序》，巴蜀书社，1985，第 8 页。
③　董增龄：《国语正义序》，巴蜀书社，1985，第 8-9 页。
④　吴曾祺补正、朱元善校订：《〈国语韦解补正〉叙》，商务印书馆，1933，第 1-2 页。
⑤　汪康年：《振绮堂丛书初集》，清宣统庚戌年汪氏铅印。

以鄙见，其中亦有考证《国语》者。他日写定，当以就正于董君。"由此看出王引之对董增龄《国语正义》的服膺。由此看出，《国语正义》的研究史地位不容轻忽。

（二）吴曾祺的《国语韦解补正》

吴曾祺（1852～1929），是近代著名的训诂学家，作《〈国语〉〈国策〉补注》《国语韦解补正》等，其中《国语韦解补正》于清末宣统元年由上海商务印书馆出版，该书因晚出能得以采撷诸多胜说，极大地提高了其学术价值，故而此书出版后广受欢迎，民国年间多次印行。在《〈国语韦解补正〉叙》中吴氏点明该书的创作缘由是感慨于《国语》注本的匮乏："《国语》一书，时有笺疏，惜其寥寥无几。"①然后指出自己《国语韦解补正》一书的撰写是以王引之《经义述闻·国语》作为基础的："独高邮王氏，所得为多。乃择其说之合者，悉纂而辑之。其有不足，辄以己意谬为附益。岁月既久，楮墨遂滋。因汇为一编，名之曰《国语韦解补正》。"②随后又对书名内涵进行了解释："补者，补其所未备；正者，正其所未安。备且安，是书之本末具矣。"③吴曾祺《国语韦解补正》具有如下特色。第一，善于结合上下文语境从文意和文气疏通的角度来修正韦说之误，提出自己的见解，如《国语·晋语八》"医和视平公疾"条有"和闻之曰：'直不辅曲，明不规暗，拱木不生危，松柏不生埤'"句，韦昭注云："言文子不能以明直规辅平公之暗曲，使至淫惑。拱木，大木也。危，高险也。埤，下湿也。以喻文子不久存。"④吴曾祺《国语韦解补正》不赞同这种见解，提出："此二语喻平公不久存，不得如拱木、松柏，故下接言不能谏惑使至生疾，若指文子，语意便不相属。"⑤两说相较，当以吴说为胜。第二，吴氏特别重视整句意思的疏通。如《越语上》"寡人闻古之贤君，四方之民归之，若水之归下也。今寡人不能，将帅二三子夫妇以蕃"，吴氏

---

① 吴曾祺补正、朱元善校订：《〈国语韦解补正〉叙》，商务印书馆，1933，第 2 页。
② 吴曾祺补正、朱元善校订：《〈国语韦解补正〉叙》，商务印书馆，1933，第 2 页。
③ 吴曾祺补正、朱元善校订：《〈国语韦解补正〉叙》，商务印书馆，1933，第 2 页。
④ 吴曾祺补正、朱元善校订：《国语韦解补正》下，商务印书馆，1933，第 72 页。
⑤ 吴曾祺补正、朱元善校订：《国语韦解补正》下，商务印书馆，1933，第 72 页。

《补正》云："谓不能使四方之民来归，故以生聚为要。"①如此解释，勾践话语意思便变得明晰显豁。第三，引证广博，用力甚勤。对此，张居三博士有过具体的分析："吴氏以黄丕烈校刊天圣明道本《国语》为主，而以公序本互相参考，择其说之长者。尚有董增龄《国语正义》、黄丕烈校刊《国语札记》及汪远孙《国语发正》《国语明道本考异》为其补正校刊所参考。除浏览高邮王引之《经义述闻》笺疏外，还有其他通人之说，诸如汪中、段玉裁、惠周惕、洪颐煊、程瑶田及陈奂等人，所谓补其所未备，正其所未安。书中笺注约八九百条，取于前人者十之三、四，出于己意者十之六七。加之校对异本者百余条，共计千条以上，足见功夫。"②吴氏《补正》亦时有疏略失当处，如《晋语八》"赵文子请免叔孙穆子"条言"夫戮出于身实难，自他及之何害？苟可以安君利国，美恶一也"，韦昭注云："美生恶死。"③按照韦昭的注释，所美者为生，所恶者为死，"美恶"即"生死"的意思，那么"一"被释为"等同""齐一"即非常确切，而《国语韦解补正》却作"美恶一心也"，显系不当。

二、校注札记和笔记

（一）汪中的《国语校文》

汪中（1744～1794），字容甫，江都人，被视为扬州学派的代表人物，这一点已有许多学者指出，如陈东辉先生即言："扬州学派以扬州地域为中心，以王念孙、汪中、焦循、阮元、王引之等为主要代表人物，作为乾嘉汉学的一个分支，活动于嘉道时期……推广治学范围，由专精汇为通博，辨明学术源流，重创新和通大，以实事求是为旨归，通经致用为本务。"④汪中的《国语》校释工作鲜明地体现了扬州学派的这些学术文化特征。汪中的《国语》校理成果汇集为《国语校文》一书，亦称为《国语校讹》。该书有王标所辑光绪灵鹣阁丛书本《国语

---

① 吴曾祺补正、朱元善校订：《国语韦解补正》下，商务印书馆，1933，第157页。
② 张居三：《〈国语〉研究》，东北师范大学博士学位论文，2008，第91页。
③ 吴曾祺补正、朱元善校订：《国语韦解补正》下，商务印书馆，1933，第69页。
④ 陈东辉：《阮元与小学》，中国文联出版社，1999，第5页。

校文》、中华书局 1925 版《国语校文》、中华书局 1991 版《国语校文》、台湾艺文印书馆影印灵鹣阁丛书本《国语校文》、广陵书社 2005 版田汉云校点本《国语校讹》等版本。《国语校文》侧重于对韦昭《国语解》的补充、完善或订正，如《鲁语上》"臧文仲请赏重馆人"条有"乃出而爵之"句，韦昭注云："爵，爵为大夫。"①汪氏则云："凡有位于朝，皆爵也。不必其为大夫。"②显然汪中的解释更贴合实际。《国语校文》呈现出如下特色。第一，《国语校文》特别注意句意的疏通，如《周语中》"亦惟是死生之服物采章，以临百姓而轻重布之，王何异之有"，韦昭注云："轻重布之，贵贱各有等也。王何异之有，帝王皆然也。"③汪中曰："言王本无异于人，恃此服物采章以为等威耳，注非。"④第二，《国语校文》特别注意联系上下文释读《国语》文句，如《越语上》"夫差对曰'寡人礼先壹饭矣'"，韦注："言己年长于越王，觉差一饭之间，欲以少长求免也。"⑤汪中："礼先壹饭，言昔尝有恩于越，谓会稽之事也。注非。"⑥第三，《国语校文》特别注意结合《国语》时代礼制校释《国语》，如《晋语九》"他日，董祁愬于范献子"，韦昭注云："祁，董叔之妻，献子之妹，范姓祁名也。"⑦汪曰："中按：祁，姓也，妇人称姓。帝尧祁姓，范氏所出。"⑧再如《楚语上》"左史倚相儆申公子亹"条有"今子老楚国而欲自安也"句，韦昭注云："老，老恃楚国也。"⑨汪中则给予了独到的解释："老，家臣之长，大夫通得称之。《春秋传》曰：'其老岂敢弃其国。'《礼》曰：'诸侯使人使于诸侯，使者自称曰

---

① 徐元诰：《国语集解》，中华书局，2002，第 154 页。

② 汪中：《国语校文》《江都汪氏丛书》，民国十四年（1925 年）上海中国书店影印本，第5页。

③ 徐元诰：《国语集解》，中华书局，2002，第 52 页。

④ 汪中、汪喜孙撰，秦更年等辑：《国语校文·旧学蓄疑·丧服答问纪实》《江都汪氏丛书》，民国十四年（1925 年）上海中国书店影印本，第 3 页。

⑤ 徐元诰：《国语集解》，中华书局，2002，第 572 页。

⑥ 汪中、汪喜孙撰，秦更年等辑：《国语校文·旧学蓄疑·丧服答问纪实》《江都汪氏丛书》，民国十四年（1925 年）上海中国书店影印本，第 8 页。

⑦ 徐元诰：《国语集解》，中华书局，2002，第 446 页。

⑧ 汪中、汪喜孙撰，秦更年等辑：《国语校文·旧学蓄疑·丧服答问纪实》《江都汪氏丛书》，民国十四年（1925 年）上海中国书店影印本，第 6 页。

⑨ 徐元诰：《国语集解》，中华书局，2002，第 502 页。

寡君之老。上大夫摈者曰寡君之老。'"①汪氏引《左传·哀公七年》和
《礼记·曲礼下》所言以证大夫称老为春秋之惯例。第四,《国语校文》
引证广博。作者常称引《左传》以释《国语》或辩驳《国语解》之非。
如《周语上》"仲山父谏宣王料民"条有"宣王既丧南国之师"句,韦
昭注云:"丧,亡也,败于姜戎氏时所亡也。南国,江、汉之间也。《诗》
曰:'滔滔江汉,南国之纪。'"②在这里,韦昭联系《周语上》"虢文公
谏宣王不籍千亩"条"三十九年战于千亩,王师败绩于姜氏之戎"句,
认为《国语》所言"南国之师"的丧亡即发生在和姜氏之戎交战的过
程中。《国语校文》则提出不同的见解:"此'丧南国之师'事阙。据
《内传》曰:'我诸戎,四岳之胄裔。'又曰:'允姓之奸,居于瓜州。'
则姜氏之戎即西戎也,与江汉无涉。注非。"③汪氏认为"丧南国之师"
未见载于史著,直接否定了韦昭的说法,接着称引《左传·襄公十四
年》所载戎子驹支之言,指出姜氏之戎位置与江汉地域无关,《左传》
所记成为汪中观点的主要支撑。除《左传》外,《说文》亦常为汪中所
称引,如《周语下》"太子晋谏灵王壅谷水"条有"谓其能为禹股肱心
膂"句,韦昭注云:"'氏曰有吕'者,以四岳能辅成禹功,比于股肱
心膂。'吕'之为言'膂'也。"④《国语校文》就引《说文》以证韦说:
"按:《说文》,'吕'即今'膂'字,象形。"⑤汪中根据《说文》所言
"膂,篆文'吕'"指出"膂"为"旅"之或体,以证韦说渊源所自。
《国语校文》也有其不足之处,如有些论断缺乏翔实论据支撑,失之于
草率,如《楚语上》"范无宇论国为大城未有利者"条有"吾不服诸夏
而独事晋"句,《国语校文》云:"文当作'诸夏不服'。"⑥这里,汪氏

①　汪中、汪喜孙撰,秦更年等辑:《国语校文·旧学蓄疑·丧服答问纪实》《江都汪氏丛书》,
民国十四年(1925年)上海中国书店影印本,第7页。

②　徐元诰:《国语集解》,中华书局,2002,第23页。

③　汪中、汪喜孙撰,秦更年等辑:《国语校文·旧学蓄疑·丧服答问纪实》《江都汪氏丛书》,
民国十四年(1925年)上海中国书店影印本,第1页。

④　徐元诰:《国语集解》,中华书局,2002,第97页。

⑤　汪中、汪喜孙撰,秦更年等辑:《国语校文》,《江都汪氏丛书》,民国十四年(1925年)
上海中国书店影印本,第4页。

⑥　汪中、汪喜孙撰,秦更年等辑:《国语校文》,江都汪氏丛书,民国十四年(1925年)上
海中国书店影印本,第7页。

仅凭语感而缺乏强有力的版本依据，得出的结论自然并不可靠。

（二）刘台拱的《国语校补》

刘台拱（1751～1805），清代中期著名训诂学家和经学家，博学洽闻，也是扬州学派的代表人物，经学中尤善三《礼》，盖由此而喜读多存旧礼的《国语》，并作《国语校补》一卷。其校多精细信实，如《国语·周语上》"西周三川皆震伯阳父论周将亡"条有"夫水土演而民用也。"韦昭注云："水土通气为演。演犹润也，演则生物，民得用之。"①韦昭的注释非常准确，即就整个句子分析，"水土演"是条件，"民用"是结果；对"水土演"作句法结构分析的话，"水土"为主语成分，"演"为谓语成分。有研究者不这样理解，而是将其断为"夫水，土演而民用也"。于是刘台拱对之进行辩驳："一说'夫水'句，'土演而民用也'句。……案：《水经注·济水一》'荥口石门碑'云：'川无滞越，水土通演。'水土连文。一说非是。"②《水经注》此句中水土连用当无异说，刘氏引之以证成韦说甚确。刘氏《国语校补》在《国语》学史上当占有重要的一席之地。

（三）陈瑑的《国语翼解》

陈瑑（1790～1848），字聘侯，一字恬生，清朝著名学者，著《国语翼解》六卷，主要是搜集相关文献对韦昭《国语解》作疏证补充工作。顾其名即知是书之旨，翼者，辅也，助也，即辅助对《国语》的注解。民国时期徐信符主编的《广雅书局丛书》和王云五主编的《丛书集成初编》两套大型丛书均将其收入，由此能看出其学术影响。正如作者所着力强调的，《国语翼解》最重要的作用是辅翼韦昭《国语解》，因而《国语翼解》的主要内容是解释疏通《国语》韦注意旨。如《周语上》"虢文公谏宣王不籍千亩"条有"瞽告有协风至"句，韦昭注云："协，和也。风气和，时候至也。立春曰融风也。"③韦氏释"协"为"和"，并指出"协风"是言"气"之"和"，即谕示时候已至，故紧接着即言

① 徐元诰：《国语集解》，中华书局，2002，第 26 页。

② 刘台拱：《国语校补》皇清经解续编卷二百八，南菁书院、江苏书局，清光绪十二年至十四年刻本，第 2 页。

③ 徐元诰：《国语集解》，中华书局，2002，第 17 页。

立春之后的风被称为融风。由此看出，协、和、融这三个词构成同义关系。陈瑑《国语翼解》则揭示了这三个词的内在关系："协风即条风也。条之言调也，调即融，融即和，和即协也。"①再如《鲁语上》"夫君人者，其威大矣"，陈瑑注云："此以声见义也，古音君、威同声，《说文》：'著，从廿，君声，读若威。'""汉律'妇告威姑'，盖即《尔雅》所谓'君姑'也。"②陈说颇富启迪意义。不过许多时候，陈氏强作解释，造成不当，如《晋语八》"赵文子与叔向游于九原"条，韦昭注云："京当为原，九原，晋墓地。"陈瑑《国语翼解》曰："《东观汉记》云：'京'作'原'，古通用。盖原、京声转也。"③其实京、原两字之间根本不具备声转条件。《晋语八》"阳毕教平公灭栾氏"条有"是遂威而远权"句，韦昭注云："遂，申也。远权，权及后嗣。"④陈瑑却改"远权"作"达权"，并进一步解释为："《广韵》'遂，达也。'《玉篇》'达，通也。'皆与声义相近。"⑤为将"遂威"和"远权"解释为对文，可谓是用心良苦，但却有穿凿附会之嫌。陈瑑《国语翼解》并不仅仅是对韦注作疏通工作，还经常提出不同于韦解的观点。如《周语中》有"夫戎狄，冒没轻儳"句，韦昭注云："冒，抵触也。没，入也。儳，进退上下无列也。"⑥很明显，韦氏将"冒没轻儳"理解为四个单音词，陈瑑的解释则有着鲜明的不同："轻儳，犹轻贱也。冒没，犹蒙昧，并声相近。"⑦由此看出，陈氏将之理解为两个联绵词，可备一说。再如《周语上》"内史兴论晋文公必霸"条有"晋侯端委以入"句，韦昭注云："说云：'衣玄端冠委貌，诸侯祭服也。'昭谓：此士服也。诸侯之子未受爵命，服士服也。"⑧也就是说，关于"端委"的解释有两种说法，一种是主张为祭服，另一种是韦昭所主张的为士服。

---

① 陈瑑：《国语翼解》，中华书局，1991，第 7 页。
② 陈瑑：《国语翼解》，中华书局，1991，第 52 页。
③ 陈瑑：《国语翼解》，中华书局，1991，第 109 页。
④ 徐元诰：《国语集解》，中华书局，2002，第 420 页。
⑤ 陈瑑：《国语翼解》，中华书局，1991，第 107 页。
⑥ 徐元诰：《国语集解》，中华书局，2002，第 58 页。
⑦ 陈瑑：《国语翼解》，中华书局，1991，第 18 页。
⑧ 徐元诰：《国语集解》，中华书局，2002，第 36 页。

陈瑑同意前说而不赞同韦解："端委即玄冠、玄端，为诸侯祭服之下者。"①陈瑑《国语翼解》一个鲜明的不足是对自己所提训解的论证尚嫌单薄，在书中很难见到像王引之《经义述闻》和俞樾《群经平议》那样材料翔实、逻辑清晰地论证己说的环节，更多的时候仅仅是列出自己的猜想，如《周语中》"襄王拒晋文公请隧"条有"而缩取备物以镇抚百姓"句，韦昭注云："缩，引也。备物，隧之属也。"②陈瑑则提出自己的不同见解："《尔雅·释诂》：'纵、缩，乱也。'此文盖谓晋文乱法以取备物，故曰缩取。"③但失之简略，很难给读者留下确实可信的印象。尽管《国语翼解》有着这些不足，但其学术价值不容低估。

（四）汪远孙《国语校注本三种》

汪远孙（1789～1835）字久也，号小米，是清代《国语》研究的大家。他的《国语校注本三种》(《国语三君注辑存》《国语发正》《国语明道本考异》)对《国语》文本进行了深入翔实的研究，对后学影响颇大。《国语校注本三种》有清道光丙午年振绮堂刊本。其中《国语发正》被收入王先谦主编《清经解续编》，《国语明道本考异》被收入《四部备要》。下面我们将《国语校注本三种》介绍一下。

1.《国语三君注辑存》

有清一代，很多学者做《国语》的旧注辑佚工作。马国翰（1794～1857）在《玉函山房辑佚书》中就做过这样的工作。该书卷帙浩繁，搜罗宏富。王重民先生在其文章《清代两个大辑佚书家评传》中曾言："清代辑佚，我推先生为第一家。"④《国语》旧注也引起了马氏的关注，辑录郑众《国语章句》五条和贾逵《国语解诂》二卷。黄奭（1809～1853）的《黄氏逸书考》也颇为著名，其中辑录《国语注》一卷，包括虞翻注 31 条和唐固注 105 条。马书与黄书大概受辑书数量太多和精力有限等影响，仅将韦昭《国语解》和《文选注》作为辑录材料范围，对于类书和其他古注则关注不够。相对于马、黄的《国语》旧注

① 陈瑑：《国语翼解》，中华书局，1991，第 14 页。
② 徐元诰：《国语集解》，中华书局，2002，第 53 页。
③ 陈瑑：《国语翼解》，中华书局，1991，第 17 页。
④ 王重民：《中国目录学史论丛》，中华书局，1984，第 294 页。

辑佚，由于只专注于《国语》，汪远孙的《国语三君注辑存》成就超过了他们，尽管汪注也有一定的局限，正如台湾著名《国语》学专家张以仁先生所指出："钱唐汪氏远孙，复有《国语三君注辑存》四卷传世，则蒐求渐广，丰美过于前书，然犹难称完善。盖散翠零玑，所在多有。"①但它代表了清代《国语》旧注辑佚的最高成就则毋庸置疑，这个地位一直持续到张以仁先生《国语旧注辑校》的产生。汪远孙在《国语三君注辑存序》中交代了书的命名、辑佚的范围和目的："三君者，后汉侍中贾君逵、吴侍御史虞君翻、吴尚书仆射唐君固也。韦宏嗣采摭三君，并参己意，成《国语解》二十一卷。汉章帝时，郑大司农众作章句，其书最为近古，久亡其篇数。魏中领军王肃、晋五经博士孔晁亦为章句训注，后先于韦而解不载。今远孙不揣谫陋，搜罗旧闻，其三君说有见于解中有不见于解中悉录之，王、孔诸家亦载焉。于以识韦氏作解之去就、而众说之足资取益也。"②该书的命名，源于韦昭《国语解》称引贾逵、虞翻、唐固三人相同的注释时径直简称为"三君曰"："《国语》称三君者，仍宏嗣之本书也。"③三家的《国语》注对韦昭《国语解》惠泽颇多，因此书以"三君注"命名。接着汪远孙又指出"三君注"实则"名不副实"，因为除了收录贾逵、虞翻、唐固三人注外，还辑录了郑众、王肃、孔晁等人的《国语》注释，甚至包括东汉吕叔玉、服虔等人和《国语》内容相关的注释。序言还对《国语三君注辑存》的意义进行了阐释，既使读者明了韦昭《国语解》的渊源和影响，同时这些《国语》训释本身也极具训诂价值，对后人研究《国语》颇有裨益。

2.《国语发正》

《国语发正》序云："向称《外传》，与《内传》相为表里，综述义文，说家辈出。自汉迄晋，散佚无存。今所完存者，唯韦氏注而已。注中都采古训，又参并己意。实事求是，卓尔钜观。然学道无穷而偏漏难掩，此中得失，间有瑜瑕，可资考订。去就需才，远孙妄不自揣，

① 张以仁：《张以仁先秦史论集》，上海古籍出版社，2010，第154页。
② 汪远孙：《国语校注本三种》，国家图书馆出版社，2012。
③ 汪远孙：《国语校注本三种》，国家图书馆出版社，2012。

研虑多年，搜辑旧闻，博取通语，苟可明者，皆收录焉。抑有疑者，
必备参焉。解讹者驳之，义缺者补之，辞意有未昭晰者复详说之。爰
列三例，依传作卷，为《发正》二十一卷，所以发其疑而正其似也。"①
在序中，汪氏首先高度肯定了韦昭《国语解》的价值和成就，因为从
汉至晋，唯有《国语解》保存下来，且成就巨大，"卓尔钜观"，接着
指出其也有"偏漏难掩""间有瑜瑕"的局限，这就有了考订的必要。
接着汪远孙指出《国语发正》校订的五条原则，它们分别是：搜辑旧
闻博取通语；存疑备参；辩驳误说；补充义理阙失之处；阐释辞义。
随后指出书名来源的依据，即"发其疑而正其似"。《国语发正》具有
极高的学术价值，其学术特色我们可概括为如下几个方面。第一，汪
氏的校释极为细致，体现了其严谨的学术理念。如《周语上》"祭公谋
父谏穆王征犬戎"条，韦昭注"祭公谋父"曰："谋父，字也。"汪远
孙则引《逸周书》孔晁注以证其误："《逸周书·祭公解》孔晁注：'谋
父，祭公名。'案：韦以为字，非也。"②第二，《国语发正》多能在引
证广博的基础上进行精湛校释，从而得出切实可靠的论断。如《周语
上》"祭公谋父谏穆王征犬戎"条有"阜其财赇而利其器用"句，韦昭
注云："阜，大也。大其财求，不障壅也。器，兵甲也。用，禾秸之属
也。"汪氏曰："求，古赇字。赇亦财也。马融本《吕刑》'惟求'云：
'有求，请赇也。'此古求、球相通之证。《汉书·薛宣传》：'赇客杨明。'
萧该《音义》引韦昭注云：'行货财以有求于人曰赇。'是赇有用财之
义。'财赇'与下'器用'对文，韦不解'求'字，器为兵甲，用为禾
秸之属，皆失之。"③汪说甚为精当。再如《鲁语下》"季桓子穿井获土
羊"条有"季桓子穿井，如获土缶"句，汪氏曰："'如'字疑涉注文
而衍，《淮南子·氾论训》篇注、《后汉书·张衡传》注引《国语》并
作'获土缶'，《史记·孔子世家》《汉书·五行志》《说苑·辨物》篇
皆无'如'字可证。"④此说颇有道理。第三，《国语发正》多注意对《国

---

① 汪远孙：《国语发正》序，南菁书院、江苏书局，清光绪十二年至十四年刻本。
② 汪远孙：《国语发正》卷一，南菁书院、江苏书局，清光绪十二年至十四年刻本，第1页。
③ 汪远孙：《国语发正》卷一，南菁书院、江苏书局，清光绪十二年至十四年刻本，第2页。
④ 汪远孙：《国语发正》卷五，南菁书院、江苏书局，清光绪十二年至十四年刻本，第5页。

语》所含礼制内容的释读，如《鲁语上》"里革断宣公罟而弃之"条有"宣公夏滥于泗渊"句，韦昭注云："滥，渍也。浸罟于泗水之渊以取鱼也。"但是未点出"夏滥"之违背礼制，而《国语发正》则从这方面予以补充："古者三时五取鱼，惟夏不取。"①这样就便于读者理解下文的里革断罟之举。第四，汪远孙特别注意申明《国语》对后世的影响。如《周语上》"祭公谋父谏穆王征犬戎"条有"夫兵戢而时动，动则威，观则玩，玩则无震"句，汪氏曰："《说苑·指武》篇：'兵不可玩，玩则无威。'正用《外传》。"②再如《鲁语下》"叔孙穆子聘于晋"条有"怀和为每怀"句，汪远孙曰："穆子以'怀和'释'每怀'，《诗·皇皇者华》首章《传》：'每怀，怀和也'，卒章《传》：'虽有中和，当自谓无所及'，正本《外传》。"③凡此足证《国语发正》在《国语》学史上的地位。

3.《国语明道本考异》

该书体现了作者对《国语》版本的熟悉和深厚的校勘功底。在序言中，汪氏首先介绍了《国语》两种版本即明道本和公序本的流行情况："旧题天圣明道本《国语》，天圣，宋仁宗年号；明道，乃仁宗改元。卷末署云'天圣七年七月二十日开印，明道二年四月初五日得真本'。是明道二年以天圣印本重刊也。近代盛行宋公序《补音》，明人许宗鲁、金李皆从公序本重刊。"④接着指出该书刊行体式及编撰的原则和目的："两本各有优劣，而后是非异同判焉。今刻以明道本出大字，公序本辅行小字于下，它书所引之异文及诸家所辨之异字，亦皆慎择而采取之。读《国语》者庶乎知其异而是非可识也。"⑤应该说，该书对于我们具体了解《国语》各种版本流传状况、考辨异文具有很重要的价值。当代学者俞志慧和郭万青等人对《国语》版本有着颇为细密的研究，读者可参考他们的相关研究成果。

① 汪远孙：《国语发正》卷四，南菁书院、江苏书局，清光绪十二年至十四年刻本，第11-12页。

② 汪远孙：《国语发正》卷一，南菁书院、江苏书局，清光绪十二年至十四年刻本，第1-2页。

③ 汪远孙：《国语发正》卷五，南菁书院、江苏书局，清光绪十二年至十四年刻本，第1页。

④ 汪远孙：《国语明道本考异》，中国书店，1995，第1页。

⑤ 汪远孙：《国语明道本考异》，中国书店，1995，第1页。

第六章　现当代的《国语》研究

第一节　民国时期的《国语》研究

一、民国时期关于《国语》作者的研究

我们在政治上将辛亥革命视为中国历史的一个重要分界点，它标志着延续两千多年的封建帝制走进了历史坟墓，民主共和的政权组织形式及观念被深深地嵌入中国人民的社会政治生活中。但学术文化的分野则并非这样判然分明，实际上深入中国近世学术史的内在肌理去考察，就会发现晚清和民国初期的学术脉络环环相扣，榫合无间。民国许多学术问题的研究都可追溯到晚清。廖平（1852～1932）是对民国初年学术文化产生了重要影响的学者。廖氏一生致力于经学，对《国语》并没有专门研究，但在谈及经学尤其是《春秋》和《左传》的相关问题时，时有关于《国语》的见解。例如他在《古学考》中曾就《国语》的作者问题发表过如下见解："《国语》本为七十弟子所传，与《戴记》同也。指为邱明，始于史公。""《国语》者，弟子为六艺作。"[1]在廖平看来，《国语》成于孔门第一代传人"七十子"之手，是他们为演说"六艺"而作。他甚至在《知圣篇》中推断《国语》的作者就是左丘明："《国语》为六经作传，或以左邱明即子夏。'明'与'商''阳''梁'同音，左邱即启予，所谓'左邱明'即'启予商'，左邱丧明即

---

① 廖平：《廖平选集》，巴蜀书社，1998，第 140 页。

子夏丧明事。"①由上述可知，廖平关于《国语》作者问题的看法大抵为推测之词，聊备一说。相对于晚清，民国学者开始从经学的藩篱中彻底解放出来，对《国语》的作者问题进行了更具学理性的考察。我们从两个方面来进行梳理。

（一）《国语》的作者到底是否为左丘明

著名的瑞典汉学家高本汉（1889～1978）是 20 世纪早期专注于《左传》研究并取得了显著实绩的学者。他在研究《左传》时创造性地系统运用了专书比较的研究方法。在《〈左传〉真伪考及其他》一文中，高本汉将《国语》与《左传》进行了细致的比较研究并发现："在周秦和汉初书内，没有一种有和《左传》完全相同的文法组织的，最接近的是《国语》，此外，便没有第二部书在文法上和《左传》这么相近的了。"②在这一结论的基础上，高本汉倾向于认为《国语》和《左传》作者应为同一人，但他并未在此基础上进一步深入探究。著名国学大师章炳麟（1869～1936）先生继承了汉魏成说，认为《国语》和《左传》均为左丘明所作，不过前者成书于作者晚年。他在《春秋左氏疑义答问一》一文中指出："《国语》之成，更在耄期。故韦昭言：'雅思未尽，复为《国语》。'太史公于《左氏春秋》不言失明，于其成《国语》则谓在失明之后，是作书次第之可知者。"③当然这种说法证据似乎不够充分。著名史学家金毓黻（1887～1962）也主张司马迁、班固等汉人之说可以信从，并于此基础上进一步指出《国语》应撰成于《左传》之后，是左丘明编撰《左传》后"又稽其逸文，纂其别说"的产物，指出这种说法从司马迁到班固到韦昭，"其流传盖已久矣"④，随后金氏又从方法论的意义上申明："左氏既传《春秋》，又作《国语》，起于先秦，渊源甚远，后人非有极真极确之证据，未可以彼而易此也。"⑤强调否认前人成说需建立在充分确凿的证据基础上。这对于我

---

① 廖平：《廖平选集》，巴蜀书社，1998，第 191 页。

② 高本汉：《〈左传〉真伪考及其他》，陆侃如译，商务印书馆，1936，第 91 页。

③ 章炳麟：《春秋左氏疑义答问》，《章太炎全集》5，上海人民出版社，2014，第 273 页。

④ 金毓黻：《中国史学史》，河北教育出版社，2003，第 41 页。

⑤ 金毓黻：《中国史学史》，河北教育出版社，2003，第 43 页。

们的学术研究不无启迪意义。同样在民国时期，否认《国语》为左丘明所作的意见也比较多，比较有代表性的有梁启超（1873～1929）等人。梁氏指出："左丘或称左丘明，今本《左传》共称为彼所撰。然据《史记》称述，则彼固名丘不名丘明，仅撰《国语》而未撰《左传》。或谓今本《左传》乃汉人割裂《国语》以伪撰。"①梁启超在这里受宋儒说法启发，从"《国语》为左丘明所作"这一说法的发源地《史记·太史公自序》一文中"左丘失明，厥有《国语》"一句的字里行间去寻找漏洞，只不过宋人认为"左丘"连称，是一个"氏"，而梁氏认为"左丘"是一个名字而已。我们认为这个说法比较牵强。金毓黻驳斥宋人之说的论据亦可用来批驳梁氏观点的不足："然史公之去明字，正缘行文之便，其不称丘明而称左丘，亦以免与下文犯复耳。古人文中截取人名为称者，不乏其例，如方朔葛亮，亦其证也。"②梁任公所举"今本《左传》乃汉人割裂《国语》以伪撰"之说，即晚清以来盛行的"刘歆割古本《国语》为今本《左传》和《国语》"说，我们在下文将予以介绍。

（二）《国语》的作者到底是谁

　　民国时期有些学者不满足于否定"《国语》为左丘明所作"说，而进一步推测或探究《国语》到底是何人所作。堪称这一研究取向的代表人物并取得显赫成绩的是卫聚贤（1899～1989）。卫聚贤的《国语》研究成就集中体现于其《古史研究·〈国语〉的研究》一书。这是第一部采用现代科学方法对《国语》进行较为系统研究的《国语》学专著。在书中，他采用文本细读和比对的研究方法，基于《国语》诸篇风格和所载历史事件的分析，对《国语》各部分的成书时间及作者进行了考察，认为《国语》系移居于楚的左丘明后人左人郢及其子孙撰成。卫氏主要从《国语》的创作时间、创作地点、创作者三个角度，层层推衍，最后得出了他自认为比较翔实和确切的结论。就创作时间而言，他通过对《国语》诸篇的分析，将《国语》八语分成六组，每组成于

---

① 梁启超：《中国历史研究法》，河北教育出版社，2000，第21页。
② 金毓黻：《中国史学史》，河北教育出版社，2003，第43页。

一人之手，分别是：《周语》《楚语》构成一组，成书于公元前 431 年；《齐语》《吴语》构成一组，成书于公元前 431 年后、公元前 384 年前；《鲁语》《晋语》构成一组，成书于公元前 384 年后、公元前 336 年前；《越语上》构成一组，成书于公元前 384 年后；《郑语》构成一组，成书于公元前 314 年后；《越语下》构成一组，成书于公元前 314 年后的更长一段时间。就创作地点而言，卫聚贤亦采用抽丝剥茧的研究方式层层推进，首先他根据《国语》有《吴语》《越语上》《越语下》三部分叙吴越之事，远较《左传》所载吴越事为详，推断《国语》为近吴越地之作品；其次，他又根据《国语》记言叙事体现出鲜明的祖护楚国的倾向，进一步推断《国语》出于与楚有密切关系之人的手笔；再次，他又根据《国语》文篇多楚地方言，进一步得出《国语》二十一篇系楚人作品的结论；最后，卫聚贤又补充论据，言当时有学者曾见过《国语》并称其为楚国作品。就作者而言，卫聚贤在前面考证的成书时间和地点基础上，将《国语》解释为左氏家族几代人集体创作而成，并对这一过程进行了详细的推想。他根据《史记·太史公自序》（实际上也包括《报任安书》）司马迁谈自己在遭受人生宫刑的人生困境中创作《史记》时所举前代遭受刑罚而创做出不朽经典的先贤提出"左丘失明，厥有《国语》"一句，推想左丘明亦如同司马迁和太史公所举其他人一样遭受了惨无人道的刑罚，萌发了《国语》创作之思。然后卫聚贤又根据汉代《史记》创作动机萌发于司马谈而终成于司马迁之手和《汉书》写作开始于班彪而成书于班固，例推《国语》也是如此，系左丘明子孙递作而成。随后卫氏又对这一过程进行了构拟：在左丘明遭受迫害后，其子奔亡于楚，即为屡见于《国语》和《左传》的左史倚相，倚相子即《史记·仲尼弟子》列传中的孔子门人左人郢，他亦居于楚国，开始写作《国语》。八语之中《楚语》《周语》最早，当系左人郢所作；《吴语》《齐语》稍后，当是其子写成；《鲁语》《晋语》盖出于左人郢孙子之手，《越语上》为其曾孙写成，《郑语》是左人郢玄孙创作，《越语下》更是在这之后。从左人郢公元前 431 年写作《楚语》《周语》开始，到其玄孙公元前 314 年后作《郑语》为止，共计 117 年。在书中，卫聚贤贯彻"大胆假设，小心求证"的研究理路，运用比较明显法、布局异同法、记载异同法等多种研究法，对《国语》作者进行了较为细致的探析，在前人研究基础上得出了较为新颖的看法，他的这种研究模式也为现当代学者所借鉴。但受研究资料的局限，他的论证过程多充斥想象，而信实的论据明显不足而使论证空疏，结论的可靠性颇受质疑，如杨向奎（1910~2000）先生就指出："卫氏此种说法，颇多牵强琐屑，其可取之处，即《左传》《国语》二书终非一书之分化一点是也。"① "卫聚贤氏谓《国语》为楚人作，亦乏坚强之证据。"②邵毅平教授也指出："其说较为明确，但猜测成分较多，后来亦未见有同其说者。无论如何，要在几乎两千多年后，来探讨《国语》的作者和时代等情况，毕竟是甚为困难的。"③郭沫若也对《国语》作者做了猜测，他在《述吴起》一文中指出："吴起去魏奔楚而任要职，必已早通其国史；既为儒者而曾仕于鲁，当亦曾读鲁之《春秋》；为卫人而久仕于魏，则晋之'《乘》'亦当为所娴习；然则所谓'《左氏春秋》'或'《左氏国语》'者，可能是吴起就各国史乘加以纂集而成。"④由此看出，民国时期的学者受西方文化思维方式的浸润，加之传统考证风习的影响，对《国语》作者的探究呈现出"科学化"倾向，这是学术进步的标志，但由于材料局限，研究方法中想象性因素注入过多，论证的严谨性和结论的可靠性都打了很大的折扣。

二、民国时期关于《国语》与《左传》关系的研究

《国语》与《左传》的关系问题是民国《国语》学的一个热点问题。《国语》与《左传》之间的纠葛关系，在一定程度上可以认为从汉代就开始了。大致可分为如下三个方面：第一，《国语》和《左传》是否为同一作者所作；第二，《国语》《左传》和《春秋》经的关系，即《国语》和《左传》是否同为解《春秋》经之作，具体而言即是否《左传》

---

① 杨向奎：《论〈左传〉之性质及其与〈国语〉之关系》，见《绎史斋学术文集》，上海人民出版社，1983，第 204 页。

② 杨向奎：《论〈左传〉之性质及其与〈国语〉之关系》，见《绎史斋学术文集》，上海人民出版社，1983，第 206 页。

③ 邵毅平：《〈国语〉的作者与时代》，《图书馆杂志》2004 年第 4 期，第 76 页。

④ 郭沫若：《青铜时代》，中国人民大学出版社，2005，第 171 页。

作为内传或曰正式之传来解释《春秋》，而《国语》作为外传辅助《左传》解释《春秋》；第三，在承认《国语》《左传》均为左丘明所作的前提下两书撰成孰先孰后，等等。对于《国语》和《左传》关系的认识，从晚清开始，一方面逐渐深入而愈来愈清晰，另一方面在新的学术文化背景下又提出了新问题，出现了新说法，一直持续到民国时期。我们从下面几个角度进行概括。

第一，《国语》和《左传》是否出于同一人之手。如前所述，金毓黻在其《中国史学史》一书中认为《国语》《左传》均为左丘明所作。也有许多学者提出了不同意见，如著名学者孙海波先生撰《〈国语〉真伪考》一文指出，《国语》《左传》记同一事甚多，但皆有很大不同，如《国语·周语中》载郑人伐滑，襄王"使游伯孙请滑"，结果郑人执之，襄王一怒之下，联合狄人讨伐郑国，周大夫富辰认为此举不妥，劝谏周王，中有"周文公之诗曰：'兄弟阋于墙，外御其侮'"[1]句，此为《诗经·小雅·常棣》诗句，《国语》言富辰认为其系周公所作。《左传·僖公二十四年》所载富辰谏语亦征引此诗："召穆公思周德之不类，故纠合宗族于成周而作《诗》，曰：'常棣之华，鄂不韡韡。凡今之人，莫如兄弟。'其四章曰：'兄弟阋于墙，外御其侮。'"[2]《左传》言富辰认为其系召穆公所作。像这样的例子很多，由此可知《左传》《国语》所源自的史册不同，因此二书的记载有鲜明区别，很难想象它们出于一人。[3]在古代社会，怀疑《国语》和《左传》同出于一人之手的基本前提是《左传》为左丘明所作。也就是说，先儒们在主张《国语》非左丘明所作的同时，往往肯定《左传》系左丘明所作。民国时期许多学者则抛却这一前提，从学理的角度平等地考察《国语》《左传》的作者问题。如前所述，卫聚贤考定《国语》作者为左人郢及其子孙。同样，卫聚贤对《左传》的作者也进行了探究，他基于三个理由认为《左传》为子夏所作，这三个理由分别是《左传》记事晋之分量最重（高达26%），用了许多晋地方言，子夏长期居住西河且为魏文侯师。由此

---

① 徐元诰：《国语集解》，中华书局，2002，第45页。

② 杨伯峻：《春秋左传注》，中华书局，2002，第463页。

③ 孙海波：《〈国语〉真伪考》，《燕京学报》1934年第16期，第170页。

可见，卫聚贤亦主张《左传》《国语》非出于一人之手。①

　　第二，《左传》《国语》成书时间的先后问题。如前所述，卫聚贤《古史研究·〈国语〉的研究》是主张《国语》晚于《左传》的。孙海波《〈国语〉真伪考》一文也认为《国语》晚于《左传》。孙氏在文中提出了一个很大胆的观点，即《国语》成书当在汉武帝之后。他采用比较明显法，将《国语》《左传》《史记》中均加以载录的事迹列出，通过对《左传》与《史记》、《国语》与《史记》细节描写的异同进行比较，得出《史记》本于今本《左传》而非今本《国语》的结论。接着孙海波进一步解释，这大概是因为那时今本《国语》尚未成书，故为《史记》所不取。②孙海波的今本《国语》晚于《史记》的观点太过大胆，当时就有学者提出了不同意见，童书业在其《论〈国语〉与〈左传〉后案》一文中将《史记·周本纪》所载内容与其所源自的《国语》中的《周语》和《郑语》进行比对，得出《周语》《郑语》于《史记》之前就已存在的论断。③也有学者主张《国语》早于《左传》，如童书业《论〈国语〉与〈左传〉后案》一文将《左传》和《国语》两书从文法和传说角度进行比照分析，得出了《国语》成书于《左传》之前的结论。④张须（1895～1968）将《国语》文本和《左传》文本进行比较，认为后者在剪裁上远较前者为谨严，推断前者是作为后者的材料存在，故《国语》成书于《左传》之前。"吾检《国语》叙事与《左传》同者，大都《国语》繁芜而《左传》精实，知前者为后者之原料。"⑤

　　第三，《国语》和《春秋》经的关系问题，这实际是《国语》和《左传》关系这一问题的延伸。民国时期，对于《国语》是否为《春秋》的解经之作基本上形成了较为一致的观点，即并非辅翼《左传》解《春秋》经。这个观点在晚清即已形成，如廖平《春秋左传古义凡例》即言"《国语》则诚不解经"，其《知圣篇》说得更为具体："《国语》上

---

①　卫聚贤：《〈左传〉之研究》，《国学论丛》1927 年第 1 期，第 220—232 页。

②　孙海波：《〈国语〉真伪考》，《燕京学报》1934 年第 16 期，第 170 页。

③　童书业：《论〈国语〉与〈左传〉后案》，《浙江图书馆馆刊》1935 年 2 期。

④　童书业：《论〈国语〉与〈左传〉后案》，《浙江图书馆馆刊》1935 年 2 期。

⑤　张须：《先秦两汉文论》，《国文月刊》1947 年第 51 期，第 39 页。

自穆王，下终三家分晋，此不传《春秋》之实据。"①在这两篇文章中，廖氏从两书与《春秋》经的关系角度厘清了《国语》与《左传》的关系，他认为《国语》不是因解《春秋》经而作，而《左传》则是全依《春秋》经而作。《国语》与《春秋》经毫无关系，已然成为当今学界共识。至于《左传》与《春秋》的关系则有两种观点：占据主流的观点认为《左传》是一部与《春秋》无关的独立的史著；另一种观点则认为《左传》为解《春秋》经而作。但是廖氏作为一个经学家对《国语》的认识和理解是颇为复杂的，我们需要有一个简洁但全面的了解。廖平将经学分为古学和今学。所谓"今学"即孔子所创制，以《王制》为宗；古学则为刘歆伪造窜改而成，以《周礼》为宗。孔子受天命改制，作为六经。如此看来，在廖平那里，只有今学才是真正的经学。《古学考》言："经为孔子所传，凡经皆今学，即《孝经》《论语》《左传》《国语》亦然，则固无古经矣。"②在这里，廖平将《国语》等书和六经一起纳入了今学体系。"《国语》为今学"的说法屡屡出于廖平笔下，如其《古学考》言"《祭法》专主《国语》，《左》《国》皆为今学"③"《国语》今学也，而庙祭与《王制》相连"④"及细考之，乃知《左》《国》全为今学，其书早行，未经刘歆屡乱"⑤等。由此看出，在廖平的经学话语体系中，其所谓"今学"即以阐发《王制》为核心包括孔子所作的"六经"和成书于弟子门人之手的《左传》《国语》《论语》《孝经》等。在廖平看来，在王制作为六经纲领这个大前提下，《国语》等书和"六经"或曰"六艺"并无实质区别。它们亦可视为经，如在《古学考》中廖氏畅言"通经"的"十二年规划"："统计以三年学《王制》，《诗》《书》《礼》《乐》《官礼》《春秋》《礼记》《左》《国》，一年治一经，十二年而群经皆通。"⑥显系将《国语》置于十部必通之经。

---

① 廖平：《廖平选集》，巴蜀书社，1998，第 201 页。
② 廖平：《廖平选集》，巴蜀书社，1998，第 124 页。
③ 廖平：《廖平选集》，巴蜀书社，1998，第 121 页。
④ 廖平：《廖平选集》，巴蜀书社，1998，第 117 页。
⑤ 廖平：《廖平选集》，巴蜀书社，1998，第 126 页。
⑥ 廖平：《廖平选集》，巴蜀书社，1998，第 129 页。

《古学考》亦言："《春秋》《国语》皆经也，惟《谱牒》乃史耳。"①于此我们明晓廖平是在将经与史相对的前提下将《国语》等书列于经内的。严明经史之界是廖平经学的一个重要原则，"经学与史学不同：史以断代为准，经乃百代之书"②。如以此衡准，《国语》确可为经。由此也能看出，这样一来，经的含义就模糊化和虚化了。缘于此，廖平在谈及《国语》（有时包括《左传》）和经的关系时就呈现出一定的混乱倾向。如前所述，他曾力主《国语》不解经而《左传》解经，但又发出"若《左》《国》则不独为《春秋》而作，不为《春秋》专书也"③的议论，否认了《左传》为解《春秋》经之作。另一方面，廖氏《古学考》又有"《左》《国》虽主《春秋》"之说。《知圣篇》亦云："如《国语》之传《春秋》，传事实之意轻，附礼制之意重，凡一细事皆铺写古事古礼。"④当然，此处廖氏所云"《国语》传《春秋》"与汉儒"《国语》为《春秋》外传"说截然不同，其内涵正如《古学考》所言："《尚书》《春秋》，孔子因事而加王心；《国语》《左传》，因行事而饰经义。"⑤意谓经义系由《王制》敷衍而成，并通过《尚书》《春秋》《左传》《国语》等体现出来，其中《左传》《国语》是通过"行事"散播经义。

第四，关于古本《国语》割裂为今本《左传》和今本《国语》的问题。在晚清和民国前期，关于《左传》和《国语》的关系，经学界、《左传》学界、《国语》学界还盛行一种观点，即康有为在其《新学伪经考·汉书艺文志辨伪》中所鼓吹的说法："五十四篇者，左丘明之原本也，歆既分其大半，凡三十篇以为《春秋传》，于是留其残剩，摄结杂书，加以附益，而今本之《国语》，故仅得二十一篇。"在康有为看来，《左传》系刘歆采用伪造的手段割裂《国语》而成，"方法是削去《国语》中平王以前事，依《春秋》以编年，又创为书法、日月例，并遍伪群经、增窜《史记》，制造出假的传承谱系以证实其伪"⑥。康氏

---

① 廖平：《廖平选集》，巴蜀书社，1998，第140页。
② 廖平：《廖平选集》，巴蜀书社，1998，第214页。
③ 廖平：《廖平选集》，巴蜀书社，1998，第139页。
④ 廖平：《廖平选集》，巴蜀书社，1998，第182页。
⑤ 廖平：《廖平选集》，巴蜀书社，1998，第139页。
⑥ 王晓鹃：《〈左传〉现当代研究史回顾》，《南京师范大学学报》2014年第3期，第143页。

观点实本于廖平。廖平《古学考》云:"《传》由《国语》而出,初名《国语》,后师取《国语》文以依经编年,加以说微,乃成传本。"①《周礼删刘叙例》亦有"《左传》本于《国语》"之说。发端于廖平而集大成于康有为的"刘歆割裂《国语》以成今本《左传》与《国语》"说,对清末民国学术界产生了重大影响。这一学说得到了崔适(1852~1924)和钱玄同(1887~1939)等人的赞同。崔适在其史学名著《史记探源》中发挥和补充了康氏的"刘歆割裂《国语》而成《左传》"说:"刘歆破散《国语》,并自造诞妄之辞,与释经之语,编入《春秋》逐年之下,托之出自中秘书,命曰《春秋古文》,亦曰《春秋左氏传》。"②康有为的观点对顾颉刚先生影响甚大,他曾在《古史辨自序》中表达过对康有为及其《新学伪经考》《孔子改制考》等作品的推崇:"虽则他说的孔子作《六经》的话我永不能信服,但《六经》中掺杂了许多儒家的托古改制的思想是不容否认的。我对于长素先生这般敏锐的观察力,不禁表示十分的敬意。"③钱玄同在其《重论经今古文学问题》中亦对康氏学说表达了高度肯定:"细细籀绎,觉得崔君对于康氏之推崇实不为过。玄同自此也笃信'古文经刘歆所伪造'之说,认为康、崔两君推翻伪古的著作在考证学上的价值,较阎若璩的《古文尚书疏证》尤远过之。"④钱氏还结合《国语》与《左传》的文本比较来加以论证,他认为《国语》与《左传》记事有着此详彼略互为补充的特点。《左传》记周事颇略而《周语》保存春秋周之事详细;《左传》述鲁事最详而《鲁语》多是琐事;《左传》述齐桓霸业简略而《齐语》专记其事;《吴语》详载吴王夫差伐越终至灭亡事而《左传》述之甚略;《越语》专记灭吴过程而《左传》全无,等等。钱玄同以之证明今之《国语》《左传》二书实为古一书之分化。

康氏等人的观点对民国《国语》研究产生了巨大冲击,有许多学者接受了其主张,著名历史学家蒙文通先生即言《左传》系割裂《国

① 廖平:《廖平选集》,巴蜀书社,1998,第139页。
② 崔适:《二十四史研究资料丛刊·史记探源》,中华书局,1986,第2页。
③ 顾颉刚:《古史辨》第一册,上海古籍出版社,1981,第26页。
④ 钱玄同:《重论经今古文学问题》,中国人民大学出版社,1999,第134页。

语》而成。①也有许多学者反对康氏等人观点，认为《国语》与《左传》互不相干。如冯沅君发表《论〈左传〉与〈国语〉的异点》，她对《国语》和《左传》的文本进行了细致比较，首先指出二书存在大量"共说一事而二文不同"的情况，共计 15 则，其次对《国语》与《左传》二书的文法组织进行对比，主要选取了四组字，即"于"和"於"、"与"和"及"、"邪（耶）"之用法、"奈"之引用等，以此说明二书没有任何关联，由此也就驳斥了康有为等人的主张。②杨向奎发表《论〈左传〉之性质及其与〈国语〉之关系》一文，直接批驳康有为等人的主张，提出《国语》与《左传》绝非由一书割裂而成。他在冯沅君等人论证的基础上又补充并详细地分析了两个论据，一是《国语》和《左传》的体裁不同，二是《国语》和《左传》西汉以前的名称不同。最后他得出一个重要结论："《国语》之文法、体裁、记事、名称等皆与《左传》不同，故二者绝非一书之割裂也。"③古代文学学者孙次舟也在《华北日报》1935 年 10 月 28 日、11 月 4 日、11 月 11 日连载《〈左传〉〈国语〉原非一书证》的论文，该文从刘向、刘歆父子实际校书和《左传》《国语》两书内容对比两个维度进行了细致分析，从而得出《左传》非刘歆割裂《国语》而成的结论。历史学者刘节发表《〈左传〉〈国语〉〈史记〉之比较研究》一文，认为《左传》《国语》来源于相同史料，只是各自依据不同目的进行改编，《国语》侧重于典故礼制而《左传》侧重于政治军事。这实际上也是对"《左传》由《国语》割裂而成"说的反驳。④民国学者对"《左传》系《国语》割裂"说的批驳，在一定程度上推进了《国语》研究的深入与学理性的增强。需要补充的一点是，"《左传》系《国语》割裂"说并未完全就此偃旗息鼓，直至当代仍有部分学者固守这一学术主张，如著名史学家徐中舒先生，他在《〈左传〉作者及其年代》一文中重申康有为"《左传》乃刘歆窜改伪造"的

① 蒙文通：《论〈国语〉〈家语〉皆为春秋》，四川省立图书馆编辑《图书集刊》第 3 期，1942 年。
② 冯沅君：《论〈左传〉与〈国语〉的异点》，《新月月刊》1928 年第 1 卷第 7 期，第 15 页。
③ 杨向奎：《论〈左传〉之性质及其与〈国语〉之关系》，《史学集刊》1936 年 2 期，第 81 页。
④ 刘节：《〈左传〉〈国语〉〈史记〉之比较研究》，《说文月刊》1944 年第 2 期。

观点。①

三、沈镕《国语详注》和徐元诰的《国语集解》

我们知道，清代《国语》的校注整理工作取得了巨大的成绩，在民国初年，承清人余绪仍有新著问世，如沈镕《国语详注》和徐元诰的《国语集解》等，尤以后者成就颇高，可以视为韦昭《国语解》后《国语》训诂注解领域的又一部杰出著作。

（一）沈镕的《国语详注》

沈镕，字伯经，生卒年未详，清末民初文字学者和训诂学者，著述丰富，有《音韵指南》《孝经读本》等。其最具学术价值的著作是《国语详注》，该书于民国五年由上海的文明书局出版发行，民国二十四年再版。2012 年国家图书馆整理出版《国语研究文献辑刊》（十种），《国语详注》被收入。《国语详注》基本性质是重注性而非清人以补注为主的校理。它的基本体式是列出《国语》正文，随文对重要词句给予训解，其注多仍韦注，如《鲁语下》"叔孙穆子聘于晋"条解释"叔孙穆子"云："叔孙穆子，鲁卿，叔孙得臣之子豹也。"②全同于韦注。也时有新见，如《鲁语下》"叔孙穆子聘于晋"条《国语详注》解释"晋悼公飨之"句时言："飨，以飨礼见也。半解牲体而见之曰飨。"③其注释多注重普及的接受效果，这一点在解释古代地名时特别明显，每遇古代地名，必指出其今之地名，如《周语中》"富辰谏襄王以狄伐郑及以狄女为后"条有"郑人伐滑，王使游孙伯请滑"，沈镕注云："滑，姬姓小国也，今河南偃师县南二十里有缑氏故城，即古滑国。"④同条有"齐、许、申、吕由太姜"句，沈镕注云："齐，今山东东北部及直隶南境。许，今河南许昌县。又河南南阳县北有申城，西有吕城，故申、吕国也。"⑤又如《越语上》"勾践灭吴"条有"东至于鄞，西至于姑蔑"

① 徐中舒：《左传选》，中华书局，1963，第 341 页。
② 沈镕：《国语详注》，国家图书馆出版社，2012，第 108 页。
③ 沈镕：《国语详注》，国家图书馆出版社，2012，第 108 页。
④ 沈镕：《国语详注》，国家图书馆出版社，2012，第 43 页。
⑤ 沈镕：《国语详注》，国家图书馆出版社，2012，第 43 页。

句，沈镕注"鄞"曰："今浙江奉化县东五十里有赤菫山，即越之鄞邑，亦曰鄞城山。"注"姑蔑"曰："今浙江龙游县北有姑蔑城，故姑蔑地也。"①沈氏《国语详注》释义多具简洁明了的特色，但发明无多，它在《国语》学史上地位远逊色于其后的《国语集解》。

（二）徐元诰的《国语集解》

徐元诰（1877~1955），字鹤仙，别号寒松，江西吉水人，在近现代史上，他既是一名政治人物，又是一名学者，其《国语集解》于 20 世纪 30 年代初由中华书局出版。《国语集解》是民国《国语》研究最有价值的成果。作为《国语》训诂的一部专书，它不同于沈镕《国语详注》的重注性质，采取了补注形式，正如王树民先生在《国语集解前言》中所言："其在全刊《国语》本文、韦解全文的基础上，选择各家有关校勘及注释文字，参以己见，使历来《国语》研究成果于一炉。"②《国语集解》确实称得上《国语》校释整理的集大成之作，具体而言，主要体现为如下几个特色。第一，《国语集解》充分体现了集解这一训诂体例的优长，该书网罗众家之说，举凡《国语》校订、训释的重要成果皆被其采撷以辨析注解《国语》正文及韦昭注，如汪远孙《国语校注本三种》、王引之《经义述闻》、俞樾《群经平议》、汪中《国语校文》、吴曾祺《国语韦解补正》、董增龄《国语正义》、陈瑑《国语翼解》、沈镕《国语详注》以及贾逵、孔晁等《国语》古注。此外作者还博采他书及古注，如《诗经》《尚书》《左传》《史记》《汉书》《公羊传》《淮南子》《楚辞章句》《周礼》《礼记》《尔雅》《方言》《说文》《释名》等书。第二，具有鲜明的以"今"释"古"意识。徐元诰《国语集解》在训解词义时特别注意用现实的鲜活语言中的今字释读《国语》中的古字，如《越语上》"勾践灭吴"条："令壮者无取老妇"，徐元诰集解曰："取与娶同。""取"之"娶亲"义项在现代汉语中已完全用"娶"来表达，故徐氏出注，标明此处"取"为"婚娶"之意。在语言的演

---

① 沈镕：《国语详注》，国家图书馆出版社，2012，第 341 页。
② 徐元诰：《国语集解》，中华书局，2002，第 7 页。

进变迁过程中，许多词义会发生迁移，徐元诰在注解《国语》时注意到了这一现象，因而出注标明，如《鲁语上》"曹刿问战"条有"余不爱衣食于民"句，徐元诰集解曰："爱，吝也。"先秦语言中，"爱"多用于表达"吝啬""吝惜"义，如《孟子·梁惠王上》"百姓皆以王为爱也""吾何爱一牛"等句，在现代汉语中，这一义项已经用"吝惜""吝啬"等词语来表示了，为使读者通晓文义，徐氏出注以标明。徐元诰《国语集解》以"今"释"古"意识最鲜明地体现于对地名的今释上。举凡《国语》中出现的地名，徐氏几乎无一例外地给予了注释，指明为今之何地，如《周语上》"穆王将征犬戎"句，在汇集诸家关于"犬戎"的解释后，徐元诰指出："在今陕西凤翔县西北。"如《周语上》"邵公谏厉王弭谤"条有"乃流王于彘"句，韦昭注云："彘，晋地，汉为县，属河东，今曰永安。"《国语集解》在韦注基础上简洁地指出："在今山西霍县。"①而对于韦注或其他前人注解比较简略的地名，《国语集解》则往往给出详细的注解，如《鲁语下》"襄公如楚"条有"及汉"句，韦昭注云："汉，水名。"《国语集解》指出："汉水今出陕西宁羌县北嶓冢山，为漾。至南郑县西为汉，今名东汉水。东流至湖北均县名沧浪之水，又东南流至汉阳县汉口合江，其上流为沔河，其下流为襄河。"②这样就使读者对汉水有一个更为具体的了解。第三，《国语集解》体现出鲜明的"补注"性质。对于作者认为重要而《国语解》未给予注释的词语，《国语集解》均出注予以训释。如《周语中》"富辰谏襄王以狄伐郑及以狄女为后"条有"昔吾骤谏王"句，韦昭未加以解释，《国语集解》则云："元诰按：骤，数也。"释"骤"为"数。"③比较准确。再如《周语中》"阳人不服晋侯"条有"岂敢自爱也"句，徐元诰释曰："也与耶通。"④对于韦昭已经出注但徐氏感觉不够圆满的训释，则在韦注的基础上补充完善。如《周语中》"王孙满观秦师"条

① 徐元诰：《国语集解》，中华书局，2002，第13页。
② 徐元诰：《国语集解》，中华书局，2002，第183页。
③ 徐元诰：《国语集解》，中华书局，2002，第51页。
④ 徐元诰：《国语集解》，中华书局，2002，第55页。

有"入险而脱"句，韦昭注云："险，谓崤也。"韦昭是就秦师最终被袭击于崤而出此注，此处是崤之战前王孙满的预言，系泛泛而谈，不可能意指具体的某地，故徐元诰做出这样的补注："险，谓战阵之地也，不必专指崤而言。"①徐氏所注更为恰切。第四，尽管《国语集解》以汇综诸说为主，但无论在文字的校订上还是词语的训解中，徐氏往往能于众说之中做出精准的判别或提出自己的新见。如《周语上》"虢文公谏宣王不籍千亩"条有"阳瘅愤盈，土气震发"句，《国语集解》先称引孔晁之说："瘅，起。愤，盛也。盈，满。震，动也。言阳气起而盛满，则震动发也。"②接着又引用吴曾祺《国语韦解补正》之说："愤与偾通，动也。"徐氏因孔说的详赡丰富而采用孔说，径言"孔说是"。再如《鲁语下》"襄公如楚"条有"闻畏而往，闻丧而还"句，徐元诰《国语集解》引王引之《经义述闻》云："'畏'上'闻'字衍。上文曰：'子之来也，非义楚也，畏其名与众也'，所谓'畏而往'也。又曰'闻康王卒，欲还'，所谓'闻丧欲还'也。'畏'上不当有'闻'字，此涉下句而衍也。畏出于己，非出于人，何闻之有？《说苑·正谏》篇作'闻畏而往'，盖后人据误本《国语》加之也。"③王氏从上下文语义贯通的角度认为"闻"字系衍文，且"闻"和"畏"搭配不辞。随后《国语集解》复引汪远孙之说："畏，读为威。上文'为其名与众也'，《说苑·正谏》篇作'为其威也'。名与众即所谓威也。畏、威古字通。"④汪氏则从古字通假的角度，将"畏"释为"威"。徐氏赞同汪说，并援例以申之："汪说不烦删字，而义可通。《书·吕刑》'德威唯畏。'《墨子·尚贤》篇作'德威唯威'。是亦威、畏通用之证。"⑤

　　总的来说，徐元诰《国语集解》尽管有着诸多不足，如过于烦琐，亦多讹误之处，但这并不影响其在《国语》研究史上的重要地位。

① 徐元诰：《国语集解》，中华书局，2002，第57页。
② 徐元诰：《国语集解》，中华书局，2002，第16页。
③ 徐元诰：《国语集解》，中华书局，2002，第183-184页。
④ 徐元诰：《国语集解》，中华书局，2002，第184页。
⑤ 徐元诰：《国语集解》，中华书局，2002，第184页。

四、顾颉刚的《国语》研究

顾颉刚（1893～1980）是民国时期杰出的历史学家，也是著名的民俗学家。他以卓绝的学术思想、杰出的学术组织才能和巨大的学术研究实绩，在民国学术史上留下了重重的一笔。相对于顾氏其他研究领域，《国语》的研究成果确实谈不上丰厚。但是就《国语》学史而言，还是有一定价值的。第一，众所周知，顾颉刚最大的学术贡献是开创了作为疑古思想集大成的古史辩派，他的这一学术思想的一个重要来源就是康有为的《新学伪经考》。他也接受了康有为等人"刘歆窜改《国语》伪造《左传》"的观点，并影响到他对《国语》的基本看法，顾颉刚认为："《左传》作者及《史记》作者所见之《国语》，非今本《国语》。"[①]认为《国语》有刘歆窜改前后的两个版本。第二，顾颉刚基于其所处时代的学术水平发展程度，对《国语》作者和成书年代的问题采取了存疑的态度，"《国语》这部书的著作人和著作年代都不明了"[②]。他抛弃了"左丘明作《国语》"的旧说，又未像有的学者那样刻意求新，对《国语》作者进行推测和假定，体现了严谨的学术态度。第三是讲学笔记式著作《春秋三传及国语之综合研究》集中代表了他对《国语》的观点。这部著作是顾氏在 1942 年执教重庆沙坪坝中央大学时所讲授的"春秋战国史"课程内容，由其弟子刘起釪根据听课笔记整理而成，共五部分，其中第五部分就是《论国语》。在这一部分，他对《国语》诸语的体式、特点及成书时间做了分析。首先是他仿照《诗》分正变的认识角度，把《国语》八语分为正体和变体，将《周语》《鲁语》《晋语》《楚语》视为《国语》的正体，其叙事取向是杂记一国较为完整的先后之事；将《齐语》《郑语》《吴语》《越语》视为变体，其叙事取向是专记一事。这种观点肇端于清桐城派大家姚鼐，"其略载一国事者，周鲁晋楚而已；若齐郑吴越，首尾一事，其体有异"[③]。在姚鼐和顾颉

---

① 顾颉刚：《春秋三传及国语之综合研究》，巴蜀书社，1988，第 256 页。
② 顾颉刚：《中国上古史研究讲义》，中华书局，2002，第 13 页。
③ 姚鼐：《惜抱轩全集》，中国书店，1991，第 55 页。

刚看来，载一国数事以见出其整体情形者为正体，专记一事者，如《齐语》专写管仲佐齐桓称霸、《郑语》专写史伯为郑桓公分析天下大事和谋划等，则视为《国语》变体。正体早于变体，变体为司马迁所未见。顾氏循此得出结论，《国语》非成书于一人之手。其次，顾颉刚对《郑语》进行了细致的分析。顾氏言："此文《史记·郑世家》约举其词，然《左传》中关于郑事尚多，此《郑语》则只记一事，或已阙失，或者此段亦从《周语》或《楚语》中杂缀而出，以表明其阙失之情形，知进本《郑语》只原本《郑语》之一部分也。"① 在整个《国语》中，《郑语》比较特殊，整篇《郑语》主要载史伯为郑桓谋划事，且集中于一篇文章，所以顾颉刚认为造成这种情形的原因有两种可能，或是其他文章失传，或者本无《郑语》，此部分文字系从《周语》或《楚语》中分化出来缀合而成。顾先生的观点是对南宋学者叶适和清代学者姚鼐观点的发展，叶适《习学记言》卷十二："史伯所答虽郑事，盖《周语》也。"② 姚鼐《惜抱轩诗文集》卷五《辨郑语》："《郑语》一篇，吾疑其亦《周语》之文，辑者别出之者。"③ 叶、姚二人怀疑此篇出于《周语》，未言依据何在，我们推测盖因两点，一是篇中言及"周衰"恰与《周语》所反映的"周德已衰"的主旨相契合，二是《郑语》所言周厉王末年褒姒出生的传说见于《史记·周本纪》，而《周本纪》采自《周语》材料颇多。

　　近现代以来，《国语》研究受到越来越多学者的重视，他们打破经学的束缚，利用现代学术方法对《国语》的作者、《国语》成书时代、《国语》与《左传》的关系等进行了较为深入的探讨，推进了对《国语》认识的深入。但是，对《国语》体例、文学性的研究相对薄弱，而这些问题只有到了新中国成立后，尤其是改革开放后才受到广泛重视，并取得了巨大研究进展。

---

① 顾颉刚：《春秋三传及国语之综合研究》，巴蜀书社，1988，第98页。
② 叶适：《习学纪言》卷十二，国家图书馆馆藏，清代湖州严氏抄本，第5页。
③ 姚鼐：《惜抱轩全集》，中国书店，1991，第55页。

第二节　当代《国语》研究视域中的
作者、成书和文本

一、当代学者关于《国语》作者问题的研究

在古代，学者们关于《国语》作者的研究主要围绕着"《国语》的作者是不是左丘明"这一问题展开。当代学者的视野则呈现出开阔的视野，主要是围绕着《国语》作者的时代、左丘明与《国语》的关系，《国语》作者的身份等方面来展开探究。

在当代，仍有一些学者坚持认为《国语》的作者就是左丘明，如老一辈历史学者、兰州大学教授张孟伦先生在其《中国史学史》（甘肃人民出版社 1983 年版）一书中，暨南大学教授高国抗先生在其《中国古代史学史概要》（广东高等教育出版社 1985 年版）一书中，均将《国语》的作者定为左丘明。近年持此说最力者为刘建国教授，他于 2004 年出版《先秦伪书辨正》，其宗旨是对 20 世纪 20 年代以来盛行的以古史辨派为代表的疑古思潮的反思与批判。该书第 24 章为"《国语》伪书辨正"，具体阐述了他认为《国语》为左丘明所作的依据：早期史家和历朝史志均言左丘明作《国语》；《国语》这种记言体裁战国以后很少出现；《国语》和《左传》时代相同，《左传》止于周定王六年而《国语》止于周定王十六年，二书终止时间基本相同；《国语》与《左传》内容基本一致。[①]很明显，刘先生在"《国语》为左丘明所作"说上并未提出比前人更新颖有力的论据。《中国史学名著解题》"《国语》"条撰写者顾志华教授的说法更代表了当代学术界的主流声音："过去一般认为《国语》的作者是左丘明……但这一看法现在基本上已被否定。《国语》是一部汇编之书，它仅仅反映了春秋时期八个国家，每个国家记史事详略不同，写法也不同，不像出自一个人的手笔，很可能是当时各国史官把史事记下来后，有人在这些材料基础上进行整理加工润

---

① 刘建国：《先秦伪书辨正》，陕西人民出版社，2004，第 206-209 页。

色而成的。"①尽管这一说法有尚待修正之处，如认为《国语》是一部
汇编之书实际上是对其书有机性与系统性的轻忽。但认为《国语》并
不是最终成书于左丘明，已成为学界的共识。这一共识至今都没有改
变，正如著名学者陈其泰先生指出："目前多数学者认为，《国语》是
一部独立的史书，它的纂修者，不可能是与孔子同时、且年辈长于孔
子的鲁君子左丘明，也不应是与《左传》同一作者。"②正是在这一共
识基础上，学者们对《国语》的作者进行了较为细致的研究。其中以
下几个学者的研究成果值得注意。王树民先生《〈国语〉的作者和编者》
一文从《国语》一书的性质和《国语》各篇内容的考察入手进行细致
分析，得出"《国语》一时一人所作"的结论，因为"语"的性质是"古
代记言的一种史书"，在春秋之时，各国之《语》由本国统治者掌控，
延至战国，各国之《语》流入民间，"把当时流传的各国的《语》集合
起来，编成一书，便为《国语》"③。因此从《国语》性质及成书过程
看，"《国语》为集合故有之资料而成书，绝非出于一人之手笔"④。王
先生还认为，这一结论"从各篇内容的不一致"亦可得到有力证明。
就其八语来看，"《周语》《楚语》《晋语》《郑语》等文多古朴，《鲁语》
多记琐事而亦不同于后世之文"⑤，而《齐语》《吴语》《越语》"三部
分则出于后人补作"。在考订了《国语》编订性质后，王氏又进一步考
索《国语》的编定者，他从司马迁之"左丘失明，厥有《国语》"句认
为《国语》的编者是左丘，而不应理解为《左传》的作者左丘明。他
又进一步根据"《国语》二十一篇，而《晋语》独占九篇，在晋国三卿
中，又多记赵国事"，推断"左丘应为赵国人，或与赵国接近之人"⑥。
另外王先生还将《左传》与《国语》中内容相同相关者进行比较，证
明"不可谓二书即出于一手"⑦，对前面论述加以补充。王先生的文章

① 张舜徽：《中国史学名著解题》，中国青年出版社，1984，第 6-7 页。
② 陈其泰：《〈国语〉的史学价值和历史地位》，《中国史研究》2015 年第 2 期，第 5-6 页。
③ 王树民：《〈国语〉的作者和编者》，见《国语集解》，中华书局，2002，第 602 页。
④ 王树民：《〈国语〉的作者和编者》，见《国语集解》，中华书局，2002，第 602 页。
⑤ 王树民：《〈国语〉的作者和编者》，见《国语集解》，中华书局，2002，第 602 页。
⑥ 王树民：《〈国语〉的作者和编者》，见《国语集解》，中华书局，2002，第 603-604 页。
⑦ 王树民：《〈国语〉的作者和编者》，见《国语集解》，中华书局，2002，第 604 页。

有些局限，如说左丘与左丘明为两人、《齐语》出于稷下学派之手、《国语》编者为赵国人等等，证据似不足，但这仅是白璧微瑕，文章仍有极强的启迪意义。谭家健先生是先秦散文研究领域的一位重要学者，他在20世纪80年代对《国语》一书进行了较为细致深入的研究，发表了数篇产生较大影响的《国语》论文，其中发表于《河北师范学院学报》1985年第2期的《关于〈国语〉的成书时代和作者问题》一文，对《国语》作者问题进行了颇为细致的分析，是《国语》作者研究的一篇重要文献。在这篇文章中，作者采用全面比较的研究方法，从撰写体例、思想倾向等方面对《国语》与《左传》进行了具体比较。就体例而言，谭先生又分为四点来进行比较。第一点是从全书侧重的主旨来看，《国语》以记言为主而《左传》以记事为主；第二点是从全书体式来看，《国语》采用的是分国编录形式而《左传》则以一国大事为纲兼摄其他；第三点是从叙述重心来看，《国语》以晋国为中心而《左传》以鲁国为中心；第四点是《国语》是编录体而《左传》是著述体。就思想倾向而言，《左传》的指导思想是儒家思想，而《国语》除记儒家外兼及其他学派，如墨家、法家、纵横家、黄老道家等。通过这些对比，谭氏力图说明《左传》《国语》二书不可能出自一人之手，且从《国语》以晋国为中心推测《国语》作者可能为三晋史官。河北师范大学沈长云教授于《河北师范学院学报》1987年3期发表《〈国语〉编撰考》一文，作者主张《国语》系以其时流传的各种《事语》为基础编撰而成，编定者很有可能是三晋之人，"看来，只有晋国的后代—韩赵魏三晋之人编辑《国语》的可能性最大"。我们认为，谭家健、王树民、沈长云的《国语》作者研究在前人研究的基础上推进了一大步，将《国语》作者研究从围绕"《国语》是否左丘明所撰"中摆脱出来，深入文本考察，从而得出全新的观点。当然由于资料所限，一些分析必然建立于推测的基础上，这样不可避免地使结论的可信性有所降低，但是舍此之外，别无他途来推进这一问题的研究。还有的学者跳开《国语》作者究竟为谁这一路径，只从文本出发去作探究，如可永雪先生指出："每篇的作者实际有两位，一是讲述者，即言论的主人、发表者，通常是君主或公卿大夫；一是记载和整理加工的人，通常是史官。"①
这对于我们探究《国语》文本等相关问题还是颇具意义的。关于《国
语》作者的研究，笔者认为郭万青博士的说法颇有道理："《国语》的
有些研究是难以取得进展的，比如《国语》的作者研究，由于历史久
远，材料缺乏，且古人没有著作权意识，研究者所凭依的材料以及方
法没能超过前人，故而很难有新的突破。"②

二、当代学者关于《国语》成书时间的研究

关于《国语》成书时间的问题包括两个方面：一是《国语》与《左
传》的产生孰先孰后的问题，二是《国语》具体产生于哪个时期的问
题。实际上在具体的研究实践中，这两个方面往往夹缠在一起。

第一，在当代《国语》研究史中，成书时间的研究以后一方面为
主，这也是我们在本部分将要集中阐述的内容。关于《国语》具体的
成书时间主要有以下两种观点。

第一种观点是认为《国语》成书于春秋时期。持这种观点的学者
并不很多，在 20 世纪 90 年代和 21 世纪初，以译注为基本形式的《国
语》普及性研究取得了一个迅速发展的态势，上海大学教授来可泓先
生的《〈国语〉直解》是比较重要的一部，他在该书前言中径直提出
"《国语》是一部春秋时期的国别史"的说法，这是金毓黻"《国语》为
春秋古书"说的继承。

第二种观点是认为《国语》成书于战国时期。白寿彝先生于 1962
年 10 月 16 日发表于《人民日报》的《国语散论》一文，代表了 20 世
纪 80 年代以前中国大陆对《国语》研究的最高水平。该文对《国语》
诸多问题进行了分析，其中关于《国语》的成书时间，白先生从编撰
者历史观的考察角度进行了精到的概括，认为"他一只脚已经迈出了
旧时代，另一只脚还陷在旧时代的圈子里拔不出来……《国语》还处
在由官学到私学的过渡阶段中。它在形式上是一部私人撰述，在实质

---

① 可永雪：《〈国语〉八论》，《渭南师范学院学报》2014 年第 22 期，第 18 页。
② 郭万青：《1958 年以来的〈国语〉研究概览》，《知识管理论坛》2013 年第 8 期，第 44-
45 页。

上有新的东西，同时也还受着官学的深刻影响"。基于此，他肯定了前人说法，"旧说把这书认作战国初期的作品，还是有道理的"①。谭家健在《关于〈国语〉的成书时代和作者问题》一文中，对《国语》和《左传》的语句文字进行了比对，指出《国语》共有196节，其中104节和《左传》所记内容大同小异，甚至许多语句完全相同，在此基础上谭先生进一步分析，认为是《左传》借鉴参考了《国语》，因为从《国语》文本来看，编者尚未进行精心的统一加工，而《左传》文本各部分之间呈现出鲜明的一致性，前后贯通，体系严密，将《国语》和《左传》相同的篇章进行比较，《左传》的细节无疑更精当，艺术水平更高，是在《国语》基础上提炼修改的结果。在此基础上他主张：《国语》成书在《左传》稍前，其时当在春秋末和战国初。颇为有趣的是，沈长云在《〈国语〉编撰考》一文中所做的考证工作却支撑他得出了《国语》晚于《左传》且借鉴了《左传》的结论，他还细致地结合《国语》内容对其具体成书时间进行考证。《国语·晋语四》载齐姜言："瞽史之纪曰：'唐叔之世，将如商数。'今未半也。"②沈氏认为预言当为后世附会之词，这样的附会之词应产生于晋亡之后，《史记·晋世家》言："静公二年，魏武侯、韩哀侯、赵敬侯灭晋后而三分其地。静公迁为家人，晋绝不祀。"③而这一年是公元前376年。另外《鲁语》所提到的"三公六卿"也是出于战国晚期的构想。正是以此为依据，沈长云先生提出了"《国语》成书不能早于战国晚期"的主张。王树民先生的《〈国语〉的作者和编者》一文则从他认为晚出的《齐语》《吴语》《越语》内容出发，去考证《国语》的撰成时代。"至《齐语》则全同于《管子·小匡》篇，殆出于战国时期稷下先生之流。《吴语》《越语》皆记夫差与勾践之事，而《越语下》则为黄老之言，此三语写成之时代不能早于战国时期"④，因而自然得出"《国语》之编定，不能早于战国时期"⑤

---

① 白寿彝：《国语散论》，《人民日报》1962年10月16日。

② 徐元诰：《国语集解》，中华书局，2002，第325页。

③ 司马迁：《史记》，中华书局，1959，第1687页。

④ 王树民：《〈国语〉的作者和编者》，见《国语集解》，中华书局，2002，第602-603页。

⑤ 王树民：《〈国语〉的作者和编者》，见《国语集解》，中华书局，2002，第603页。

的结论。夏经林先生对《国语》的成书时间也进行了深入的探讨，他指出："《国语》的成书，应当晚于越王无疆的被杀之年；应当早于战国晚期成书的《荀子》《韩非子》《吕氏春秋》诸书，早于秦攻破楚郢都之年，即当在战国中期，具体说是公元前 329 年—公元前 278 年之间。"①

对《国语》成书时间这一问题，学术界还存在诸多不同的说法。但在相互的争论与辩难过程中，一个共识正渐趋形成，绝大多数学者认同《国语》应成书于战国中期之前。其实这一结论的依据是相当坚实的。《晋书·束皙传》言"太康二年，汲郡人不准盗发魏襄王墓，或言安釐王冢，得竹书数十车……《国语》三篇，言楚、晋事"②，由此可断定《国语》最晚在公元前 243 年前就已成书，按常理推断，用作陪葬之书，肯定已经流传了较长时间，受到了社会普遍关注，所以认定《国语》成书于战国中期以前应是可信的。另外，1987 年于湖南慈利石板村楚墓 M36 出土的 4557 支竹简中就包括《国语·吴语》，这是"《国语》有关章节的最早抄本，也是最早的古文献抄本"③。这一遗址年代属于战国中期偏早。这一考古发现无疑更加坚定了我们关于《国语》在战国中期之前就已成书的看法。确定《国语》的大致成书时间，有着较强的学术史意义。因为《国语》有着极为丰厚的思想文化资料，它反映的时代主要是西周中期至春秋末期，而其撰成是在战国时期，任何一部典籍所蕴含与传播的文化信息既包括它所反映的那个时期的，也包括它所著成的那个时期的。因此确定了《国语》大致的撰成时间，有助于学者准确地辨别、分析和运用《国语》所提供的史料，也在一定程度上有助于学者了解从西周至战国时期的思想文化观念的演变轨迹。《国语》具有极为重要的史学价值和文学价值，确定了《国语》大致的撰成时间，有助于我们将之置于史学发展链条和文学发展链条中去考察，从而给予《国语》以准确的史学定位与文学定位。从《国语》研究史的角度看，确定了《国语》大致的撰成时间，也有助于

---

① 夏经林：《论〈国语〉的编撰》，《中国史研究》2005 年第 4 期，第 26 页。

② 房玄龄：《晋书》，中华书局，1974，第 1432-1433 页。

③ 张春龙：《慈利楚简概述》，《新出简帛研究》，文物出版社，2004，第 4-11 页。

我们确定《国语》传播史、接受史和研究史的起点。

第二，《左传》和《国语》产生孰先孰后的问题。在当代，也有学者尝试用新的思路探讨《左传》和《国语》成书时间早晚的问题，如姚曼波教授就采用数据统计法和比较法对这一问题进行了有益的探讨。他首先指出被公认为鲁人所编写的《春秋》"'于'字用得最多"，接着对《尚书》《左传》《国语》"於""于"二字的使用情况进行统计，得出这样一个结论："时代越晚，作品用'于'的比例越小。所以，归根到底，使用二者的频率，起决定作用的是时间，而不是空间——地域。时代最早的《尚书》，用'于'的比例最高 99.85%，《左传》则降而为 45%，《国语》用'于'的比例比《左传》小得多，仅为 15%，说明其创作时代较《左传》晚。"[1]姚曼波先生对数据统计法的熟练运用无疑是继承了民国时期高本汉、卫聚贤、冯沅君等先生的传统。这启示我们，在人文研究中，适度采用定量分析会有助于我们研究的创新性和科学性。这同样适用于《国语》相关问题的探讨。新加坡南洋理工大学李佳教授则从另一个研究角度得出了相近的结论："《国语》篇章的结构，一般篇末都会有一个尾声部分，即在一件史事记载完毕之后，会告知此事后来的发展趋势或者最终情况……这个'尾声'往往与前面的事件相隔数年甚至数十年。在这么长一段时间里，会发生很多事情，能够厘清因果，前后联属，诚非易事。作者能够如此轻松地驾驭史料，是必须以对史料的极其熟悉为前提条件的，同时也应该是以已有一部编年体史书为基础的。这也就是为何纪事本末体史书都晚出的重要原因，它必须要有所依傍和参考才能完成。因此我们认为《国语》当成书于《左传》之后。"[2]尽管属于推测，但颇有道理。

三、当代学者关于《国语》性质和体例问题的研究

关于《国语》一书的性质和体例，新中国成立以来尤其是改革开放以来，当代学者进行了颇为深入的研究。

---

[1] 姚曼波：《春秋考论》，江苏古籍出版社，2002，第 125 页。
[2] 李佳：《〈国语〉编纂析论》，《史学集林》2014 年第 2 期，第 24 页。

　　第一，关于《国语》性质和体例的传统观点。傅庚生（1910～1984）先生于 1959 年在人民文学出版社出版《国语选》一书，在该书前言中傅先生指出《国语》是一部经过整理的史料，这无疑是对张心澂之说的承袭。同时傅先生也在一定程度上肯定《国语》的编撰是体现一定意图的："它既经过史家在纷杂的材料中有规划、有目的地撷取，又经过改编和润色，有一定程度的系统性，所以我们觉得《国语》还不是自然散佚而偶然余存的一部分残缺不完的史料。"①有的学者则将《国语》视为单纯的汇编之作，如杨宽先生指出："战国初期学者汇编春秋时代各国的语而成，如同《左传》汇编百国《春秋》一样。"②白寿彝（1909～2000）先生在 1962 年 10 月 6 日《人民日报》发表《国语散论》一文，认为《国语》性质是记言，和以记事为目的的《左传》有着鲜明不同："《国语》在编纂上的最大特点，还在于以言为主。"③将《国语》界定为记言体，已然成为《国语》学界的共识，以致成为大多数《中国文学史》教材的习常表述。近年来仍有学者坚持这一表述，不过他们大大丰富了对《国语》"记言体"的理解，其中最具代表性的是历史学家陈其泰先生。他发表《〈国语〉："记言"史书的成功创设及其丰富内涵》④一文，详细探察了《国语》对记言体史书的影响。陈先生还在其《〈国语〉的史学价值和历史地位》一文中对《国语》"言"之历史地位与具体内容进行了清晰的阐述："大大推进了《尚书》开启的'记言'传统，它充分展示出'语'所具有的珍贵历史智慧和丰富内涵，充分展现了春秋时期贤士大夫的'嘉言善语'，因而成为记载我国古代民族智慧的一株奇葩。其所记载的'嘉言善语'，可以概括为以下四项：有关预见成败，分析情势的言论；有关典制礼法的言论；有关道德伦理的言论；春秋时期士大夫口述的古史资料和远古传说。"⑤应该说，陈先生的概括还是比较全面和准确的。

---

　　① 傅庚生：《国语选》，人民文学出版社，1959，第 3 页。
　　② 杨宽：《战国史》，上海人民出版社，1980，第 526-527 页。
　　③ 白寿彝：《国语散论》，《人民日报》1962 年 10 月 16 日。
　　④《史学理论与史学史学刊》2012 年卷，社会科学文献出版社，2012，第 135-154 页。
　　⑤ 陈其泰：《〈国语〉的史学价值和历史地位》，《中国史研究》2015 年第 2 期，第 11-12 页。

　　第二，将《国语》界定为"语"体史书。这是《国语》学界对《国语》认识深化的一个标志。我们过去常常把《国语》概括为记言体，以区别于以叙事为主的《左传》，这样的界定大抵不错。但我们知道，学术研究需要的是在研究者所处时代文化环境和研究对象所处时代文化环境之间维系一种平衡，包括一些基本范畴和理念。当我们用"记言"这个术语的时候，着眼点是作为研究者的文化语境，当我们逐渐用"语体史书"这个称谓时，我们已在向研究对象走近。因为"语"是《国语》产生时代的一个特定范畴，正如《国语·楚语上》申叔时所言："教之语，使明其德，而知先王之务用明德于民也。"①"语"既是当时的一项重要教育内容，又是一种重要的文化传播形态，在社会生活中具有重要功能，它与王政、德政、民本等社会政治理念凝结在一起。较早将《国语》界定为语体史书的是历史学家王树民先生。他在《〈国语〉的作者和编者》一文中指出："'语'原是古代一种记言的史书……把当时流传的各国的'语'集合起来，编成一书，便是《国语》，即列国之语的意思。"②这表明老一代史学家凭借其卓绝的史识，看到了《国语》的语体本质及其独特性。俞志慧先生阐释得更为具体："《国语》当是其时各国瞽、史收集有关邦国成败的嘉言善语……并按国别汇集的一部特别的'语'。"③俞志慧先生还进一指出"明德"构成了"语"的体用特征、目标定位和价值指向。相较于王树民先生，俞志慧先生在作者群体和内涵主旨两方面界定了《国语》的"语"之内涵，概括精准，基本覆盖了《国语》所有篇章。陈桐生先生也赞同这一意见："《国语》之'语'，是西周春秋时期一种记载君臣治国之语的文体。"④虽然"治国之语"稍嫌宽泛，"君臣"界定稍嫌过窄，但难能可贵的是陈先生将《国语》的语体性质和其艺术特色、文学价值的分析结合起来，颇具创见。仇利萍博士《"自得"与"宗旨"——〈国语〉

---

① 徐元诰：《国语集解》，中华书局，2002，第485—486页。
② 徐元诰：《国语集解》，中华书局，2002，第602—603页。
③ 俞志慧：《古语有之——先秦思想的一种背景资源》，华东师范大学出版社，2010，第107页。
④ 陈桐生：《〈国语〉的性质和文学价值》，《文学遗产》2007年第4期，第5页。

语体特征析论》也对《国语》之语体特征进行了较为细致的分析。作者首先对"语"之概念和形式做了简要的剖析："'语体'为'语'类作品的结集，是先秦时期的一种特定的著述体裁……它作为一种文体样式，则多指简单说理性的语言记录，并且在流传的过程中呈现演化出不同的形式，主要有两种：一是'语''言''谚''闻之'为标志散见于其他文献……一是以人物对话的方式结集成篇。"我们认为仇博士的这段分析大体合理，但将"谚"之类的语言形态归入作为"著述体裁"或曰"文体样式"的"语"中似乎过于宽泛了。仇文还高度评价了《国语》在"语体"著述发展史中的地位："一直到《国语》的成书，'语'作为一种文体才完备起来。《国语》被称为先秦'语'类之集大成者，其不但在规模、内容、体例、编纂方面有较其他'语'类长之处，最重要的是《国语》的目的性很强，即以资鉴当世或垂法将来。"①仇文准确地概括了《国语》的内在主旨，而这是构成《国语》有机性和严密性的基础，也是"语"之艺术生命力的本质所在。随后仇文概括了《国语》的"语"体特征：以国为别，各自纪年；以语为主，借事寓言；依经立说，礼定是非；传而兼史，通经致用。我们认为，这四点概括有些断语是比较准确的，如"礼定是非"准确地揭示《国语》之语多循礼而行的特色，但多数断语并未揭示《国语》"语"之特色，尤其是强调其"依经""通经""传"的功能，似乎不符合《国语》的特征。

第三，关于《国语》编纂指导思想的问题。这个问题和《国语》的性质与体例息息相关，因为其性质决定了指导思想，指导思想体现于体例安排中。《国语》有无明晰的指导思想决定了《国语》一书是单纯的史料汇编还是有着严密的内在逻辑。关于这一问题，许多学者都做过深入的探讨。白寿彝先生在《国语散论》一文中就已指出："编纂者的意图，可以看得出来，是要在历史遗迹中取得一些治乱兴衰的教训。这用《国语》里现成的话来说，是要'求多闻善败以监戒'。"白

---

① 仇利萍：《"自得"与"宗旨"——〈国语〉语体特征析论》，《内江师范学院学报》2013 年第 3 期，第 35 页。

先生指出《国语》作者具有一种"全面安排的企图"，是为社会政治提供一种资鉴，"从编纂的意图上看，《国语》可以说是第一部《资治通鉴》。从编纂的性质看，《国语》也可以说是第一部《经世文编》"①。值得注意的是，白先生在肯定《国语》具有明确的指导思想的同时，还强调《国语》尚不是完整史书，尚未成形，依然处于稚嫩状态，这就使得他对《国语》的评价呈现一定的矛盾。尹衡先生也提出《国语》"是有明确的指导思想的，这就是总结历史的经验教训。全书所载内容，都围绕一个主题：兴和衰，而且作者通过对史实的记录编纂，能有意识地去探讨兴衰治乱的原因"②。白先生和尹先生将《国语》的内容主旨归结为兴衰治乱教训与原因的探寻，颇有道理。李坤先生更是明确反对把《国语》视为纯粹的史料汇编，明确指出"《国语》是在编者特定的政治思想和历史观指导下精心编撰成的有其较为严密的内在逻辑、固定体裁、自成体系的一部史学早期的'语体'史书"③，并详细分析了各《语》的内容主旨。张居三教授指出："语书的编撰意图在于'知先王之务，用明德于民'，以期达到'求多闻善败以监戒'的目的。《国语》的编撰恰恰包含着这样的意图。"④由此来看，明德、探讨历史兴衰规律作为《国语》的指导思想，正在逐渐成为学界的共识。

四、当代学者关于《国语》的校理训诂

当代中国尤其是改革开放以来的四十多年，《国语》研究取得了迅猛的发展，这其中当然包括《国语》研究的基础性工作即校理训诂工作，有一批学者在这一领域辛勤耕耘，取得了丰硕成果，为《国语》学的发展夯实了基础，这其中引人注目的学者包括彭益林、俞志慧、郭万青、戎辉兵、肖旭等诸位学者。

（一）彭益林的《国语》校读

1978 年上海古籍出版社推出上海师范大学古典文学教研室校点

---

① 白寿彝：《国语散论》，《人民日报》1962 年 10 月 16 日。
② 尹衡：《〈国语〉漫谈》，《文史知识》1982 年第 4 期，第 39 页。
③ 李坤：《〈国语〉的编撰》，《史学史研究》1988 年第 4 期，第 49 页。
④ 张居三：《〈国语〉的编撰意图及其文学价值》，《求是学刊》2007 年第 3 期，第 107 页。

的《国语》，该书以明道本为底本，以公序本为参校本，出版后影响甚大，广受好评，到今天已成为最通行的《国语》版本。当然，该书也存在着一些不足。许多学者在使用和研读过程中，或对正文、或对韦昭注、或对今人校点的粗疏讹误处加以校正，从而正本清源，对于我们正确理解《国语》文本，功莫大焉。其中彭益林先生就是较早从事这一工作的学者。他在 20 世纪 80 年代中期先后发表《〈国语·周语〉校读记》和《〈国语·晋语〉校读记》两文。《周语》和《晋语》是《国语》中最重要的两部分。此外作者还发表了《〈国语〉韦注试论》《〈晋语〉女工妾补正》等论文，由此能看出彭氏对《国语》校读用力之勤。《〈国语·周语〉校读记》收录校文 28 则，《〈国语·晋语〉校读记》收录校文 22 则。彭之《国语》校读一个重要方面是对今本（上海古籍出版社 1978 年校点本）的疏漏讹误之处进行质疑订正。如《晋语三》："庆郑曰：'释来救君。'"韦昭注云："释，舍也。"彭曰："此句标点可商。'释'当自为句。玩传文，晋韩简迎击秦穆公，将俘之；适逢晋惠公先儒重围，故庆郑呼韩舍弃秦穆公，来救晋惠公。'释'下省略谓语，今校点者不察而致误。当为'释，来救君'，于义为长。"①这是对《国语》今本标点的商榷，颇有道理。彭先生还对《国语》今本体例之疏漏提出补正。如《晋语四》："秦伯见公子曰：'寡人之适，此为才。子圉之辱，备嫔嫱焉。'"韦昭注云："适，适妃子。"彭曰："此韦注为公序本文，明道本原作'适，妃子'三字。今本增字当出案语。"②彭先生的按语还进一步从语义的角度分析了公序本和明道本的优劣："依公序本，'适'当音'释'，义为嫁女。《仪礼·丧服》注：'凡女子行于大夫以上曰嫁，行于庶人曰适人。'盖重耳出亡，降在庶人。承上文'秦伯归女五人'而言，似亦通。然秦穆公礼重耳规格甚高，非以庶人之礼待之，故读为'适'于义未安。依明道本，'适'音的，读为'嫡'。《史记·秦本纪》'秦妻子圉以宗女'，梁玉绳《史记志疑》云：'案《晋语》秦伯曰："寡人之嫡此为才"，则怀嬴是穆公之女也。此与《晋世

---

① 彭益林：《〈国语·晋语〉校读记》，《华中师范大学学报》，1986 年第 5 期，第 56 页。
② 彭益林：《〈国语·晋语〉校读记》，《华中师范大学学报》，1986 年第 5 期，第 56 页。

家》言"宗女"非.'是梁读'适'为'嫡'。怀嬴为穆公之嫡女，子圉之妃；不可谓穆公之'适（嫡）妃子'。准此，则明道本'适'字不重出，于义为长。"①彭文还对今本引文之误进行订正。如《周语下》："自后稷之始基靖民，十五王而文始平之。"韦昭注云："基，始也。靖，安也。自后稷播百谷，以始安民，凡十五王，世循其德，至文王乃平民受命也。十五王，谓后稷、不窋、鞠、公刘、庆节、皇仆、差弗、毁隃、公非、高圉、亚圉、公叔祖类、太王、王季、文王。"今本："'公叔祖类'，公序本作'公祖'。《考异》卷一：'当是"公组"之讹，盖韦注一本作"公组"，一本作"叔类"，今明道本误并又误例矣。'"②彭曰："'例'，汪远孙《考异》原作'倒'，形近而讹。"③彭氏校读有时是批驳他人误说。如《周语下》："岁之所在，则我有周之分野也。"彭先生先引何幼琦先生之说："'有周'义同'先周'，乃后代称前代之词，如今称先秦然；且时人但无称本朝为'有某'之例。因以'我有周'为一证据，定此章为刘歆伪造。"④接着彭氏运用大量篇幅引《墨子》之《明鬼下》《非命下》和《尚书》之《微子》《大诰》《君奭》《多士》《多方》等篇，指出这些"均为周时人自称'有周''我有周'之明证"。继之又引金文等进一步推断出"'我有周'特为古人习语也"。彭益林先生《国语》校读的学术价值不容忽视。

（二）俞志慧的《国语》韦注辨正研究

俞志慧先生曾先后师从董楚平、赵逵夫先生等文史大家，奠定了深厚的文献学基础，同时他又具有鲜明的理论意识，所以在 21 世纪初进入《国语》学研究领域后很快就引起了学界的注意。他的《国语》研究主要包括两个方面。一是对"语"这一文体进行深入开掘的专著《古语有之——先秦思想的一种背景与资源》（华东师大出版社 2010 年出版）；二是对《国语》韦昭注的辨正研究。该项研究先后以系列论文的形式在《文史》《古籍整理研究学刊》等期刊发表，后结集成《〈国

---

① 彭益林：《〈国语·晋语〉校读记》，《华中师范大学学报》，1986 年第 5 期，第 56-57 页。

② 徐元诰：《国语集解》，中华书局，2002，第 100 页。

③ 彭益林：《〈国语·周语〉校读记》，《华中师范大学学报》，1985 年第 5 期，第 102 页。

④ 彭益林：《〈国语·周语〉校读记》，《华中师范大学学报》，1985 年第 5 期，第 102 页。

语〉韦昭注辨正》一书，由中华书局于 2009 年出版。俞志慧的《国语》校理训诂工作体现为如下两个特色。第一，善于结合具体的上下文语境并充分依据事理给予词语准确恰切的注释。如《越语上》"勾践灭吴"条述勾践被夫差打败后"栖于会稽"，于是号令求贤："凡我父兄昆弟及国人姓，有能助寡人谋而退吴者，吾与之共知越国之政。"韦昭注："知政，谓为卿。"①韦昭此注近于《周语中》"单襄公论郤至佻天之功"条有"若是而知晋国之政"，韦昭注云："知政，谓为政也。"这是郤至野心的膨胀和暴露，在晋国六卿共政的体制下，知政即成为正卿（中军帅）主持晋国国政，韦昭以之解释越国君主口中的"共知越国之政"，显系不妥，俞先生显然注意到了这一点。他根据当时勾践说出这番话的语境得出"'共知越国之政'系越王情急之时的许诺，谓欲与此假想中的谋臣共知政事"的论断，然后对勾践言语表意的重点进行了分析，认为"共知政"中言谈者强调的是"共"字，因此韦昭只注"知政"而不注"共知政"是不妥的，"审其语气，因着一'共'字，故此语不当简化为'知政'之职"，同时俞先生还指出，越王许诺的是让渡部分治国权力，而非许其为卿，并广引先秦西汉文献证明此为先秦君主习常之诺，"其所许诺者亦与春秋时期的执政的卿有别，而相当于当时文献中常见的'分国'"②。在将"共知政"释为"分国"后，俞氏又征引了同书之《越语下》《吴语》以及《史记·越王勾践世家》"分国"一词的用例，此为最有力之证，以显示论据之坚实，复举《战国策》《韩非子》《新序》用"分国"例，以证其用之广泛。在未见到俞先生注释之前，笔者就觉得韦注不妥，认为将"共知政"理解为"共同执掌越国之政"更佳。俞氏此注表明他对《国语》文本的语感极强，对先秦语言又颇为熟悉，故能寻到一颇为恰切的词语"分国"来注"共知政"，其所表现的良好文献功底确实令人敬服。又如《吴语》"越王勾践命诸稽郢行成于吴"条有"将必宽然有伯诸侯之心焉"，韦昭注曰："宽，缓也。"俞志慧先生认为"韦注仅就句义释词义，或有不确"，"因

---

① 徐元诰：《国语集解》，中华书局，2002，第 567 页。
② 俞志慧：《〈国语·越语〉韦注辨正》，《古籍整理研究学刊》2006 年第 5 期，第 66 页。

为'缓'似更侧重于时间",而此处"更重在摹写夫差的心理状态",接着作者从上文语境来分析,认为此处"宽然"近于前文所表达的文种的"以广侈吴王之心"的期望,又征引《墨子·天志下》"今之为大国之君宽然者曰"句以阐明"此'宽'字似可释为从容"①。第二,善于从礼俗文化入手对《国语》释文进行辨析。如《越语上》"勾践灭吴"条有"生丈夫,二壶酒,一犬;生女子,二壶酒,一豚",韦昭注云:"犬,阳畜,知择人。豚,主内,阴类也。"在俞志慧先生看来:"以阴阳解经,乃汉人习气,似与当时礼仪及越地风俗无关;况且'犬知择人'与男孩没有必然联系,豚似乎也不能主内。"②在这一认识基础上,俞氏进一步做出推测:"生男孩之家公家赠之以犬,或因犬能助人狩猎,能守门看家,故以此寄托对男孩阳刚之气的期望……对于女孩则要求其温顺柔美。"③并援引《礼记》《烈女传》以证明。俞志慧先生所论,虽也无坚实论据支撑,但较韦注无疑更为合理。

（三）郭万青的《国语》校释

郭万青博士是近几年来专注于《国语》研究并取得较突出成绩的学者之一。《国语》文献整理研究是他的主攻方向,并有多篇（部）论文（论著）发表。郭万青的《国语》文献校理主要体现为如下几个特色。第一,善于运用语言学、文字学理论和具体的语法结构特征考订《国语》文本字词。如《说"三女为粲"之"粲"本字为"奸"》一文先指出"三体等位会意字"具有"形三以示其多"的原则,在这一前提下,作者指出:"密康公母说的'兽三为群,人三为众,女三为粲'这句话就是等位会意字造字理据和构词理据的一种体现。在'兽三为群,人三为众,女三为粲'中,'兽'是统名,是由'麤''毳''麤'等具体动物形三以示其多的这一意义指称概括而来,是类推的结果。三人为'众',则是典型的据形会意,即通过独体成三而以形示多。基于上面的认识,我们认为'粲'不是本字而是借字,其本字当为'姦'。"④

① 俞志慧:《〈国语·吴语〉韦注辨正》,《古籍整理研究学刊》2006年第6期,第41页。
② 俞志慧:《〈国语·越语〉韦注辨正》,《古籍整理研究学刊》2006年第5期,第66页。
③ 俞志慧:《〈国语·越语〉韦注辨正》,《古籍整理研究学刊》2006年第5期,第66页。
④ 郭万青:《说"三女为粲"之"粲"本字为"姦"》,东南文化2006年第2期,第55页。

再如郭氏《〈国语·鲁语下〉"纠虔天刑"解诂》一文，系对《鲁语下》
"公父文伯之母论劳逸"条中"与大史、司载纠虔天刑"一语的训释，
韦昭注云："纠，恭也。虔，敬也。刑，法也。"作者先对"纠虔天刑"
这一短语的结构特征进行了剖析："考'纠虔天刑'为动宾关系，'纠
虔'为谓语，'天刑'为宾语。"接着又对"纠虔天刑"的语境进行了
分析："审上文为'祖识地德''宣序民事'，其中'祖''识'为并列
关系之动词作联合谓语，'宣'作状语修饰谓语中心词'序'。若从对
文角度而言，则'纠虔'语法语义关系当与'祖识'或'宣序'相类。"①
如果按照韦昭释"纠"为"恭"的注解，那么"'纠虔'为同义并列结
构，且为心理动词，无法对'天刑'进行指向性动作行为"。由此，作
者另辟蹊径，从韦注的异文切入，《三国志·魏书·武帝纪》云"君纠
虔天刑，章厥有罪"，裴松之注云："'纠虔天刑'语出《国语》，韦昭
注曰：'纠，察也。虔，敬也。刑，法也。'"②《文选》之潘勖《册魏
公九锡文》"君纠虔天刑，章厥有罪"，李善注引《国语》韦昭注亦云：
"纠，察也。"凡此足证韦注另一版本训"纠"为"察"，循此，郭氏注
意到："又审'虔'字故训，除可释作'恭''敬'外，还可释为'伐'
'杀''强取'之义，若以'纠'字为'察'、以'虔'字为'取'，义
亦相会。"③郭举多个"虔"含"强取"义的例子，如《汉书·光武帝
纪》颜师古注引韦昭注云："凡称诈为矫，强取曰虔。"《正字通》卷九
云："虎杀物也。凡杀害皆谓之虔。《左传》'虔刘我边陲'，杜预曰：
'虔、刘，皆杀也。'韦昭曰：'强取为虔。'"④随后郭氏又指出韦注讹
误为"纠，恭也"是因"恭""虔"形近而讹。最后作者指出"刑"通
"形"，"'天刑'即'天形'"。郭氏所解，虽不能视为定论，但足备一
说。第二，遍采多本进行互勘是郭万青《国语》校理的重要特色。如
作者在其《〈国语·晋语〉三勘校考异》一文中指出其所采用的《国语》

---

① 郭万青：《〈国语·鲁语下〉"纠虔天刑"解诂》，语言研究 2015 年第 4 期，第 112 页。
② 卢弼、陈寿：《三国志集解》，中华书局，1982，第 97 页。
③ 李善：《文选注》卷三十五，中华书局，1977，第 26 页。
④ 张自烈、廖文英撰：《正字通》十二卷.首一卷，清康熙二十四年秀水吴源起清畏堂刊本，
虍部第 3 页。

版本达三十六种之多。特别值得一提的是，他高度重视小学书籍、类书等所引《国语》资料，并用之于校勘，形成了系列论文，如《韵补引〈国语〉例辨正》《集韵引〈国语〉例辨正》《唐代韵书引〈国语〉例辨正》《宋本广韵引〈国语〉例辨正》《类篇引〈国语〉例辨正》《艺文类聚引〈国语〉斠正四则》《小学要籍引〈国语〉价值探析》等，并在此基础上撰成《小学要籍引〈国语〉研究》，由台湾花木兰文化出版社出版。

（四）戎辉兵的《国语集解》校理

戎辉兵博士专注于《国语集解》的校理。她的博士学位论文《国语集解订补》代表了其在《国语集解》校理上的成就。戎女士的博士学位论文主要分为两部分。第一部分是绪论，对《国语》的作者、成书年代、流布和版本情况，第二部分是按八语分组订补《国语集解》。此外在博士学位论文发表前后，她还发表了《〈国语集解〉订补》（一）、《〈国语集解〉订补》（《楚语》部分）、《〈国语集解〉订补》（《越语》部分）、《〈国语〉流布、研究及版本概述》等论文，这些论文是其博士学位论文的构成部分或进一步的修订与完善。戎文往往能在韦注或他人注释的基础上加以补充完善或提出自己的新说。如《楚语上》申叔时有"教之令，使访物官"，韦昭注云："物，事也。使议知百官之事业。"戎曰："韦注疑非确诂。'物官'，承上文之《令》而言，韦解：'令，先王之官法、时令也。''物'，疑训'法'。"①作者接着称引王引之《经义述闻》的解释以证己说。接着作者又补充了"官"的解释："'官'疑训'职'。"并取《国语》韦昭注和王聘珍《大戴礼记解诂》来证成己说。《国语·晋语八》"上医医国，其次疾人，固医官也。"韦昭注云："官，犹职也。"《大戴礼记·曾子立事》言"大夫、士日思其官"，王聘珍注云："官，职也。"《大戴礼记·小辨》言"知政必知官，知官必知事"，王聘珍注云："官，分职任政者也。"②在此基础上作者对"官"

　　① 戎辉兵：《国语集解》订补（《楚语》部分），《古籍整理研究学刊》2009第3期，第31页，第48页。

　　② 戎辉兵：《国语集解》订补（《楚语》部分），《古籍整理研究学刊》2009第3期，第31-32页，第48页。

给予了更为具体的解释："此处'官'，殆谓'职任、职分、职事。'"①再如《越语上》"臣闻之贾人，夏则资皮，冬则资绤，旱则资舟，水则资车"，韦昭注云："资，取也。"戎曰："韦解疑非确诂。'资'疑训'积聚'义长。"并引段玉裁《说文解字注》以证之："资者，积也。旱则资舟，水则资车，夏则资皮，冬则资绤绤，皆居积之谓。"②颇具说服力。

（五）其他人的《国语》校理

应该说，随着近几十年来《国语》的研究逐渐受到重视，当代学者中有许多人都对《国语》的文献整理付出了心血，除以上诸贤外，还有不少学者参与了这一工作，论文如赵生群在《古籍整理研究学刊》2007 年第 2 期发表《〈国语〉疑义新证》、叶晓峰在《古籍整理研究学刊》2010 年第 5 期发表《〈国语集解〉订补》、李丹丹在《西华大学学报》2007 年第 2 期发表《〈国语集解〉训诂札记》，专著有周静《〈国语集解〉校注探微》、李丹丹《〈国语集解〉献疑》、张广振《〈国语译注〉商补》、萧旭《〈国语〉校补》等。

近几十年来，《国语》的普及性译注工作也取得了很大的成绩，出现了黄永堂《〈国语〉全译》、邬国义等人的《〈国语〉译注》、薛安勤《〈国语〉译注》、赵望秦等人的《白话〈国语〉》、来可泓的《〈国语〉直解》、董立章的《〈国语〉译注辨析》、汪济民的《〈国语〉译注》等，这也是《国语》研究日趋走向繁盛的表征。

第三节   当代《国语》文学性研究述论

在先秦文学研究界，常用"文学价值"或"文学性"这样的术语来涵括先秦历史散文和诸子散文的文学元素。作为先秦语体史书的典范，《国语》在中国散文史上有着重要地位。相形于《左传》的备受关

---

① 戎辉兵：《国语集解》订补（《楚语》部分），《古籍整理研究学刊》2009 第 3 期，第 32 页，第 48 页。

② 戎辉兵：《国语集解》订补（《越语》部分），《文教资料》2009 第 18 期，第 55 页。

注，改革开放新时期 40 余年来，大陆地区的《国语》文学性研究可以用"不温不火"一词来形容。但令人欣慰的是，就在这平静的研究状态中，对《国语》文学性的发掘正日趋深入。本节拟从叙事艺术、人物塑造艺术、语言艺术三个方面，对新时期的《国语》文学性研究做综述和评论。

一、对《国语》叙事艺术的研究

叙事艺术是历史散文文学性的一个重要因素。但就先秦历史散文的研究而言，学界普遍倾向于将《尚书》和《国语》等视为记言体，与叙事体相对。当然，不排除见解敏锐的学者也多有对《国语》叙事艺术的肯定之语，如傅庚生先生早曾指出："《国语》表现人物情节的手法是高妙的，变化多方的，有很强的魅力，吸引着、感染着读者。同时，通过这些生动的描写，把史家的思想与史观都渗透到里面，而借着艺术的语言表达出来。"①但总的来说，《国语》叙事艺术一直受到轻忽，这实在是一个认识误区。进入新时期以来，随着先秦文学研究的整体推进，学界的这一偏颇认识正在逐步被修正，《国语》的叙事本质已为越来越多的学者所认识。如王寒冬即指出："在一定意义上说，《国语》的记言就是记事，《国语》的编者是在用一种特殊的方法来记事。"②对《国语》叙事艺术的关注与肯定历经了一个曲折的过程，其中凝聚了许多学者的心血，而首先值得注意的是徐北文的《先秦文学史》。

盖由自身文学创作素养使然，徐先生能敏锐地把握《国语》一些篇章的叙事艺术并加以精到评析。如他对《吴语》中"吴晋争长"的描写就做了独具慧眼的分析和评论："对《吴语》这段文字，写青年官员王孙雒的分析当前形势，语言明晰，判断正确，很有说服力，也很有胆略。值得我们注意的是作者写吴军连夜布成三个万人方阵，中军白旗白甲，左军红旗红甲，右军黑旗黑甲，所谓望之'如火如荼'。当

---

① 傅庚生：《〈国语选〉序》，《人文杂志》1957 年第 1 期，第 49 页。
② 王寒冬：《〈国语〉"记言体"辨》，《安徽广播电视大学学报》2008 年第 2 期，第 105 页。

黎明前威临晋垒之时，更描绘得有声有色，情文并茂，很有气势，富有感染力，这使我们联想到明清小说（如《三国演义》《水浒》）中描写的阵战的情形。《国语》的描写，其形象的鲜明，声势的浩大，是不亚于后来的作品的。这已经是小说的写作方式了，从历史侵凌到文学领域中来了。"①徐氏对这篇散文叙事艺术的精彩分析和高度评价，得到了学界的普遍赞同。如章培恒、骆玉明主编的《中国文学史》亦极力肯定《吴语》这段描写："这一段写得有声有色，宛如后世小说笔法。"②此论承徐氏之衣钵，昭然可判。万平亦在徐氏所论的基础上展开分析和立论："《国语》最出色的场面描写，莫过于《吴语》写夫差布下的如火如荼战阵。其重笔浓彩描述雄伟壮观的千军万马的大场面，更是先秦其他散文所无。""其形象的鲜明，声势之浩大，不亚于《三国演义》写官渡、赤壁、彝陵诸役，而《水浒传》第七十六回《吴加亮布四斗五方旗，宋公明排九宫八卦阵》即由此脱胎而来。"③此外，对《晋语》中关于献公时围绕君位继承人的政治斗争的叙述，徐氏也认为达到了很高的艺术水平："《晋语》九卷之中前四卷则专门叙述晋献公和他的几个儿子争立的富有戏剧性的故事。晋献公听信后妻骊姬的谗言，使太子申生屈死，次子晋文公颠沛流离的遭遇，传奇性很强烈，是很吸引人的。因此，这个故事被多次重述，日久天长就发展成为一部生动感人的传说。"④"晋献公的诸子争立的悲剧……写得还是较细致，形象生动，具有相当高的文学价值的。"⑤他的这一评判也引起了学界的共鸣，许多文学史教材在分析《国语》艺术特点时都会提到这部分文字。万平更是指出："《国语》一至四卷记骊姬之乱，献公诸子争立，重耳逃亡至返国为君，称霸诸侯，是一幅晋国上层社会的生活画卷，也是《国语》中最具有光彩的部分，其记载比《左传》生动、详细，也具有更浓郁的生活气息。"⑥徐氏不仅高度肯定《国语》

① 徐北文：《先秦文学史》，齐鲁书社，1981，第106-107页。
② 章培恒，骆玉明：《中国文学史》（上），复旦大学出版社，1996，第115页。
③ 万平：《〈国语〉叙事刍论》，《北方论丛》2000版第6期，第77页。
④ 徐北文：《先秦文学史》，齐鲁书社，1981，第107页。
⑤ 徐北文：《先秦文学史》，齐鲁书社，1981，第108页。
⑥ 万平：《〈国语〉叙事刍论》，《北方论丛》2000版第6期，第74页。

的叙事艺术，还进一步从作者的方面探索了《国语》叙事艺术较高的原因。著名史学家徐中舒先生曾指出《国语》的作者是瞽史："瞽蒙传诵的历史再经后人记录下来就成为《语》，如《周语》《鲁语》之类；《国语》就是记录各国瞽蒙传诵的总集。"①徐北文在这一观点基础上，认为这是构成《国语》叙事水准较高的基本原因："专司记事、随时书写的史官，他们所编写的是《春秋》一类的史书。至于瞽史，则只凭传授记，不受文字的制约，取得了较大的艺术加工的自由。他们的作品，后来虽也用文字记录下来，但可信性少了，而其文艺性增强了，这就是《国语》中有许多绘形绘色的篇章的缘故。"②当然，关于《国语》是否确系瞽蒙所作，学界还远未达成共识，因而徐氏观点还有待进一步论证。但其启迪意义则是不言自明的。赵逵夫先生就在此基础上申论："春秋之时，瞽史根据史书记载的历史梗概，为王公贵族讲述历史故事。其所讲事件为历史上实有之事，但为了生动、吸引人，瞽史们常根据情理和自己的生活经验进行合理想象，增添一些细节，使之更为细致生动，模拟当时人物说话的语气，使之惟妙惟肖，以便更好地展现当时的情景。"并且指出，《左传》和《国语》中的《晋语》《吴语》《越语》就是瞽史讲史文化的产物。③

论及《国语》文学性研究，谭家健是一个绕不过去的学者。谭先生数十年致力于先秦散文研究，并取得了巨大成就。常森先生曾评价说："二十世纪以主要精力从文学角度研究先秦散文，而且最有成就的学者，应当是谭家健。"④这不是溢美之词。常森还将谭氏先秦散文研究方法精辟地概括为"元素分析法"，即通过分析作品之人物形象元素、写作语言元素、表现形式元素，包括论辩方法、修辞方法、寓言、韵散、文章结构，以及其他写作技巧如情节、细节、意境元素，情感、想象乃至心理表现元素等，来认知作品的文学艺术特色、价值和成

---

① 徐中舒：《〈左传〉的作者及其成书年代》，《历史教学》1962 年第 11 期，第 34 页。
② 徐北文：《先秦文学史》，齐鲁书社，1981，第 104-105 页。
③ 赵逵夫：《论先秦时代的讲史、故事和小说》，《文史哲》2006 年第 1 期，第 53 页。
④ 常森：《二十世纪先秦散文研究反思》，北京大学出版社，2002，第 181 页。

就。①谭氏亦将这一方法用于《国语》研究中。《试论〈国语〉的文学价值》一文，集中探讨了《国语》的文学性。文中的观点和相关论述也出现在其后的代表性论著《先秦散文纲要》和《先秦散文艺术新探》中。他高度肯定《国语》的叙事艺术，将《国语》视为一系列故事的汇集："《国语》全书由二百四十二个小故事组成。""故事性比以前的历史著作要强。特别是在叙事技术和情节构思上有不少探索和创造，使历史著作同时具备一定文学特征，标志着我国史传散文在具体化形象化方面取得了新的进展。"②谭氏的这一论断非常精当。他还进一步分析了《国语》叙事艺术水准提升的体现，认为第一个方面就是"它已经能够在历史真实的基础上进行合理的想象和虚构"③。这是文学之艺术创造的本质特征。《国语》中的想象和虚构因素，在谭氏之前已有人指出，如《孔丛子·答问》述陈涉就《晋语一》"骊姬夜里向献公哭诉谮毁申生"一节发表议论说："人之夫妇夜处幽室之中，莫能知其私焉，虽黔首犹然，况国君乎？予是以知其不信，乃好事者为之辞。"④同样，《晋语五》载鉏麑奉灵公命行刺赵盾，却为赵盾尽心民事感动，陷入激烈的内心斗争，叹曰："赵孟敬哉！不忘恭敬，社稷之镇也。贼国之镇不忠，受命而废之不信，享一名于此，不如死。"⑤这段内心独白无人在场记录和作证，系作者对鉏麑内心世界的合理想象与虚构，这一点早已为清人注意。由于类似的描写亦见于《左传》，钱锺书《管锥编》中分析《左传》记言"公言私语，盖无不有"时，胪列了清人说法并加以分析："纪昀《阅微草堂笔记》卷一一曰：'鉏麑槐下之词，浑良夫梦中之噪，谁闻之与？'李元度《天岳山房文钞》卷一《鉏麑论》曰：'又谁闻而谁述之耶？'李伯元《文明小史》第二五回王济川亦以此问塾师，且曰：'把他写上，这分明是个漏洞！'盖非记言也，乃代言也，如后世小说、戏剧中之对话独白也。左氏设身处地，依傍性

① 常森：《二十世纪先秦散文研究反思》，北京大学出版社，2002，第 185 页。
② 谭家健：《先秦散文艺术新探》，首都师范大学出版社，1995，第 202 页。
③ 谭家健：《先秦散文纲要》，山西人民出版社，1987，第 39 页。
④ 傅亚庶：《孔丛子校释》，中华书局，2011，第 433 页。
⑤ 徐元诰：《国语集解》，中华书局，2002，第 380 页。

格身份，假之喉舌，想当然耳。"①钱氏对所引诸例的论析，亦可用诸
《国语》。在钱锺书所界定的"代言法"基础上，谭家健从文学创作思
维的角度，指出这是艺术虚构，并从文学手法演变史的角度肯定其重
要价值，指出相对于《尚书》中带有明显神话传说味道的一些篇章，
"《国语》的虚构，则有现实生活的基础，是生活中可能发生的。从历
史散文角度说，《国语》比起《尚书》是一种新的探索"②。谭氏还进
一步指出《国语》虚构手法的开创意义："这种艺术手法的尝试，应当
说是《国语》发轫的。"③谭氏对《国语》虚构手法的论述为许多学者
所接受，如汪耀明就指出，《国语》"在推动故事情节中展现合情合理
的想象虚构，显得妙趣横生，读来引人入胜"④。在谭氏看来，《国
语》叙事艺术提升的第二个方面体现在对某些叙事对趣味性的追求："《国
语》有些故事，运用幽默或滑稽的手法，达到批评讽刺的目的，写得
活泼有趣。"⑤这一观点也为许多学者所继承，如黄永堂即言："《国语》
还有不少对话幽默风趣，口吻毕肖，颇能表现出人物的个性和精神面
貌。"⑥我们认为，在《左传》和《国语》中所开始呈现的追求故事情
节幽默风趣的倾向，标志着对叙事审美性的追求，这应是叙事艺术水
平提升的标尺。谭氏认为《国语》叙事艺术提升的第三个方面体现是
场面描写的精彩："《国语》中有些场面，采用夸张渲染手法，着意制
造气氛，虽然篇幅不多，但是十分精彩。"⑦场面描写作为情节的基本
单位，在一定程度上是叙事艺术发展程度的标志，这是"因为场面是
情节的有机成分，所以在情节中起着很大的作用。场面可以作为情节
的铺垫，……又能推动情节的发展，或前后照应，或衔接紧密，把情
节推向高潮，或出现在情节转折的关节，或置于情节高潮的顶端，或

① 钱锺书：《管锥编》，中华书局，1986，第 164-165 页。
② 谭家健：《先秦散文艺术新探》，首都师范大学出版社，1995，第 203 页。
③ 谭家健：《先秦散文艺术新探》，首都师范大学出版社，1995，第 203 页。
④ 汪耀明：《〈国语〉记言写人》，《牡丹江师范学院学报》2006 年第 4 期，第 50 页。
⑤ 谭家健：《先秦散文纲要》，山西人民出版社，1987，第 40 页。
⑥ 黄永堂：《简析〈国语〉散文创作的独特成就》，《贵州社会科学》1996 年第 4 期，第82页。
⑦ 谭家健：《先秦散文纲要》，山西人民出版社，1987，第 40 页。

出现在情节发展的末端"①。在肯定《国语》叙事艺术的同时，谭氏还指出其不足："从叙事文学的发展来说，我们既肯定《国语》在某些局部的技巧上有不少进步，又要承认它从总体上把握曲折多变的历史过程，艺术地再现纷纭复杂的重大事件的经验和能力还有所不足，比不上稍后的《左传》。"②总的来说，谭家健是《国语》学史上首次集中系统探讨《国语》叙事艺术的学者，而且难能可贵的是他有着明确的方法论作指导，即采用元素分析法，立足文本，这就保证了他立论的扎实可靠，因而其论述多为学界所信服且采纳。

谭氏之后，《国语》的叙事艺术开始引起学术界的重视，其重要标志就是此类研究专文的出现。其中万平《〈国语〉叙事刍论》一文值得我们注意。在前辈学者研究基础上，万氏对《国语》叙事艺术做了系统总结，将其概括为四个特征。其第一个特征是叙事完整，脉络清晰。他一方面继承了谭家健的观点，认为《国语》"每章几乎都是一个独立完整的故事"；另一个方面他对谭氏的观点又有所修正。谭氏从写人的角度考察，把《国语》将某个人言行集中在一起的手法概括为集锦法，并指出："这种集锦式的写法还不等于人物传记。若干个小故事虽属一人，但各自独立，本来可以互相衔接的，也还没有融汇为一个有机整体，所以只能算一组，不能算一篇。少数故事有互相重复或前后矛盾现象，说明缺乏细致的组织整理。"③万氏却对此做了高度肯定："由于《国语》在编纂体例上先分国记事，然后在一国内大体按照年代顺序排列，所以能在连续的篇章中将头绪纷繁的大事件交代得脉络清楚，找截干净。同时，《国语》又具有纪事本末体雏形，能刻画出丰满完整的历史人物形象。"④在笔者看来，这里当以谭氏的看法更接近文本实际，《国语》叙事完整和脉络清晰的特征主要表现在每章内，而章与章之间的关系则呈现出松散性。其第二个特征是结构安排，针线绵密。万氏指出："其叙事结构也较为固定，首尾呼应，不少篇章做到了针线紧密，

---

① 叶露霞：《场面描写刍议》，《丽水师专学报》1985 年第 2 期，第 71 页。
② 谭家健：《试论〈国语〉的文学价值》，《江淮论坛》1983 年第 6 期，第 116-117 页。
③ 谭家健：《先秦散文艺术新探》，首都师范大学出版社，1995，第 199 页。
④ 万平：《〈国语〉叙事刍论》，《北方论丛》2000 年第 6 期，第 74 页。

环环相扣，基本保证了叙事的完整性。"①"《国语》叙事一般是单线索纵向发展的，也有两条线索平行发展，而又互相渗透、互相交错的。有时它记载的历史事实和人物似无任何联系，然而细细玩味，又可以发现其中有各种暗相呼应的关联。"②这种分析还是合乎《国语》实际的。叙事结构是叙事艺术的一个重要方面，杨义先生甚至指出："一篇叙事作品的结构，由于它以复杂的形态组合着多种叙事部分或叙事单元，因而它往往是这篇作品的最大的隐义之所在。"③因此万氏对《国语》叙事结构的重视和研究，是应予肯定的。其第三个特征是场面描写张弛有度，精彩纷呈。万氏认为："《国语》叙事注重场面描写，开始丰富了史传文学的艺术表达能力。"④这种说法无疑是继承了学界前贤对《国语》中一些精彩片段的分析，而以之概括全书。笔者认为这种推衍有一定合理性，肯定了场面描写对增强《国语》叙事艺术的重要价值，但是否达到精彩纷呈，则是见仁见智了。其第四个特征是构思上虚构想象，生动感人。万氏指出："《国语》在不违背历史真实的前提下，运用想象虚构，使历史事件的叙述更加完整曲折，历史人物形象更加血肉丰满。"⑤这种说法无疑是对钱钟书和谭家健等人研究的继承。总的来看，万平的《〈国语〉叙事刍论》是对新时期以来《国语》叙事艺术研究的一个集成，有一定的学术史意义。此外，胡燕的《〈国语〉叙事特征论》主要运用杨义的中国叙事学理论，肯定了《国语》客观全知叙述视角的重要价值，同时还分析了《国语》以叙事时间速度的快慢来掌握叙事重点的叙事特征，⑥尽管有流于空泛疏略之嫌，但对我们的研究思路还是有一定启发的。

二、对《国语》人物塑造艺术的研究

王靖宇教授说："行动需要行动者，有人物才有故事，所以，在叙

---

① 万平：《〈国语〉叙事刍论》，《北方论丛》2000 年第 6 期，第 75 页。
② 万平：《〈国语〉叙事刍论》，《北方论丛》2000 年第 6 期，第 76 页。
③ 杨义：《中国叙事结构的还原研究》，《社会科学战线》1997 年第 6 期，第 93 页。
④ 万平：《〈国语〉叙事刍论》，《北方论丛》2000 年第 6 期，第 76 页。
⑤ 万平：《〈国语〉叙事刍论》，《北方论丛》2000 年第 6 期，第 78 页。
⑥ 胡燕：《〈国语〉叙事特征论》，《成都师范高等专科学校学报》2003 年第 1 期，第 83-85 页。

事文学中，人物构成了另一不可缺少的要素。事实上，对某些评论家来说，它是所有叙事要素中最为重要的。"①人物塑造的艺术水平是历史散文的一个重要文学品格。《国语》文学性的一个重要表现，就是采用多样化的手段塑造了一系列个性鲜明的人物形象。与《国语》叙事艺术相比，学界对《国语》人物形象的塑造更为关注。一如对《国语》叙事艺术研究的贡献，徐北文的《先秦文学史》在人物塑造研究方面，同样不乏真知灼见，其中对《晋语》骊姬迫害申生事件中三个核心人物——骊姬、晋献公、太子申生形象的分析尤为精彩。骊姬在《国语》中被塑造成一个富有机谋、阴险狠毒的野心家形象。徐氏在分析骊姬形象的内涵时，集中选取她劝诱献公外置诸公子、建构铲除申生的政治集团、向献公吹枕边风构陷申生、分化朝中大臣四个典型的事件来阐释，有效地把握了人物性格在事件进程中的动态展现这一本质。通过分析事件所展现的人物关系，来引导读者体认《国语》的人物描写艺术。其中对骊姬谮陷申生的分析尤为细致深刻："献公并非一个昏庸的人，骊姬却抓住了他的强烈的统治欲望这一要害。众人对他的不满（主要是批评他惑于骊姬），献公是有所感觉的，他怎能忍受众人推戴他儿子而抢去自己的权柄！所以申生愈是'宽惠慈民'，他就愈疑忌害怕。骊姬狡猾地掌握了这一心理，直刺到他的疼处。她进一步以纣王作比，以晋国前代统治者骨肉相残的传统作证，而又用'盍杀我'，乃至以'君盍老而授之政？'等激将的话一步进逼一步地刺疼他，终于使献公上了圈套。对于'我以武与威临诸侯'的并非昏聩的献公，诬申生以不材或道德上有缺点是愚笨的。骊姬却采取了抬高申生的办法，使这老头子又妒忌又恐惧。这种写法既合情理而又巧妙，能使人物的性格表现得更为深刻，从而暴露了统治者内心的鄙劣，这不仅是艺术手法的高明，而且还是作者观察入微，深深懂得生活的结果。"②徐氏通过细腻入微的人物心理分析，揭示了骊姬狡诈善谋的性格和献公忌刻贪权的性格，深刻而有说服力。徐氏对申生性格的悲剧内涵的分析

---

① 王靖宇：《中国早期叙事文研究》，上海古籍出版社，2003，第 27 页。
② 徐北文：《先秦文学史》，齐鲁书社，1981，第 111 页。

也非常富有启发意义，指出申生的悲剧意义在于其仁孝美德支配下的行为：尽管多次察觉对方险恶意图，且有朝臣的屡次提醒，但出于忠君孝亲而不忍反抗，并决定以死殉父殉国。这样的剖析颇有深度。由此，我们似乎可以做出这样一个推论：《国语》为我国文学史奉献了第一个具有典型意味的内涵丰厚的悲剧人物形象。徐氏还指出申生性格塑造的艺术虚构特征，指出作者反复夸耀申生仁孝，"显然是企图让读者加深同情，以获得更大的悲剧效果"①。我们认为，文学虚构的本质是创作主体内在情感、价值观念在人物形象和故事情节上的渗透，而不只是合理想象的文学手法。由此看来，徐氏对申生形象塑造中虚构内涵的注意和发掘，比起上文我们提到的谭氏等人的例析更接近文学虚构本质。尤为难能可贵的，是徐氏在论述申生形象时所体现的故事类型学视角。他指出："太子申生的悲剧，是和'大舜传说'相类似的，不过比后者更复杂更有戏剧性。"②并将其与印度史诗《罗摩衍那》相对比，体现了宏阔的视野。尽管这种分析是一种不自觉的比较文学方法论的运用，但对于后人是富有启发意义的。徐氏还对《晋语》中的重耳形象塑造进行了具体深入的分析，细致描述了重耳性格的发展过程。特别是他对重耳形象文学史意义的肯定更是独到之见："《国语》能具体写一个人物的发展成熟过程，这在先秦著作中是很少有的。"③徐氏没有研究《国语》的专文，但在一部薄薄的断代文学史著中，用较长的篇幅分析前人所轻忽的《国语》，足见其对《国语》文学价值的重视。尤其是贯穿在史著中的文本分析研究法，具体到人物形象塑造来说就是从人物关系中剖析人物性格与内心世界，对我们今天的研究也有着极强的启示意义。

对《国语》人物形象的研究，当以谭家健先生影响最大。他在上文所举《试论〈国语〉的文学价值》《先秦散文艺术新探》和《先秦散文纲要》等一系列著述中，都对《国语》人物形象的塑造展开了细致的分析。和徐北文注重人物形象内涵及文学史意义的研究视角不同，

---

① 徐北文：《先秦文学史》，齐鲁书社，1981，第112页。
② 徐北文：《先秦文学史》，齐鲁书社，1981，第114页。
③ 徐北文：《先秦文学史》，齐鲁书社，1981，第113页。

谭氏着力于《国语》人物塑造方式的研究。我们试以其《试论〈国语〉的文学价值》为例来探讨。在文中，谭先生将《国语》人物塑造方式概括为如下诸种。第一种是"有将某个人言行集中一起，向人物传记过渡的趋势"①。众所周知，纪传体的人物传记是由太史公的《史记》所开创并成为典范的，但这种体例的创造绝非无本之木、无源之水，而是有着先秦史著撰述经验所提供的丰厚土壤，其中《国语》功不可没。关于这一点，前贤已有论及，宋人陈造云："《国语》要是传体，而其文壮，其辞奇。"②指出了《国语》所蕴含的纪传体因素。谭氏善于创造性地吸收前人成说并提出自己的见解，其上述关于《国语》对《史记》纪传体奠基作用的论述就体现了这一点。他的这一见解已被学术界普遍接受，如袁行霈主编的《中国文学史》就指出："这种集中篇幅写一人的方式，有向纪传体过渡的趋势。但尚未把一个人的事迹有机结合为一篇完整的传记，而仅仅是材料的汇集，是一组各自独立的小故事的组合，而不是独立的人物传记。"③第二种人物塑造方式是"在矛盾冲突中展示人物性格及其发展，通过对比体现作者爱憎"④。谭氏的这一概括，揭示了中国史传散文塑造人物的基本方式，由此也见出《国语》在这方面的开创意义，其见解是很有见地的。矛盾冲突是叙事文学故事化和戏剧化的一个重要手段。受"以文运事"的史书表现形态所限，历史散文叙事尤其强化矛盾冲突以增强其可读性和故事性。通观《国语》，矛盾冲突构成大多数篇章的动力素，是展现人物性格的重要手段。同样，对比烘托作为历史散文人物性格的重要表现手法，其源头可溯及《国语》。谭氏的这一见解也为许多学者所接受，如万平指出："首先，《国语》刻画人物注重在尖锐激烈的矛盾冲突中写人，不光写出人物做什么，而且写出了他们怎样做。""其次，《国语》十分注重在对照中写人……它将身份、处境类似的历史人物放到特定的大致类似的环境中，特别是在面临生死利禄的关键时刻对照描写，使其

---

① 谭家健：《试论〈国语〉的文学价值》，《江淮论坛》1983年第6期，第112页。
② 朱彝尊：《经义考》，中华书局，1989，第1071页。
③ 袁行霈：《中国文学史》（第一卷），高等教育出版社，2005，第83页。
④ 谭家健：《试论〈国语〉的文学价值》，《江淮论坛》1983年第6期，第113页。

互相区别，互相映衬，各自显示出自己的性格特征。"①另外两种人物
塑造方式分别是"通过对同一事件的不同态度，显示一群人的不同思
想、个性和社会地位"，"围绕中心人物，刻画一些次要人物作为陪衬
使之相得益彰"。这亦切合《国语》人物刻画的实际。除了具体分析《国
语》人物塑造的艺术成就外，谭氏还指出了其人物描写的局限，并分
析了原因："总的看来，《国语》在人物描写上已经表现出相当的艺术
水平，但比起《左传》还略有逊色。不足之处主要在于：记言多于纪
行，纪行又往往只见荦荦大端，略于具体细节，特别是不太注意神态
动作。因而除少数人物外，大多数只有骨架，缺少血肉，不如《左传》
之栩栩如生。其原因主要是受体裁性质限制，还没有摆脱《尚书》记
言体的窠臼。"②谭氏高度肯定《国语》人物塑造的成就，并指出其略
逊色于《左传》，这都是非常准确的。但值得商榷的是，他对《国语》
这部语体史书的叙事本质认识不足，认为《国语》尚未完全摆脱"记
言体"，似不尽然，因为和《尚书》相比，《国语》所体现的叙事意识
与叙事艺术应该是一个质的飞跃。

　　近几年来，《国语》人物塑造研究呈现出深化的趋势，一个重要表
现就是不再止步于《左传》《国语》孰优孰劣的争论，而是运用新的理
论视角，深入作品实际去分析人物形象内涵。如上文所说，谭家健对
《国语》人物塑造研究的一个局限是没有对人物形象的内涵进行更为深
入的分析，而这个不足正在为越来越多的后辈所弥补。将丰富多样的
人物性格视为《国语》的文学价值并加以具体论述，是万平《论〈国
语〉的人物形象塑造》一文的特色和贡献。万氏指出："一部《国语》
二十一卷，出场人物多达四百余人，其中性格鲜明、栩栩如生的人物
形象不下二三十人。"③这样的估价是符合实际的。在文中，作者将《国
语》的人物形象分为诸侯国君、卿大夫、姜夫人三类来加以分析。总
的来说，这种分析法表明论者已经注意到《国语》人物形象内涵的艺

---

　　① 万平：《论〈国语〉的人物形象塑造》，《牡丹江师范学院学报》1998 年第 3 期，第 36-
37页。

　　② 谭家健：《试论〈国语〉的文学价值》，《江淮论坛》1983 年第 6 期，第 113-114 页。

　　③ 万平：《论〈国语〉的人物形象塑造》，《牡丹江师范学院学报》1998 年第 3 期，第 33 页。

术价值，这无疑是对谭氏《国语》人物塑造研究的一个补充。其后，学界对《国语》人物形象的研究更趋深入，其中尤以女性形象的研究更趋具体细致。其中王文才《论〈国语〉中的女性形象》一文对《国语》中女性形象的性格内涵进行了概括与分类，具体分为居安思危、知人识物、知礼守法、不卑不亢、果敢刚毅、心狠手辣六类，并对每类女性形象进行了全面细致的分析。董淑朵女士连续发表了3篇论文研究《国语》中骊姬形象，其切入角度更小，研讨更深入，更值得关注。在《"红颜祸水"的文学艺术表现——以〈国语〉骊姬为例》一文中，董氏从古代文学中的"祸水"文化现象出发，探讨《国语》中骊姬形象塑造的目的、手段和意义。她认为，《国语》作者秉承美色祸国的男性道德评判审美准则，"试图以骊姬以色祸乱晋国的事件来劝谏君王"，"作者塑造骊姬形象的另一个目的，即对企图摄政的女性提出警告"，"作者塑造骊姬形象的企图，即把国家祸乱和美色祸水相连"①。这样的分析，虽然个别断语有不够周详之处，但无疑较为深入和准确地把握住了骊姬的"红颜祸水"的文学原型意义。在《"红颜"的异样人生——〈国语〉骊姬"祸水"形象的历史解读》一文中，董氏从当时的历史文化背景和政治斗争的形势出发探讨骊姬形象产生的土壤，指出"她在晋人的眼中永远都是亡国之奴，作为被敌视的对象而存在"，而要改变这一身份，依赖于两个因素，"其一是得到帝王的特别宠爱，……其二是其与帝王所生之子继承帝王位，则其在宫廷中的地位将无可动摇。作为战俘的骊姬正是在这两个途径上双管齐下"。她还指出，骊姬争宠和陷害申生等公子的动力，是后妃可能间接地衍生为君王之权的母权惯性。这些分析都较深刻地揭示了作为阴谋家和野心家的骊姬形象的行为动机：改变自身的身份，攫取政治权力，最终目的则是"确立无可动摇的高尚生存地位"。而这也就决定了骊姬阴险狠毒的性格特征，"骊姬争嫡的必须性和不可动摇性，决定了骊姬争嫡的手

---

① 董淑朵：《"红颜祸水"的文学艺术表现——以〈国语〉骊姬为例》，《长江师范学院报》2007年第4期，第96-97页。

段必然是无所不用其极"①。这样的分析,揭橥了骊姬形象深厚的历史文化内涵,有着较强的启迪意义。在此基础上,董氏更揭示了骊姬形象的悲剧性内涵:"从历史的角度看,骊姬由一弱小女性异化成觊觎权势且为达目的不择手段的'祸水'形象,实是骊姬用肉体和灵魂谱写的一曲古代女性生存的悲歌。"②这一新颖论断,标志着论者对骊姬形象的深刻把握。在《〈国语〉骊姬"祸水"形象的文化阐释》一文中,董氏从性别文化的角度探讨骊姬形象的内涵实质:"作为'战利品'的骊姬:剥夺人生选择权的古代女性"和"作为妻子和母亲的骊姬:依赖男性生存的古代女性"。并从"女子祸水"文化观念从产生之初到春秋战国的演变历程角度,分析骊姬"邪恶"形象的历史文化根源:"从文化的角度看,骊姬以祸水形象流传到现在,正是强大的男性话语评价体系强加于不符合男性审美的另类的富有个性的女子的诬陷,隐含着对女性强大的畏惧,从而用话语对女性进行遏制,长此以往,让女性也顺服于男性话语下的社会给女性制定的行动规范。因此,女性是男性造出来的,而骊姬企图展现女性本性的举动,在男性的眼中,是大逆不道的,是要被口诛笔伐的。"③这尽管失之偏颇,但不无启迪作用。和董淑朵的研究方法近似,刘丽平的《中国古代文学中的一位"圣母"——论〈国语〉中的公父文伯之母形象》一文,试图从社会历史文化和性别文化的角度,探讨《国语》中的另一个重要女性形象——公父文伯之母的形象内涵。作者指出:"公父文伯之母以母亲的身份和形象出现在文中,在当时的社会文化背景下,她被作为善的化身,真理的化身,是一位中国的'圣母'形象。"④这就使公父文伯之母的形象超越了文本而具有文学原型意义。在中国传统文学中确实有一种圣

---

① 董淑朵:《"红颜"的异样人生——〈国语〉骊姬"祸水"形象的历史解读》,《昌吉学院学报》2007 年第 4 期,第 5-6 页。

② 董淑朵:《"红颜"的异样人生——〈国语〉骊姬"祸水"形象的历史解读》,《昌吉学院学报》2007 年第 4 期,第 6 页。

③ 董淑朵:《〈国语〉骊姬"祸水"形象的文化阐释》,《内蒙古农业大学学报》2007 年第 4 期,第 404 页。

④ 刘丽平:《中国古代文学中的一位"圣母"——论〈国语〉中的公父文伯之母形象》,《渝西学院学报》2003 年第 1 期,第 55 页。

母人格形象，她们的文化人格就是完美、克制、循礼、深明大义、圣洁。公父文伯之母就是这样一个形象。"对于公父文伯之母这个人物而言，她就是道德准则，她就是真理，她是完美无缺的。她只具'超我'人格，而失掉了人的本性，非人而神、而圣。"①在这类形象身上，体现了审美人格与道德训诫功能的完美统一。正如刘氏所强调的："作者力图展现给读者的是一位至善的对天下人具有训诫和示范作用的'圣母'形象。"②刘氏还从传统文化中的男权意识，分析了公父文伯之母形象产生的根源，指出"公父文伯之母的形象，集中体现了男权社会统治阶级的道德、伦理规范"，"这个人物形象负载着礼乐教化的功能，带有很强的政治功利性"③。这些说法都是颇有道理的。刘文和董文一样，在一定程度上体现了《国语》女性形象研究的进一步深化。除上述诸文外，彭建华《论〈国语〉中的智者女性形象》对智者女性的分类和形象塑造的特征进行了分析，④尽管失之过简，但也有一定的启发作用。

三、《国语》语言艺术的研究

相对于叙事艺术研究和人物形象研究，《国语》的语言艺术研究是最为充分的。40 余年来，系统地展开《国语》语言艺术研究并取得斐然成就的首推谭家健先生。谭氏的先秦散文研究，特别注意对微观的语言形态和表达效果的分析。在分析先秦散文语言发展过程并和《尚书》对比的基础上，他对《国语》的语言艺术做了精到细致的研究，并概括出了《国语》语言艺术的三个特征。其第一个特征，是"通俗化、口语化"。谭氏指出："《国语》中大量出现了《尚书》所少见的语气词、连词，大部分形容词、动词变得明白易懂了，新的名词概念纷

---

① 刘丽平：《中国古代文学中的一位"圣母"——论〈国语〉中的公父文伯之母形象》，《渝西学院学报》2003 年第 1 期，第 55 页。

② 刘丽平：《中国古代文学中的一位"圣母"——论〈国语〉中的公父文伯之母形象》，《渝西学院学报》2003 年第 1 期，第 55 页。

③ 刘丽平：《中国古代文学中的一位"圣母"——论〈国语〉中的公父文伯之母形象》，《渝西学院学报》2003 年第 1 期，第 56 页。

④ 彭建华：《论〈国语〉中的智者女性形象》，《和田师专学报》2004 年第 3 期，第 86-88 页。

纷出现，古奥艰涩的术语和句式逐渐淘汰。句法比较灵活多样，表达
能力大大加强了。"①这一说法是继承并发展了傅庚生先生的见解。傅
先生曾细致地分析过《国语》语言口语化的特征："口语化，需要运用
适当的语辞虚字，去表示人物的情感和当时的语气。"②谭氏对此做了
进一步的阐释和概括。其第二个特征，是"风格多样化"。③谭氏在征
引清人董增龄相关论述的基础上指出："全书既有共性，各国也有个
性。"并进一步做了具体分析："《周语》《齐语》《郑语》多长篇大论，
涉及政治、历史、哲学、经济、伦理、农业，音乐等许多问题，理论
性强，风格持重，体制宏博，颇类战国子书。《鲁语》多就事生发，往
往一事一议，篇幅不长，而每有真知灼见，风格犀利，语言隽永，有
些故事接近后来的《礼记·檀弓》。《楚语》《吴语》文字流畅、整饬，
富于气势，甚至已使用排偶，讲究修辞。"④其后，《国语》风格的多样
性便得到学术界的公认，相关研究已比较深入，如熊宪光先生的《国
语风格，南北异趣》就是一篇佳作。熊氏指出："如果说，以《周语》
《鲁语》《晋语》为代表的北方史家之文的语言风格主要表现为深厚浑
朴、平实典雅，那么，南方史家之文《楚语》《吴语》《越语》的语言
风格则主要表现为奇峻恣放、文采斐然。"⑤作为语体史书，谏辞、外
交辞令、预言构成《国语》许多篇章的主体部分，如果把每篇的这部
分文字抽出，可称得上微型论说文。因此，谭氏概括的第三个特征便
是"议论条理化"，并进而指出："许多篇章，说理严密，分析精辟，
层次清楚，章法井然，历来为古文家所称道。"⑥谭氏对《国语》语言
艺术特征的论述影响很大，后来的研究者基本在他奠定的范围内探讨，
其主要观点为学界普遍采纳。如袁行霈主编的《中国文学史》就说：
"《国语》记言文字在形象思维和逻辑思维方面都很缜密，又有通俗化

---

① 谭家健：《试论〈国语〉的文学价值》，《江淮论坛》1983 年第 6 期，第 117 页。
② 傅庚生：《〈国语选〉序》，《人文杂志》1957 年第 1 期，第 48 页。
③ 谭家健：《试论〈国语〉的文学价值》，《江淮论坛》1983 年第 6 期，第 117 页。
④ 谭家健：《试论〈国语〉的文学价值》，《江淮论坛》1983 年第 6 期，第 117 页。
⑤ 熊宪光：《〈国语〉风格，南北异趣》，《史学史研究》1994 第 3 期，第 30 页。
⑥ 谭家健：《试论〈国语〉的文学价值》，《江淮论坛》1983 年第 6 期，第 118 页。

的特点，生动活泼而富于形象性。"①从中很容易看出谭氏的影响。

在谭氏《试论〈国语〉的文学价值》发表以后，学术界对《国语》语言艺术的研究呈现出升温趋势。马丁、马达远《深厚浑朴，妙理玮词——简论〈国语〉的思想性、艺术性及其语言特色》一文对《国语》中的对比、排比、比喻、反诘等修辞手法进行了细致的分析，还具体探讨了谚语、警句及韵散并行的艺术表达效果，并高度肯定《国语》的语言艺术："把人物写得活灵活现而富有个性，把故事情节写得蒂萼自然，毫无斧凿痕迹，而且能把历史的陈迹用深厚纯朴的艺术语言鲜明地再现出来，为我国历史散文开创了一条新路子。"②在《国语》学史上，首次集中探讨其语言艺术的论文当为王增文的《试谈〈国语〉记言的特点》。王氏此文是对谭家健《国语》语言艺术研究的继承与丰富。他从说理语言和人物语言两个角度展开分析，将《国语》语言概括为四个特点。"第一，《国语》所记载的劝谏、辩诘、应对之辞，逻辑性强，具有较强的说服力。"这已为谭氏论述过。其他三个特点都是围绕《国语》人物语言而言的。"第二，《国语》的人物语言能够切合人物的性格、身份和处境，显得真实可信"；"第三，《国语》的人物语言比较生动、形象，具有较强的表现力"；"第四，《国语》中记载人物语言，能恰当地运用语词虚字去表示人物的情感和语气，读起来非常口语化"③。从说理语言和人物语言两个角度来论析《国语》语言艺术，尤其是侧重人物语言艺术的细致剖析，这是王文的鲜明特色，但在整体上对谭文继承有余，突破略显不足。

近年来，随着学界对《国语》语体史书本质认识的加深，研究者开始将《国语》之"语"视为谏辞、预言、外交辞令等语言形态的集合，因此分体研究《国语》的语言艺术成为一种潜在的趋势。黄永堂《简析〈国语〉散文创作的独特成就》一文在分析《国语》记言特色时，就分谏言和外交辞令两个方面来展开论述，指出"《国语》长于记历史

---

① 袁行霈：《中国文学史》（第一卷），高等教育出版社，2005，第 82 页。

② 马丁，马达远：《深厚浑朴，妙理玮辞——简论〈国语〉的思想性、艺术性及其语言特色》，《丽水师专学报》1987 年第 2 期，第 49 页。

③ 王增文：《试谈〈国语〉记言的特点》，《商丘师专学报》1985 年第 1 期，第 57-61 页。

人物的谏言和对话，语言古朴简洁，而议论时的旁征博引，对话中的巧譬善喻，却又能使文章理由充足，曲折尽情，具有较强的说服力"。"《国语》的记言，还表现在记行人辞令之美。"①朱世业《〈国语〉之谏言与行人辞令》，从主客体、心态、技巧三个方面论述了谏言与行人辞令的异同，探讨其不同的语言风格及对文学的影响，思路新颖，但一些说法尚需进一步推敲。②唐爱明《〈国语〉说理艺术撷英》集中分析了《国语》说理的语言艺术：严密的逻辑思维；准确的心理捕捉；简洁警醒的语言。论证翔实，有一定说服力。③陈鹏程《试论〈国语〉的谏辞艺术》则从严密的逻辑性、高度的形象性和巧妙高超的谏说技巧三个方面，探析了《国语》谏辞的语言艺术。④宁登国《论〈国语〉〈左传〉的谏体文学特征》又总结了《国语》与《左传》中谏辞的三个特征：疏直激切、怨而不怒的风格特征；忠心耿耿、光明磊落的谏臣形象；三段推理、古今对比的论证方式。⑤概括准确，论证较为翔实。夏德靠《〈国语·周语〉结构、语言艺术略论》论述了周代规谏风尚对《周语》语言风格的影响："其语言呈现通俗化、口语化的特色。就'谏语'而言，在陈说方式上以情理服人；内容上征引史实，持之有故；陈说态度上言语恳切；辞令风格上平实而不乏婉致；陈说逻辑上，分析精辟，层次清晰，章法严谨。"⑥文章从政治文化角度探讨《国语》谏辞风格，有一定深度。此外，陈鹏程《试论〈国语〉的外交辞令》还对作为《国语》外交辞令体现的语言艺术进行了较为细致的分析，指出其具有委婉谦恭、言辞从容、庄重典雅、精练深刻、张弛有度的风格特色，综合运用多种修辞手法，达到了严密的说理性和文采粲然的形象性的统一。⑦

---

① 黄永堂：《简析〈国语〉散文创作的独特成就》，《贵州社会科学》1996年第4期，第82-83页。

② 朱世业：《〈国语〉之谏言与行人辞命》，《涪陵师范学院学报》2003年第6期，第48-51页。

③ 唐爱明：《〈国语〉说理艺术撷英》，《重庆三峡学院学报》2002年第4期，第34-38页。

④ 陈鹏程：《试论〈国语〉的谏辞艺术》，《焦作大学学报》2009年第4期，第6-9页。

⑤ 宁登国：《论〈国语〉〈左传〉的谏体文学特征》，《殷都学刊》2008年第2期，第49-52页。

⑥ 夏德靠：《〈国语·周语〉结构、语言艺术略论》，《黔西南民族师范高等专科学校学报》2007年第1期，第38页。

⑦ 陈鹏程：《试论〈国语〉的外交辞令》，《新余高专学报》2008年第3期，第60-63页。

　　近年来代表《国语》文学性研究新水准的，是陈桐生教授的《〈国语〉的性质和文学价值》一文。该文的一大特点，是将《国语》性质的考察与文学性研究有机结合起来。陈氏认为："《国语》是一部主要记载王侯卿士大夫治国言论的原始史料汇编。"①作者的这一界定不同于以往的理解，突出了两个方面：一是《国语》所录材料的原始性和可靠性；二是《国语》各语所体现的历史性，即《国语》作为一部汇编之作，八语成书于不同时代。他说："指出《国语》这一性质，有助于认识《国语》的艺术价值并为其在中国文学史上重新定位。《国语》是研究西周春秋历史散文的活标本，它提供了西周春秋历史记言散文的第一手资料。"并强调它是"一部代表了五百一十四年散文发展水平、横跨周王室和七个诸侯国、堪称活标本的散文著作"②。《国语》是否确如陈氏所说，系没有经过加工的原始史料，还需进一步考证，但作者将《国语》视为西周春秋历史记言散文发展历程体现的观点，显然颇具启迪意义。陈氏接着从横向和纵向两个维度考察了《国语》的风格。从横向的角度，他把《国语》各语视作地域文化的产物，在此基础上分析其风格形成的原因。如分析《周语》和《鲁语》风格的成因："《周语》《鲁语》在风格上比较接近，均以浑朴平实见长。这种文风的形成，与西周统治者倡导敬恪恭俭的行政作风有关，是朴实的政风带来相近的文风。"③此外，对于《晋语》的风格，陈氏认为晋国的政治环境险恶、血腥、谲诈，"在这样的政治生态环境中，道德君子很难有立足之地，唯有施展权术智谋才能生存，由此形成晋人善讲权变、精于谋略的传统"，因此"《晋语》文字所蕴含的则是深不可测的权术、机心和政治漩涡"④。对于《吴语》和《越语》，陈氏认为："两国政治风格也有诸多不同点：吴谋浅而越谋深，吴阳刚而越阴柔，吴狂嚣而越深沉，吴逞志而越隐忍。反映在文风上，两国文章也各有特色：《吴语》记载吴国与越行成、北上伐齐、逼杀子青、与晋争长以及

① 陈桐生：《〈国语〉的性质和文学价值》，《文学遗产》2007 年第 4 期，第 6 页。
② 陈桐生：《〈国语〉的性质和文学价值》，《文学遗产》2007 年第 4 期，第 6-7 页。
③ 陈桐生：《〈国语〉的性质和文学价值》，《文学遗产》2007 年第 4 期，第 7 页。
④ 陈桐生：《〈国语〉的性质和文学价值》，《文学遗产》2007 年第 4 期，第 8-9 页。

为越所灭几个片段，文风突怒偃蹇，拗倔恣放。《越语》上下篇分别出于两位越国史官之手，上篇概述勾践灭吴经过，下篇记述范蠡为勾践筹划灭吴的谋略，其中蕴含着一种深沉的哲理意味，文章洋洋洒洒极为畅达，如同风行水上，阴柔文风与战国时期的《庄子》颇为接近。"①作者着重从政治文化的视角来谈地域文化对《国语》风格的影响，尽管有片面之嫌，但窃以为切中《国语》文学性研究乃至先秦文学研究的文化维度的肯綮。笔者在近几年研读先秦文学的过程中越来越体会到，欲深刻把握先秦文学的实质、特征、风格、表现手法等，必须从先秦政治文化入手。既然如陈先生所言，"《国语》之'语'，是西周春秋时期一种记载君臣治国之语的文体"②，那么对于《国语》风格成因的考察，当然离不开对各国政治文化的考察。从纵向的角度，陈氏指出："《国语》二百三十五篇文章分别作于五百一十四年的不同时段，绝大部分文章可以系年，文风的演进有迹可循。从纵向考察，《国语》文风演进呈现出四大走向：一是语言从浑厚古朴走向流利畅达；二是内容从记载嘉言懿行转向权术智谋；三是由记言走向记言叙事并重；四是表现手法由单一趋向多元。"③这个概括在较大程度上切合《国语》实际，可备一家之言。陈氏还总结了《国语》在说理散文发展史上的地位，指出"《国语》记言文上承《尚书》下启孔门弟子说理散文，它代表了西周春秋时期说理散文所达到的水平"④。这些论述突破了学界研究《国语》文学价值时将《国语》与《左传》相提并论，认为前者逊于后者的思维定式；而是将《国语》记言文作为一段长长的环节，直接置于先秦说理文的链条中，从而对其文学史地位做了高度而恰切的肯定。

通过对新时期以来 40 余年《国语》文学性研究史的梳理，我们欣喜地看到，《国语》文学性研究正日趋深入，对《国语》文学性的评价也日渐全面公允。其叙事艺术的研究由对某些篇章的肯定到对整体叙

---

① 陈桐生：《〈国语〉的性质和文学价值》，《文学遗产》2007 年第 4 期，第 9 页。
② 陈桐生：《〈国语〉的性质和文学价值》，《文学遗产》2007 年第 4 期，第 5 页。
③ 陈桐生：《〈国语〉的性质和文学价值》，《文学遗产》2007 年第 4 期，第 9 页。
④ 陈桐生：《〈国语〉的性质和文学价值》，《文学遗产》2007 年第 4 期，第 11 页。

事本质的确认，人物塑造艺术的研究从塑造方式、形象内涵到原型意义的逐步深化，语言艺术的研究从总体风格、修辞手法到具体分类的充分展开，都昭示着《国语》文学性研究水平的提升和对其文学价值的进一步体认。但同时我们也要清醒地看到，《国语》文学性研究还存在着很大的不足，如《国语》文学性研究的专书尚未出现。其中最突出的是三点。一是方法论的探索非常薄弱。如同先秦其他历史散文和诸子散文文学性（文学价值）研究一样，我们往往简单地将文学性（文学价值）这个术语剖析成若干要素（正如本文框架所体现的那样），从叙事、人物形象、语言等方面来分析，这种研究形态实际上是在 20 世纪 80 年代以来就已经由谭家健先生和其他学者所奠定，而 40 余年来，鲜有学者进行新的方法论的探索与尝试，这就影响了《国语》文学性研究的实质性突破。二是研究视域的狭窄。许多研究者往往固守《国语》文学性之一隅，而忽视了对它的整体综合研究与关注。我们只有将《国语》文学性的研究置于其整个文本中，在一定程度上复原《国语》时代的历史语境，对其文学性的研究才能更为深入。试举个例子，对《国语》的谏辞文学性的研究，如果离开对西周和春秋规谏文化的细致考察，就很难深刻把握其本质。三是研究队伍的薄弱。《国语》的研究队伍往往由散兵游勇构成，很少有研究者专力于此项研究，即便是其中的佼佼者，如谭家健、陈桐生等先生，《国语》文学性研究也只是他们研究领域中一个局部，其他研究者更是如此，这无疑会影响《国语》文学性研究的深入。因此，要使《国语》文学性研究取得实质性突破，就需要一支多学科协作的、稳定的学术队伍，并积极探索新的研究方法与视角。总之，对于我们来说，《国语》文学性研究，依然任重而道远。

第四节　当代《国语》史学研究述论

　　作为一部先秦历史著作，《国语》的史学研究自然成为当代《国语》学的一个重要领域。在本节我们专门对之进行缕析，我们的《国语》

史学研究取广义的"史学"概念，既包括对《国语》作为一部历史著作的史学价值的研究，也包括学者们将之作为一部重要的先秦文献从而对之作思想文化史、政治史、社会生活史等方面的开掘。

一、对《国语》史学地位和史学思想的研究

从中华人民共和国建立到改革开放之前，种种原因导致《国语》研究始终处于低谷的局面。在这期间，白寿彝先生于 20 世纪 60 年代初发表的《国语散论》是为数不多的《国语》史学研究论文，在一定程度上可以说代表了这一时期《国语》史学研究的最高成就。白先生具体指出了《国语》国别体对中国古代史著体例的影响，一是对《战国策》《三国志》《十六国春秋》《十国春秋》等分国编排史著的影响，二是《国语》作为国别史对《史记》的《世家》、《晋书》的《载记》的启发。白文还指出《国语》在全书编次上反映出了全面安排的企图，认为诸语的排列次序贯穿着明显的意图，全书贯穿着"多闻善败以监戒"的主旨，由此批驳了传统经学和"《国语》割裂说"中把《国语》视作《左传》"残剩"的说法。这里对历史知识的作用，有善恶和善败两种提法。善恶和善败，似同而不同。善恶，主要是从伦理的意义讲的。自汉以后的儒者从善恶问题上去看《春秋》的意义，都是从伦理的观点上去看。善败，主要是从历史上的得失成败去看。上引《楚语下》的一条是引胡公等人的失败故事以提起对旧怨的警惕，是从现实问题考虑，而不是从伦理的意义上考虑。《国语》也在史事上注意善恶问题，但主要是要从善败上吸取历史上的经验教训。像上文所指出的特点，在一条记载之后，往往指出这一事件发展的结果或历史发展的趋势，这就是"多闻善败以监戒"的具体表现。如果夸大一点说，这很像后来史家之研究治乱兴衰之故，并不是简单地以成败论人。

李坤的《〈国语〉的编撰》也是《国语》史学研究的一篇重要论文，作者认为，作为一部重要的语体史书，"《国语》全书的布局谋篇和各国史料的选择都是经过编者深思熟虑的"[1]。李氏还对语体史书给予了

---

① 李坤：《〈国语〉的编撰》，《史学史研究》1988 年第 4 期，第 53 页。

清晰而具体的界说："它是以记述人物语言为中心，前后作叙述，使一件史事及因果基本明了，内容独立成篇、自成体系的一种我国史学早期阶段的过渡性史书体裁。"在此基础上，李先生还进一步指出"把《国语》列为国别体史书是欠妥的"①。作者具体分析了《国语》对比法、每语围绕一个中心排比史事的方式、纪事本末体的雏形体例对史书体例的影响。这些都表明李文的重要学术价值。白文和李文的观点为许多学者所接受，如王寒冬的《略论〈国语〉体例对后世史书的影响》指出："对于《国语》这种分国叙事的编写方式，后世史家模仿者众多。此类史书在记同一时代的某国历史时，以某国的事件和人物为主要记述对象，由于各分篇之间有背景的联系，故与整个时代无割裂之感。"②这毫无疑问是对白寿彝先生观点的继承和发展，王文不但指出了《国语》国别体例的显著影响，还指出了其优长之处。同时王文还拓展了白文所举受《国语》影响的国别体例史著范围，除了《战国策》《三国志》《十六国春秋》《十国春秋》外，作者还提到了以下诸著，"晋代孔衍著的《春秋时国语》和《春秋后国语》也较有名"，司马彪的《九州春秋》被刘知几的《史通·六家》称为"州为一篇，合为九卷，寻其体统，亦近代之《国语》也"。王文还补充了《东观汉记》和欧阳修的《新五代史》。即便是对于白寿彝所举史著，王文也有不同程度的丰富，如他就对《史记》体例所受《国语》的影响做了详细的阐释："司马迁把夏、商、周、秦国和秦王朝列入本纪，把吴、齐、鲁、燕、陈、杞、卫、宋、晋、楚、越、郑、曹等先秦诸侯国列入世家，又作《十二诸侯年表》和《六国年表》，用表格形式按国别把史事排列出来，这是司马迁借鉴《国语》编排史料的方式的一大创造。"③他更进一步指出："《国语》分国叙事，但又不是简单的国别，而是以周统领全局，其下

---

① 李坤：《〈国语〉的编撰》，《史学史研究》1988 年第 4 期，第 55-56 页。

② 王寒冬：《略论〈国语〉体例对后世史书的影响》，《长江大学学报》2010 年第 4 期，第 186 页。

③ 王寒冬：《略论〈国语〉体例对后世史书的影响》，《长江大学学报》2010 年第 4 期，第 187 页。

以诸侯国分列详述天下大事。"①认为《周语》在《国语》整部书中近似于后世《史记》中的"本纪"体例，起统贯全书的作用，这一观点是发前人所未发，对我们具有一定的启示作用。王文还具体考察了这一特征对后世史著的影响，作者认为刘向编写《战国策》将东周、西周置于全书之首，表达了鲜明的尊周意识，这从其《战国策叙》中可以见出："周室自文、武始兴，崇道德，隆礼义，设辟雍泮宫庠序者教，陈礼乐咸弦歌移风之化。叙人伦，正夫妇，天下莫不晓然。论孝悌之义，惇笃之行，故仁义之道满乎天下，卒致之刑错四十余年。远方慕义，莫不宾服，雅颂歌曰，以思其德。"②即便在周康王和周昭王之后，西周"虽有衰德，其纲纪尚明"，进入春秋时期，"其余业烈，流而未灭。五伯之起，尊事周室"。即便是五霸以后，"天子之命，犹有所行"，"周之流化，岂不大哉"于此可见。正是《国语》的尊周意识及其以周为统贯的编纂体例，使刘向在《战国策》以"尚力"为基本排序原则的前提下，将周置于全书之首。王文还具体谈到《国语》对《三国志》和《晋书》体例的影响："陈寿《三国志》则是更为直接地将并列三国中的魏朝皇帝立纪，蜀、吴两国则只设传。唐史馆编《晋书》，东晋虽然只是偏居东南一隅，但仍然作为华夏正统被列为至高地位，反而将占据中原的北方各朝放在列传之下的载记之中。在这方面，《国语》可说是在中国史籍中开了一个先例。"③王氏还通过对《周语》《吴语》《晋语》等的详细分析，得出"《国语》在编纂时已在不经意间比较完备地创造和运用了后世记事本末体的叙事方法"的论断。④这无疑是对李坤观点的丰富和发展。程水金先生的《从鉴古思潮看〈国语〉之编纂目的及其叙述方式》一文，将《国语》的撰写放在先秦史官文化的发展脉络中去考察。程先生首先对先秦史官文化的发展轨迹做了一个简洁

①　王寒冬：《略论〈国语〉体例对后世史书的影响》，《长江大学学报》2010 年第 4 期，第 187 页。

②　刘向编、高诱注、姚宏校：《战国策叙》，清嘉庆八年黄丕烈读未见书斋影宋刻本，第 2 页。

③　王寒冬：《略论〈国语〉体例对后世史书的影响》，《长江大学学报》2010 年第 4 期，第 187 页。

④　王寒冬：《略论〈国语〉体例对后世史书的影响》，《长江大学学报》2010 年第 4 期，第 187 页。

的概括："先秦史官文化与史官散文的发展，大致经历了互为蝉联的三个阶段：（1）传世与不朽的历史意念，导致了记事之史的分化，开创了中国古代'君举必书'的历史传统；（2）寻觅古鉴的现实动机，促进了历史文献的搜集与整理，'以史为鉴'，也因此成为中国传统人文精神中不可忽视的重要方面；（3）历史反思的学术潮流，形成了中国早期的史学自觉，暗寓褒贬的《春秋》及阐释其'微言大义'的三《传》，基本确立了中国古代评判历史行为的价值准据。"①程文着重分析"搜缀既往、寻觅古鉴"的史官文化第二阶段，他将这一阶段又分为三个时段：援例性的以事为鉴，历史经验的抽象化与条理化的理鉴，融事理于一体的鉴古。《国语》就是这一阶段的产物，"如果说援例性的以事为鉴之后，必然继之以抽象化的离事而敷理的以理为鉴，那么其后续出现的鉴古方式必然是熔事理于一体的较高层次。《国语》的编纂成书，正是适应了这一较高层次的鉴古要求"②。具体体现为事神保民的秉国原则，对忠信、宽惠、气节等德行的劝勉，对贪冒、淫侈、骄固的惩戒等；这种思潮也决定了《国语》的语篇结构。程氏的这些论述颇为深刻，对我们极富启迪意义。陈其泰先生的《〈国语〉的史学价值和历史地位》是近年来《国语》史学研究的一篇重要文章。陈文首先指出《国语》被边缘化的现状并认为有两个原因，一是为《左传》的成就所掩盖，二是"没有充分揭示《国语》何以称为'语'，这种史书体裁为何产生于战国前期，书中记载的'语'究竟有哪些不同的类型和宝贵的价值，以及《国语》在历史编纂上有什么成就等"③。陈先生的分析可谓一语中的，也明确了《国语》史学研究或者说整个《国语》学的一个重要任务，就是探究《国语》自身特色进而恰切评价其史学价值和历史地位。陈文对这一问题进行研究表现出对前人研究成果的极大尊重，例如他努力开掘并高度肯定韦昭《国语解叙》和戴仔论述

---

① 程水金：《从鉴古思潮看〈国语〉之编纂目的及其叙述方式》，《武汉大学学报》2008 年第 4 期，第 474 页。

② 程水金：《从鉴古思潮看〈国语〉之编纂目的及其叙述方式》，《武汉大学学报》2008 年第 4 期，第 475 页。

③ 陈其泰：《〈国语〉的史学价值和历史地位》，《中国史研究》2015 年第 2 期，第 6 页。

的理论价值，这一点值得我们学习。陈先生继承白寿彝先生观点，进一步明确《国语》殷鉴的首要价值，"《国语》首要的史学价值，是自觉继承《尚书》所开创的'殷鉴'传统，总结西周晚年至春秋时期宗周及列国的成败盛衰教训"①。并对这一论断集中阐述，认为《国语》阐释了西周后期走向衰亡的必然性和齐桓公何以称霸，这些均"表明记载'邦国成败'、总结历史教训，正是《国语》编纂思想和编纂内容的一大特点"，《尚书》开创的史鉴传统被大大推进，"《国语》又一重大价值是，大大推进了《尚书》开启的'记言'传统，它充分展示出'语'所具有的珍贵历史智慧和丰富内涵，充分展现了春秋时期贤士大夫的'嘉言善语'"②。陈先生对《国语》产生于战国前期的时代原因进行了深刻的分析，具体包括华夏族群酝酿统一、历史文化认同意识增强，主观上使士的文化素质和哲学思维迅速提高，客观上以血缘为纽带的社会解体、政治权力下移，使士大夫作用日趋显著，为"语"的繁盛和编纂提供了基础。陈文还对《国语》的历史叙事成就进行了全面总结："具体而言有四项：'记言'与'记事'紧密结合；恰当运用对比手法；多方位、多层面展现历史进程的复杂性、生动性；显示'纪事本末'是历史叙事的重要方法，提供了成功范式。"③陈先生还进一步发展了白寿彝先生的观点，认为把《周语》和其他七国史事汇集在一起，"从历史记载规模和编纂格局看，它既符合记载全中国范围历史的要求，又显示出中国人历来重视全国统一局面的形成和巩固的文化传统。《国语》……形成由《春秋》的肇始阶段到《史记》的成熟阶段之中间环节"④。此外李仅的《〈国语〉与西周史研究》一文从西周史料的研究维度剖析《国语》的价值，亦具有启发意义。赵东栓先生《〈国语〉所反映的吴越争斗时期的越文化》一文首先高度肯定了《国语》对吴越文化研究的价值，"《国语》是先秦时期记载越国历史最可

① 陈其泰：《〈国语〉的史学价值和历史地位》，《中国史研究》2015年第2期，第7页。
② 陈其泰：《〈国语〉的史学价值和历史地位》，《中国史研究》2015年第2期，第11—12页。
③ 陈其泰：《〈国语〉的史学价值和历史地位》，《中国史研究》2015年第2期，第12页。
④ 陈其泰：《〈国语〉的史学价值和历史地位》，《中国史研究》2015年第2期，第21页。

靠的资料"①。根据作者的总结,《国语》从三个方面展现了越文化的信息。第一个方面是《国语》反映了越人的族属和地域文化特征。《郑语》曰:"其后八姓于周未有侯伯……融之兴者,其在芈姓乎?芈姓夔越不足命也。"②韦昭《国语解》据此申论。韦注云:"八姓,祝融之后。八姓,己、董、彭、秃、妘、曹、斟、芈也。""勾践,祝融之后、允常之子,芈姓也。《郑语》曰:'芈姓夔越。'《世本》亦云:'越芈姓。'"③《国语》反映了越的地域文化特征:越即便是在春秋时期崛起后仍被视为蛮夷;如同中原地区一样重视宗庙社稷,天地神灵和祖先崇拜成为其主要的宗教信仰;原始巫卜文化仍在延续;越人具有好勇轻死的尚武精神;《国语》反映了越国的青铜铸造艺术。第二个方面是《国语》反映了中原文化对越人的影响。这具体表现于天命天道的观念、以民为本的治国理念、礼文化等。第三个方面是《国语》反映了楚地道家文化对越人的影响。楚文化对越文化的影响较中原文化更为显著:"楚、越的往来是比较多的,一是由于相邻,二是由于楚、越联合以制吴……仅从《国语》来看,楚文化对越文化的影响主要是道家思想文化的影响,亦即楚人范蠡入越带来了道家思想文化。"④应该说,赵文对《国语》所反映的越文化的发掘是细微而深刻的,对我们颇具启迪意义。

二、《国语》的思想文化史研究

《国语》作为一部重要语体史书,在很大程度上成为反映西周和春秋社会思想文化的重要史料。缘此,许多学者对《国语》所反映的思想文化观念进行探究。

(一)《国语》中的天道观

王寒冬的《略论〈国语〉的天命人事观》指出在《国语》中,强

---

① 赵东栓:《〈国语〉所反映的吴越争斗时期的越文化》,《中国史研究》2015 年第 2 期,第 11 页。

② 徐元诰:《〈国语〉集解》,中华书局,2002,第 466-468 页。

③ 韦昭:《〈国语〉解》卷十六,国家图书馆,明刻本,第 4 页。

④ 赵东栓:《〈国语〉所反映的吴越争斗时期的越文化》,《潍坊学院学报》,2009 年第 1 期,第 14-15 页。

调神的意志作用的天命观与强调人的力量的思想意识交织在一起，"《国语》作为周人言论的集著，不可避免地反映了周人的天命观。但是，周人也已经看到，历史充满了人的活动，人的力量无处不在体现，以至于天意也不得不同人心所向相一致。于是强调人事的内容在《国语》中也几乎篇篇可闻，二者在《国语》中较为和谐地融为一体"①。作者用"天之所兴，谁能废之""民之所欲，天必从之""国之将兴，其君齐明；国之将亡，其君贪冒""国家将盛，必用明臣；国家将败，必用奸人"等《国语》中的语句来概括，较为恰切和全面。朱运涛的《〈国语〉中的天道观——从敬神、修德、保民的视角思考》一文对《国语》的天道观进行了更为具体和深刻的论述，作者认为，春秋时期的社会动荡与混乱使社会发生了深刻变化，一是礼崩乐坏，亲亲尊尊的社会政治秩序走向瓦解，二是大国争霸使权威沦丧和思想解放，"使得人们开始对天命、祖神、圣人之治乃至制度层面的礼乐法度产生怀疑，并对其产生的根源进行了理性的思考。宗教方面，原来那种天命有德，祖神有德观念的神圣性和权威性遭到削弱，人们对天命的思索上升到更理性、更抽象的天道观上面，并下落在道德仁政、人本民本层面上。这在诸如《国语》《左传》等历史典籍中多有显现"②。由天命观上升为理性自觉的天道观这一巨大历史变迁使敬德、民本的思想进一步发展起来。

（二）《国语》的巫卜文化

昝风华的《〈国语〉观人记述简论》着重对《国语》所载述的春秋时期大量出现的"观人"现象及其文化内涵，进行了较为细致和深入的分析。所谓观人，"即根据个人的形貌特征和外部表现推测其命运或性格、才能"③。作者将《国语》所展现的相人途径概括为两种：一种是根据相貌、气色、声音、形体和服饰等形貌特征来观人，另一种是

①　王寒冬《略论〈国语〉的天命人事观》，《淮北煤炭师范学院学报》2010 年第 6 期，第 14 页。

②　朱运涛：《〈国语〉中的天道观——从敬神、修德、保民的视角思考》，华侨大学硕士学位论文，2011，第 19 页。

③　昝风华：《〈国语〉观人记述简论》，《贵州文史丛刊》2012 年第 2 期，第 63 页。

根据言语、动作、举止、行为和作风等外部表现来观人。相较而言，后一种更为常见，又可细分为通过言语观人、通过举止动作观人、通过行为作风观人。昝文又进一步分析了《国语》观人的文化实质，"《国语》中的观人，在大多数情况下，是将人物的外部表现或形貌特征是否合乎或体现礼、义、德、仁类东西作为给人物定性的标准或预测人物命运的出发点"①，并在此基础上确认《国语》观人蕴含较多的理性成分和科学性，"这反映了先秦时期某些哲人学者对相术的'形式上的反拨和质的超越'，是《国语》观人记述的进步意义所在"②。作者还谈及了《国语》观人记述的文学功能：借一人之口刻画两方人物；直指人物内心的白描手法；赋予人物形象以深厚精警的意蕴。占卜及其所蕴含的文化意识也是当代《国语》学者所注意的一个重要方面，如欧阳维诚《〈左传〉〈国语〉中变占新考》、刘玉建《〈左传〉〈国语〉中卜例》等。武光辉的《从〈国语〉透视巫文化思想的演变》一文以《国语》为基本史料，对这一时代巫文化思想的变迁及演进做了较为细致的研究。作者认为《国语》时代巫文化思想演变的背景是：在时代剧烈动荡与变革中，以神权为主导的巫文化话语权开始失落；巫文化思想演变的表征是卜筮、鬼神、祭祀、天道；巫文化思想演变的特点，是绝地天通所标志的巫文化的大整合和巫文化由主导地位向次要地位的转变。

（三）《国语》的政治思想

中国古代政治辩证法思想是吴显庆先生所发掘的一个研究领域，"所谓'政治辩证法思想'，就是人们对政治现象中的辩证联系和辩证发展规律的认识。政治辩证法思想比哲学辩证法更具体，比一般政治思想更深刻，它是政治思想中具有辩证性质，富于哲理的思想，是政治智慧的精华"③。围绕这一研究目的，吴氏撰写了系列论文，如《论〈左传〉中的政治辩证法思想》《论庄子的政治辩证法思想》等，其中包括《国语政治辩证法思想论略》。作者主要从三个方面谈了《国语》

---

① 昝风华：《〈国语〉观人记述简论》，《贵州文史丛刊》2012 年第 2 期，第 65 页。

② 昝风华：《〈国语〉观人记述简论》，《贵州文史丛刊》2012 年第 2 期，第 66 页。

③ 吴显庆：《论〈左传〉中的政治辩证法思想》，《北京大学学报》1993 年第 5 期，第 69 页。

政治辩证法思想的体现。第一个方面是统治者和民众关系的辩证认识。主要表现在：主张忧民恤民；反对贪利和厚取于民；认为国家兴盛的重要条件是统治者能做到以惠和民；看到使民不缺乏财用是稳定民心巩固政权的基本条件；认识到施善去恶是利民和争取民众的重要方面；认识到利民是维护统治者根本利益的客观要求。吴氏进一步分析，统治者和民众关系这一问题的辩证性质在于：认识到利益是决定两者关系协调或冲突的条件；提出了在政治实践中应自觉运用统治者和民众关系稳定和变化的规律。第二个方面是统治者内部关系的辩证认识。主要表现在：政治势力形成与派别斗争对等性；任贤不计私仇；听取、采纳批评性意见，和而不同。第三个方面是内政和外事（外战）辩证关系的认识。主要表现在：内政决定外事，反之外事亦影响内政；内政对外战的具体影响。刘伟、胡海香的《〈国语〉战争观初探》一文对《国语》所反映的战争观进行了细致具体的考察。刘文认为，"《国语》编者在一般情况下对战争是持反对态度的"[①]，并结合《国语》有关文本对其战争观做了详细阐发，如《吴语》"勾践灭吴夫差自杀"条勾践和申包胥及群臣的对话中就有对战争观的阐发，如勾践提到发动战争需要与臣下同甘共苦，关心民众疾苦，安富救贫，搞好与强国邻国关系，而后申包胥又给他做了补充，认为需要智谋、仁义和勇敢，接着受五大夫启发又提出了圣、猛、辨、巧、声的原则。

（四）《国语》的女性和家庭文化观

童苏婧的《春秋乱世背景下的红妆们——从〈国语〉中的女性人物看春秋先人的女性观》从女性文化的角度，对《国语》中的女性历史人物尤其是庙堂和宗族内的女性形象进行了较为丰富和细致的描绘，指出了她们丰富多彩的文化人格，如玩弄阴谋和权术，深明大义、政治目光敏锐佐助夫君成功，居安思危、深谋远虑以为家族祛祸，具有崇德尚礼的传统美德，等等。作者进一步分析，这些女性文化人格反映了春秋时代对女子智慧价值的肯定，不再只把女性看作男性的政

---

① 刘伟、胡海香：《〈国语〉战争观初探》，《青岛大学师范学院学报》2006年第2期，第40页。

治附庸，对女子参与政治活动持宽容态度，同时，"以礼修身就成了春秋《国语》时期对女性行为准则的最高要求"①。钱国旗的《〈国语〉中的伦理世界》一文对《国语》的伦理观进行了探讨，概括为德的精神、礼的规范等方面。吕耀怀对《国语》的家训思想进行了探究。作者将《国语》中的家训分为人道之训、家道之训与政道之训，并分别进行了界定。"人道之训，即家庭或家族中的长辈对于晚辈就为人处世、修身养性的道理、准则所作的训导、教诫。"②在这方面，《周语上》所载密康公母是一个典型。"家道之训，即家庭或家族中的长辈对于晚辈就持家、亲亲的道理或准则所作的训导、教诫。"③在这方面，《鲁语下》所载公父文伯之母是一个典型。"政道之训，是家庭或家族中的长辈对于晚辈就治国、为政的道理或准则所作的训导、教诫。"④在这方面，《晋语五》范武子训导其子士燮就是一个鲜明例证。在这三种家训中，以政道之训为中心，这是由《国语》以记载卿大夫关于政治的言论为主这一性质所决定。《国语》的家训形式多样，根据形式可分为言训、物训和事训。亦可从训者身份分为父母之训、舅姑之训、从祖叔母之训和兄长之训等。

（五）《国语》的管理思想

麻红晓对《国语》的管理思想进行了探究。作者认为在管理哲学方面，《国语》体现了和谐、一视同仁、周密决策的原则；在下属管理方面，包括以德服人、从谏如流、按制度行事、不重用自私自利之人等方法原则；在领导修养方面，包括诚信、敏锐洞察力、勇于担当、心胸宽广、尊贤下士等方面。这种研究力图给现实社会提供镜鉴，但脱离具体社会政治文化背景的分析从学理性上值得商榷。

（六）《国语》的文艺美学思想

作为思想文化重要组成的《国语》文艺美学思想也引起了学者的

---

① 童苏婧：《春秋乱世背景下的红妆们——从〈国语〉中的女性人物看春秋先人的女性观》，《思茅师范高等专科学校学报》2008 年第 5 期，第 85 页。

② 吕耀怀：《〈国语〉家训思想探微》，《湖湘论坛》1995 年第 3 期，第 11 页。

③ 吕耀怀：《〈国语〉家训思想探微》，《湖湘论坛》1995 年第 3 期，第 11 页。

④ 吕耀怀：《〈国语〉家训思想探微》，《湖湘论坛》1995 年第 3 期，第 12 页。

重视，如吴毓清先生的《礼乐思想的早期形态——从〈左传〉〈国语〉看春秋时期音乐美学思想》指出了《国语》对于保存音乐史料的价值："由于史料简缺，我国西周以前的音乐美学思想究竟怎样，现已难于确考。这种状况要到春秋时期，方才有所改变。这时，通过写定于战国初年的《左传》《国语》二书，终于使得有关该时期的真实史料部分地被保存了下来。"①并论述了它的两个特征：以"德""礼"思想为核心；以宗教思想为羽翼。这一研究若置于春秋社会文化背景中，会有很大的拓展空间和前景。

三、《国语》史学研究的其他方面

（一）《国语》与经济史研究

有的学者从经济学的角度对《国语》进行研究，如吴良宝先生的《〈国语〉周景王铸大钱的钱币学考察》将《周语下》"单穆公谏景王铸大钱"条的记载和河南新郑所发现的春秋中期水井中的出土文物特大型平肩空首布币范、六棱形空首布范芯联系起来，指出景王所铸大钱实即平肩空首布币，但"子母相权"的钱币二等制在彼时尚未出现。②

（二）《国语》与政治礼制研究

有的学者从礼制的角度对《国语》进行研究，《国语》与先秦礼制关系密切，顾颉刚先生曾指出："应当从甲骨文中归纳出真商礼，从金文、《诗》《书》《左传》《国语》中归纳出真周礼，从《史记》《汉书》中归纳出汉礼，而更以之与儒家及诸子所传的礼书礼说相比较，庶几可得有比较近真的结论。"③《国语》的礼学价值被历史学家抬到很高的位置。张居三博士高度肯定礼制在《国语》内容体系中的重要作用："《国语》的思想较为复杂，而以儒家为主导。礼治是其中最重要的内容。"④和《左传》中强调礼作为衡量人的标尺不同，"《国语》则重在对

① 吴毓清：《礼乐思想的早期形态——从〈左传〉〈国语〉看春秋时期音乐美学思想》，《音乐艺术》1983 年第 3 期，第 11 页。

② 吴良宝：《〈国语〉周景王铸大钱的钱币学考察》，《社会科学战线》2005 年第 3 期，第 158-162 页。

③ 罗根泽：《古史辨（第四册）·顾序》，上海古籍出版社，1982，第 8 页。

④ 张居三：《〈国语〉对礼治的反思》，《哈尔滨工业大学学报》2005 年第 6 期，第 107 页。

礼治理思想的强调和反思"①。李秀亮的《试析〈国语〉中礼制的特点——兼论春秋时期的礼崩乐坏现象》一文对《国语》所反映的春秋礼制进行了较为全面的分析。李文指出,《国语》生动而具体地展现了春秋时期的礼制现象,"一方面有人对传统礼制进行肆意地违背、践踏,另一方面很多人却在极力地遵守、维护礼制,而维礼护礼现象则明显成为社会的主流"②。而这一主流主要表现为两个方面:一是对违礼人员的劝谏和阻止;二是对违礼人员的评论和预测。当然,辩证地看,李秀亮似乎对春秋社会违礼护礼所具有的地位评价过于乐观:"春秋时人对礼制的维护、对违背礼制者的愤怒,都应该是普遍的社会行为,上自周天子,下至诸侯卿大夫,都对先王礼制表现出了高度的重视,对当时社会上不时出现的违礼僭乐行为表现出了深深的无奈。春秋礼制并没有因为僭越行为的发生而走向崩溃,反而因此受到了更普遍的维护和重视,尊礼护礼现象成为春秋社会的主流。"③李文对《国语》所展现的春秋礼制特点也有具体的分析,第一个特点是礼的制度化特征削弱,伦理化与世俗化特征增强。具体表现为两个方面:礼成为个人安身立命的行为准则;礼成为国家存亡的评价标准。第二个特点是礼的适用范围扩大,等级界限削弱。具体表现为三个方面:周天子礼制的扩散;上层贵族礼制的扩散;中原礼乐文化的扩散。李秀亮的硕士学位论文《〈国语〉礼制资料的类纂与初探》对《国语》礼制进行了更为全面的研究。该文对《国语》中的礼制资料进行了一次全面整理,参考来可泓和李学勤等学者的观点,认为《国语》的礼制资料分布并不平均,以《周语》《晋语》《郑语》为最多,《鲁语》《齐语》《楚语》次之,《吴语》《越语》最少。《国语》中礼制史料具有缺乏系统性、真实可信性较强等特征。作者按周礼的类型划分,从吉礼、凶礼、军礼、宾礼、嘉礼等方面对《国语》所载礼制进行分类编纂和论析,尤其是

---

① 张居三:《〈国语〉对礼治的反思》,《哈尔滨工业大学学报》2005 年第 6 期,第 108 页。

② 李秀亮:《试析〈国语〉中礼制的特点——兼论春秋时期的礼崩乐坏现象》,《烟台大学学报》2008 年第 1 期,第 111 页。

③ 李秀亮:《试析〈国语〉中礼制的特点——兼论春秋时期的礼崩乐坏现象》,《烟台大学学报》2008 年第 1 期,第 112 页。

对吉礼论述较详细，将其再细分为祭天礼、祭地礼、祭祖先礼，并指出吉礼具有森严的等级性、神圣性、主祭者同时是国家掌控者、祭品种类繁多等特征。《国语》所展现的凶礼有丧礼、荒礼和灾礼；《国语》所展现的军礼有军队编制之礼、行军作战中的相遇之礼、两军交战之礼三个方面；《国语》所展现的宾礼有朝聘礼、锡命礼、士相见礼、朝礼四个方面；《国语》所展现的嘉礼有婚礼、冠礼、宴飨礼、脤膰礼四个方面。

（三）对《国语》天文学史的研究

中国传统社会政治特别注重天道，将其视为社会现象产生、发展和演进的决定性力量。这促进了对天文的认识。《国语》中就有丰富的对天文星象的记叙和描写，自然引起了学者们的重视。对《国语》所载天文星象进行考察辨析或以之为基础进行相关史事的研究，也成为《国语》学的一个重要领域。著名天文史学家张培瑜先生的《试论〈左传〉〈国语〉天象纪事的史料价值》一文主要分两部分。第一部分是对《左传》和《国语》所记述的日食、岁星位置的考察；第二部分是对《周语下》所载武王灭商天象和《左传·僖公五年》《晋语二》所记晋伐虢时的天象进行细致具体的研究，认为皆非观测实录。张富祥的《〈国语·周语下〉伶州鸠语中的天象资料辨伪》一文也通过对伶州鸠所言武王灭商时天象的研究，批驳了李学勤先生的观点。李先生认为，"岁在鹑火"这段话是"《周语下》原文，不可能为后世窜入"，"周朝乐官世代相传着一套与武王伐纣事迹有关的乐律及占候的理论，其起源很可能早到周初"，"伶州鸠家世任乐官，武王时天象应为其先祖所传述"[①]。张文则认为伶州鸠语"这类文字绝无可能是战国中晚期以前的遗文，并且很可能出于汉人的托撰或改造"[②]，并进一步认为伶州鸠语或许出于兵家。江晓原、钮卫星的《〈国语〉所载武王伐纣天象及其年代与日程》一文恰是李学勤先生所主持的"夏商周断代工程"成果之一，作者先对《周语下》所载伶州鸠之语进行释读，释读的原则以韦

---

① 李学勤：《夏商周年代学札记》，辽宁大学出版社，第 206-212 页。

② 张富祥：《〈国语·周语下〉伶州鸠语中的天象资料辨伪》，《东方论坛》2005 年第 3 期，第 43 页。

昭注为基础:"若有比韦昭更可信的不同释读,自然应该舍韦昭而就彼;但若并无更可信之释读,却又无端怀疑韦昭之注,那除了导致历史虚无主义的结论之外,对解决问题毫无帮助……因此目前唯一合理的选择,只能是以韦昭注作为我们工作的出发点。"①在释读完后,作者接着验算伶州鸠所述各种天象及有关天象。伶州鸠所述天象包括"岁在鹑火""月在天驷""日在析木之津""星在天鼋"四条信息,"后三条经过上面的推算及多重验证,表明它们皆能与《武成》《世俘》、利簋铭文等相合,可见伶州鸠之说相当可信"②。同时集中讨论后认为"昔武王伐殷岁在鹑火"之说也是正确的。最后作者得出一个总结论:"伶州鸠所述各项天象,其顺序大有文章一它们实际上是按照伐纣战役进程中真实天象发生的先后顺序来记载的。这样看来,说伶州鸠所述天象是武王伐纣时留下的天象实录,实不过分。"③杨小明在其《〈国语〉"武王伐殷"天象检讨——兼论江晓原、钮卫星之回天》一文中也认为《国语》所述武王伐殷天象基本上是可信的,指出江晓原二人的结论是关于武王伐殷天象的较满意的解释,并对该说疏漏之处做了补充和完善。

(四)对《国语》史料的辨析

饶恒久先生的《吴、晋黄池争盟史实考辨——兼论〈国语·吴语〉的史学价值》一文对吴国追逐霸权地位过程中的一个重大事件,即黄池之会中究竟吴与晋孰为盟主进行了辨析。一说是《左传·哀公十三年》所言:"吴、晋争先……乃先晋人。"另一说是《国语·吴语》所言:"吴公先歃,晋侯亚之。"《公羊传·哀公十三年》亦言:"吴何以称子,吴主会也。"《穀梁传·哀公十三年》亦赞同此说:"黄池之会,吴子进乎哉,遂子矣。"作者对两说的源流进行了清晰的梳理,最后明确提出"应以'先吴'为是",并列举出翔实而又颇具说服力的理由。

---

① 江晓原、钮卫星:《〈国语〉所载武王伐纣天象及其年代与日程》,《自然科学史研究》1999年第 4 期, 第 354 页。

② 江晓原、钮卫星:《〈国语〉所载武王伐纣天象及其年代与日程》,《自然科学史研究》1999年第 4 期, 第 362 页。

③ 江晓原、钮卫星:《〈国语〉所载武王伐纣天象及其年代与日程》,《自然科学史研究》1999年第 4 期, 第 363 页。

第一个理由是《左传》本身内证，亦有"黄池之会先吴"之说，作者引童书业所论来阐明："《左传》曰：'吴人将以公见晋侯，子服景伯对使者曰："王合诸侯，则伯帅侯牧以见于王。伯合诸侯，则侯帅子男以见于伯……敝邑之职贡于吴，有丰于晋，无不及焉，以为伯也。今诸侯会而君将以寡君见晋君，则晋成为伯矣，敝邑将改职贡……且执事以伯召诸侯，而以侯终之，何利之有焉？"吴人乃止。'是黄池之会吴为霸之证，左氏且自相矛盾矣。"①第二个理由是"《左传》于'乃先晋人'句前载：晋司马寅探视吴军后劝说赵鞅'请少待之'，杜预注：'少待无与争'，则晋人并未以战势与吴争长"。第三个理由是能找到两条旁证是"先吴"。一条是《韩非子·喻老》言"吴兵……强之于黄池"，另一条是《淮南子·要略训》言"吴王夫差……西遇晋公，擒之黄池"。在论证完"黄池之会先吴"之说后，饶恒久先生又论及《吴语》的史料价值与文学价值，主张："《吴语》盖本自吴国史官，于黄池之会所记完整而详细，可补《左传》之不足，理应受到更多重视。若观其中叙事之完整，情节之曲折，矛盾之尖锐；人物语言之准确、个性化；战争场面之宏大，气势渲染之成功，更可见出其文学价值之可珍贵。"②

第五节　当代学者对《国语》语言的研究

在汉语史的研究过程中，专书研究占有极其重要的地位，正如何乐士先生所言："在语言研究过程中，选例式的研究固然占有它一定的位置，但要深入全面了解不同时代汉语的特点，总结汉语发展的内部规律，增强结论的科学性，关键是专书语言的穷尽性研究。"③《国语》是上古汉语重要的语料之一，具有非常高的研究价值。正如刘利先生所指出："可用作构拟上古汉语语法系统的基本材料；可供开展跟《左

---

① 童书业：《〈国语〉与〈左传〉后案》，《浙江图书馆馆刊》1935 年第 2 期。

② 饶恒久：《吴、晋黄池争盟史实考辨——兼论〈国语·吴语〉的史学价值》，《社会科学战线》2001 年第 3 期，第 127-128 页。

③ 何乐士：《专书语法研究的回顾与展望》，《湖北大学学报》2001 年第 6 期，第 70 页。

传》专书语言的比较研究；可以从中提取具有独特认识价值的语言事实。"①《国语》语言现象研究构成了汉语史研究的一个重要内容。《国语》的语言研究也是当代《国语》学的一个重要领域。《国语》的语言研究包括《国语》词汇研究、《国语》语法研究和《国语》语言社会文化的整体研究等。

一、《国语》词汇研究

《国语》词汇研究是近年来发展较快的一个领域，涌现了大量的期刊论文、硕博士学位论文以及几部专著。《国语》词汇研究从大的方面来说主要有两个取向。第一个取向是对《国语》词汇作整体研究。刘利教授是最早有意识进入这一领域的著名学者，他发表了关于《国语》词汇研究的系列论文，包括《〈国语〉的称数法》(《徐州师范学院学报》1993 年第 4 期)、《从〈国语〉用例看先秦汉语的"可以"》(《中国语文》1994 年第 5 期)、《〈国语〉中的"为之名"结构及其他》(《古汉语研究》1995 年第 2 期)、《从历史语法角度看〈国语〉的语料价值》(《北京师范大学学报》2005 年第 6 期) 等。倪怀庆的《〈国语〉词汇研究》(广州大学 2004 年硕士学位论文) 是这一领域较早整体探讨《国语》词汇的专文，该文采用定量研究的方法，对《国语》用词进行了全面统计和分析，尽管稍嫌单薄，理论分析尚待深入，但对《国语》用词状况进行了较为系统的梳理，而且其所概括的《国语》词汇的一些特征颇具学术价值。例如作者对《国语》词汇从音节角度分析，在得出"单音节词占优势"的结论后，又结合《国语》数据与先秦他书对比做了进一步分析，得出复音词占词汇总数 45.13%的结果；和《诗经》《论语》《墨子》《孟子》《庄子》《左传》中的复音词比重进行比照后，作者又探查了其复音词构成较多的原因，即时代较晚、文学色彩浓、词汇数量，颇有道理。在这方面较有分量的专著是陈长书的《〈国语〉词汇研究》，于 2014 年由中国社会科学出版社出版，该书是在作

---

① 刘利：《从历史语法角度看〈国语〉的语料价值》，《北京师范大学学报》2005 年第 6 期，第 44 页。

者博士学位论文基础上修改润色而成。陈著采用现代词汇学理论，运用定量与定性、共时与历时、描写和解释相结合的研究方法，多角度、立体地从构成、音节、词义等方面对《国语》词汇进行了全面系统的研究。

《国语》词汇研究的第二个取向是具体词类的研究。在这一研究领域，最为引人注目的是动词，"动词类别的确定是解决词类系统的核心，词类系统解决了，句法结构和句式的研究也就具备了坚实的基础"①。因此，任何专书词研究中，动词均被置于重要地位。《国语》动词研究也是如此，学界关于《国语》动词的论文、专著近年出现不少，如郭万青的《〈国语〉动词管窥》，该书由四川大学出版社于 2008 年出版，共四章，其中主体部分是前三章。作者将《国语》中的动词按其句法功能分为带宾语动词和不带宾语动词，相应地分为两章。在第一章中，郭氏主要分析了双宾语谓语动词和宾语前置。在第二章中，作者主要分析了不带宾语动词的句法功能，它们可作主语、谓语、宾语、定语、补语和状语等。在第三章中，作者集中探讨了动词的特殊用法，包括被动用法、使动用法、意动用法、对动用法、为动用法等。霍雪艳的《〈国语〉谓语动词研究》（南京大学 2013 年硕士学位论文）对《国语》中承担谓语功能的动词进行了具体细致的研究，她将《国语》中的谓语动词分为言说动词、趋止动词、助动词和心理动词，并进一步对这些动词的类别及其句法功能做了详细深入的分析。作者还运用比较研究方法，将《国语》和《左传》中的谓语动词进行比较，从而得出更为切实的结论。沈基松的《〈国语〉动词研究》（山东师范大学 2014 年博士学位论文）将《国语》动词分为比类动词、存在动词、使役动词、状态动词、关系动词、感知动词、趋止动词、能愿动词、行为动词等九类，然后采用配价语法理论和三个平面的语法理论对比类动词、存在动词、使役动词、状态动词进行专章研究。对这四类动词，作者又进行了更为细致的类型划分和句法功能分析，如对比类动词，他将之划分为表比较的比类动词和表比喻的比类动词，在这两类下又进行更

---

① 胡裕树、范晓：《动词研究》，河南大学出版社，1995，第 1 页。

为细微的区分，然后在此基础上概括其语法功能与特征。由于结论是建立在大量的语例分析基础上，因而扎实可信。沈基松博士还发表了《〈国语〉中表比喻的比类动词》一文，较其博士学位论文，作者对《国语》中承担比喻功能的比类动词做了更深入的分析。沈氏所界定的这类动词就是《国语》中"如""若""犹"等"反映人、事、物之间相似性关系的一类动词"。①作者将之分为三类：第一类是"如"类，包括"如""若""犹"等，有表比喻和表比较两种用法；第二是类"譬"类，只表比喻；第三类是"似"类，只表比较。在分类基础上，作者主要对表比喻的比类动词的句法功能及其与《国语》语体之间的关系进行了深入剖析。有的研究者对《国语》中的名词进行了细致探究，如袁丽杰的《〈国语〉名词研究》（西南大学 2006 年硕士学位论文）对《国语》中名词的构词特点、词类、词义、句法特点及文化内涵做了较为具体的研究。袁文的一个显著特点是对研究对象都做了精确的量化分析，这样就使其研究立论扎实可靠。冯莉的《〈国语〉自然类名物词研究》（广西师范大学 2010 年硕士学位论文），则对《国语》名词中一个特殊门类——自然类名物词进行了较为细致的研究。作者首先对《国语》自然类名物词进行了细致统计，认定数量是 166 个。接着对《国语》自然类名物词做了分类，将其分为天象、地理、动物、植物四类，从词源义的角度进行深入探究。有的学者对《国语》中量词进行了细致研究，如郭万青的《〈国语〉中的名量词》一文对《国语》中的名量词进行穷尽性探究，统计出《国语》全书有 60 个名量词，并将之"分为个体量词、集体量词、时间量词、反映地方和军队编制的量词与度量衡单位量词五个类别"②。接着对每类用例进行了详细的考释，最后概括出其语法特征：与数词组合成"数+量"格式；从承担语法成分看，可作主语、谓语、宾语、补语和状语，而以定语最常见；亦衍生出一些固定的并列结构如寻常、咫尺等。有的研究者对《国语》中的副词进行了细致探究，如湛琴的《〈国语〉副词研究》（西南大学 2006 年硕

---

① 沈基松：《〈国语〉中表比喻的比类动词》，《山西师范大学学报》2014 年第 6 期，第 135-139 页。

② 郭万青：《〈国语〉中的名量词》，《唐山师范学院学报》2009 年第 1 期，第 4 页。

士学位论文)。湛文对《国语》中的副词做了精确的量的统计,"《国语》全书共有副词 97 个,其中单音副词 96 个,复音副词 1 个,使用频率共 3460 次"①。作者将《国语》中的副词分为时间副词、程度副词、情态副词、否定副词、范围副词、谦敬副词、连接副词、语气副词等八类,并依据每类副词的语法功能进行了更为细致的界分。在分类的基础上,论文对《国语》中的副词做了系统的语义和语法功能研究。有的研究者对《国语》虚词做整体研究,如王启俊的《〈国语〉虚词研究》(安徽大学 2007 年硕士学位论文),对《国语》中的副词、介词、连词、语气词、助词的词例及语法功能进行了分析。

二、《国语》语法研究

语法研究是专书语言研究的一个重要方面。同样,语法研究也成为《国语》学者的重要关注领域。

(一)《国语》句法研究

有的学者侧重对句法进行研究,如白兆麟教授发表《〈国语〉与〈左传〉之假设句比较》一文。白先生对《国语》中的假设复句进行了统计,得出《国语》中假设复句的数量近 340 句,他以表达格式为标准把假设复句划分为四种类型。第一种类型是偏句和正句都使用关联词,造成前呼后应的修辞效果,如《周语中》"刘康公论鲁大夫俭与侈"条"若家不亡,身必不免"句;第二种类型是只有偏句使用单音节连词,如《晋语四》"楚成王以周礼享重耳"条"子若克复晋国,何以报我"句;第三种类型是只有正句使用关联词,如《鲁语下》"襄公如楚"条"有御楚之术而守国之备,则可矣"句;第四种类型是在偏句中并用两个同义连词而正句则无与之对应的关联词,如《晋语一》"若其不克,其因以罪之"句。②祝敏彻先生的《〈国语〉〈国策〉中的疑问句》一文也是《国语》句法研究的一篇力作。作者将《国语》《战国策》作为统一的语料来探寻疑问句的特征及规律。通过严密的定量分析,祝先生

---

① 湛琴:《〈国语〉副词研究》,西南大学硕士学位论文,2006,第 2 页。
② 白兆麟:《〈国语〉与〈左传〉之假设句比较》,《淮北煤师范学院学报》2000 年第 1 期,第 81-84 页。

得出这一论断："在《国语》《国策》二书中，疑问句一般是在疑问词的帮助下发出疑问的。"这是根据统计数据得出的，"二书共有疑问句1728 个。这 1728 个问句中，只有 4 句没有用任何疑问词帮助发问，其余 1724 句都是在疑问词的帮助下发出疑问的"①。这些疑问词包括疑问代词、疑问语气词、疑问副词、疑问数词等。疑问代词包括谁、孰、何（盍）、曷、奚、胡、恶、安、焉；疑问语气词包括乎、与（欤）、耶（邪）、哉、也、焉、矣、耳；疑问副词包括岂、岂敢、敢、其、岂其、宁等；疑问数词（概数词）包括几、几何等。祝氏还概括了用结构帮助发问的疑问句的形式特征及句法功能，"《国语》《国策》中用来帮助发问的结构，大多数是由疑问代词与介词或动词组合而成的，少数是由疑问语气词与副词组合而成的"②。这些结构包括介宾结构、固定结构（习见形态是疑问代词"何""胡""奚"用于动词"如""若""奈"之前后组成）、半固定结构［不亦……乎、无乃……乎、何（奚）（以）……（之）为］等。祝先生还对疑问的种类进行划分，将其分为是非问句、选择问句、正反问句、委婉问句和反问句等。由上述缕析看出，祝敏彻先生对《国语》中疑问句的研究是相当全面和细致的。

苏振华的《〈国语〉因果类复句研究》（广西师范大学 2007 年硕士学位论文）对《国语》中因果复句、假设复句、目的复句的类型、语言标志及其句法功能也进行了分析，值得注意。苏振华还发表《〈国语〉递进复句及其关系词》一文，将《国语》中的递进复句分为顺向递进和反逼递进，并分别对其关系词和结构特征做了细致分析，得出的一些论断颇有启示意义，如他将顺向递进关系词分为预递关系词和承递关系词，而"《国语》中缺乏预递关系词"仅有"不唯"一词，且只出现两次，这就决定了"《国语》中几乎所有的顺向递进复句都是依靠承递词独用来体现句子前后分句存在的递进关系。由于没有预递词，因此，后分句的递进语势显得突兀"③。这样的语言研究有助于我们深入把握文本，对《国语》之"语"的认识会更加深刻。何霞对《国语》中"以"

---

① 祝敏彻：《〈国语〉〈国策〉中的疑问句》，《湖北大学学报》1999 年第 1 期，第 59 页。
② 祝敏彻：《〈国语〉〈国策〉中的疑问句》，《湖北大学学报》1999 年第 1 期，第 62-66 页。
③ 苏振华：《〈国语〉递进复句及其关系词》，《哈尔滨学院学报》2006 年第 9 期，第 121-124 页。

字结构的语法功能进行了较为细致的研究,她指出,"以"作为最重要、最活跃的一个虚词,"特别是在《国语》一书中,它出现的频率很高,共出现 1691 次"①。何文将《国语》中的"以"字结构划分为如下几种类型:第一种是介词"以"+代词;第二种是代词+介词"以";第三种是助动词+介词"以";第四种是动词+介词"以";第五种是助词+介词"以";第六种是介词"以"+动词"为"。对于这六种类型,作者详细分析了它们所构成的短语及其句法功能。郭万青等人的《〈国语〉双重否定结构分析》一文对《国语》中的双重否定句法进行了详尽分析,得出这一论断:"《国语》中共有双重否定凝固结构 28 种 171 例……这28 种凝固结构可分为 4 类:完全肯定式、不完全肯定式、能愿式和条件式。"②

(二)《国语》词法研究

相对于句法,《国语》词法研究更为全面。徐琴的《〈国语〉形容词语法研究》(广西师范大学 2006 年硕士学位论文)对《国语》中的形容词语法进行了较为全面的研究。据徐文统计,《国语》中的形容词共有 452 个,其中单音词 340 个,复音词 112 个。徐文把《国语》中的形容词分为性质形容词、状态形容词和颜色形容词。作者对形容词的语法功能做了详尽的分析,认为其最主要的功能是作谓语和定语,此外还可作主语和宾语。此外该文还具体探讨了《国语》形容词的兼类、活用和连用等问题。郑益兵的《〈国语〉代词语法研究》(广西师范大学 2007 年硕士学位论文)对《国语》中的代词语法进行了较为全面的研究。据郑文统计,《国语》中的代词共有 41 个,分为三类,其中人称代词 11 个、指示代词 16 个和疑问代词 14 个。作者对这三类代词又进一步分类,如将人称代词分为自称代词、对称代词和己称代词等,并对每一小类的代词用例及语法功能进行了细致分析,颇具参考价值。刘云峰的《〈国语〉副词语法研究》(广西师范大学 2007 年硕士

---

① 何霞:《〈国语〉中"以"字结构用法初探》,《襄樊职业技术学院学报》2011 年第 2 期,第 54-56 页。

② 郭万青、杨世勤:《〈国语〉双重否定结构分析》,《菏泽学院学报》2007 年第 3 期,第90页。

学位论文）对《国语》中的副词语法进行了较为全面的研究。刘文将
《国语》中的副词分为时间副词、程度副词、情状方式副词、范围副词、
否定副词、语气副词、关联副词等七类，然后综合采用穷尽法和列表
法等研究方法分别对七类副词的类别及语法功能等进行具体研究，如
就否定副词来说，作者给出了一个很具体的统计数字：《国语》有 16
个、2383 例否定副词。接着作者又按其语法功能细分为一般单纯性否
定的否定副词、对已然否定的否定副词、对判断否定的否定副词、表
禁止劝阻的否定副词等，然后对每小类词所包括的词、语义特点及语
法分布做了具体探究。除了从词性的角度探究《国语》词法外，学者
们还多维度、多层次地研究《国语》词法。陈长书博士专文探讨了《国
语》的造词法，他将《国语》造词法分为七个类型。第一个类型是音
义任意结合法，第二个类型是引申法即通过词义引申造词的方法，第
三个类型是音变法即通过语音变化造词的方法，第四个类型是简缩法
即将词组简缩成词的方法，第五个类型是说明法即对事物进行说明产
生新词的方法，第六个类型是比拟法即在现下语言材料基础上通过比
喻和比拟造词的方法，第七个类型是双音法即通过双音法（叠字、同
义连用、单音词基础上附加虚化成分）造词的方法。①

三、其他角度的《国语》语言研究

当代学界，《国语》的语言研究呈现出蓬勃发展的态势，一个重要
的表征就是研究角度和取向的多元化，除了我们前面提到的词汇研究
和语法研究外，我们还可概括出如下的研究视角和取向。

（一）《国语》的社会文化语言学研究

语言的本质是一种社会文化现象，《国语》所展现的言语活动从其
本质而言是西周与春秋社会生活的产物，因而探究其社会功能与文化
意蕴自然成为《国语》语言研究的应有之义。近几年这一研究趋势开
始显现。王晗的《论〈国语〉的语言》（华中师范大学 2010 年硕士学
位论文）主要分析了《国语》语言特征，作者将之概括为平铺简洁、

---

① 陈长书：《〈国语〉造词法研究》，《宁夏大学学报》2007 年第 6 期，第 24-30 页。

说理严谨、南北异趣、感情充沛四个方面，并分析了这些语言特征生成的原因及其在语言发展史上的地位。作者对《国语》语言特色的分析还是比较到位的，但在语言特征成因的分析上则呈现出明显的不足，除了立言留名确系《国语》记言传统因素外，其他几个方面很难说是《国语》语言特色的成因。党菲的《〈国语〉语言和修辞研究》（陕西师范大学 2014 年硕士学位论文）主要从《国语》的语言特征、《国语》所展现的周人语言观、《国语》所使用的修辞手法进行了研究。作者认为《国语》语言具有平实畅达、骈散结合、排中寓变的特征。作者还从个人生命价值、政治活动、外在表现等方面分析了《国语》的语言观。作者结合文本缕析了《国语》中比喻、警策等修辞手法的特征及表达效果。总的来说，《国语》语言的社会文化研究尚处于起步阶段，它需要研究者对西周春秋社会历史的熟谙和扎实系统的文化理论。

（二）《国语》和《左传》《战国策》语言的比较研究

《国语》与《左传》的比较研究是当代学者重点关注的一个领域，自然也包括两者的语言比较。周广干的《〈左传〉〈国语〉程度副词比较研究》一文从表示程度高、表示程度变化、表示程度轻微三个方面，对《左传》和《国语》二书中的程度副词进行了全面细致的分析：在《左传》中，表示程度高的副词有"大""以""已""甚""淫""重""何其""弘""厚""溢""尚""过""深"，表示程度变化的副词有"加""滋""益""兹""增""犹""愈""弥""几"，表示程度轻微的副词有"小""少""浅""稍""或"等；在《国语》中，表示程度高的副词有"已""甚""大""以""盛""厚""重""深""何其"，表示程度变化的副词有"加""况""愈""益""弥""增""滋""几"，表示程度轻微的副词有"轻""少""小"等。最后对两书程度副词使用情况做了细致比对，得出了"《左传》对于程度副词的使用，无论是在数量还是频率上均明显超过了《国语》"的论断。周广干的《〈左传〉和〈国语〉结构助词"所""者"比较研究》一文对《左传》和《国语》中"所"用作结构助词的语言现象进行了比较研究，作者进行了精确的量的统计，"'所'可以用作处所名词、连词和结构助词。在《左传》和《国语》中，这几种用法均有体现。《左传》中，'所'共有 463 例，《国语》

中共有 246 例，其中结构助词用法分别是 416 例和 229 例，各占其全部用例的 89.8% 和 93.1%，可见两书中的'所'用作结构助词均占有绝对优势"①。接着作者重点分析了《国语》中"所"用作结构助词的形式，一是"所"与动词或动宾结构组合，二是"所"用于介词和动词或动宾结构前。之后作者又对《左传》和《国语》中"者"用作结构助词的语言现象进行了比较研究，并进行了精确的量的统计："'者'在《左传》中共出现 566 次，其中用作结构助词的 457 例、用作语气词的 91 例、用在固定组合中的 18 例；在《国语》中共出现 473 次，其中用作结构助词的 406 例、用作语气词的 41 例、用在固定组合中的 26 例。"②接着对二书尤其是《国语》中"者"字结构形式和语法功能进行了具体分析。

《国语》和《战国策》的语言比较研究近些年来逐渐引起学界的注意，山东师范大学陈长书教授指导的硕士学位论文多以此为选题，这无疑是与陈氏专长于《国语》研究分不开的。《国语》语言研究学界一直保留着这一宝贵传统，如前举广西师范大学关于《国语》词汇和语法研究的硕士学位论文构成了一个相对完整的系列，这无疑与他们的指导老师王志瑛先生息息相关。这一传统对培养《国语》研究人才具有积极影响，如近年来《国语》研究成果颇为丰富的郭万青博士即师从王先生。再如近年来南京师范大学也成为《国语》硕博士学位论文选题相对集中的研究生培养单位，著名学者赵生群先生对此功不可没。梁凡的《国语和战国策单音同义动词比较研究》（山东师范大学 2014年硕士学位论文）运用定量与定性相结合、描写与解释相结合、专书比较的方法，对两书中的同义动词进行了较为详细的探究。作者首先汇总诸说，对同义词这一概念做出清晰界定："在语法意义相同的前提下，词汇意义相同或相近的词就叫作同义词。"③然后根据王宁、徐

---

① 周广干：《〈左传〉和〈国语〉结构助词"所""者"比较研究》，《南昌工程学院学报》2012年第 5 期，第 63 页。

② 周广干：《〈左传〉和〈国语〉结构助词"所""者"比较研究》，《南昌工程学院学报》2012年第 5 期，第 65-66 页。

③ 梁凡：《〈国语〉和〈战国策〉单音同义动词比较研究》，山东师范大学硕士学位论文，2014，第 6 页。

正考等著名学者所提出的同义词辨析的原则与方法，对《国语》和《战国策》中的单音同义动词做精确统计。就《国语》而言，梁文的统计结果是，两词一组者共 67 组，三词一组者共 27 组，四词一组者共 12 组，五词以上（含五词）一组者共 10 组，总计《国语》中共有 116 组单音同义动词。接着作者对《国语》和《战国策》中的单音同义动词演变进行了全面的比较，得出了诸多翔实可靠的结论：《国语》和《战国策》中存在着许多相同的同义词组，这表明同义词运用的稳定性；引申与假借是同义关系形成的两条重要途径；同义词在运用过程中彼此存在着非常强的竞争，因此会出现词义覆盖现象，即两个同义词间一个词的意义涵盖了另一词的意义从而导致后者使用频率下降。王林红的《〈国语〉和〈战国策〉构词词素比较研究》（山东师范大学 2014 年硕士学位论文）对两书的构词因素进行了较为具体细致的比较，主要结论有：两书构词词素呈现出一些共同点，如都以单音节为主，均以实词为主，构词类型上都以联合式与偏正式为主；在义项构词能力上，《国语》和《战国策》均表现出基本义最强的特征；就词性而言，两书略有不同，《国语》以名词最强，其次是动词和形容词，而《战国策》中动词则显示出增强的趋势；整体来说，《战国策》的构词词素构词能力显示出较《国语》更强的趋势。张潇丹的《〈国语〉与〈战国策〉反义词比较研究》（山东师范大学 2015 年硕士学位论文）对两部专书中反义词的运用进行了比较全面的研究，作者对两书的反义词做了精确统计，就《国语》而言，"将反义词按音节统计共 225 对，其中，单音节反义词共 203 对，双音节反义词共 21 对，单音节对双音节反义词1 对"[1]。两书在反义词的词性分布上，均是名词最多，动词次之，形容词又次之。就音节而言，两书反义词均是单音节数量多。就出现语境而言，多以并举面貌出现。管永红的硕士学位论文《〈国语〉与〈战国策〉方言词比较研究》（山东师范大学 2015 年硕士学位论文）对两部专书中方言词的运用进行了较为具体的探究。作者借鉴了丁启阵考

---

[1] 张潇丹：《〈国语〉与〈战国策〉反义词比较研究》，山东师范大学硕士学位论文，2015，第 11 页。

察秦汉方言时八大方言区即燕朝、赵魏、海岱、周洛、吴越、楚、秦晋、蜀汉的划分，来考察《国语》《战国策》二书中方言的地区分布。就《国语》八语而言，《鲁语》《齐语》对应海岱方言区，《周语》《郑语》对应周洛方言区，《吴语》《越语》对应吴越方言区，《楚语》对应楚方言区，《晋语》对应秦晋方言区。接下来作者专章详细考释《国语》和《战国策》中的方言词，就《国语》而言，共有 59 个。并在分析统计数据的基础上总结了《国语》和《战国策》方言使用的特征，认为相对两书各自上千个词语的数量，方言词的运用都算是使用频率较低的，足以见出两书均以雅言为主。这些将《国语》与《战国策》语言进行比较的学位论文，体现出了作者及其指导教师开拓《国语》语言新的研究领域的努力，并做了颇为扎实的数据统计和初步分析工作，为我们的后续研究夯实了基础。但总的来说，理论概括和剖析尚嫌单薄。

综上所述，在当代中国大陆地区，《国语》的语言研究呈现出日趋繁荣的态势，并取得了丰硕的成果。但不容忽视的是，一些学者是用现代汉语的研究方法和国外的语言研究理论去观照《国语》的语言现象，尽管能得出一些新颖的看法，但我们认为，忽视《国语》时代实际的社会语言环境的《国语》语言研究很难具有深刻切实的学术品格，这是学界应该克服的一种不良倾向。

参考文献

巴新生：《西周伦理形态研究》，天津：天津古籍出版社，1997 年版。

池昌海：《先秦儒家修辞要论》，北京：中华书局，2012 年版。

董芬芬：《春秋辞令的文体研究》，上海：上海古籍出版社，2012 年版。

傅修延：《先秦叙事研究》，北京：东方出版社，1999 年版。

过常宝：《先秦散文研究——早期文体及话语方式的生成》，北京：人民出版社，2009 年版。

过常宝：《制礼作乐与西周文献的生成》，北京：中国社会科学出版社，2015 年版。

过常宝：《先秦文体及话语方式研究》，北京：中华书局，2016 年版。

过常宝：《原史文化及文献研究》，北京：中国社会科学出版社，2020 年版。

郝长墀：《政治与人：先秦政治哲学的三个维度》，北京：中国政法大学出版社，2012 年版。

何永清：《〈国语〉语法研究》，台北：文史哲出版社，2012 年版。

霍然：《先秦美学思潮》，北京：人民出版社，2006 年版。

李春青：《先秦文艺思想史》，北京：北京师范大学出版社，2012 年版。

李佳：《〈国语〉研究》，北京：中国社会科学出版社，2015 年版。

廖群：《先秦说体文本研究》，北京：中央编译出版社，2018 年版。

刘泽华：《先秦政治思想史》，天津：南开大学出版社，1984 年版。

刘泽华：《中国传统政治思维》，长春：吉林教育出版社，1991 年版。

宁登国：《〈国语〉〈左传〉记言研究》，北京：社会科学文献出版社，2020 年版。

沈立岩：《先秦语言活动之形态观念及其文学意义》，北京：人民出版社，2005 年版。

沈玉成、刘宁：《春秋左传学史稿》，南京：江苏古籍出版社，1992年版。

史继东：《〈国语〉文学研究》，北京：中国社会科学出版社，2013年版。

王子今：《忠观念研究》，长春：吉林教育出版社，2011 年版。

夏德靠：《〈国语〉叙事研究》，北京：知识产权出版社，2015 年版。

杨义：《中国叙事学》，北京：人民出版社，2009 年版。

叶修成：《西周礼制与尚书文体研究》，北京：中国社会科学出版社，2016 年版。

俞志慧：《〈国语〉韦昭注辨正》，北京：中华书局，2009 年版。

俞志慧：《古语有之——先秦思想的背景与资源》，上海：华东师范大学出版社，2010 年版。

赵伯雄：《春秋学史》，济南：山东教育出版社，2004 年版。

张分田：《中国帝王观念：社会普遍意识中的"尊君—罪君"文化范式》，北京：中国人民大学出版社，2004 年版。

张分田：《民本思想与中国古代统治思想》，天津：南开大学出版社，2009 年版。

张峰屹：《两汉经学与文学思想》，北京：生活·读书·新知三联书店，2014 年版。

张峰屹：《东汉文学思想史》，上海：上海古籍出版社，2021 年版。

张峰屹：《谶纬思潮与汉代文学思想》，南京：凤凰出版社，2021年版。

张居三：《〈国语〉文献研究》，北京：中国社会科学出版社，2020年版。

张新科、俞樟华：《史记研究史略》，西安：三秦出版社，1990 年版。

周广干：《〈左传〉〈国语〉文献关系考辨研究》，北京：社会科学文献出版社，2021 年版。

宁登国：《〈国语〉编纂的内在理路辨析》，《北方工业大学学报》，2021年第4期，第74-80页。

仇利萍：《清代〈国语〉辑佚成就钩沉》，《古籍整理研究学刊》，2021年第6期，第45-52，86页。

仇利萍：《公序本〈国语〉流传考》，《中华文化论坛》，2021年第5期，第85-91页。

吴宗辉：《宋刻宋印本〈国语〉补音及其文献价值考述》，《绍兴文理学院学报》，2021年第9期，第65-72页。

俞志慧：《〈国语〉的成编、研究及其版本系统》，《南京师范大学文学院学报》，2021年第2期，第151-158页。

曾祥波：《〈国语〉〈左传〉成书关系新论》，《学术研究》，2021年第11期，第165-171页。